自然圣殿

联合国教科文组织世界遗产

［意］马可·卡特尼奥　贾斯米娜·特里福尼　著
曹莉　杨林　译

中国科学技术出版社
·北京·

作者
马可·卡特尼奥（Marco Cattaneo）
贾斯米娜·特里福尼（Jasmina Trifoni）

设计
帕特里奇亚·巴洛科·洛维塞蒂（Patrizia Balocco Lovisetti）

▌第 2 页　珠穆朗玛峰海拔 8848.86 米，是世界第一高峰。直到 1953 年，人类才首次成功登顶珠峰。珠穆朗玛峰部分位于尼泊尔萨加玛塔国家公园（Sagarmatha National Park）。该公园于 1976 年设立，1979 年被联合国教科文组织列入《世界遗产名录》。

世界自然遗产精选

美洲

美国/加拿大—克卢恩—兰格尔—圣伊莱亚斯/冰川湾/塔琴希尼—阿尔塞克公园系统
加拿大—伍德布法罗国家公园
加拿大—加拿大落基山脉自然公园群
加拿大—省立恐龙公园
加拿大—格罗莫讷国家公园
加拿大/美国—沃特顿冰川国际和平公园
美国—黄石国家公园
美国—雷德伍德国家公园
美国—约塞米蒂国家公园
美国—大峡谷国家公园
美国—大雾山国家公园
美国—大沼泽地国家公园
美国—夏威夷火山国家公园
墨西哥—埃尔比斯开诺鲸鱼禁渔区
伯利兹—伯利兹堡礁
哥斯达黎加—科科斯岛
哥斯达黎加—瓜纳卡斯特自然保护区
巴拿马—达连国家公园
委内瑞拉—卡奈伊玛国家公园
厄瓜多尔—加拉帕戈斯群岛
秘鲁—瓦斯卡兰国家公园
秘鲁—玛努国家公园
玻利维亚—挪尔·肯普夫·墨卡多国家公园
巴西—潘塔纳尔保护区
巴西—大西洋东南热带雨林保护区
巴西—费尔南多—迪诺罗尼亚群岛和罗卡斯环礁保护区
阿根廷/巴西—伊瓜苏瀑布
阿根廷—冰川国家公园
阿根廷—瓦尔德斯半岛

欧洲

瑞典—拉普兰
白俄罗斯/波兰—比亚沃韦扎国家森林公园
英国—巨人之路
英国—多塞特和东德文海岸
法国（科西嘉岛）—基罗拉塔和波尔图湾及斯康多拉保护区
法国/西班牙—比利牛斯—珀杜山
西班牙—多南那国家公园
葡萄牙—马德拉月桂树公园
瑞士—少女峰—阿雷奇冰河—毕奇霍恩峰
意大利—伊索莱约里（伊奥利亚群岛）
斯洛文尼亚—斯科契扬溶洞
克罗地亚—布里特威斯湖国家公园
黑山共和国—杜米托尔国家公园
斯洛伐克/匈牙利—奥格泰莱克洞穴和斯洛伐克喀斯特地貌
罗马尼亚—多瑙河三角洲
俄罗斯联邦—西高加索山

非洲

毛里塔尼亚—阿尔金岩石礁国家公园
尼日尔—阿德尔和泰内雷自然保护区
埃塞俄比亚—塞米恩国家公园
乌干达—鲁文佐里山国家公园
乌干达—布恩迪难以穿越的国家公园
肯尼亚—图尔卡纳湖国家公园
肯尼亚—肯尼亚山国家公园及自然森林
刚果民主共和国—维龙加国家公园
坦桑尼亚—塞伦盖蒂国家公园
坦桑尼亚—乞力马扎罗国家公园
坦桑尼亚—恩戈罗恩戈罗自然保护区
坦桑尼亚—塞卢斯禁猎区
津巴布韦—莫西奥图尼亚瀑布/维多利亚瀑布
津巴布韦—马纳波尔斯国家公园、萨比和切俄雷自然保护区
南非—乌卡兰巴/德拉肯斯堡公园
南非—大圣卢西亚湿地公园
马达加斯加—黥基·德·贝马拉哈自然保护区
塞舌尔—阿尔达布拉环礁

亚洲

土耳其—格雷梅国家公园和卡帕多细亚的岩石景观
土耳其—赫拉波利斯和帕穆克卡莱
俄罗斯联邦—堪察加火山
俄罗斯联邦—贝加尔湖
俄罗斯联邦—中锡霍特—阿林山脉
俄罗斯联邦—金山—阿尔泰山
中国—黄龙风景名胜区与九寨沟风景名胜区
中国—黄山
中国—武陵源风景名胜区
日本—白神山地
尼泊尔—奇特旺皇家国家公园
尼泊尔—萨加玛塔国家公园
印度—楠达戴维山国家公园
印度—卡齐兰加国家公园
印度—马纳斯野生动植物保护区
印度—凯奥拉德奥国家公园
斯里兰卡—辛哈拉加森林保护区
孟加拉国—孙德尔本斯国家公园
泰国—通艾和会卡肯野生生物保护区
越南—下龙湾
菲律宾—图巴塔哈群礁海洋公园
马来西亚—基纳巴卢国家公园
马来西亚—巫鲁山国家公园
印度尼西亚—乌戎库隆国家公园
印度尼西亚—科莫多国家公园

大洋洲

澳大利亚—卡卡杜国家公园
澳大利亚—昆士兰湿热带地区
澳大利亚—大堡礁
澳大利亚—弗雷泽岛
澳大利亚—沙克湾
澳大利亚—乌卢鲁—卡塔丘塔国家公园
澳大利亚—中东部雨林保护区
澳大利亚—大蓝山山脉地区
澳大利亚—塔斯马尼亚州的公园
澳大利亚—麦夸里岛
新西兰—蒂瓦希普纳穆
新西兰—新西兰亚南极区群岛

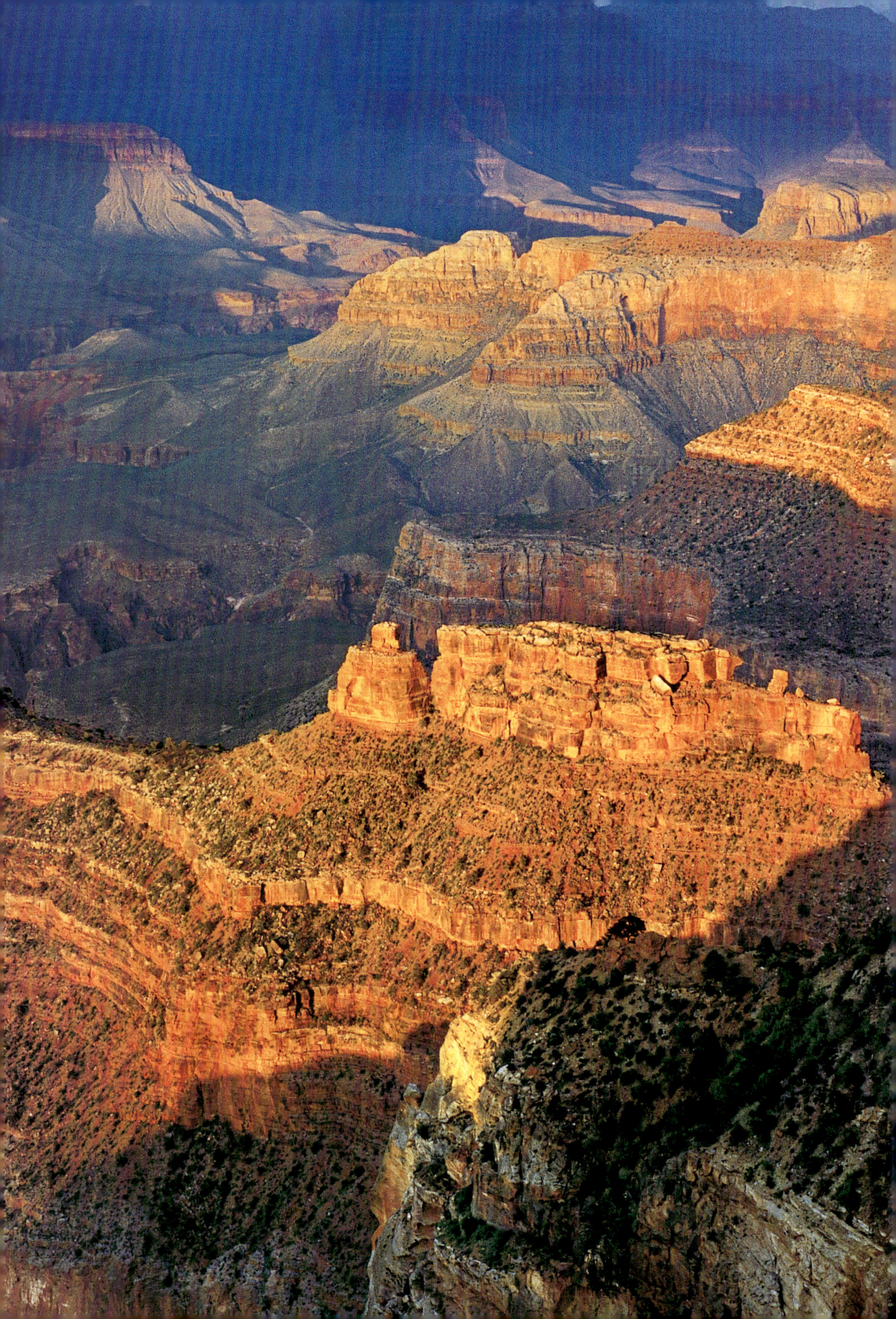

序言

意大利国家委员会

1978年，加拉帕戈斯群岛（Galápagos）成为首个被联合国教科文列入《世界遗产名录》（*The Cultural and Natural World Heritage List*）的遗址。众所周知，该群岛为查尔斯·达尔文（Charles Darwin）的生物学研究奠定了基础，具有极大的自然生态价值，但几年前的太平洋原油泄漏事故使当地的生态系统受到严重威胁。来自世界各地的志愿者加入了紧急清理行动，政府、研究机构和相关专家也为海域清污工作提供了帮助与支持。虽然该地区逃过一劫，但漏油事故仍持续影响着当地脆弱的生态系统。

从另一个角度来看，这一情况显示出了全世界民众，特别是年轻人对世界遗产的认识程度。联合国教科文组织前任总干事松浦晃一郎（Koïchiro Matsuura）曾谈道："《世界遗产公约》是一股不可或缺的伟大力量，可以促进世界和平、维系人类过去与未来。"167个缔约国内共有1121处世界遗产：其中869处为文化遗产，213处为自然遗产，39处为文化与自然双重遗产（复合遗产）（截至2019年12月）。可见遗产保护方面已取得长足发展，但依然长路漫漫。

首先，从以上数据来看，自然遗产（或自然遗产加复合遗产）的数量仅为文化遗产数量的四分之一左右，因此我们应该更加关注自然遗产。此外，并非所有《世界遗产公约》缔约国境内都有世界遗产，为此我们需要加大努力，改变这一局面。在联合国教科文组织看来，这些缔约国处于弱势地位，但这并不意味着它们国内没有具有普遍价值的遗产。我们需要为这些国家提供支持，只有这样，它们才能充分落实《世界遗产公约》的要求，提供足够的资源，完善内部规范机制，从而可以递交上本国的遗产清单。

我有幸担任意大利教科文组织全国委员会（Commissione Nazionale Italiana per l'UNESCO）的主席。长久以来，我们都乐于支持白星出版社（White Star）的出版工作。因为我们深知，白星出版社的出版物质量上乘、配图精美、内容充实明晰，可以帮助人们，尤其是年轻人，更加深入了解联合国教科文组织的环境保护工作。

——意大利教科文组织全国委员会前主席
图利娅·卡雷托尼·罗马尼奥利
（Tullia Carrettoni Romagnoli）

▎第4页 大峡谷（Grand Canyon）位于美国亚利桑那州，全长447千米，宽度仅1.6千米，因受到科罗拉多河的下切侵蚀而形成。1893年，该地区首次建立大峡谷保护区，1919年设为大峡谷国家公园，1979年被联合国教科文组织列入《世界遗产名录》。

本书地图图例： ⊛ 柏林　　首都 首府
　　　　　　　● 阿雅克肖　城市
　　　　　　　▨　联合国教科文组织
　　　　　　　　　世界自然遗产所在地

目录

序言
第 5 页

导言
第 8 页

欧洲
第 12 页

非洲
第 62 页

亚洲
第 124 页

美洲
第 206 页

大洋洲
第 330 页

《世界遗产名录》
第 390 页

▌第 5 页　大堡礁绵延于澳大利亚东北部海岸,由 3400 个珊瑚礁组成,南阿灵顿礁（South Arlington Reef）是其中之一。大堡礁是世界上最大的珊瑚礁保护区,面积达 34.5 万平方千米,于 1981 年被联合国教科文组织列入《世界遗产名录》。

导言

1872年3月1日，美国总统尤利西斯·S.格兰特（Ulysses S. Grant）签署法案，建立了世界上第一个国家公园——黄石国家公园，来保护公园里的火山孔、间歇泉和温泉等令人赞叹的自然奇观。黄石国家公园位于怀俄明州（Wyoming）、蒙大拿州（Montana）和爱达荷州（Idaho）三州的交界处。由于工业的发展和白热化的现代化进程，世界上许多地区的地理环境受到破坏。好在与此同时，人们逐渐认识到必须维护自然环境的脆弱平衡，设立了广泛众多的保护区。

《世界遗产公约》于1972年建立，目标在于划定全球各大洲最珍贵且未受破坏的自然区，并为其提供赞助支持。200多项各种各样的遗址因具有突出的自然价值而被列入《世界遗产名录》。从大型公园到阿拉斯加——加拿大边境地区的冰天雪地，从古生物学挖掘最重要的区域到广阔海洋及其自然结构，这些遗址种类多样，包罗万象。大型公园包括坦桑尼亚的塞伦盖蒂国家公园（Serengeti）和恩戈罗恩戈罗自然保护区（Ngorongoro），也包括刚果的维龙加国家公园（Virunga），这些公园保护着令人赞叹的非洲大型哺乳动物栖息地。古生物学挖掘区域发现的史前动物化石重塑了我们对历史和生命进化的认知。广阔海洋及其自然结构包括绵延于澳大利亚东北海岸的大堡礁（Great Barrier Reef），同时也包括塞舌尔的阿尔达布拉环礁（Aldabra Atoll）——世界上物种最丰富的海洋保护区之一。此外，这些遗产还包括查尔斯·达尔文（Charles Darwin）提出进化论的地方——加拉帕戈斯群岛（Galápagos Islands），以及崎岖不平的夏威夷群岛和俄罗斯堪察加半岛（Kamchatka Peninsula），该岛上遍布壮观美丽、高度活跃的火山。

世界自然遗产分布在全球各大洲共105个国家中，各洲的遗产数量存在显著差异。非洲、澳大利亚和美洲的世界自然遗产数量占比极大，原因在于其土地面积庞大，人类活动影响小。亚洲的世界自然遗产分布于俄罗斯东部无人居住的广袤平原地区和喜马拉雅山脉，包括中国、印度、日本等国。在这里，人类对环境造成的压力持续加大，不利于环境的可持续发展。欧洲世界自然遗产数量仅次于亚洲，约有30项世界自然遗产。不过欧洲是世界上人口密度最大的大洲，平均人口密度达到73人/平方千米，境内的自然遗产大都面积较小。

如今，大部分人都认识到保护世界自然遗产是当务之急，许多发展中国家也持这一观点。这些国家拥有国家公园和保护区等世界自然遗产，吸引了越来越多的游客前来参观，旅游收入成为该国重要的经济收入来源。然而，尽管国际机构和环境协会承诺提供帮助，但还是有很大一部分世界自然遗产在遗产保护方面面临极大威胁。原因有以下几点：战争和偷猎、矿物资源开采、保护区非法使用、城区扩大、污染加剧等。即使是美国这样重视环境问题的国家也无法避免，佛罗里达州的大沼泽国家公园便是一个例证。

受到联合国教科文组织保护的世界自然遗产是地球上不受人类活动影响的地区，也是我们能留给后代的最宝贵的遗产。

第9页 非洲象王国——马纳波尔斯国家公园是非洲南部野生动植物最密集的地方之一。该公园建立于1963年，1984年被列入联合国教科文组织《世界遗产名录》。

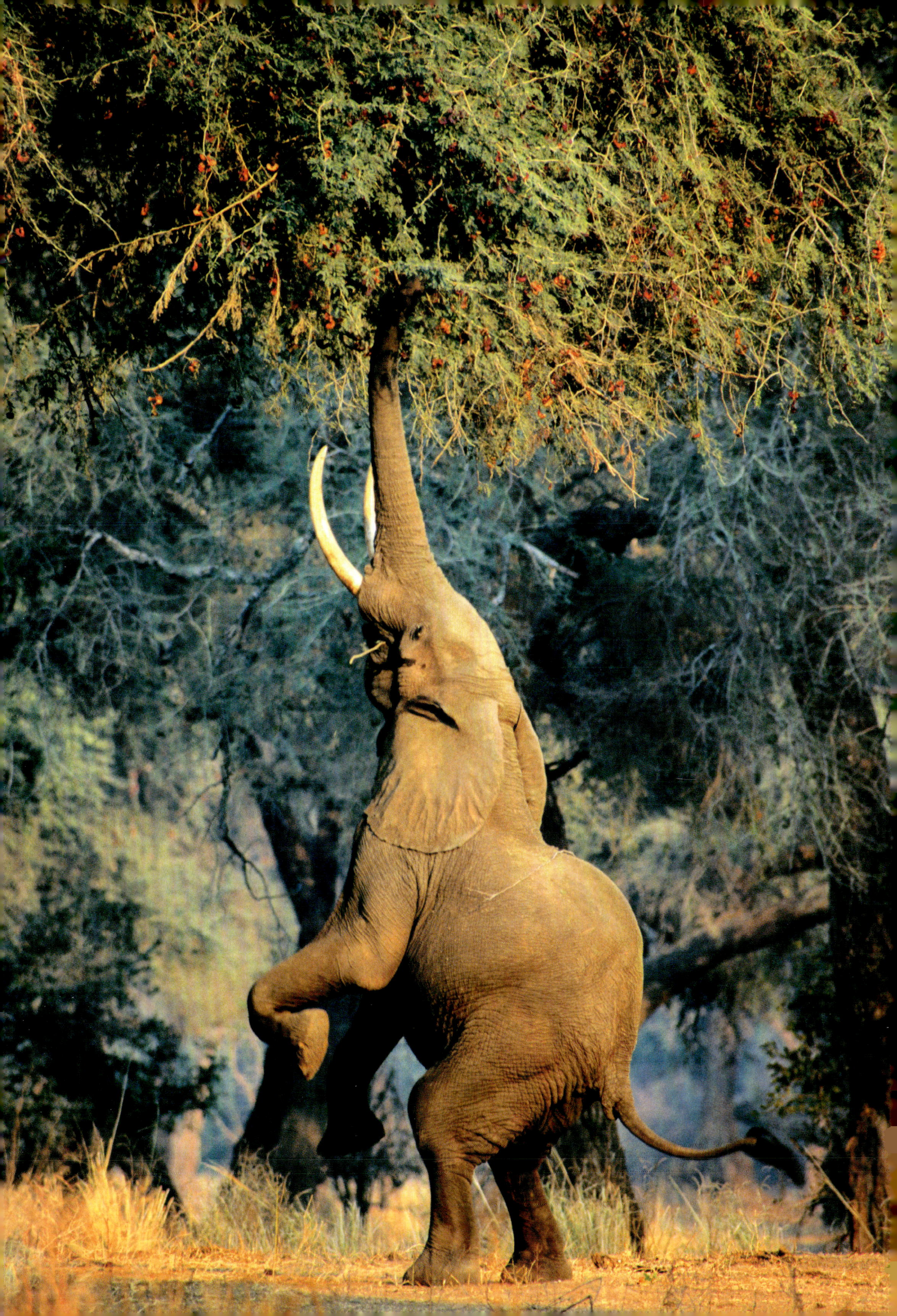

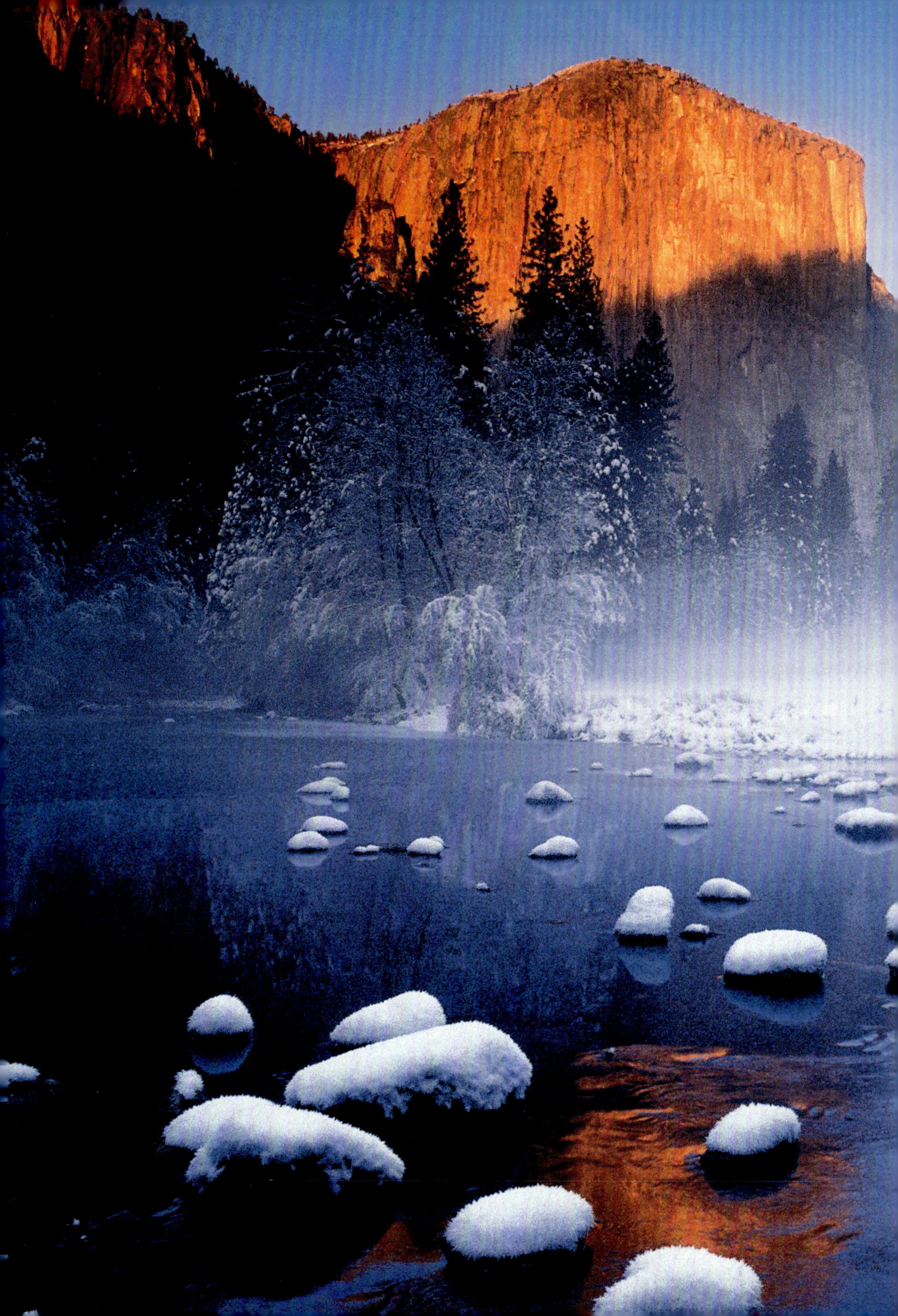

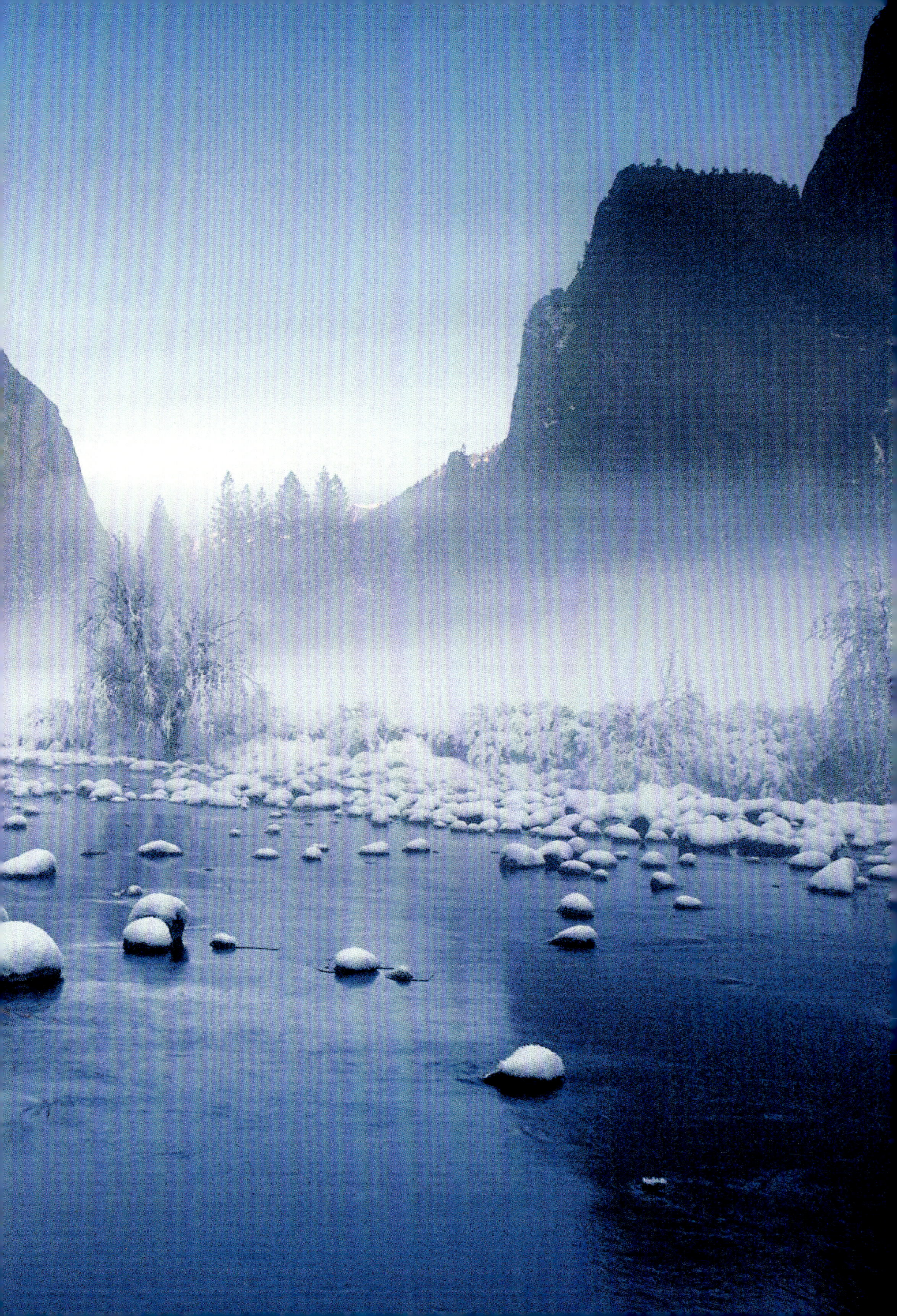

欧洲

瑞典—拉普兰—第 14 页

白俄罗斯/波兰—比亚沃韦扎国家森林公园—第 18 页

英国—巨人之路—第 22 页

英国—多塞特和东德文海岸—第 26 页

法国—基罗拉塔和波尔图湾及斯康多拉保护区—第 29 页

法国/西班牙—比利牛斯—珀杜山—第 32 页

西班牙—多南那国家公园—第 34 页

葡萄牙—马德拉月桂树公园—第 38 页

瑞士—少女峰—阿雷奇冰河—毕奇霍恩峰—第 40 页

意大利—伊索莱约里（伊奥利亚群岛）—第 42 页

斯洛文尼亚—斯科契扬溶洞—第 47 页

克罗地亚—布里特威斯湖国家公园—第 48 页

黑山—杜米托尔国家公园—第 50 页

斯洛伐克和匈牙利—奥格泰莱克洞穴和斯洛伐克喀斯特地貌—第 52 页

罗马尼亚—多瑙河三角洲—第 54 页

俄罗斯联邦—西高加索山—第 58 页

欧洲

欧洲人口密度超过70人/平方千米，为非洲的6倍，是世界上人口密度最大的洲。

也正是在欧洲，新石器时代的人类得以安然度过冰河时代，并开始改造自然环境。尽管农业发源于现在的中东地区和中国的黄河流域，但科技和城市化的第一次重大发展却发生于希腊和罗马（除尼罗河流域、美索不达米亚和波斯地区之外）。

几百年后，工业革命再一次推动了人类社会的进步，极大地促进了生产力的发展，从根本上改变了人与自然之间的关系。18世纪以前，人类以可持续的方式开发利用自然资源。18世纪以后，情况发生了很大变化，不断凸显了人类对自然环境产生的负面影响，导致其后200年内，欧洲的面貌发生了翻天覆地的变化，其丰富的自然资源也遭到了毁坏。

欧洲境内的世界自然遗产寥寥无几，其中包括了俄罗斯欧洲地区的科米原始森林、西高加索山和葡萄牙大西洋沿岸的马德拉月桂树公园；而东太平洋上的英属亨德森岛（Henderson Island）和南大西洋上的戈夫岛（Gough Island）不属于欧洲自然遗产。除俄罗斯的两个保护区、罗马尼亚的多瑙河三角洲、横跨白俄罗斯和波兰的比亚沃韦扎森林公园以及瑞典的拉普兰保护区之外，欧洲境内的自然遗产遗址规模都非常小，而这些残存的小规模遗址也险遭人类破坏。欧洲的自然遗产大多只是地质现象，例如巨人之路、伊奥利亚群岛、斯科契扬溶洞；还有一些自然遗产是重要的古生物遗址，例如多塞特和东德文海岸和德国麦塞尔化石遗址。

但这并不意味着欧洲不重视自然环境。自第二次世界大战以来，一些环境保护运动，特别是西欧大国环境保护运动的发起及其取得的成果促使欧洲境内建立起了无数的国家公园和保护区。实际上，根据环境可持续性指标排名，世界上环境可持续做得最好的前10名国家中有7名是欧洲国家。但在很多情况下，欧洲国家在进行环境干预时显得拖拖拉拉，许多十分重要的物种因此灭绝，大片残存的森林也因此消失。尽管欧洲在环境保护方面做出了许多努力，但与其现代化发展进程相比，欧洲自然遗产工作所取得的进展现仍只是冰山一角。

拉普兰

瑞典 | 北博滕区
入选年份：1996
遴选标准：自（I）（II）（III）；文（III）（IV）

弗尔什科拉（Folkhögskola）是一所学校，自1942年以来就一直存在于约克莫克（Jokkmokk）小镇上。在这里，年幼的萨米人不仅可以学习到标准的瑞典语课程，还可以用自己的语言上课，并学习制作传统手工艺品。最重要的是，他们还会学习驯鹿养殖的历史，了解驯鹿养殖的起源和当前的发展，因为驯鹿养殖与他们的生活息息相关。有2万萨米人定居在瑞典的拉普兰地区，其中有10%的人在饲养驯鹿。保护萨米人文化，保护驯鹿文化，是联合国教科文组织决定将面积9402平方千米的拉普兰地区纳入《世界遗产名录》的原因。此外，该地区还是驯鹿进行季节性迁徙的区域。

萨米人与驯鹿之间有着传统的共生关系。他们从驯鹿身上获取肉和奶，用鹿筋来缝制衣服，还用鹿皮和鹿筋建造房屋（传统的圆锥形帐篷）。尽管许多萨米人现在都拥有了机动雪橇，但他们仍会使用驯鹿作为交通工具。北极圈内的冬季十分漫长且白昼时间较短，冬天萨米人会生活在地势平坦的针叶林地。在那里，驯鹿可以以雪地里的地衣为食。5月，冰雪开始消融，小驯鹿也出生了。等到了6月，新生的小驯鹿被做上标记后，萨米人就会开始向山上迁徙。他们会在山上一直待到8月。当气候出现变冷的迹象时，萨米人就会回到平原上，驯鹿也能以平原上的小草为食。

尽管驯鹿数量多达4万头，但放牧并不会破坏生态平衡。位于瑞典、芬兰和挪威的拉普兰地区是欧洲仅存的最大荒野之一。拉普兰地区还包括两处湿地：肖尼亚自然保护区（Sjaunja Nature Reserve）和萨勒克国家公园（Sarek National Park）

第14页顶部　大湖瀑布国家公园里古老的黑松林。斯托拉斯霍夫国家公园建于1909年，面积约1279平方千米，位于基律纳（Kiruna）西南方向。公园景色壮美，内有200多座山，海拔超1798米。

第14—15页　萨勒克国家公园内拉帕山谷三角洲的秋景美不胜收，各种各样的桦树夺人眼球。

第15页顶部　萨勒克国家公园紧邻大湖瀑布国家公园，是该地区最难到达的地方之一。实际上该公园属于高山地区，冰川众多，大部分地区没有植被。

内的拉帕谷三角洲（Rapa Valley Delta），两者均被《湿地公约》列为国际重要湿地。

同样值得关注的是大湖瀑布国家公园（Stora-Sjöfallet National Park）里的山地和帕杰兰塔国家公园（Padjelanta National Park）。大湖瀑布国家公园有200多座海拔1500米以上的山峰和100多座冰川；帕杰兰塔国家公园是稀有植物冻土带，且是瑞典最美丽的维里霍雷湖（Lake Virihaure）的所在地。

穆杜斯国家公园（Muddus National Park）的针叶林有700多年历史。到了夏天，公园

▎第15页中间　瑞典博物学家卡尔·冯·林奈（Carl von Linné）于1758年发现了鱼鹰（Pandion Halaetus）。卡普兰地区有很多猛禽，鱼鹰就是其中之一。

▎第15页底部　猞猁（Lynx）数量增长的势头不可阻挡，现估计猞猁的数量已达700~1000只，给萨米人带来了极大的困扰。因此瑞典政府允许萨米人猎杀猞猁以保护自己的驯鹿群。

斯德哥尔摩

■ 第16页顶部 18世纪以前，棕熊（*Ursus arctos*）在瑞典南部地区绝迹，但拉普兰地区现有大约1000只棕熊。

■ 第16页中间和左下角 冬季，斯堪的纳维亚半岛的白昼只持续短短数小时，萨雷克国家公园内微弱得不真实的光线笼罩着其开阔的山谷和树林。

■ 第16页右下角 一群驯鹿（*Rangifer Tarandus*）穿过针叶林。在斯堪的纳维亚半岛，萨米人以传统方式驯养了约50万头驯鹿。

■ 第16—17页 金雕（*Aquila chrysaetos*）会因捕食驯鹿幼崽而被猎杀，尽管如此，拉普兰地区的金雕数量仍较为稳定。

■ 第17页左上角 白鼬（*Mustela ermina*）是最具商业价值的毛皮动物，虽然它会隐藏在白色调的背景中，但依旧难逃捕猎者的毒手。

■ 第17页右上角 北极狐（*Alopex lagopus*）生活在环北极地区。它的皮毛在冬天会变为白色，在夏天会变成黄褐色，因而能很好地伪装自己。

里还会有大量的红色桃金娘（越橘属）和北极桑（红莓属）。整个斯堪的纳维亚半岛的人都会用北极桑这种橘色的桑果来制作果酱和果酒。

在瑞典阿普兰地区，有些物种亟须保护，例如狼獾（*Gulo Gulo*）和白尾海雕（*Haliaeetus albicilla*），还有棕熊、猞猁、北极狐、水獭和麋鹿。这里约有200种鸟类，其中有100种会在肖尼亚湿地水畔的草地上繁殖。

虽然瑞典采取了严格的措施保护拉普兰地区，严禁任何人进入其中几个保护区，但1971年通过的一项法律给予萨米猎人和渔民以特别过境权，甚至准允他们使用机动车辆入内。原因是萨米人一直与自然和谐共处，所以这项特权也是对他们的认可。

比亚沃韦扎国家森林公园

白俄罗斯 / 波兰

波兰的布列斯特和格罗德诺地区
比亚沃韦扎地区
入选年份：1979，1982
遴选标准：自（Ⅲ）

比亚沃韦扎国家森林公园（Bi-alowieza Forest）虽鲜为人知，人迹鲜涉，但它在欧洲的地位等同于非洲的塞伦盖蒂国家公园和美国的黄石国家公园。这片原始森林位于波罗的海与黑海的分水岭，横跨白俄罗斯与波兰，像张"照片"般定格了一万年前的欧洲风貌，那时人类还未彻底地改变欧洲的自然平衡。

该公园面积广阔，被列为生物圈保护区（Biosphere Reserve），白俄罗斯侧的保护区占地约1800平方千米，波兰侧占地约100平方千米，其中波兰侧的一小部分森林已被指定为国家公园。比亚沃韦扎国家森林公园88%的土地覆盖着原始针叶林与阔叶林，比如，针叶林品种有樟子松（Pinus silvestris）、挪威云杉（Picea abies）等，阔叶林有小叶椴（Tilia cordata）、夏栎（Quercus robur）、毛桦（Betula pubescens）和垂枝桦（Betula verrucosa）、挪威枫（Acer platanoides）及欧洲白蜡树（Fraxinus excelsior），其中不乏一些参天古树。在波兰境内的森林中，864棵树木因异常高大而被列为国家历史文物。

1932年，波兰将其境内的原始森林设为国家公园，标志着这片森林成为欧洲最早的保护区之一，首任园长是植物学家耶日·卡尔平斯基（Jerzy Karpinski）。自1929年起，耶日·卡尔平斯基便开始组织人们研究森林里的植物群，如今人们对植物的研究已经非常详尽。该森林里记录在册的维管植物共有900种，其中包括林木类26种、兰科植物12种、地衣类254种、苔藓类80种、真菌类300种。连接波兰比亚沃韦扎北部和西部的霍佐纳河（Hwozna）和纳雷夫卡河（Narewka）旁还生长着一些水生植物。

丰富的植物群只是这片森林的珍宝之一。同样得天独厚的还有其他动物群，包括驼鹿（Alces alces）、灰狼（Canis lupus）、野猪（Sus scrofa）、猞猁（Felis lynx）、河狸（Castor fiber）、水獭（Lutra lutra）和各种各样的鹿科动物。此外，这里还生活着232种鸟类及8500种昆虫。因此，也难怪俄罗斯沙皇和波兰君主曾将这片土地用作狩猎地。

该公园里最有名的动物当属欧洲野牛（Bison bonasus，当地的斯拉夫语称其为"zubr"）。欧洲野牛在欧洲经历了一段苦难史。许多描绘欧洲野牛的岩画证明了这种大型食草动物曾遍布俄罗斯、斯堪的纳维亚、西班牙和意大利。但由于人们的滥砍滥伐，欧洲野牛的栖息地范围逐渐缩小。此外，第一次世界大战爆发后又紧接着爆发了俄国十月革命，在此期间，饱受饥饿之苦的农村贫

> 第18页顶部 野猪是中欧和南欧森林中最常见的野生哺乳动物之一。在一些仍未受到人类活动影响的地区，它们维持着动物区系间的平衡。

> 第18页左下角 比亚沃韦扎森林横跨白俄罗斯和波兰，是欧洲最后一片原始森林。这片森林占地约1900平方千米。波兰境内的森林在14世纪曾是皇家狩猎地，1932年被设立为国家公园。

> 第18页右下角 该公园下层灌木丛的典型植被——苔藓植物和种子植物分布广泛，如玫瑰红葱（Allium roseum），如图所示，它们覆盖了大片区域。

▍第19页左侧 比亚沃韦扎国家森林公园里生长着900多种维管植物，隐秘的水塘蕨类植物和针叶树成了该地的典型景观。

▍第19页右侧 森林猫呈灰褐色，尾巴很长，体形比家猫稍大一些，在欧洲森林中十分常见。

20

▌第20页左上角 波兰研究所对比亚沃韦扎原始森林中的哺乳动物进行了研究,结果表明西方狍是狼和猞猁最钟爱的猎物。

▌第20页右上角 欧洲狼或灰狼是该地区主要的捕食性动物。据1993年的一项研究显示,66%的鹿、25%的西方狍和大多数的麋鹿几乎都落入狼口。

▌第20—21页 19世纪到20世纪,波兰政府实行了保育项目,这使得比亚沃韦扎国家森林公园中欧洲马鹿的数量不断增加。

▌第21页顶部 欧亚猞猁是一种独居动物,在波兰经常遭到猎杀。猞猁在喀尔巴阡山(Carpathians)和俄罗斯更为常见,但有相当数量的欧亚猞猁也出没于比亚沃韦扎地区。

▌第21页底部 20世纪,欧洲野牛濒临灭绝,此后便出台了人工圈养繁殖计划。该计划成效颇丰,如今比亚沃韦扎地区食的草动物数量约达400只,位居欧洲之首。

民便大肆屠杀欧洲野牛。1927年,世界各地的动物园里仅存有9头雄性和25头雌性欧洲野牛,它们似乎难逃灭绝的命运。所幸的是一些动物学家恪尽职守,从中挑选了13头野牛进行长达25年的圈养繁殖。人工繁殖的野牛群达到一定数量后,决定性的时刻到来了:1952年,人们在波兰放生了第一批野牛,剩下的野牛也被放生到立陶宛、乌克兰和俄罗斯三地。如今,在人们的密切关注下,欧洲野牛的数量已达3200头,其中有400头自由自在地生活在其史前祖先的栖息地——比亚沃韦扎国家森林公园。

巨人之路

英国

北爱尔兰，莫伊尔区
入选年份：1986
遴选标准：自（Ⅰ）（Ⅲ）

1693年，都柏林圣三一学院（Trinity College）的杰出学者理查德·伯克利爵士（Sir Richard Bulkeley）发表了一篇论文，称在爱尔兰的东北端发现了一片奇异海岸，而比德里（Derry）主教伯爵要更早一年发现此地。该论文发表后在英国皇家学会（Royal Society）成员中引起了一阵轰动。在安特里姆郡（County Antrim）的海滨上矗立着一些岩石，形状规则得像是人工精心凿刻出来一般。四年后，伦敦学院派了一位艺术家到现场勘察，以证明这个"自然奇观"的存在。

18世纪，艺术家和科学家都来游览巨人之路（Giant's Causeway），四万根玄武岩石柱排列整齐，铺就了一条延伸入海的堤道，此等奇异景象引起了他们对石柱起源的猜想。当地的古代居民认为，这条堤道是爱尔兰国王军队的巨人指挥官芬·麦库尔（Finn McCool）建造的。关于巨人之路传说的版本各异。最常见的版本是麦库尔为了把住在斯塔法岛（Staffa）上的爱人接到身旁而修建了这条堤道。斯塔法岛属于内赫布里底群岛（Hebride Islands），地貌与巨人之路相似。另一个版本则认为麦库尔修建此堤是为了方便与其苏格兰对手交战。

直至18世纪末，一些地质学家才给出说法，认为岩石形成是由火山喷发引起。但以理查德·科文（Richard Kirwan）为首的地质学家却认为这些岩石是矿物质在海水中沉淀的结果。自1830年巨人之路旁的第一条道路建成后，这些临海峭壁便成为当时富裕阶层游学旅行的去处之一，也在一些浪漫主义诗人的作品中有了身影。

关于巨人之路成因的官方解释在这一时期不攻自破。第三纪时期（5000万至6000万年前），安特里姆（Antrim）地区火山活动剧烈。一股股流体熔岩从石灰岩表面裂缝喷涌而出，形成了熔岩高原。灼热的熔岩迅速冷却使凝固的岩浆收缩。由于深度不同，物质冷却的速度也不同，这使得岩石裂缝呈现垂直形态，类似于泥浆干燥龟裂时的情景。

随着时间的推移，硬度最低的岩石受海水冲刷侵蚀，逐渐塑造出宏伟壮丽的相邻立柱，这些石柱沿着海岸排列成林，长达270多米，延伸入海约146米。多数石柱呈六边形（但也有四、五、八和十边形柱子），高度不超过6米。但"风琴"状巨石是个特例，它的高度可达12米。大气的侵蚀作用使玄武

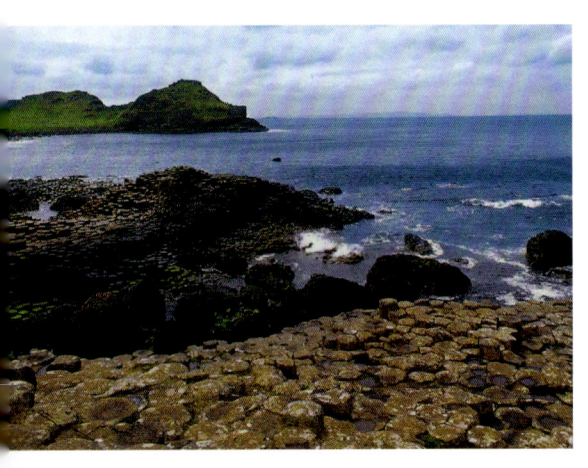

■ 第22页顶部　北极海鹦（Fraternula arctica）隶属海雀科，它们只群居于北部海域的海岸上。这种鸟的特征是喙上带有明显的彩色条纹。

■ 第22页左下角　1693年，巨人之路首次被世人发现，而后有关巨人之路的传说层出不穷，科学界也纷纷争论起了它的形成原因。直到19世纪中期，随着人们对地球的了解逐渐深入，巨石形成之谜才得以解开。

■ 第22页右下角　该地区约有80种候鸟和留鸟栖息于巨人之路，刀嘴海雀便是其中之一。因此，英国皇家鸟类保护协会将该地区视为鸟类的重要栖息地。

第 23 页 几千年来，玄武岩受到潮水冲刷侵蚀，潮水不断打磨着岩石棱角。

伦敦

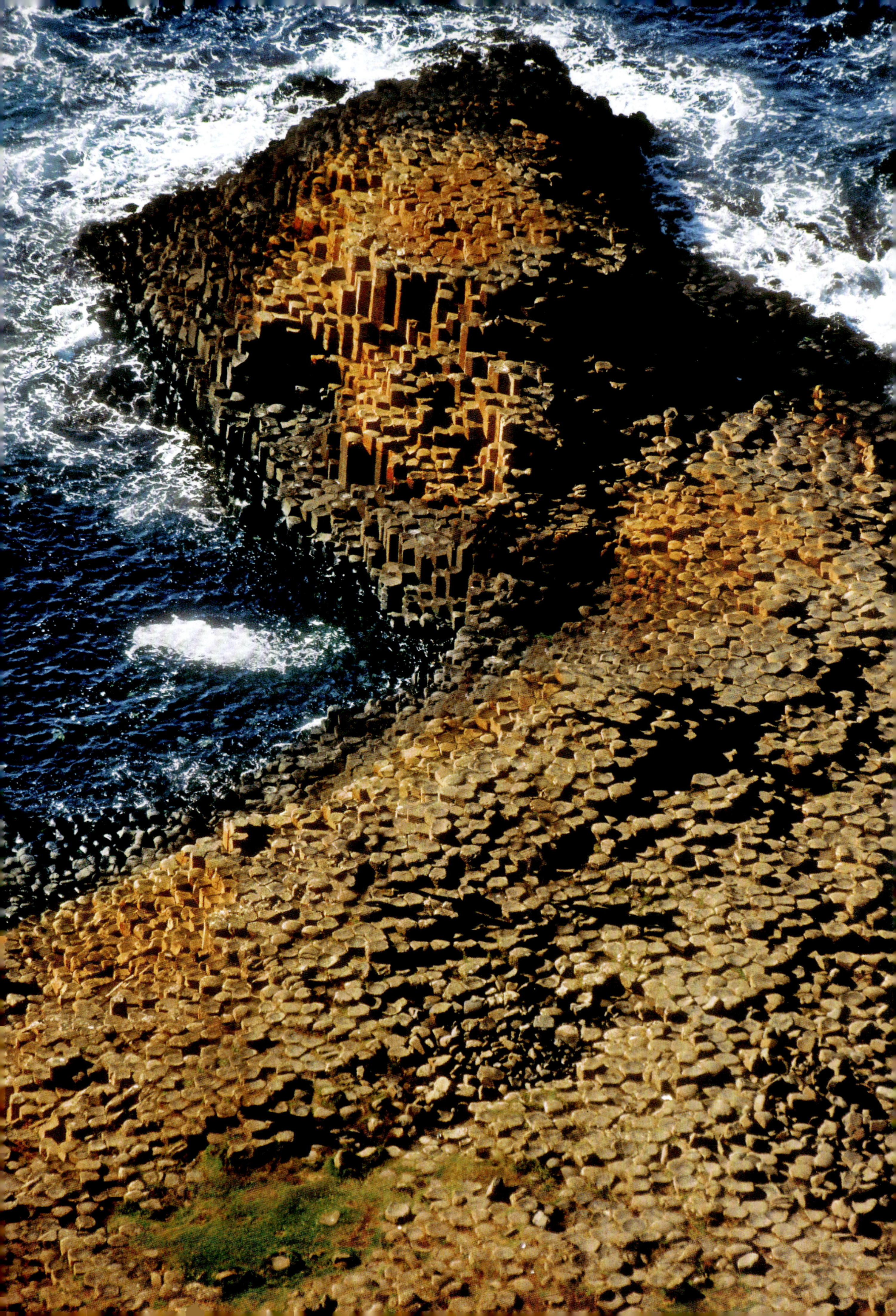

岩核心区的周围形成了一个环形构造，即著名的"巨人之眼"（Giant's Eyes）。

这条巨石之路的主要亮点在于其独特的地质特征，值得一提的还有它的海岸线。这条海岸线是许多海鸟的栖息地，如北极海燕（Arctic petrel）、角鸬鹚（double-crested cormorant）和刀嘴海雀（Alca torda）。英国国民信托（National Trust）起草了一份列有许多植物物种的清单，这些物种生长在峭壁边上，历经300年依然幸存于世。

▌第24页　5000万至6000万年前，剧烈的火山活动铺就了这条巨人之路，约有4万根玄武岩排列成林，长约270米，延伸入海约146米。

▌第25页左上角　有些"风琴"状巨石上的石柱是堤道中最高的，高度可达12米。

▌第25页右上角　玄武岩柱的形状一般为六边形，但也有四边、五边、八边和十边形的。

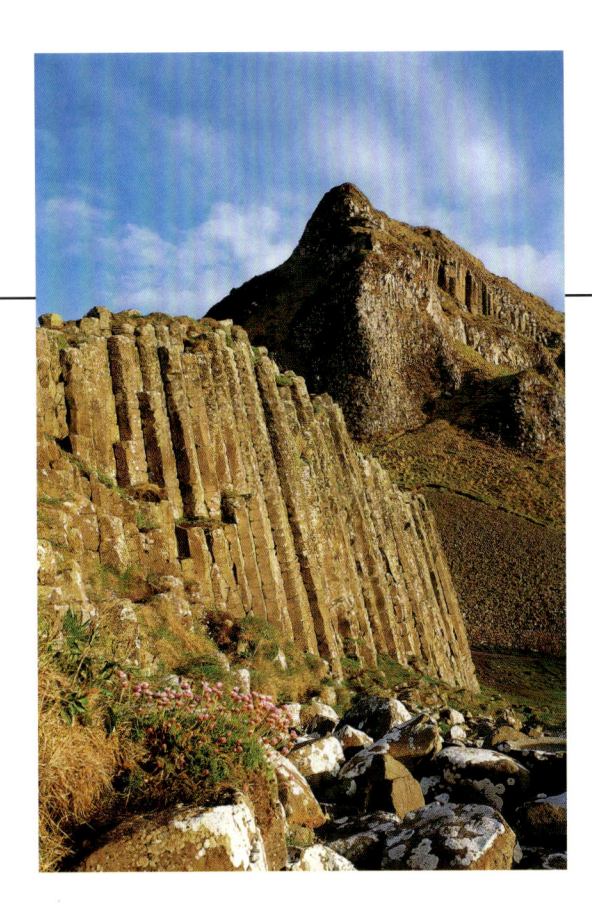

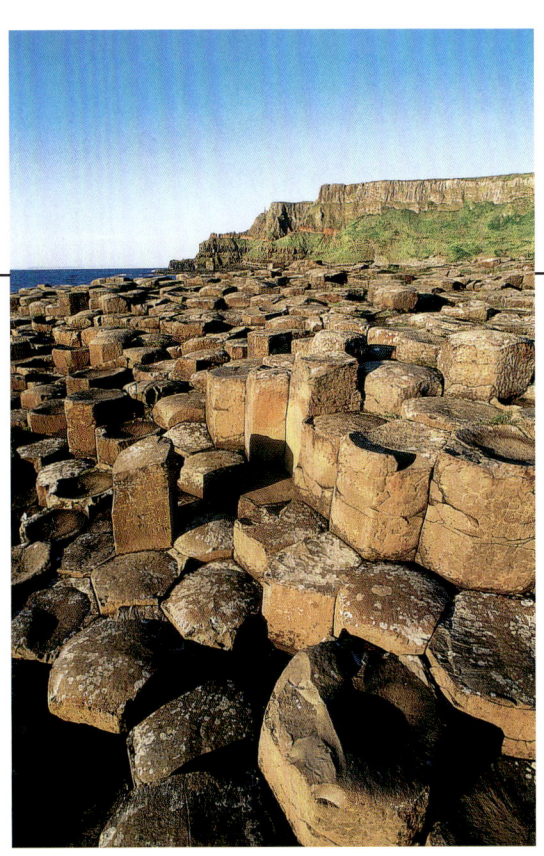

▌第25页中间右侧　暴雪鹱（Fulmarus glacialis）与北极雷鸟（Arctic ptarmigan）一样，属于在极北地区甚至北极圈内筑巢的鸟类之一。

▌第25页底部　堤道海岸（Causeway Coast）由一排巧夺天工的玄武岩峭壁拼凑而成。该海岸高约100米，占地约3885平方千米，因第三纪时期安特里姆高原的熔岩喷发而形成。

多塞特和东德文海岸

英国 | 多塞特和东德文，英格兰
入选年份：2001
遴选标准：自（I）

19世纪初，12岁的玛丽·安宁（Mary Anning）沿着海边小镇莱姆里吉斯（Lyme Regis）的陡岸行走时，发现了世界上第一块鱼龙化石。那个时候，伦敦十分流行收藏化石，白金汉宫内就曾收藏有大量珍贵化石，后来这些化石被陈列于英国自然历史博物馆主厅。几年后，玛丽·安宁又发现了第一块蛇颈龙（一种体形巨大的海生爬行动物）化石和一块翼手龙（鸟类的祖先）化石，她将这两块化石都捐赠给了哈佛大学。在出售化石维持生计的同时，毫无疑问，玛丽也在某种程度上给古生物史带来了一场革命。

早在1673年，英国博物学家约翰·雷（John Ray）就发现多塞特和东德文海岸（Coast of Dorset and East Devon）有大量的化石。从那以后，这片位于英格兰南部的海岸便成为地质研究的中心，见证了地质史上许多重大的进展。众多科学家慕名而来，如最早的英格兰地质图的汇编者威廉·史密斯（William Smith）、禽龙化石的发现者吉迪恩·曼特尔（Gideon Mantell）、英国地质调查局创始人亨利·德拉贝切（Sir Henry De la Beche）、达尔文在剑桥大学的导师约翰·史蒂文斯·亨斯洛（John Stevens Henslow）以及冰川地貌学创始人路易士·阿格西（Louis Agassiz）。简言之，多塞特和东德文成为全世界杰出的自然科学家们大展身手的地方。这片海岸位于英格兰南部，从东德文埃克斯茅斯（Exmouth）的奥科姆岩石群（Orcombe Rocks）一直延伸到多塞特斯塔德兰湾（Studland Bay），总长约154千米，地质条件非常特殊。由于海滨沿岸的崖壁被侵蚀，其岩石序列清晰可见，在这里能够看到三叠纪、侏罗纪和白垩纪时期（也就是整个中生代时期）几乎毫无间断的岩层序列，整个跨度大约1.9亿年。威克萨斯盆地（Wessex Basin）有些许下沉，遂沉积了许多岩石层。在这里大量岩石逐渐向东沉陷，因此最古老的岩石在西部区域，岩层越往东越新。

多塞特和东德文海岸的保护区分别建于1957年和1963年，占地约25.5平方千米。保护区内化石种类繁多，包括植物、昆虫、海洋无脊柱动物、鱼类、陆地和海洋爬虫动物以及哺乳动物的化石。这些化石见证了二叠纪和白垩纪的两次大灭绝事件。

多塞特和东德文的地貌颇具吸引力，展现了许多陆地板块的运动情况，比如海滩和礁湖的形成、崖壁所受的侵蚀作用、地层塌陷以及俯冲运动。经过300年的研究，科学家们发表了5000篇报告，并据此

▌第26页底部　杜德尔门（Durdle Door）是多塞特海岸最吸引人的地质景观之一。因化石种类多样，这里在17世纪时就已为人熟知。

▌第26—27页　金梅里奇海岸（Kimmeridge Coast）的历史可追溯到侏罗纪早期。这里的岩壁十分平滑，软黏土状的岩石受海水侵蚀，形成了一片广阔的海湾。

编制了《多塞特地质条件参考书目与索引》(Bibliography and Index of Dorset Geology)。由于学者们对该地区的研究兴趣不减,2000年和2001年,英国地质调查局决定出版一系列全新的多塞特海岸地图,此时与威廉·史密斯汇编第一批原版地图的时间已相隔180年。

▎第27页顶部　杜德尔门这个名称最初见于1811年的一幅地图。"门"是指岩石形成的巨大拱形,"杜德尔"一词则取自一个古代名字,含义尚不清楚。

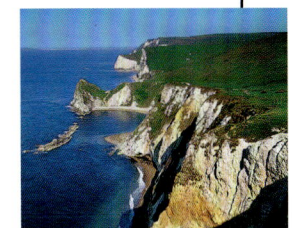

▎第27页中间右侧　多塞特和东德文的白色崖壁是当地奇异岩系的代表,这些岩系见证了整个中生代时期(持续1.9亿年之久)岩石的演化。当地的岩石沉积为科学家们研究恐龙时代提供了宝贵的知识财富。

▎第27页底部　拉尔沃思湾(Lulworth Cove)附近有侏罗纪时期的化石森林。这证明了针叶树在侏罗纪时期广泛分布于温带地区。

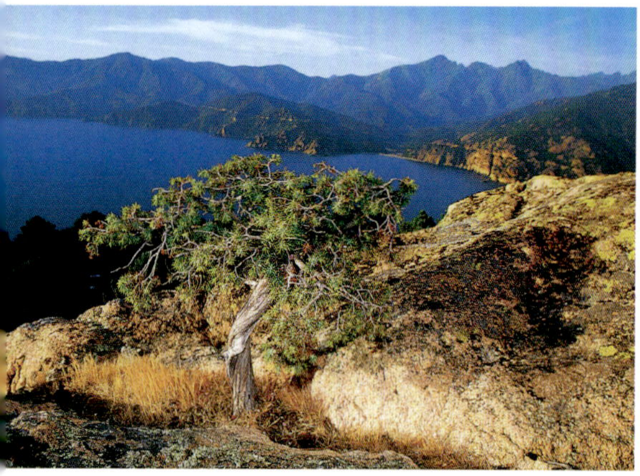

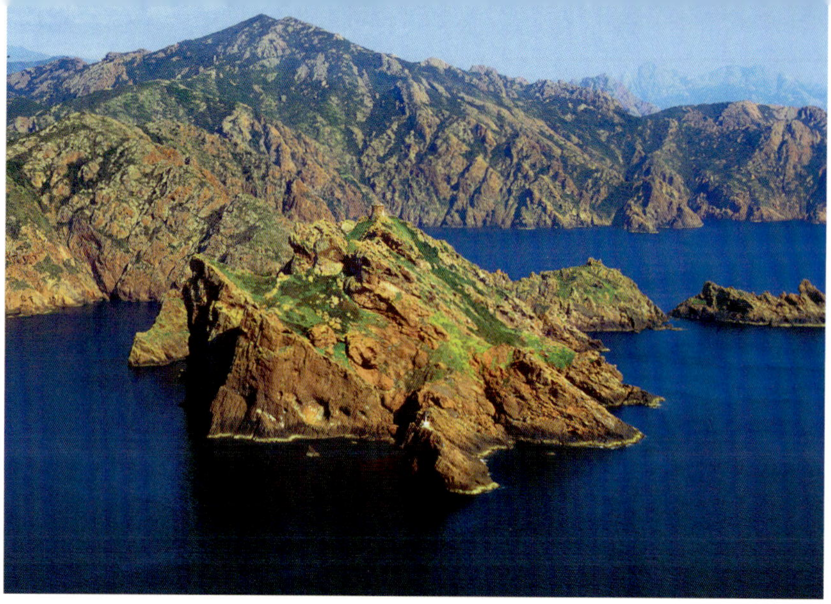

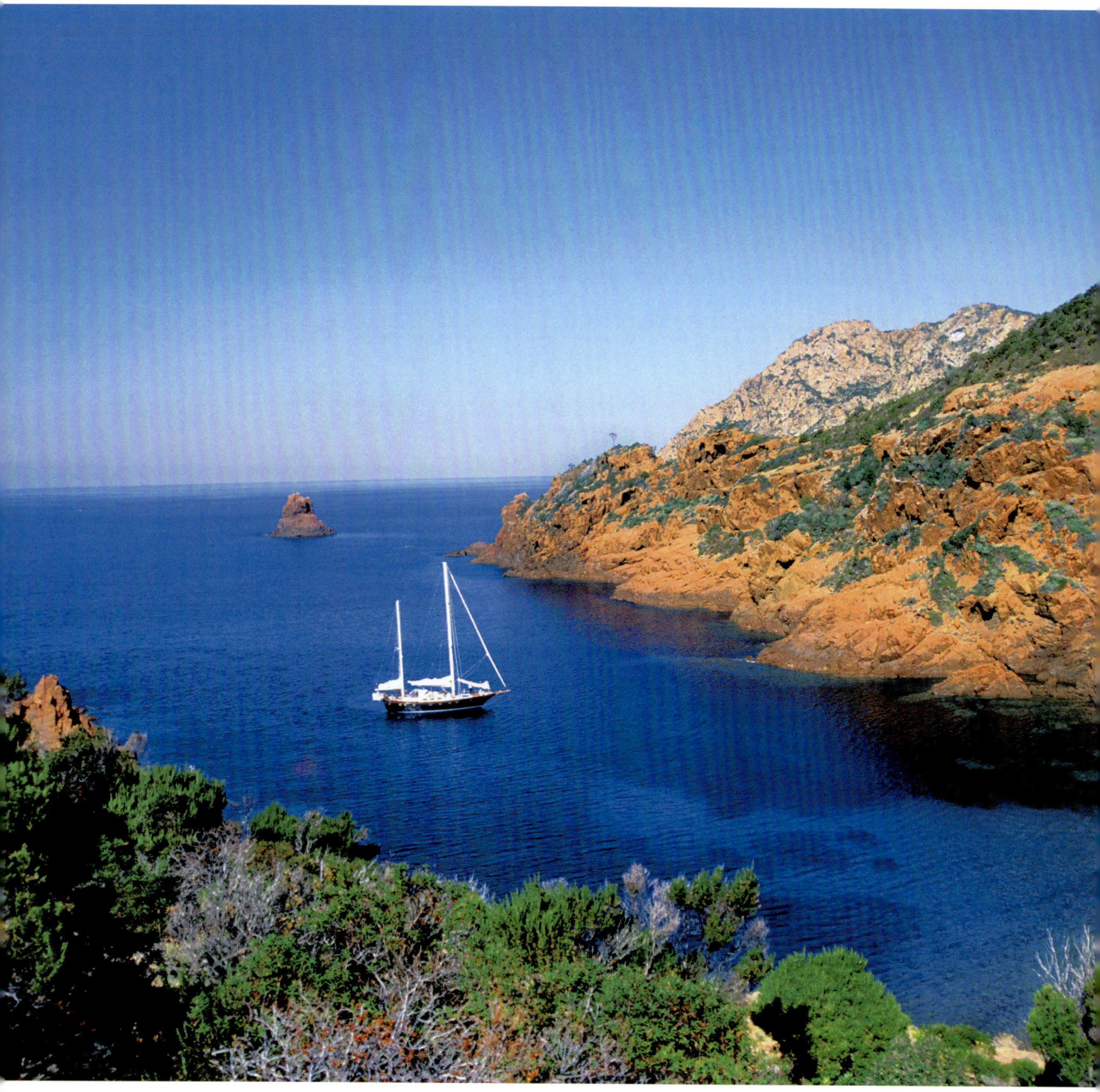

基罗拉塔和波尔图湾及斯康多拉保护区

法国 | 科西嘉岛
入选年份：1983
遴选标准：自（Ⅱ）（Ⅲ）（Ⅳ）

■ 第28页左上角 一棵欧洲刺柏（Juniperus communis）俯瞰着波尔图湾和皮亚纳的窄峡湾。海湾东北面的钦托山（Mount Cinto）海拔约2714米，是科西嘉岛的最高峰。

■ 第28页右上角 蓬塔普拉组岛（Punta Palazzu）和具有当地特色的嘎甘纳鲁岛（Garganellu islet）上分布着红色的岩石，这些岩石是斯康多拉保护区的地理分界线之一。

■ 第28—29页 斯康多拉保护区成立于1975年，占地面积超过19.4平方千米。岩石上生长的植物大多属于香桃木属、黄连木属、帚石楠属、栎属和草莓树属。

■ 第29页底部 摩弗伦羊（Ovis musimon）是欧洲唯一一种野生绵羊，已在科西嘉岛和撒丁岛生活了几千年。据估测，该区域大约有500只摩弗伦羊。

中世纪末期，法国、海洋强国——比萨共和国（Pisa）和意大利第勒尼安海岸（Tyrrhenian coast）的热那亚（Genoa）都瞄准了科西嘉岛，准备征服此区域。1559年，热那亚最终取胜，并开始了对科西嘉岛将近两个世纪的统治。为了捍卫他们的胜利果实，热那亚的统治者请来最优秀的军事建筑师为他们建造了壮观的军事要塞，卡尔维（Calvi）和博尼法乔（Bonifacio）就是那时建造的。他们还建造了教堂和宫殿，比如巴斯蒂亚总督府（Governor's Palace in Bastia）。除此之外，阿莱利亚（Aleria）、缇兹诺（Tizzano）和波尔图基罗拉塔湾等地的小堡垒也是那个时候建造的。

基罗拉塔堡垒高耸于海岬之上，俯瞰着下面的基罗拉塔海湾，从堡垒可以通向基罗拉塔村庄。这是个偏远的渔村，进入村庄的方式只有两种：乘船到达，或者是沿着堡垒与海湾之间曲折蜿蜒的田间小径跋涉而至。田间小径的两侧是红色岩石，岩石旁生长着地中海灌木。从基罗拉塔湾出发，一路行至斯康多拉保护区是一段不错的体验。基罗拉塔湾、波尔图湾连同皮亚纳的加朗什峭壁（Piana Calanches）一起，被列入首批《世界遗产名录》。

斯康多拉保护区建于1975年，占地19.4平方千米，它是法国第一个海陆公园。而基罗拉塔和波尔图湾及斯康多拉保护区（Cap Girolata, Cap Porto, Scandola Nature Reserve and Piana Calanches）整体的占地面积相对较大，约有119平方千米，大部分都位于科西嘉地区自然公园内，并以普里塔穆奇里纳（Punta Muchillina）和福尔诺河口（Forno Torrent）为其陆地边界。

从地质学的角度来看，斯康多拉半岛是火山剧烈活动的结果。二叠纪时期，该地区火山活动频繁，火山喷发时，红色的流纹岩和玄武岩喷涌而出，到达地表，经过海水和天气的持续影响，最终使该地区呈现出众多尖峰、岩洞和岩石岛聚集的景观，可谓地中海地区最为壮观的景色之一。

该区域内共有600种植物，其中34种为当地特有，450种藻类植物基

●阿雅克肖

■ 第30页左上角 鹗（Pandion haliaetus）是斯康多拉保护区的标志性保护动物，如今地中海区域仅存几十只，许多都栖息于科西嘉岛附近海域。

■ 第30页右上角 斯康多拉保护区内栖息有几十只欧鸬鹚（Phalacrocorax aristotelis）。与一般鸬鹚相比，欧鸬鹚体形更小，喙更细长，求偶时头部会有一簇羽毛竖起。

■ 第30页中间左侧 黄喉蜂虎（Merops apiaster）是一种长约30厘米的候鸟，栖息于意大利和科西嘉岛，冬季会迁徙至非洲南部。

■ 第30页底部 基罗拉塔湾附近多峭壁，因此该区域的交通十分不便。这也是东北部的基罗拉塔村庄只能通过乘船或田间小路的艰难跋涉才能抵达的原因。

■ 第31页 卡波罗索（Capo Rosso）的峭壁是波尔图湾的最南端。基罗拉塔和波尔图湾及斯康多拉保护区占地约1200平方千米，其中的大部分区域都位于科西嘉地区自然公园内。

本囊括了地中海地区所有的水生植物类型。许多植物在整个科西嘉岛范围内仅存在于斯康多拉保护区。在水下约46米的海床表面，能看到一层厚厚的波喜荡（Posidonia）海藻。还有一种叫做石枝藻（Lythophyllum）的植物，经常缠绕于石灰岩表面，形成岩石衬垫。在蓬塔帕拉佐（Punta Palazzu），石枝藻形成了一条长约100米、宽约1.8米的人行道。斯康多拉的崖壁上则混杂分布着香桃木属、黄连木属、乔木状大戟属、帚石楠属、冬青属和浆果鹃属植物。

斯康多拉还有丰富的海洋动物，包括125种鱼类和许多海洋无脊椎动物，还有两种动物是欧洲的濒危保护动物。这里有230种留鸟和候鸟，其中包含游隼（Falco peregrinus）、鹗（Pandion haliaetus）、灰鹱（Puffinus griseus）和欧鸬鹚（Phalacrocorax aristotelis）。直至几年前，斯康多拉还一直是最后一批僧海豹（Monachus monachus）的庇护所，但现在，整个地中海地区都很难再见到这种动物。僧海豹在此区域绝迹，鹗就成为斯康多拉地区的重点保护动物。

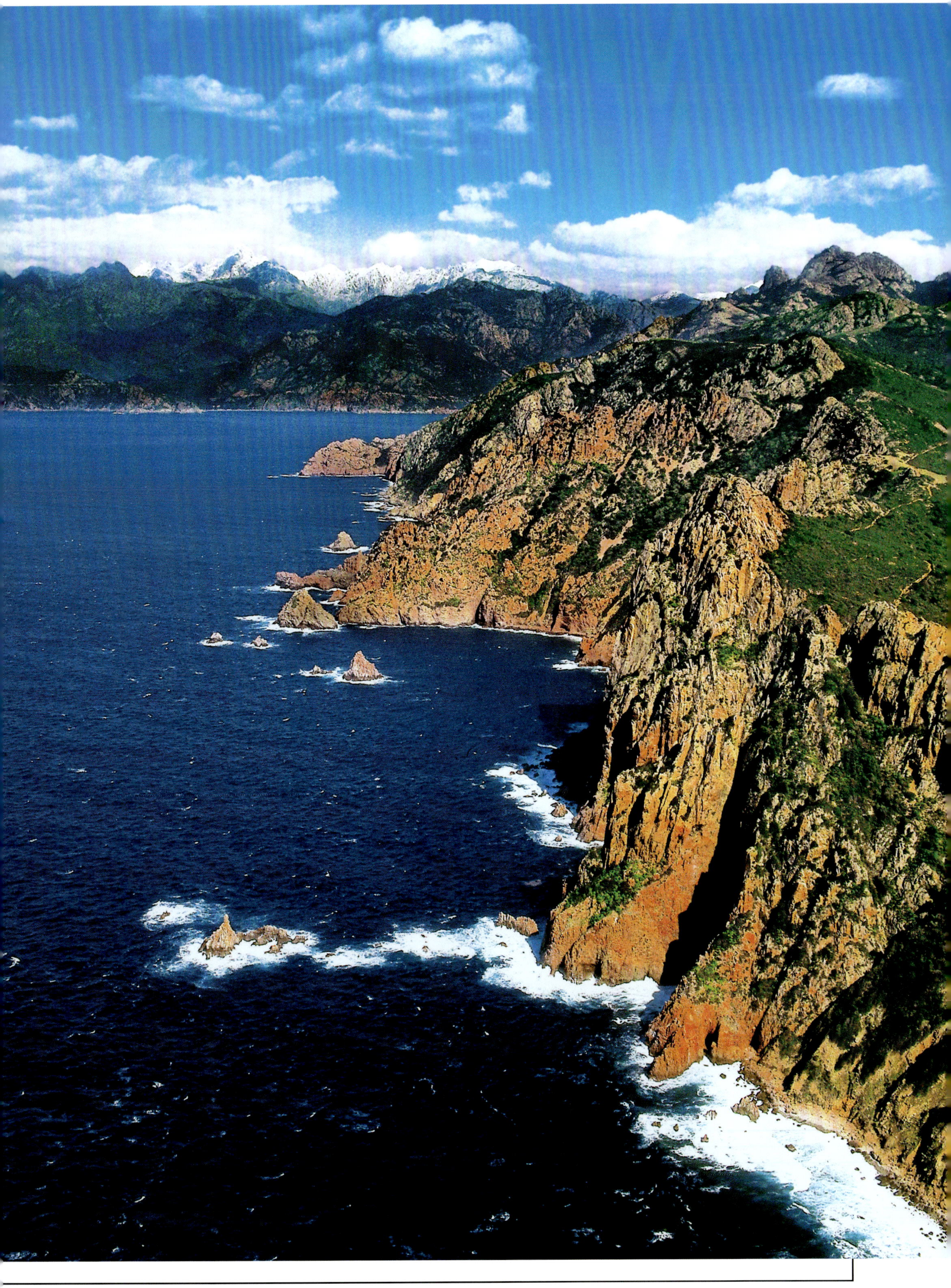

比利牛斯—珀杜山

法国 / 西班牙

法国上比利牛斯省；
西班牙韦斯卡省阿拉贡自治区
入选年份：1997
扩增部分：1999
遴选标准：自（Ⅰ）（Ⅲ）；文（Ⅲ）（Ⅳ）（Ⅴ）

20世纪，工业发展极大地改变了欧洲山区的生活风俗，不过在春天还是可以经常看到牧羊人在比利牛斯（Pyrénées）山坡的高海拔地区放牧。夏季放牧是一种动物育种方法，由新石器时代的半游牧牧羊人创立，应用范围曾遍及南欧各地，不过现如今只有小部分群体还在使用这种方法。

从4万年前的人居遗迹可以看出，旧石器时期，古欧洲人已经适应了珀杜山（西班牙语：Monte Perdido）山谷的寒冷气候。数千年来，当地的居民感受到自然的无情与友好，不断适应着自然。

比利牛斯—珀杜山（Pyrénées-Mont Perdu）由联合国教科文组织命名，由西班牙的奥尔德萨和佩尔迪多山国家公园（Parque Naciónal de Ordesay Monte Perdído）和法国的比利牛斯国家公园（Parque National des Pyrénées Occidentales）组成。该地区位于比利牛斯山中部，占地面积约为298平方千米，从海拔600米的山坡一直延伸到3352米的珀杜山山顶。比利牛斯—珀杜山为石灰质山岩，山间布有湖泊、瀑布、冰川、尖石、深谷和峭壁，依据地貌可划分为三个区域。一处在北部地区，由三大相交的峡谷组成，峡谷顶峰为片岩和砂岩。另一处是陡峭的石灰岩山体，峰顶海拔几乎均高于3000米。还有一处位于南部地区，是由片岩和砂岩组成的高原。

该地区不同的海拔高度对应了五种不同的植被类型：亚地中海植被、丘陵植被、山地植被、亚高山植被和高山植被。山谷等海拔较低地区的植被主要是圆叶栎（Quercus ilex rotundifolia）和葡萄牙橡树（Quercus faginea）这两种橡树。随着海拔的升高，植被变为无梗花栎（Quercus sessiliflora）、欧洲山毛榉（Fagus sylvatica）、银冷杉（Abies alba）和欧洲赤松（Pinus sylvestris）。亚高山植被主要为山赤松（Pinus uncinata）。高山植被是当地特有物种虎耳草（Saxifraga iratiana）。

在动物群方面，比利牛斯—珀杜山公园栖息着许多种爬行动物和两栖动物，以及典型的栖息于山地的鸟类，其中包括猛禽。胡兀鹫（Gypetus barbatus）在欧洲的数量减少，令人担忧，因此需要加强对它们的保护，其地位也更加重要。此外，该地区还有许多典型的栖息于山地的哺乳动物，如阿尔卑斯旱獭（Marmota monax）、白鼬（Mustela erminea），以及有蹄动物，包括西方狍（Capreolus Capreolus）和目前数量仅存800只的比利牛斯臆羚（Rupicapra pyrenaica）。

比利牛斯山北山羊（Capra pyrenaica pyrenaica）的命运更令人担忧。其为一种野山羊，曾仅存3只，且都为雌性。2000年1月5日，阿拉贡（Aragona）政府证实，最后一只西班牙羱羊已经死亡。这只西班牙羱羊身上配有无线电项圈，以便监测其活动情况，被发现死于奥尔德萨和佩尔迪多山国家公园的"佩莱腰带"（Faja de Pelay）附近。

▌**第32页左上角** 20世纪初，胡兀鹫在阿尔卑斯山绝迹，但在比利牛斯山幸存下来。胡兀鹫翼展超过2.7米，是一种大型猛禽，并不捕食，主要以动物尸体为食。

▌**第32页左下角** 19世纪时，人们认为狮鹫濒临灭绝。1945年，法国比利牛斯山仅存40对狮鹫。20世纪70年代采取了对狮鹫的保护政策，使其数量增加到了1200~1500只。

▌**第32页右侧** 西班牙山羊（Capra pyrenaica victoriae）是比利牛斯山当地特有的山羊四个亚种之一。

第33页 奥尔德萨峡谷（Ordesa canyon）位于西班牙境内的比利牛斯—珀杜山公园，受冰川作用以及后来受里约热内卢河（Rio Arazas）的水流下切作用而形成。该峡谷引人注目，有近914米深，切入佩尔迪多山（Mount Perdido）的砂岩山体中，十分壮观。

多南那国家公园

西班牙 | 安达卢西亚瓜达尔基维尔河三角洲
入选年份：1994
遴选标准：自（Ⅱ）（Ⅲ）（Ⅳ）

据说，锡多尼亚城（Medina Sidonia）女公爵安娜·德·席尔瓦·伊·门多萨（Ana de Silvay Mendoza）由于爱情失意，把自己关到了位于瓜达尔基维尔河三角洲（Guadalquivír）的斯巴达式住宅中，与世隔绝（卡斯蒂利亚王国的国王曾在此建立了狩猎保护区）。自那时起，附近渔村的居民把这片区域称为"唐娜安娜（Doña Ana）森林"，简称"多南那（Doñana）森林"。

几百年后，1969年，西班牙政府在这片区域设立了多南那国家公园（Parque Nacional de Coto Doñana），占据瓜达尔基维尔河三角洲350平方千米。瓜达尔基维尔河最初由摩尔人（Moors）命名为大河（Wada-al-Kebir）。该河流三角洲非常不同寻常，只有一条支流汇入大西洋，因此一些人更愿意称之为河口。该支流入海口位于桑卢卡尔－德巴拉梅（Sanlúcar de Barrameda）北部。其他支流已经逐渐被沙洲所阻挡，沙洲从靠近帕洛斯（Palos）的力拓河（Rio Tinto）河口一直延伸到对岸的桑卢卡尔（Sanlúcar）。沙洲被风逐渐塑造成一个高大的形状复杂的沙丘。沙丘的另一边是沼泽，这使得多南那成为欧洲一个独特的地区。

目前，标志着多南那沼泽边缘的阿雷纳斯（Arenas Gordas，意为"肥沙"）由北向南延伸了大约72千米，在最南端被河口切断。沼泽占地面积1150平方千米。海岸沙丘、沼泽和湿地的复杂生态系统形成了典型的地中海植被生长环境，例如寻石楠、乳香黄连木、迷迭香和薰衣草等地中海植被。除此之外还有西班牙栓皮栎森林的遗迹。

▌第 34 页 多南那国家公园的沼泽是 300 多种鸟类的聚集地，其中只有很少一部分是留鸟。一些鸟类从北欧迁徙而来过冬，还有一些从非洲迁徙而来度夏。

▌第 34—35 页 多南那国家公园位于瓜达尔基维尔河三角洲，始建于 1969 年，占地面积约 324 平方千米。该公园组成一个复杂的生态系统，包括海岸沙丘、沼泽和带有地中海植物群的湿地。

▌第 35 页顶部 图为一群母黇鹿（Dama Dama）在罗西奥湿地（Madre de las Marismas del Rocio）中寻找食物。黇鹿原产于小亚细亚，后由腓尼基人引入欧洲。

▌第 35 页中间 草鹭（Ardea purpurea）有着细长的脖子和长长的喙，羽毛为浓厚的褐色和黄褐色，身体上部呈浅灰色，下部呈浅红色。

▌第 35 页底部 牛背鹭（Bubulcus ibis）在世界各地均有分布，它们经常成群出没于湿地，在树上、芦苇滩上或灌木丛中筑巢。

■ 第36页顶部 普通燕鸥（Sterna hirundo）是一种候鸟，身长大约43厘米。8月到10月之间，栖息于多南那国家公园的普通燕鸥会离开欧洲，前往西非过冬。

■ 第36—37页 安萨雷斯山（Cerro de los Ansaresv）的海岸沙丘（"鸭子山"）是一个延伸至内陆的多变屏障，每日都改变着陆地形态。

一年四季，300多种鸟类栖息于多南那国家公园，其中一些鸟类是留鸟，一些鸟类从北欧迁徙而来过冬，还有一些从非洲迁徙而来度夏。

冬季的雨水有助于形成巨大沼泽，沼泽深0.3~0.6米。在这里，涉禽、燕鸥和其他水鸟在贝塔斯岛（Vetas）上筑巢，冬天鸭子和鹅也在此栖息，多南那国家公园因此成了一个重要的栖息中转地，至少有100万只鸟在这里找到了栖身之所。

2月，白琵鹭（Platalea leucorodia）从北非远道而来，在西班牙栓皮栎上筑巢。一个月后，公园的水位开始下降，白肩雕（Aquila heliaca）也迎来了产卵期，研究人员可以借此机会计算白肩雕这种即将灭绝的猛禽的数量。多南那国家公园栖息着大约15对白肩雕，占现存总数的三分之一。每对白肩雕需要一定大小的捕食地才得以生存。夏天，它们需要2.6平方千米的捕食地，冬天则需更多，对生存条件的高要求加剧了其存活难度。

女公爵在世时，地图上还没有标注出多南那。近几十年来，该地区的边界得以划定。然而，由于多南那靠近农业地区，大量农药被冲入了多南那国家公园的水域中，带来了严重威胁。此外，塞维利亚（Seville）附近的阿斯纳科利亚尔（Aznalcóllar）的硫黄矿及其废料也污染着公园水域。

▍第37页右上角 多南那国家公园栖息着许多大型有蹄动物，比如欧洲马鹿（Cervo elaphus）。园区中共有90种大型有蹄动物。

▍第37页左上角 从高空往下看，科托·多南那（Coto Doñana）北部的海岸植被延伸至马塔拉斯卡尼亚斯（Matalascanas）海滩，最终消失于视野之外。

▍第37页底部 这片广袤无垠的阿尔盖达松林（Pinar de la algaida）是为数不多的仍保存完好的欧洲森林之一，林中是意大利石松（Pinus pinea）和乳香黄连木（lentisk）。

马德拉月桂树公园

葡萄牙 | 马德拉岛
入选年份：1999
遴选标准：自（Ⅱ）（Ⅳ）

第三纪时，欧洲南部和非洲西北部的大部分地区覆盖着茂密的樟科植物（包括月桂和樟树）森林。大约一万年前，气候变化导致北极冰川向南推进，地中海盆地平均气温骤降，繁茂的樟科植物逐渐由此在地中海盆地（Mediterranean basin）绝迹。

未受冰川影响地区的月桂树森林得以幸存，这些地区包括佛得角群岛（Cape Verde）、加那利群岛（Canary）和亚速尔群岛（Azores），以及丰沙尔群岛（Funchals）。其中丰沙尔群岛包括马德拉岛（Island of Madeira）、圣港岛（Porto Santo）、德赛塔群岛（Desertas）和萨维奇群岛（Salvagens）。很久以后，葡萄牙人若昂·贡萨尔维斯·扎尔科（João Goncalves Zarco）于1419年在圣港岛躲避风暴时发现了丰沙尔群岛。他发现马德拉岛无人居住，岛上90%的面积都覆盖着樟科植物森林。

"月桂林（laurisilva）"一词由拉丁文"月桂（laurus）"和"森林（silva）"组合而成。马德拉月桂树公园（Laurisilva of Madeira）的月桂林面积位居世界第一，然而该区月桂林的面积却已减少，仅占马德拉岛22%的面积，占地面积149.7平方千米，主要分布于马德拉岛北侧海拔305~1311米的地域。该区域内的月桂林全部位于马德拉自然公园（Parque Natural da Madeira）。马德拉自然公园于1982年创建，属于潮湿的亚热带地区，有着珍稀的生态系统。

这片森林由丰沙尔群岛特有的树种组成，这些树种分为两类：南坡上的干燥月桂林，包括金丝雀月桂树（Apollonias barbujana）和雅木犀（Picconia excelsa），以及北坡和沟谷里的潮湿月桂林，主要由亚速尔月桂（Laurus azorica）、臭木樟（Ocotea foetans）和印度鳄梨（Persea indica）构成。林下植物种类丰富，许多为当地特有：苔藓植物和地衣类植物种类多样，展现了当地的生物多样性。总的来说，马德拉岛的月桂林共有1226种维管植物，其中120多种为丰沙尔群岛特有，66种为马德拉岛特有。

马德拉月桂树公园的动物群种类较少，许多物种已被列入保护名单，其中最重要的是鸟类。该公园共记录有295种鸟类，42种在马德拉岛上筑巢。其中马德拉圆尾鹱（Pterodroma Madeira）和长趾鸽（Colomba trocaz）为马德拉特有。这两种鸟类和佛得角圆尾鹱（Pterodroma feae）一起被列入了《世界自然保护联盟濒危物种红色名录》（International Union for Conservation of Nature's Red List）。

马德拉月桂树公园还栖息着500种无脊椎动物，比如软体动物、昆虫、蜘蛛；还有一种蜥蜴（Lacerta duguesii）和两种哺乳动物。这两种哺乳动物分别是小山蝠（Nyctalus leisleri verruscosus）和马德拉伏翼（Pipistrellus maderensis）。

这片奇特的月桂林保护着马德拉岛，使其免遭侵蚀。月桂林植物种类多样，状态良好，具有典型的平衡的生态系统的活力。然而，月桂林仍然面临面积减小的威胁。尤其是相思树

▌ 第38页顶部　由于栖息地减少、赖以生存的树木被砍伐以及猎物昆虫的消失，欧洲各地的山蝠正在逐渐消失。人们认为马德拉山蝠（Nyctalus leisleri，属于疣状目）非常脆弱，而马德拉月桂树公园保护区的建立给了小山蝠——蝙蝠的"表亲"以生存机会。

▌ 第38页底部　月桂林是马德拉岛的主要植被。当地的植物区系还包括许多大戟科植物，特别是墨麒麟（Euphorbia canariensis）和凤仙大戟（Euphorbia balsamifera），它们是干旱地区的典型植被。

▌ 第38—39页　马德拉月桂树公园的北坡和峡谷地带的湿区生长着繁茂的地衣松萝属多种（Usnea spp.）。

▌ 第39左下角　马德拉月桂树公园的植物群种类多样，包括1226种维管植物，其中120多种为丰沙尔群岛特有，66种为马德拉岛特有。

属和海桐花属等外来物种带来的威胁，以及放牧地区的管理不善阻碍了月桂林向废弃农村地区的自然扩展。此外，最近旅游业的发展进一步加大了对马德拉月桂树公园脆弱的生态环境的压力，因此该岛当局决定限制旅客人流量。

▌第39页右下角　马德拉月桂树公园属副热带湿润气候，全年平均气温稳定，雨量充沛。马德拉月桂林90%的面积是原始森林。

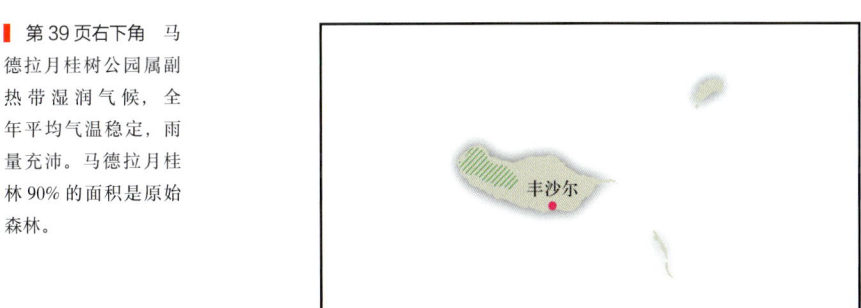

丰沙尔

少女峰 – 阿雷奇冰河 – 毕奇霍恩峰

瑞士 | 伯尔尼州和瓦莱州
入选年份：2001
遴选标准：自（Ⅰ）（Ⅱ）（Ⅲ）

■ 第40页顶部 臆羚（Rupicapra Rupicapra）已经适应了恶劣、陡峭的斜坡环境，在阿勒峡谷找到了理想的栖息地。

■ 第40页底部 少女峰（Jungfrau）海拔4158米，是阿勒山最高的山峰之一。少女峰与阿勒山山体边缘的其他山峰一样，主要由片麻岩和片岩构成。

■ 第41页顶部 普通鵟（Buteo buteo）外形似鹰，但体形比鹰小，生活在欧洲、中亚和北亚。

■ 第41页底部 现在羱羊（Capra ibex）已经在阿勒山的高山区绝迹了，不过意大利的大帕拉迪索国家公园（Gran Paradiso National Park in Italy）重新引入了羱羊。

两个世纪前，瑞士成为旅游胜地，赢得了"冰川之国"的称号。当时最先前往瑞士游览的游客是自然主义者和"绅士"登山者。多位诗人和科学家赞颂了瑞士的高峰和广阔的白色冰原，其中包括歌德（Goethe）、冯·哈勒（von Haller）、舒尔茨（Scheutzer）以及德·索绪尔（de Saussure）。瑞士的浪漫形象声名在外，离不开大批插画家的努力，其中贡献最大的是卡斯帕尔·沃尔夫（Caspar Wolf）。1773年至1778年，他创作了几百张水彩画和油画，以表达对瑞士这一山川之国的敬意。

最近，经统计学家计算，如果巨大的冰川延伸到瑞士联邦各州，它将覆盖瑞士整个国家，覆盖深度可达1.37米。事实上，这可能就是瑞士在第四纪冰河时期的样子。当时遗留下来的最大的遗产是阿雷奇冰河（Aletschhorn），它是欧亚大陆西部最大的冰川，占地面积88平方千米，冰川最厚部分位于康科迪亚普拉兹（Konkordiaplatz），厚度达890米。

阿雷奇冰河还有其他令人称道之处。一个多世纪以前，人们在阿尔卑斯山（Alp）的最高峰——少女峰（Jungfrau）上修建了齿轨铁路，自此，阿雷奇冰河的白色雪原便可尽收眼底，触手可及。该铁路海拔最高的火车站是少女峰山坳站（Jungfraujoch），高达3454米。1841年到1846年间，科学家路易士·阿格西（Louis Agassiz）通过对阿雷奇冰河和少女峰的研究，提出了自己的冰期旋回理论，这一理论至今仍是所有现代冰川学的基础。冰川学现今可以运用先进的仪器和卫星测量，精确地测量世界各地冰川的萎缩情况，而冰川的萎缩情况令人担忧。

少女峰-阿雷奇冰河-毕奇霍恩峰（Jungfrau, Aletschhorn and Bietschhorn）受到联合国教科文组织保护，占地面积约539平方千米，海拔899~4274米。该地区主要由锯齿状的阿勒山（Aar）构成，阿勒山由4.5亿至4亿年前的变质岩的和形成时间较晚的花岗岩组成。少女峰、僧侣峰（Mönch）、阿雷奇冰河、大菲施山（Fiescherhorn）、格林峰（Grünhorn）和芬斯特拉峰（Finsteraahorn）均由片麻岩和片岩构成。这些山峰海拔超过4000米，位于阿勒山的外部区域。该地区的中心部分是毕奇霍恩峰（Bietschhorn），由长100千米、宽10千米的花岗岩体构成。

阿勒山有多种不同寻常的冰川现象：U形谷、冰碛、冰川边缘和裂缝。这些冰川现象各有特点，使得阿勒山成为未来研究由气候变化导致地貌改变的绝佳之地。该地区的植物群地位重要，有529种种子植物和蕨类植物，非常值得关注。除此之外，这里还有一片位于海拔1981米的巨大林地，包括北坡的欧洲山松（Pinus mugo）、南坡的岩槭（Acer pseudoplatanus）和欧洲山毛榉（Fagus sylvatica）。

该地区已被保护了70年，是多种动物的栖息地。这里生活着许多有蹄类动物、狐狸、土拨鼠和猛禽，几十年前重新引进的欧亚猞猁（Felis lynx）现在也很常见。乘坐火车驶上少女峰，你甚至有机会看到欧亚猞猁在雪地上轻快地奔跑。

伊索莱约里（伊奥利亚群岛）

意大利

西西里
入选年份：2000
遴选标准：自（Ⅰ）

■ 第42—43页 皮亚诺德尔波尔托村（Piano del Porto）位于武尔卡诺岛（Vulcano）火山脚下。该村将主火山的火山口与岛上的另一处小火山系统分隔开来，后者在16世纪中期开始处于休眠状态。

■ 第42页底部 此图从利帕里（Lipari）角度拍摄。武尔卡诺岛（Vulcano）是伊奥利亚群岛（Aeolians）中最大的岛屿。公元前5000年，人们从西西里岛（Sicily）来到武尔卡诺岛，并在高地定居。

考古研究表明，早在公元前5000年至公元前4000年，就已经有人在伊奥利亚群岛上（Aeolian Islands）定居，当时该群岛是东西方重要的贸易中心。伊奥利亚群岛因火山活动而形成，因此有着丰富的黑曜石矿（一种类似黑色玻璃的石头）。这种石头经过打磨和削尖之后，可以用来制作武器和工具。而黑曜石贸易也使得第一批孕育于利帕里高地的文明得以繁荣发展。

很久之后，在公元前580年，希腊人占领了七个岛屿——利帕里（Lipari）、帕纳雷阿（Panarea）、武尔卡诺（Vulcano）、斯特龙博利（Stromboli）、阿利库迪（Alicudi）、菲利库迪（Filicudi）和萨利纳（Salina），并将这些岛屿献给了风神埃俄罗斯（Aeolus）。《荷马史诗》中就写到英雄奥德修斯（Odysseus）曾来过伊奥利亚群岛。在岛上，埃俄罗斯送给了奥德修斯一口袋风，帮助奥德修斯的船回到伊萨卡（Ithaca）。然而奥德修斯的船员却在返途中打开羊皮口袋，放走了口袋里的风，使得奥德修斯的船只能在海上继续漫长的漂泊。

传说表明了这个位于西西里海岸北部的小群岛在地中海历史上极为重要。从地质学角度来看，伊奥利亚群岛形成于约10万年前的一系列火山喷发活动。虽然形成时间非常久远，但它仍然吸引着许多火山学学者。至少在200年前，就有火山学家来到伊奥利亚群岛进行实地研究。1891年，朱塞佩·麦加利（Giuseppe Mercalli，麦加利地震烈度表以其为名）在记录岛上1888年至1890年的火山喷发活动时首次定义了"武尔卡诺式"火山喷发。"武尔卡诺式"火山喷发活动是一种爆炸性活动，爆发过程中会向空中喷射熔岩碎片。由于这些熔岩碎片已经部分凝固，因此喷射到空中时不会呈现圆形。而"斯特龙博利式"（中间式）火山活动指的同一火山口的间歇性喷发活动，会喷射出少量玄武岩熔岩。

这两类火山喷发活动的名称分别源自伊奥利亚群岛火山活动最活跃的两座岛屿——武尔卡诺岛和斯特龙博利岛。尽管麦加利记录的是武尔卡诺火山的最后一次大型喷发活动，但斯特龙博利火山仍会进行间歇性小型喷发活动。1919年和1930年，斯特龙博利火山发生了最后两次喷发，致数人死亡。实际上，

■ 第43页顶部　武尔卡诺火山的烟气汇在一起，如同鬼魅。岛上的高原（伊奥利亚群岛最大的高原）由熔岩、凝灰岩和第四纪沉积物组成，表面布有许多深谷。

■ 第43页中间　武尔卡诺火山实际上有两处火山口：火山口一号和火山口二号。火山口二号在火山口一号西南方向384米处，直径达500米，深198米。

■ 第43页底部　自上次火山活跃期（1888年至1990年）后，只有武尔卡诺火山的喷气孔处于活跃状态，其喷发气体温度最高可达593~704摄氏度。

第44页顶部 喷射出的熔岩沿着火流通道（Sciara del Fuoco）两侧流淌而下。熔岩疤是由于数千年来斯特龙博利火山西北面的山体滑坡而形成的。

第44页中间 频繁的山体滑坡说明斯特龙博利岛形成时间较晚。因为富含硅和流纹岩的熔岩脆弱易碎，会促成山体滑坡。

火山本身就是伊奥利亚群岛的最大亮点，每年会吸引数万游客前来游览。总体而言，群岛总面积不足13平方千米：其中利帕里最大，占地约3.9平方千米；帕纳雷阿最小，仅占约0.34平方千米。

伊奥利亚群岛地区记录在册的地中海气候典型植被有900种，其中有5种是伊奥利亚地区特有的植被：雾冰藜（*Bassia saxicola*）、石竹（*Dianthus rupicola*）、风叶木槿（*Silene hicesiae*）、伊奥利亚金莲花（*Cytiscus aeolicus*）和兰科植物（*Ophrys lunata*）。毋庸置疑，伊奥利亚最著名的植物为刺山柑（*Capparis spinosa*），是一种山柑科植物，它的果实是当地人的主要食材。

伊奥利亚群岛的动物群包括约40种鸟类，其中大多数鸟类只于迁徙途中在岛上做短暂停留。岛上值得一提的哺乳动物有园睡鼠（*Elyomis quercinus liparensis*）、当地特有的野兔和7种蝙蝠。此外，岛上还有7种爬行动物，其中包括生活在武尔卡诺火山的伊奥利亚蜥蜴（*Podarcis raffonei*）。

伊奥利亚群岛深受大仲马（Alexandre Dumas Pere）和库尔齐奥·马拉帕特（Curzio Malaparte）的喜爱。20世纪50年代，罗伯托·罗西里尼拍摄了由英格丽·褒曼主演的电影《火山边缘之恋》后，伊奥利亚群岛开始成为一处旅游胜地。从那时起，岛上近1万居民放弃了自给自足的农业生产模式而开始从事旅游业，每年为20万游客提供服务。

第44页底部 "斯特龙博利式"火山喷发以斯特龙博利岛命名。斯特龙博利火山是欧洲唯一一座持续喷发的火山。

第44—45页 斯特龙博利火山是一座层状火山，有规则且陡峭的火山锥。火山从海底拔地而起，高度超3962米，海拔高924米。

第45页左下角 当岩浆中积聚足够多的气体并冲出"火山塞"后，就会发生斯特龙博利式火山喷发活动。

第45页右下角 斯特龙博利火山的火山活动十分活跃，难以预测，因此十分危险。其火山锥耸立于圣文佐（San Vincenzo）村中，最近的两次剧烈喷发活动分别发生于1919年和1930年，致多人死亡。

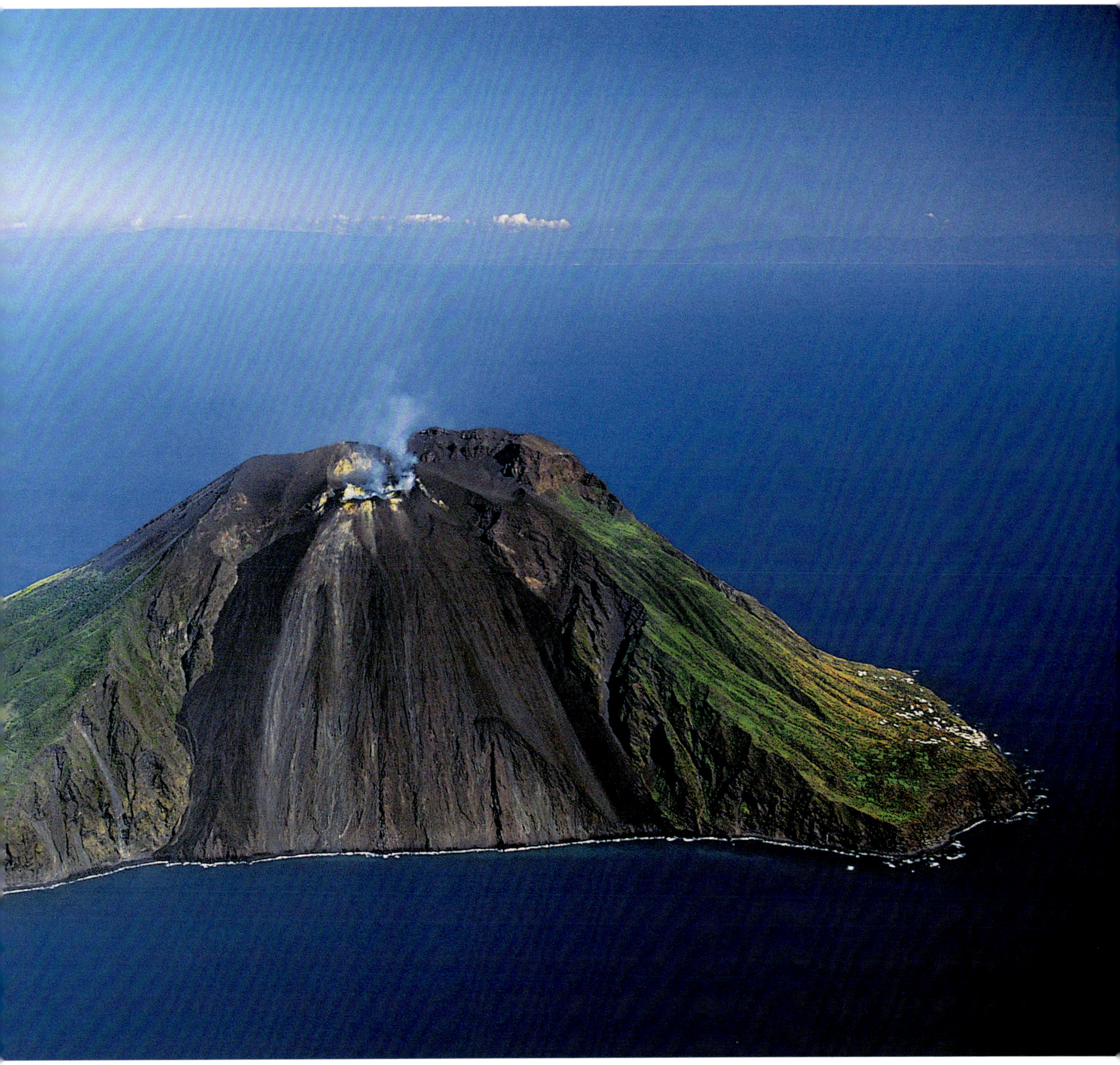

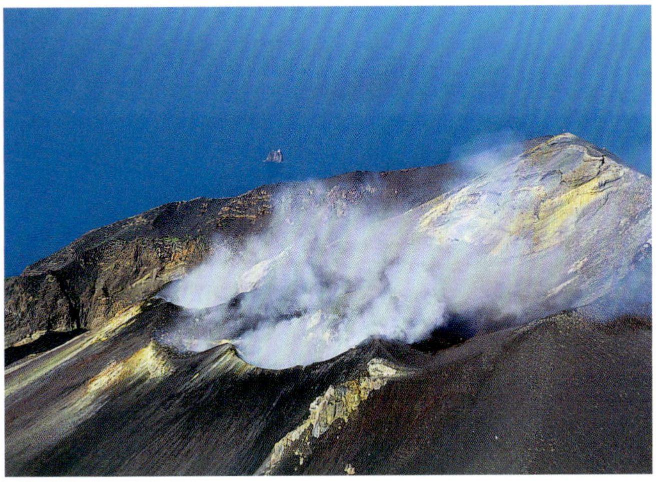

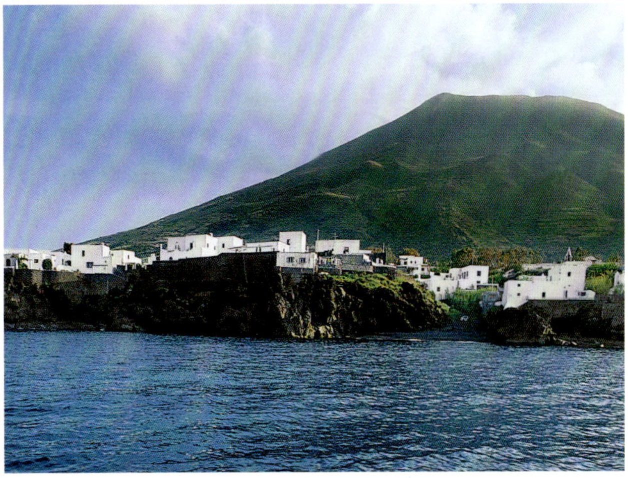

■第46页 斯科契扬溶洞中的结核状石灰岩呈现出"自然巴洛克风格",因此被称为圣鲁道夫教堂（Saint Rudolf's Church）。自古以来,斯科契扬溶洞就有着独特的地质构造和与众不同的动植物生态系统,两者相辅相成。

■第47页左侧 静默洞（Cave of Silence,图为入口）有三个部分,分别称为天堂（Paradise）、各各他（Calvary）和大会厅（Great Hall）。静默洞是欧洲最大的地下溶洞,也是最为壮观的溶洞之一。

■第47页右侧 几十万年以来,由于提玛沃河（Timavo River）的下切作用,斯科契扬溶洞中形成了一条深邃的峡谷,而提玛沃河也随之渗入洞底,消失于地表。该区域的洞穴深度可达5.8千米。

★卢布尔雅那

斯科契扬溶洞

斯洛文尼亚

迪瓦查克拉斯地区
入选年份：1986
遴选标准：自（II）（III）

1900年年初，地质学家证实了19世纪"水源占卜师"的猜想：流淌在斯科契扬（Skocjan）地底下的神秘雷卡河（Reka River）其实就是提玛沃河（Timavo）。提玛沃河在地下流淌了40千米后，以三股泉水的形式重新出现在了意大利蒙法尔科内（Montefalcone）附近的圣乔瓦尼迪杜伊诺（San Giovanni di Duino）。喀斯特地貌学先驱在进行水源追踪时用到了着色剂和放射性物质，甚至还用到了鳗鱼。他们将这些物质或者物体放入地下的雷卡河中，当河流重新出现在地表时，就能看到或检测到这些被放入的标记物。

在古代，提玛沃河是东方罗马世界和伊利里亚的分界线。提玛沃河（也是雷卡河）发源于斯洛文尼亚斯内齐尼克山（Mount Sneznik）的山坡上，在地表流淌50千米后，便会消失于地表流入斯科契扬的地下溶洞之中。几千年来，地下河流的侵蚀作用造就了这些与众不同的喀斯特地貌，喀斯特（karst）这一地貌名称源自克拉斯（Kras）地区，同时克拉斯地区也是这些地下河流流经的地区。

斯洛文尼亚拥有得天独厚的自然条件，境内约有7000个洞穴。从地质角度看，斯科契扬地区的洞穴意义重大。当雷卡河流经复理石区（地层由黏土和泥灰岩构成），进入钙质岩石区时，流水会渗透到底土中。长此以往，在经过了数个地质年代后，便形成了喀斯特地貌。在这一带的石灰岩区域中，水从不同的位置渗入底土，造就了斯科契扬溶洞各种形态独特的岩溶。例如岩溶漏斗，其靠近地表的洞顶已经塌陷，形成了天坑。岩溶漏斗这一名称源自斯科契扬地区的"巨坑"（Velika Dolina）和"小坑"（Malika Dolina）；这两处天坑被一处塌陷深度达163米的洞穴隔开。

斯科契扬的洞穴群通道长达4.8千米，十分壮观，是世界上最长的喀斯特通道。其中，静默洞位于该洞穴群通道的入口处，是欧洲最大的洞穴，占地面积约12077平方米。静默洞中有世界上最壮观的石笋、钟乳石和结核石景观。该洞穴群顺着通道一直延伸到了天坑，最后到达雷卡河。由于雷卡河的下切作用，溶洞的岩石上形成了一座自然天桥。来斯科契扬溶洞参观的旅客可以到达210米深的地底。

斯科契扬溶洞的形态特征造就了其独特的气候环境，使高山植被和地中海气候植被能够在天坑和洞穴入口处共生，而这种共生现象是非常罕见的。同样地，溶洞的生物也早已适应了喀斯特地区这种特殊的栖息地。

因其独特的生态系统，斯科契扬溶洞的生物多样性十分丰富，因此从保护生物多样性的角度来看，该地意义重大。在当地居民的帮助下，斯科契扬地区公园（占地面积近5平方千米）的管理人员正竭尽全力保护当地脆弱的生态系统。同时，周边地区的谨慎协调发展也是保护公园脆弱生态系统的必要条件。

布里特威斯湖国家公园

克罗地亚

利卡地区
入选年份：1979、2000
遴选标准：自（Ⅱ）（Ⅲ）

即使到了今天，年长的利卡地区（Lika）居民仍喜欢讲述这样一个传说。很久以前，利卡地区遭遇了严重的干旱，庄稼枯死，牲畜死亡，百姓向上天祈求降雨，但都徒劳无果。最终，百姓们的祈求感动了黑皇后，黑皇后出现在天空中，向山谷里投出了一道霹雳，山谷里便开始降下甘露。雨连续下了好多天，溪流又开始潺潺，草地也生机盎然，此外，山谷里还形成了一个个湖泊和瀑布，最终造就了现在的布里特威斯湖国家公园（Plitvice Lakes National Park）。

水，特别是喀斯特地区的水，总会被赋予神秘的色彩，因为喀斯特地区的地下水网络错综复杂。而由于布里特威斯湖国家公园的美得不真实的景色，人们很难不将它的起源与神话传说联系起来。布里特威斯湖国家公园主要有16个湖泊，水源主要来自黑河（Crna）和白河（Bijela），湖泊总面积约为2平方千米。16湖主要分为上湖区（Gornja Jezera）和下湖区（Donja Jezera），两个区域的湖泊通过大大小小的瀑布和溪流相汇，最大落差可达135米。

科兹亚克湖（Lake Kozjak）和普罗森斯科湖（Lake Prosce）都位于上湖区，这两个湖占整个上湖区面积的四分之三。里杰查卡河（Rjecica River）的水会流入科兹亚克湖，再向下游流入至克罗纳河（Korana River）。通过下湖区地势最低的诺瓦卡威·布罗德湖（Novakovica Brod），所有的湖水会从高达72米落差的萨斯塔夫希瀑布（Sastavci Waterfall，克罗地亚语

意为"邂逅")翻腾而下，最后汇入了克罗纳河。

由于16个湖同属一个湖泊体系，上湖区和下湖区的区分可能会显得有些多余。但是，这种区分是有其地质基础的。因为上湖区湖底是白云岩，而下湖区的湖底是凝灰岩，两种岩石的过渡点位于科兹亚克湖的湖床。

布里特威斯湖国家公园的景观一直在不断演变，尽管科学家们早在19世纪初就开始研究这些湖泊，但直到最近才得出结论：布里特威斯湖国家公园的景观与植物之间联系紧密。喀斯特地区，尤其在克罗地亚这样的气候下，如果湖泊通风条件良好，那么湖泊中的凝灰岩就成为一种有利于苔藓生存的有机物质。苔藓的根部会吸收凝灰岩和湖水混合形成的碳酸钙溶液，随着时间的推移，苔藓会越长越厚，形成屏障，最终改变了湖泊的形态。一般认为，16个湖的湖床以每年高达2.5厘米的速度增长。

布里特威斯保护区的保护范围并不仅限于湖泊。自1949年以来，有大约2平方千米的区域被划为国家公园。布里特威斯湖国家公园的海拔在396米到1280米之间，公园内还有地下洞穴，主要植被为山毛榉（Fagus sylvatica）、冷杉（Abies alba）、松树（Pinus sylvestris）、桦树（Carpinus betulus）和悬铃木（Acer pseudoplatanus）。

维护该地的植被对于保护湖泊有着至关重要的意义。因为植被不仅能够防止水土流失，还能在雨季储存水分，在旱季释放水分，以保证一整年湖泊水量的配给。布里特威斯湖国家公园还是一些稀有动物的栖息地，除记录在册的126种鸟类外，这里还栖息着在其他地方越来越罕见的棕熊和狼。

▎第48页左侧 布里特威斯湖国家公园内有16处通过瀑布和溪流连缀起来的湖泊。

▎第48—49页 下湖区有四处湖泊，湖底均为凝灰岩。湖中苔藓生成的碳酸钙会对凝灰岩产生影响，促使其形态发生改变。

▎第48页底部 科兹亚克湖是布里特威斯湖国家公园内最大的湖，占地面积0.8平方千米。科兹亚克湖流域位于上湖区，流域内植被类型为山毛榉（Fagus sylvatica）。

▎第49页顶部 据记录，布里特威斯湖国家公园内共有126种鸟类。其中有70种鸟类在园内筑巢，猛禽红鸢（Milvus milvus）——一种候鸟，就是其一。

▎第49页底部 20世纪70年代，猞猁被重新引入斯洛文尼亚附近。1983年，人们首次在布里特威斯湖国家公园内看到猞猁，现在人们认为克罗地亚境内共有60对猞猁。

杜米托尔国家公园

黑山 | 黑山
入选年份：1980
遴选标准：自（Ⅱ）（Ⅲ）（Ⅳ）

塔拉河（Tara River）峡谷被视为"唯一可以与美国大峡谷媲美的峡谷"。这种说法或许有些夸大其词。因为受南斯拉夫近代史影响，塔拉河峡谷没有美国大峡谷那么闻名和受游客欢迎。但受塔拉河下切作用形成的塔拉河峡谷仍是欧洲第一大峡谷。

清澈的河水在高达1300米的垂直砂岩石壁之间激起一阵阵的湍流，流淌约84千米后，最终从壮观的西格约维希卡瀑布（Sige Jovicica）飞跃而下。从这里开始，塔拉河（流量为64立方米/秒）河道逐渐加宽，继续流淌64千米左右后，先汇入皮瓦河（Piva），其后很快又汇入了象征着巴尔干人苦难历史的德里纳河（Drina）。

杜米托尔国家公园（Durmitor National Park）建于1952年，是黑山（前南斯拉夫最小的共和国）最早建立的国家公园。公园以杜米托尔高山群为名，该高山群包括48座山峰，海拔均在2000米以上。杜米托尔国家公园内远不止塔拉峡谷这一处自然奇观。公园总占地面积约906平方千米，海拔451~2522米，有包括地中海生态系统和高山生态系统在内的各种生态系统。公园内还有苏西卡河（Susca）和德拉加河（Draga），水源来自748处泉水，这两条河在第四纪时期也形成过令人叹为观止的深谷。

杜米托尔国家公园被认为是欧洲仅存的荒野之一，公园内有13处环状冰川和18处绿松石湖，当地人把这18处湖泊称为"山林之眼"。18处湖泊中，黑湖（Black Lake）面积最大，滋润着塔拉和科马尼卡（Komarica）流域。塔拉和科马尼卡河属于喀斯特地下水系统，会流经公园外的地表。喀斯特河冰川共同作用形成了冰洞（Cold Cavern），冰洞位于奥比拉格拉瓦山（Mount Obla Glava）的山峰下，海拔2100米，洞内有大量永久性冰封的钟乳石和石笋。

杜尔米托国家公园有1300种维管植物，其中37种为该地特有，如马鞭草的稀有物种（*Verbascum durmitoreum*）和龙胆的稀有物种（*Gentiana levicalis*）。值得特别关注的还有公园里生长在湖畔的水生植物和广阔的林区，林区中有欧洲仅存的0.4平方千米原始黑松林，还有一些树高达50米，直径达1.2米，树龄超400岁。

杜米托尔国家公园内栖息着许多棕熊（*Ursus arctos*）、灰狼（*Canis lupus*）、羚羊和野猪，以及130种鸟类。公园的河流里还有许多鲑

科鱼类，例如海鳟（Salmo trutem）、多瑙哲罗鱼（Hucho hucho）和茴鱼（Thimalus thimalus）。

这片荒野岩石众多，仅有1500名居民，但公园附近的扎布利亚克村另有8000名居民。扎布利亚克村海拔1457米，是巴尔干半岛地区海拔最高的居住地。

扎布利亚克村民传统的生活方式看似有些落后。但这种生活方式能够完美平衡人与自然之间的关系，这也符合黑山共和国宪法所倡导的价值观。因为该国在宪法序言中将自己定义为"生态文明型国家"。

▎第50页左上角 对稀有物种金雕等诸多猛禽来说，杜米托尔国家公园是一处理想的栖息地，同时也是一处绝佳的捕食场所。

▎第50页中间 灰狼曾广泛分布于北美和欧亚大陆。但如今，欧洲大陆的灰狼数量有所下降，仅在巴尔干半岛、俄罗斯、意大利和西班牙地区有少量灰狼。

▎第50页底部 杜米托尔高山群最高峰为博博托夫库克峰（Bobotov Kuk），海拔高2522米，高山群周围有许多突出的尖顶岩石。

▎第50—51页 塔拉河流经美丽的塔拉峡谷，全长约82千米。图片中的河流两侧是欧洲的最后一片原始黑松林。

▎第51页底部 冰洞（Cold Cave）属喀斯特地貌，位于奥比拉格拉瓦山（海拔2100米）下，被永久性冰雪覆盖。

波德戈里察

奥格泰莱克洞穴和斯洛伐克喀斯特地貌

斯洛伐克和匈牙利

包尔绍德—奥包乌伊—曾普伦州
斯洛伐克罗兹纳瓦和科希策地区
入选年份：1995、2000
遴选标准：自（Ⅰ）

1794年，洞穴学家约瑟夫·萨托里（József Sartory）绘制了一幅地图，图中为巴拉德拉洞穴（Baradla Cave）近1.6千米的地况。巴拉德拉洞穴位于匈牙利东北部，属于典型的喀斯特地貌。这张地图是历史上第一张洞穴地图。在这之后，萨托里又花了三十年的时间才完成另外一幅地图，地图上是巴拉德拉洞穴中长达8千米的地下拱顶和通道。1806年，巴拉德拉洞穴安装了台阶和防护栏之后，就开始有游客来参观这一奇特的自然景观。

又过了一个多世纪，另一位洞穴学家扬·马吉科（Jan Majko）发现，巴拉德拉洞穴和附近的魔鬼洞（Certova Diera）以及狐狸穴（Licsia Diera）相联通。更令人惊诧的是，巴拉德拉洞穴与多米卡洞穴（Domica Cave）在喀尔巴阡山坡上（在如今的斯洛伐克境内）共同形成了一个长度超过21千米的洞穴群。

1977年，斯洛伐克设立了斯洛伐克喀斯特风景保护区。两年后，匈牙利沿喀尔巴阡山脉南缘划定了奥格泰莱克国家公园，占地面积559平方千米。奥格泰莱克洞穴和斯洛伐克喀斯特地貌是欧洲境内被探索得最充分的喀斯特地貌。目前在这两地已发现有712个洞穴，其中很多都分布在不同的高度。洞穴里还有各种造型奇特的石灰岩，其中包括世界上最高的石笋（高达32.6米）。这些石灰岩几乎都形成于三叠纪中期，主要成分为砂岩，经过沉积物的积淀和地下河的侵蚀之后形成了各种形状。

该地区最受科学家关注和游客

欢迎的洞穴是巴拉德拉—多米卡洞穴群，每年接待20万名游客。两亿年前，两条地下河——冥河（Styx）和多米卡河（Domica）塑造了该洞穴群。巴拉德拉—多米卡洞穴群通道里有形状各异的石灰岩，或似盾牌，或似圆桶。洞穴中的水沿着光滑的石灰华墙壁流进了大大小小的地下湖，这些湖常被称为"罗马浴场"（Roman Baths）。

奥格泰莱克洞穴和斯洛伐克喀斯特地貌还有着很多其他奇观。例如，在罗兹纳瓦区（Roznava）斯拉维克村（Slavec）附近的哥姆巴塞溶洞（Gombasecka Cave）中，有一片白粉相间的钟乳石林，这里最长的钟乳石长度可达3米，但是直径只有0.64厘米。亚索夫斯卡岩洞（Jasovska Cave）内有塔状构造的霰石岩和凝灰石岩，这表明岩洞的岩石中含有碳酸盐成分。此外，奥格泰莱克洞穴和斯洛伐克喀斯特地貌还有一处冰湖，覆盖了湖底的沉积岩床：冬天，该地气候相对温和，但冰的体积可达340立方米，在欧洲大陆独树一帜。

▌第53页顶部　哥姆巴塞溶洞中的霰石岩和凝灰石岩造型美观，令人印象深刻。奥格泰莱克洞穴和斯洛伐克喀斯特地貌（共有712个地下洞穴）每年累计接待20万名游客。

▌第53页底部　奥格泰莱克洞穴最大的钟乳石高37米，十分壮观，是世界上最高的钟乳石柱。

洞穴里的动物群也引起了科学家的极大的关注。该地的许多动物，例如鞘翅目、蠕虫、软体动物、当地特有的螺（Sadleriana pannonica），和一种古老的蟹（Niphargus aggtelekiensis）已经适应了地底下的生活。洞穴入口处的动物种群也很丰富，其中有17种蝙蝠、多种双翅目昆虫以及蝴蝶。

洞穴里发现的涂鸦和石器清楚表明，新石器时代，甚至在旧石器时代，人们已将这些洞穴当作庇护所。如今，为安全起见，有些洞穴已经配备上了治疗哮喘和其他肺部疾病的设备。

▌第52页　巴拉德拉—多米卡洞穴群主入口附近有面石灰岩墙，例证了奥格泰莱克国家公园的主要地质特征。

▌第52—53页　巴拉德拉多米卡是奥格泰莱克最大的洞穴。它的主厅位于匈牙利，能够容纳1000人。

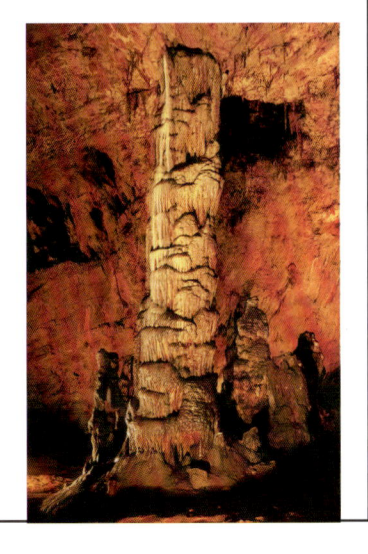

多瑙河三角洲

罗马尼亚 | 图尔恰县
入选年份：1991
遴选标准：自 (III)(IV)

许多语言都使用"三角洲"一词来指代河流的终段，即河流入海前支流从主河道分叉之处。由于希腊字母"Δ"（与 delta 同音）形似三角洲，因此希腊人创造了"delta"一词用以指代三角洲。多瑙河三角洲是希腊人发现、探索并记录的第一个河流三角洲。公元前 450 年，历史学家希罗多德（Herodotus）将伟大的多瑙河视为欧洲文明的基石。

多瑙河流经 2897 千米，大部分水域可通航，流域面积可达 129 平方千米，流域内人口约有 8000 万，分布在 8 个不同的国家。这个三角洲横跨两国边境，罗马尼亚境内面积达 4144 平方千米，剩下的 764 平方千米位于乌克兰境内，是欧洲最年轻的土地。1990 年，多瑙河三角洲被宣布为生物圈保护区（Biosphere Reserve），一年后被列入联合国教科文组织《世界遗产名录》和《湿地公约》（Ramsar Convention）保护名录。由于受到 5100~9200 立方米 / 秒的水流冲刷和每年 55 万吨冲击碎屑的影响，该三角洲地区的地貌不断发生改变。

多瑙河三角洲主要有四条支流：基利亚（Chilia）、图尔恰（Tulcea）、苏利纳（Sulina）和圣格奥尔基（Sfantu Gheorghe），这些支流通过运河与诸多淡水湖相连。三角洲的南部河段分布着大片沼泽，因受沙洲阻拦与黑海相隔，在河流和海潮的共同作用下，这些沙洲的形态仍在不断改变。

多瑙河三角洲仅有 10% 的土地海拔常年高于海平面，但作为大自然的补偿，它成了欧洲面积最大的沼泽地，也分布着地球上最大片的灯芯草属植物，以芦苇（Phragmites australis）为主。遍布沼泽地的芦苇形成了许多浮岛（称为 plaur），这些小岛矗立在长满水蕨和黄白百合花的沼泽地之上。

多瑙河入海口的风光最为绮丽。这里的岛屿只在白天出现，一到晚上便被潮水淹没；沙丘上草木丛生，环绕着潮湿河谷；冲积地上树木葱茏高大，形成一道道屏障。其中，最吸引人的屏障当属位于苏利纳（Sulina）河口的莱泰亚（Letea）。该屏障长约 21 千米，宽

▌第 54 页顶部 6 月，须浮鸥（Chlidonias hybridus）在漂浮在水面的水生植物上筑巢，有时也安家于百合叶上。

▌第 54 页中间 多瑙河的大沼泽地上常长满了白色和黄色的睡莲。

▌第 54 页底部 在多瑙河河口附近，橡树的树干已经适应了与潮汐共生。

布加勒斯特

■ 第 54—55 页　多瑙河三角洲的地形受大河影响不断变化。这些大河的平均水流量为 5100~9200 立方米 / 秒，每年携带 5000 万吨的冲积物顺流而下。

■ 第 55 页顶部　图中是一只冬日里的彩鹮（Plegadis falcinellus），体羽带斑点。到了夏日，羽毛变得更加鲜艳：身体和脖子呈红褐色，双翼和头部呈绿色金属光泽。

■ 第 55 页底部　白鹈鹕（Pelecanus onocrotalus）善潜水，善游泳，亦善捕鱼，飞行时体态优雅，无与伦比。它们飞行时成群结队，利用热气流来增加飞行高度。

度不足16千米，主要有两大特色，呈现出奇异的"热带"景观。一是拥有高达35米的橡树，包括夏栎（Quercus robur）和灰橡（Quercus pedunculiflora），二是被各种攀缘植物缠绕的松树和椋树，这些攀缘植物包括丝藤（Periploca graeca）、葡萄叶铁线莲（Clematis vitalba）、欧洲野生葡萄（Vitis sylvestris）以及蛇麻（Humulus lupulus）。

多瑙河三角洲的水草地、湖泊、沙丘及其他"高地"使该区域成为欧洲最大的鸟类保护区，不论是数量还是种类，在欧洲都是首屈一指。来自地中海、欧洲大陆甚至是亚洲偏远地区的300多种鸟类都逗留于此，其中有176种选择在此筑巢安家。侏鸬鹚（Phalacrocorax Pygmaeus）便是在此安家的鸟类之一，该三角洲内共有2500对侏鸬鹚，数量占全球总数的61%。该地还是欧洲最大的白鹈鹕（Pelecanus onocrotalus）和卷羽鹈鹕（Pelecanus crispus）聚居地。多瑙河三角洲还聚集了许多鹮、草鹭、鹳、白鹭和白天鹅，每种鸟类数量至少有1000只。此外，红胸黑雁（Branta ruficollis）虽然没有在该三角洲筑巢安家，但每年都有45000余只前来过冬。

多瑙河三角洲内的小型哺乳动物数量尚未明确，但像水獭、河狸鼠、野兔、野猫、蝰蛇和麝鼠等小型哺乳动物的数量在欧洲名列前茅。莱泰亚（Letea）屏障栖息着欧洲特有的点浑黄灯蛾（Rhyparioides metelkana）。

在70余种淡水鱼中有30种是当地特色鱼类，特别值得一提的是多瑙河的鲱鱼、鲤鱼和鲟鱼。尤其是鲟鱼，渔民最喜欢捕捞鲟鱼来制作鱼子酱。

多瑙河三角洲约有15000位居民，他们住在附近的小村庄里，主要是信仰东正教的乌克兰人。罗马尼亚政府迫于国际组织的压力，实行了越来越严格的限制措施，这使得当地人口正逐步减少。由于计划性渔业捕捞和农业种植不利于当地可持续发展，目前当地政府正对相关活动实行管制。这与20世纪80年代形成了鲜明对比。当时，在苏联的支持下，当时的政府出台了一项大规模的计划，打算对多瑙河三角洲地区进行开发。人们开垦了许多低洼地区来尝试种植水稻、玉米等作物，还砍伐了造纸厂附近的大片森林来种植罂粟。还有多家重工业企业向多瑙河的上游地区倾倒了成吨的有毒物质。

▌ 第56页顶部　浮岛（plaur）主要由芦苇和灯芯草组成，覆盖了953平方千米的水域。

▌ 第56页左下角　胆小的草鹭（Ardea purpurea）与其他鹭科鸟类不同，它们在大沼泽地的灯心草丛中度过一生，因为这些草丛可以很好地掩饰自己。

▌ 第56页右下角　侏鸬鹚（Phalacrocorax pygmaeus）被纳入世界自然保护联盟《濒危物种红色名录》，它们是体形最小且最珍稀罕见的鸬鹚。当地保护区内生活着全球半数以上的侏鸬鹚。

第56—57页 沼泽区里聚集着一些常见的鹈鹕。据估计，多瑙河三角洲栖息着2500对鹈鹕，占古北区鹈鹕数量的一半。

第57页底部 蓝胸佛法僧（Coracias garrulus）体羽呈蓝绿色，喙呈钩状，易于辨认，常成群结队生活。

苏联解体后，带来了巨大的政治、经济和社会变革，同时也给解决多瑙河三角洲脆弱生态系统提供了生机。相关专家表示，至少目前来看，该三角洲的生态系统处于良好状态。

西高加索山

俄罗斯联邦

阿迪格共和国和克拉-达尔边疆区
入选年份：1999
遴选标准：自（Ⅱ）（Ⅳ）

■ 第58页底部 粉红色的云彩如童话般梦幻，为西高加索山的岩石高地平添了一番景色。该地区有火成岩、变质岩和沉积岩，北部还有石灰岩地块。

■ 第59页左上角 厄尔布鲁士山（Mount Elbrus）雄伟壮观，海拔5633米，是高加索地区的最高峰，属于休眠火山。

■ 第58—59页 西高加索山的130个冰川湖都位于1981~3018米的高海拔山区，这一带曾经有冰川存在。

高加索山脉（Caucasus Mountains）是欧洲受到人类活动影响最少的山脉，其最西部的地区离黑海海岸只有100多千米，几个世纪以来都人迹罕至。俄罗斯政府曾计划在高加索山脉修建滑雪场，但这一计划在南非约翰内斯堡（Johannesburg）召开的可持续发展问题世界首脑会议上遭到了俄罗斯环保主义者的反对。

1882年，莫斯科贵族在此建立库班狩猎保护区（Kuban Hunting Reserve），取名自该地区最大的河流之一，用以开展狩猎活动。到了1906年，沙皇决定将这片土地归还给当地居民。然而，此等慷慨之举却激起了俄罗斯科学院成员的不满，他们开始推动建立自然公园用于科学研究。因此，1924年，苏联建立了卡瓦科季自然保护区（Kavkazkyi Nature Reserve），多年后，索契国家公园和其他的小规模保护区域也相继建立。

西高加索山（West Caucasus）占地面积超2978平方千米，海拔高度250~4046米，完全覆盖了欧洲最雄伟山系之一的末段支脉。该地区的地质构造由火成岩、变质岩和沉积岩组成，北部地区以石灰岩地块为主，这些地块在冰河时代受侵蚀作用形成巨大裂缝。地块间有许多洞穴，其中尤为引人注目的是一个深达1600米，长达16千米的洞穴，其深度、长度均堪称俄罗斯之最。山脉南麓的许多河流流经湖泊、瀑布和深谷，其间水流湍急，道路崎岖，而后流入黑海。

西高加索山的植被呈垂直分布。落叶林主要生长在海拔1006~1201米地带，主要包括无梗花栎（*Quercus petrae*）、西洋梨（*Pyrus communis*）、欧洲栗（*Castanea sativa*）、角树（*Carpinus caucasica*）和东方水青冈（*Fagus orientalis*）；随着海拔逐渐升高，植被则以松树和高加索冷杉（*Abies nordmanniana*）为主；海拔超1981米时，植被主要以垂枝桦（*Betula pendula*）和光皮桦（*Betula litwinowii*）两种桦树及枫树（*Acer laetum*）为主；再往上则生长着该地特有的高加索杜鹃（*Rhodo-*

▌ 第59页右上角　这条山脉共有60个冰川，冰川覆盖面积约18平方千米，其中的一处冰川出现了深深的裂缝。

▌ 第59页中间　雄性高加索羱羊（*Capra caucasica*）有着巨大的角，体重达100千克。雌性的体重最多可达59千克。

▌ 第59页底部　高加索羱羊濒临灭绝，只生活在西高加索山脉的牧场上，这个牧场面积3885平方千米，人迹罕至。

dendron caucasicum）。总的来说，西高加索山共有 160 种维管束植物和 700 种菌类植物。

卡瓦科季自然保护区和索契国家公园内共有 60 种哺乳动物，包括狼、棕熊、猞猁、野猪、欧洲马鹿（Cervus elaphus moral）、狍、岩羚羊及生活在高海拔地区的山羊——高加索羱羊（Capra caucasica）。最近重新引进的欧洲野牛濒临灭绝，遭遇同等境况的还有长翼蝠（Miniopterus Schreibersi）和毛翼山蝠（Nyctalus lasioterus）两种蝙蝠，以及高加索水獭（Lutra lutra meridionalis）和波斯豹（Panthera pardus ciscaucasica，一种亚种豹）。该地区的脊椎动物包括 160 种鸟类和 17 种爬行动物。

虽然在该保护区内发现了古代人类定居点的遗迹，但目前无人居住。这里的道路很少，仅有的几条也曲折无比，大部分地区只能乘坐直升机到达。夏季人们会在白浪滚滚的别拉亚河（Belaya River）上举行国际独木舟比赛，每年仅有的几千名游客多数都在此时前来游览西高加索山。

■ 第 60 页顶部 雕鸮（Bubo Bubo）是欧洲体形最大的夜行猛禽，独居且不迁徙。它的翼展超 1.8 米，重达 3 千克。

■ 第 60 页中间 这种东方山毛榉（Fagus orientalis）的树枝盘根错节，与橡树、角树和栗子树一样，是海拔 1006~1189 米处落叶林中的一个优势物种。

■ 第 60 页左下角 西高加索山森林中的树木宏伟壮观，还生长着苔藓类植物和菌类植物（共有 700 种，其中有 12 种极为罕见）。

■ 第 60 页右下角 栋巴伊—乌尔根山（Mount Donbai-Ulgen）高达 4046 米，是西高加索山的最高峰，看上去令人肃然起敬。它俯瞰着受联合国教科文组织保护的整个北部地区。

■ 第 61 页 该地区的几条大河在流入黑海时形成瀑布，瀑布的最大落差可达 250 米。

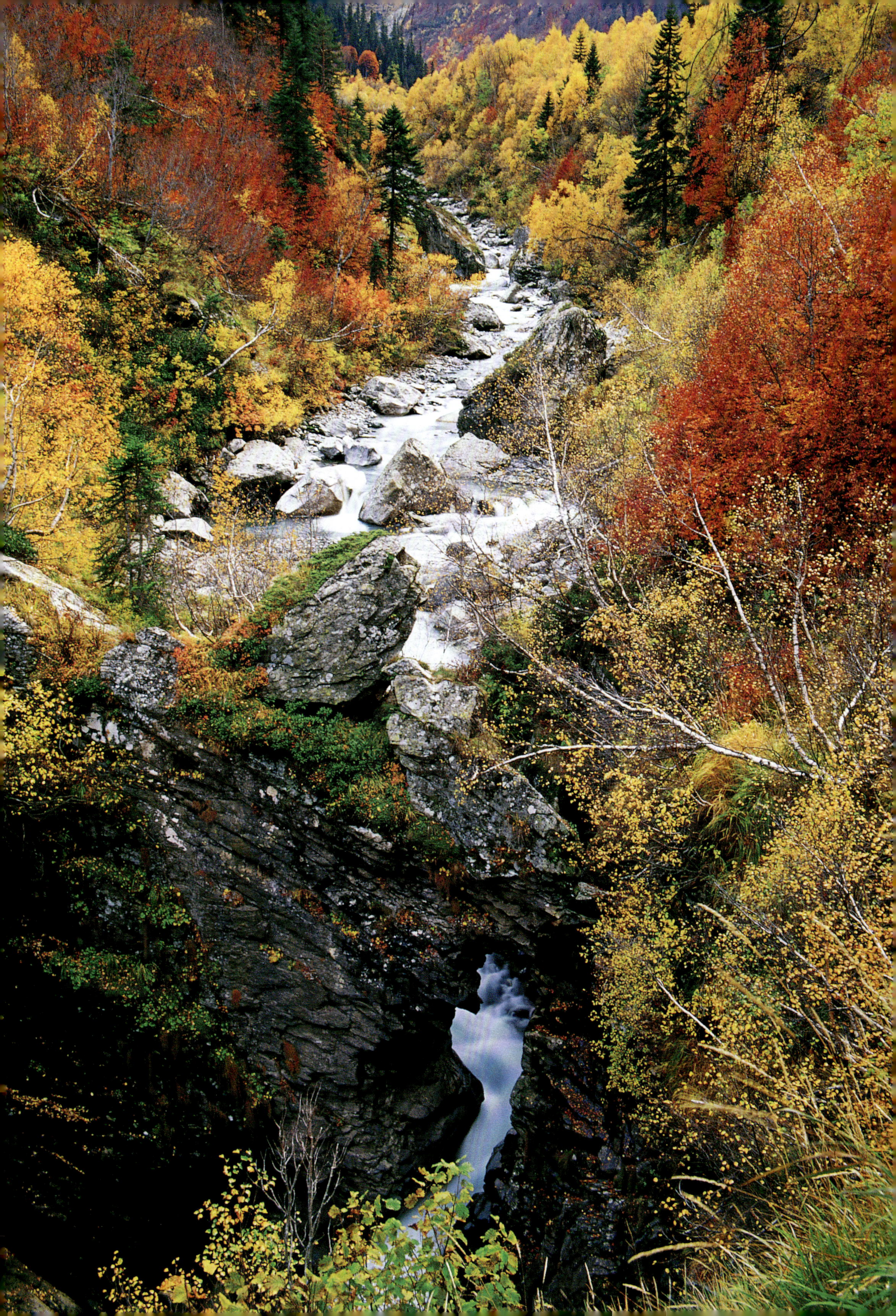

非洲

毛里塔尼亚—阿尔金岩石礁国家公园—第 64 页
尼日尔—阿德尔和泰内雷自然保护区—第 66 页
埃塞俄比亚—塞米恩国家公园—第 70 页
乌干达—鲁文佐里山国家公园—第 74 页
乌干达—布恩迪难以穿越的国家公园—第 76 页
肯尼亚—图尔卡纳湖国家公园—第 78 页
肯尼亚—肯尼亚山国家公园及自然森林—第 81 页
刚果民主共和国—维龙加国家公园—第 84 页
坦桑尼亚—塞伦盖蒂国家公园—第 88 页
坦桑尼亚—乞力马扎罗国家公园—第 94 页

坦桑尼亚—恩戈罗恩戈罗自然保护区—第 96 页
坦桑尼亚—塞卢斯禁猎区—第 102 页
赞比亚/津巴布韦—莫西奥图尼亚瀑布/维多利亚瀑布—第 106 页
津巴布韦—马纳波尔斯国家公园、萨比和切俄雷自然保护区—第 108 页
南非—乌卡兰巴/德拉肯斯堡公园—第 111 页
南非—大圣卢西亚湿地公园—第 112 页
马达加斯加—黥基·德·贝马拉哈自然保护区—第 116 页
塞舌尔—阿尔达布拉环礁—第 118 页

非洲

提到非洲及其自然景观，人们立刻就会想到这片大陆上独具特色的公园和野生动植物。首先是大型哺乳动物，无论是 19 世纪的探险家，还是现代的游客，都为它们着迷。一望无垠的大草原既是狮子、豹子和猎豹等大型食肉动物的王国，也是大象、河马、水牛、羚羊、斑马和长颈鹿等大型食草动物的天堂。

非洲自然资源十分丰富，生态系统种类多样，名列世界前茅。例如，马纳波尔斯国家公园（津巴布韦）和塞卢斯禁猎区（坦桑尼亚）辽阔的冲积平原，肯尼亚和埃塞俄比亚的干旱草地，荒无人烟的撒哈拉沙漠和喀拉哈里沙漠，还有乌干达、卢旺达和刚果的森林。这些森林里生活着大量濒临灭绝的山地大猩猩，它们因动物学家黛安·福西（Dian Fossey）而闻名于世。

非洲拥有约 40 处联合国教科文组织认定的世界自然遗产，设立遗产的目的多是保护非洲大陆那令人惊叹的野生动植物。当地居民通常是像马赛人这样的少数民族，他们依靠放牧家畜为生。这些居民秉持的可持续发展的行为理念使得该地的自然环境依旧保持平衡状态，目前仍未受人类活动破坏。

然而，非洲的自然遗产因人类过度开发和不合理使用的行为受到严重威胁。国际自然保护联盟认为，该地许多动物物种正处于危险之中。20 世纪中叶之前，欧洲大陆盛行捕猎活动。虽然捕猎活动和象牙贸易已被明令禁止，但无论是当地抑或是国际保护措施都对偷猎行为束手无策。非洲是世界上最贫穷的大陆，这不仅导致当地缺乏对保护区的保护手段，也滋生了贫困的当地人与偷猎者串通一气隐瞒偷猎行为的现象。

此外，非洲的现代化带来了令人担忧的人口爆炸问题，这使得生态局势变得更加危急。许多保护区已被接踵而至的人类不断打扰。在肯尼亚山和乞力马扎罗山等地，人们将动植物的自然栖息地作为农牧用地。此外，在刚果等地，部落战争时有发生，扫荡着这片土地，这对当地环境构成了日益严重的威胁。土地是非洲人民赖以生存的根基，但他们正在为殖民主义和帝国主义政策的目光短浅以及全球气候变化带来的后果付出代价。

阿尔金岩石礁国家公园

毛里塔尼亚

努瓦迪布和阿泽法尔
入选年份：1989
遴选标准：自(II)(IV)

距今4000年至7000年前，撒哈拉地区的环境相当宜人，气候也有利于人类定居和大型野生动植物群落的生长。那时，阿尔金岩石礁国家公园（Banc d'Arguin National Park）的自然风景与如今的塞内加尔河（Senegal River）河口相似，河口处的瓦迪斯特古尔德（Wadis Téguédé）和切巴卡敕瑞克河（Chibka and Chrack）汇入圣让海湾（St. Jean）。然而，荒漠化的脚步也随之走近。大型哺乳动物南迁，新石器时代的渔民和牲畜养殖者离开了居住地。那个时期留存的唯一遗迹是沿海泥滩和内陆水草甸上那28.5平方千米的红树林（Avicennia africana）。

撒哈拉沙漠与大西洋的海岸分界线上约有15个岛屿，其中最大的岛屿当属长33.8千米、宽8千米的提德拉岛（Tidra）。风从撒哈拉沙漠搬运而来的沙子组成了这些岛屿，其成因为该处海洋离海岸仅61千米，在低潮时不超过4.9米深。1976年，毛里塔尼亚（Mauritania）政府建立了这个占地12000平方千米的阿尔金岩石礁国家公园，以保护在此过冬的候鸟。这个公园既有撒哈拉地区的风沙地貌，又拥有大西洋种类繁多的生物群落，是这些候鸟的绝佳栖息地。

公园位于古北极区和埃塞俄比亚界植被交汇处。沙质海岸生长着许多耐盐植物，如猪毛菜（Salsola baryosma）、非洲楝盐角草（Salicornia senegalensis）和盐地碱蓬（Suaeda ticosa），而沙丘则被蓝叶云杉针禾（Stipagrostis pungens）、单刺蓬仙人掌（Cornulaca monacantha）和凤仙大戟（Euphorbia balsamifera）所覆盖。内陆荒漠般的气候适合拉登金合欢（Acacia raddiana）等相思树属、埃及槲果（Balanites aegyptiaca）、山柑科（Maerva crassifolia）以及续随子（Capparis deciduas）等刺山柑科植物的生长。

约有700万只候鸟沿大西洋线进行迁徙，其中超过200万只候鸟会在阿尔金岩石礁国家公园越冬，这里的海湾水域中鱼群密集，为候鸟提供了丰富的食物资源。公园里记录在册的鸟类共有108种，其中包括成千上万只黑浮鸥（Chlidonias nigra）和美洲红鹳（Phoenocopterus ruber）。此外，在交配季节，有45000对白鹈鹕（Pelecanus onocrotalus）、白琵鹭（Platalea leucorodia）、灰鹭（Ardea cinerea）、黄喉岩鹭（Egretta gularis）、鸥嘴燕鸥（Gelochelidon nilotica）、红嘴巨鸥（Hydroprogne caspia）、尖尾滨鹬（Calidris acuminata）和非洲鸬鹚（Phalacrocorax africanus）会停留于此。该区域的哺乳动物种类繁

■ 第64页右上角 撒哈拉沙漠和红树林沼泽的风沙吹进了阿尔金岩石礁国家公园。这个栖息地生态优越，占地12000平方千米，是约200万只候鸟越冬栖息的家园。

■ 第64页中间左侧 卡普布朗地区（Cap Blanc）是隶属于阿尔金岩石礁国家公园的一个自然保护区，那里的悬崖峭壁直逼大西洋水域，阴影覆盖了150只僧海豹（Monachus Monachus）的生活区。

■ 第64页左下角 有"陆地鱼"之称的攀鲈鱼（Anabas testudineus）能够在水中生活，生活习性似两栖动物。因此，该公园的红树林沼泽是它们的理想栖息地。

■ 第64—65页 被列入《世界自然保护联盟濒危物种红色名录》中的红嘴巨鸥，为躲避捕食者攻击，它们会在阿尔金岩石礁国家公园的沙地上过冬。

■ 第65页顶部 红嘴巨鸥习惯群居生活，可通过黑色的头部和鲜红色的喙认出它。它只以鱼为食，由此练就了绝佳的游泳技能。

■ 第65页中间 交配季节大约会有6000对白鹈鹕和普通鹈鹕聚集于阿尔金岩石礁国家公园。

■ 第65页底部 白琵鹭因其喙的形状而得名。它用喙来筛沙子，以寻找它最爱的食物——虾。

多，十分引人注目。陆上哺乳动物有小鹿瞪羚、胡狼、鬣狗及各种各样的猫科动物，海上哺乳动物有大西洋白海豚（Sousa teuszii）、糙齿海豚（Steno bredanensis）、宽吻海豚属（Tursiops truncates and Delphinus delphis）、长须鲸（Balaenoptera physalus）及150种僧海豹（Monachus monachus）。

阿尔金岩石礁国家公园的奥秘在于其丰富多样的水生动物群，因为公园内的浅水水域是许多鱼类和甲壳纲动物的重要交配地。它们不仅是当地野生动物的主要食物来源，也是园内七个村庄500名伊姆拉根族居民的主要食物来源。

此外，这些水生生物为整个毛里塔尼亚地区提供了经济收入来源，其中渔业是其主要收入来源。

阿德尔和泰内雷自然保护区

尼日尔 | 阿加德兹大区
入选年份：1991
列入《濒危世界遗产名录》年份：1992
遴选标准：自（Ⅱ）（Ⅲ）（Ⅳ）

巴黎—达喀尔汽车拉力赛紧张刺激又劳心费力，2009年以前，泰内雷沙漠一直都是该拉力赛的决胜赛段，这个地区也因此声名远播。20世纪90年代，该地却因政治原因引发公众关注。

图阿雷格人（Tuareg）曾一度是主宰撒哈拉沙漠的领主。后来由于种种原因，他们发动叛乱，这对尼日尔和马里（Mali）的国家稳定构成了威胁，也对非洲沙漠中原本就不多的南北线路造成了干扰。

1992年2月，阿德尔和泰内雷自然保护区（Aïr and Ténéré Natural Reserves）的六名员工遭到绑架，尼日尔政府因此向联合国教科文组织发出请求，希望将此区域列入《濒危世界遗产名录》。

所幸绑架事件最终无人伤亡。1995年4月20日，当地政府与图阿雷格人签署协议，一致同意开放通道以便世界自然基金会（World Wildlife Fund）对此区域进行考察。考察结果显示，由于偷猎现象的存在，当地的一些物种（如鸵鸟）已经濒临灭绝。幸运的是，该区域脆弱的环境所受到的破坏没有想象中那么糟糕，阿德尔和泰内雷自然保护区占地77700平方千米，是非洲最大的保护区。该区域大体呈长方形，35%~40%的面积都被阿德尔山脉覆盖。这里还有九个花岗岩山丘，它们都是由沙地中喷涌而出的火成岩构成。

除阿德尔山脉的其他地区是泰内雷沙漠，这是撒哈拉沙漠中最大的沙海之一。泰内雷沙漠底部是寒武纪时期的变质岩，数亿年间，岩石饱受侵蚀；上层是沙质荒漠，即大片沙丘。在底部有基岩支撑的情

■ 第66页顶部 阿纳科姆的旧石器时代绘画是早期人类在撒哈拉沙漠生存的最重要的证据之一。

■ 第66页底部 泰内雷自然保护区的许多区域都被沙漠所覆盖，而广袤的沙丘则是由寒武纪岩石经过持续的自然侵蚀所产生。

▎第67页左上角 耳廓狐（Fennecus zerda）也称沙漠狐，体重通常不超过2.3千克，十分适应炎热、干燥的气候，习惯夜间捕食。

▎第67页右上角 荒漠雕鸮（Bubo ascalaphus）是体形最小的食肉鹰，其眼睛呈黄色，毛色较浅，主要以爬行动物和小型哺乳动物为食。

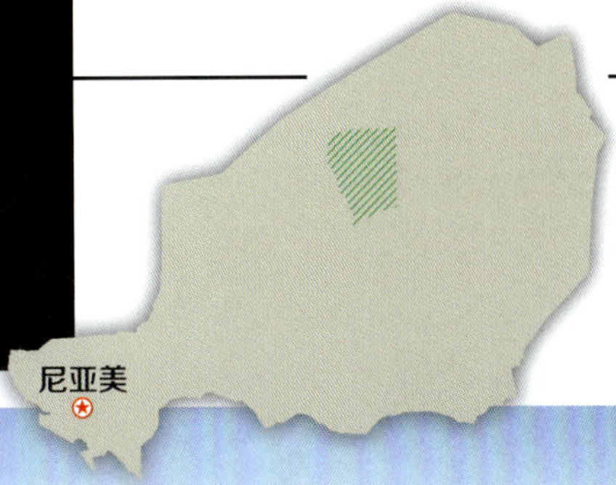

尼亚美

况下，这些沙丘最高可达305米。

有关该地区植被情况的科学文献十分充足。据记载，阿德尔和泰内雷自然保护区内植物超过350种，主要分布于阿德尔山脉的萨赫勒地带。

▎第66—67页 阿德尔和泰内雷自然保护区占地面积77700多平方千米，是非洲最大的保护区。在这张鸟瞰图中，阿德尔山脉绵延起伏，巍然屹立于一大片沙海的边缘。

▋ 第70页右上角 沙丘猫（*Felis margarita*）正与它奄奄一息的猎物——角蝰（*Cerastes cerastes*）进行最后的较量。角蝰是泰内雷地区18种特有爬行动物中的一种。

▋ 第70页左下角 非洲跳鼠（*Jaculus jaculus*）栖息在泰内雷沙漠的沙地中。

▋ 第70页中间左侧 三只耳廓狐幼崽透过裂缝向外张望。耳廓狐幼崽出生时仅有5厘米长，4个月后，它们就能长到成狐大小。

这里的主要植被是沙漠椰枣（*Balanites aegyptiaca*）、刺茉树（*Salvadora persica*）、毛叶枣（*Ziziphus mau-ritiana*）和金合欢（*Acacia laeta*）。沙漠椰枣含有一种可以治愈血吸虫病的类固醇；刺茉树是种绿色灌木，在非洲沙赫勒地区，人们用它来清洁牙齿。

泰内雷地区的金合欢分为 *Acacia tortilis raddiana* 和 *Acacia ehrenbergiana*。

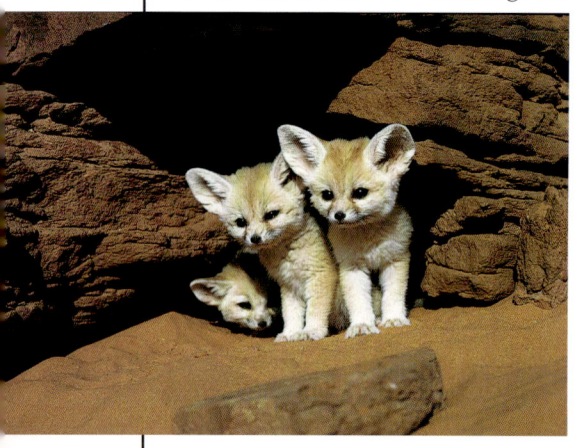

当地还存在粮食作物（如橄榄、小米、高粱等）的野生变种，它们具有十分珍贵的价值，目前国际植物遗传资源委员会（International Board for Plant Genetic Resources）已经展开了对这些变种的基因研究。

尽管泰内雷沙漠气候条件恶劣，年平均气温28摄氏度，降雨稀少，有时甚至没有降雨。尽管如此，这里仍生活着165种鸟类、18种爬行动物和40种哺乳动物。不过，很多动物都濒临灭绝，例如：该地目前仅剩12000只多加瞪羚（*Gazella dorcas*）、170只鹿瞪羚（*Gazella dama*）和3500只蛮羊（Barbary sheep）。

就连被图阿雷格人称为"漠皇后"的弓角羚羊（*Addax nasomaculatus*）都难逃厄运，肆意捕猎导致弓角羚羊的数量不断下降，据估测，当地目前仅剩15只弓角羚羊。

阿德尔和泰内雷自然保护区内气候条件恶劣，不适宜人类居住，在伊费鲁安（Iférouane）和锡特鲁斯特（Tin Telloust）两个村庄的常住居民仅有2500人，这里的图阿雷格族牧民有1500~4500人。然而，在30000年前的冰河时代，撒哈拉地区曾十分适合放牧，该地区当时的人类定居痕迹在很多岩画中都可得到证明。

▌第 68—69 页 阿德尔和泰内雷自然保护区内仅剩 12000 只多加瞪羚，它们是濒临灭绝的有蹄动物中的一员，目前在阿德尔和泰内雷自然保护区都得到了保护。其他在此受到保护的濒危有蹄动物还包括鹿瞪羚、蛮羊和弓角羚羊。

▌第 69 页顶部 图阿雷格人反叛期间无情捕杀了大量非洲鸵鸟（*Struthio camelus*），目前保护区内的非洲鸵鸟已经十分罕见。

▌第 69 页右侧 蜂虎是许多蜂虎科（Merops spp.）鸟类的统称，它们主要以蜜蜂和黄蜂为食。

塞米恩国家公园

埃塞俄比亚

贡德尔
入选年份：1978
列入《濒危世界遗产名录》年份：1996
遴选标准：自（Ⅲ）（Ⅳ）

■ 第70—71页 埃塞俄比亚狼（*Canis simensis*）为高原地带的特有动物，也是世界上最稀有的犬科动物。目前塞米恩国家公园内仅剩几百只，且都处于完全野生状态。

■ 第70页底部 一只肉垂秃鹫（*Torgos tracheliotus*）尾随在白兀鹫（*Neophron percnopterus*）身后。塞米恩国家公园中的鸟类常以动物尸体为食。

瓦利亚野山羊（Capra walie）是北古界动物入侵热带后的幸存物种，通体呈淡褐色，体格强壮，重量可达132千克，角长超过0.9米，是埃塞俄比亚战士最青睐的战利品。

它们神态傲慢、桀骜不驯，经常出现在埃塞俄比亚的神话故事和传说中，是埃塞俄比亚的象征。但尽管如此，瓦利亚野山羊的现有数量也仅剩150只。人类对它们的威胁迫使它们来到塞米恩国家公园（Simien National Park），并躲避在人类难以到达的峡谷中。

1963年，濒临灭绝的瓦利亚野山羊被列入《世界自然保护联盟濒危物种红色名录》。为了保护该物种的栖息地，埃塞俄比亚政府于1969年建立了首个国家公园——塞米恩国家公园。遗憾的是，这个占地面积220平方千米的保护区仅仅是个表面形式，并未起到实际作用。

保护区长期经受埃塞俄比亚与厄立特里亚国（Eritrea）战乱纷争之苦，很多百姓沦落为难民，不得不逃离到别的地方。实际上，埃塞俄比亚高原是东非人口最密集的农业区之一。但雪上加霜的是，该区域近几年还遭受了严重的干旱。

塞米恩国家公园风景秀丽，引人入胜。拉斯·达善峰（Ras Dashan Terara）是该公园的最高峰，除此之外，这里还有令人眼花缭乱的峡谷和悬崖，它们都由火山熔岩腐蚀后形成，海拔1524米，绵延35千米。

塞米恩国家公园的植物类型十分多样，以草本植物为主，山地稀树草原最为典型，这里还生长着许多硕莲。然而人口增长对这些植物造成了极大威胁。农业种植和放牧活动导致草地覆盖面积减少，这使得瓦利亚野山羊开始杂交繁育。

埃塞俄比亚狼（Canis Simiensis）也是塞米恩国家公园的特有物种，它们是世界上犬科动物中最为珍稀的一类，目前数量仅剩几百只，皆处于完全野生状态。

狮尾狒（Theropithecus gelada）

▎第71页顶部 胡兀鹫（Gypeatus barbatus）翼展长2.7米，常于人迹罕至的崖壁上筑巢。

▎第71页中部 塞米恩国家公园里硕莲成片，为公园增添了一抹生机。它们能够很好地适应高原地区巨大的温差和严酷的气候。

▎第71页底部 硕莲的叶子白天呈竖直状，以避免受到阳光暴晒。

■ 第 72 页　火把莲（Knipthofia foliosa）和其他的硕莲属植物一样，一生只开一次花。

■ 第 72—73 页　狮尾狒是一种大型狒狒，曾广泛分布于非洲大陆，如今只剩 400 只，且全部分布于塞米恩国家公园。

是塞米恩国家公园中另一种幸存动物，它们曾经在整个非洲大陆都很常见，但如今却只剩 400 只。狮尾狒长着狮子似的鬃毛，与近亲相比，它们攻击性和好奇心都要弱一些，而且是唯一一种以草为食的猿类，也是最为灵巧的猿类。

塞米恩国家公园中还栖息着其他濒临灭绝的哺乳动物，如薮猫（Felix serval）、狞猫（Feliscaracal）、斑鬣狗（Crocuta crocuta）等，这些动物虽然在非洲大陆的其他地方也有分布，但仍面临灭绝的风险。正是考虑到这些物种面临的威胁，1996 年，联合国教科文组织将塞米恩国家公园列入《濒危世界遗产名录》。

尽管位于亚的斯亚贝巴（Addis Ababa）的埃塞俄比亚联邦政府承诺会对塞米恩国家公园提供支持，但由于当地政府对该公园及其动物群落缺乏关注，所以国际人士的关注给该地区带来的益处也收效甚微。

当地政府官员最关心的是如何消除饥荒和疾病折磨，减轻人民痛苦。

■ 第73页顶部　尽管狮子似的鬃毛使狮尾狒看起来很吓人，但实际上相比于其他狒狒，狮尾狒的攻击性不强，这也是其数量不断下降的原因之一。

■ 第73页中部　吸蜜鸟（honeyeater）为花蜜鸟属（Nectarinia）鸟类，图中一只吸蜜鸟正飞翔于寻石楠属植物枝叶上的地衣丛中。

■ 第73页底部　狮尾狒是一种地栖类灵长目动物，不会爬树，只能以草为食。尽管十分灵巧，但那些为适应地面环境而掌握的技能却使它们成了早期人类易于捕食的猎物。

鲁文佐里山国家公园

乌干达 | 卡巴罗莱区、卡塞塞区、本迪布焦区
入选年份：1994
列入《濒危世界遗产名录》年份：1999
遴选标准：自 (Ⅲ)(Ⅳ)

早在公元2世纪，罗马地理学家托勒密（Ptolemy）就称尼罗河的源头在非洲中部"月亮山"山顶。但即便如此，欧洲人直到1889年才发现鲁文佐里山脉（Rwenzori chain）。亨利·莫顿·史丹利（Henry Morton Stanley）探险队的成员阿瑟·杰弗森（Arthur Jephso）和托马斯·帕克（Thomas Parke）在赤道附近发现雪峰时，一定感到十分惊奇。

但是这些英国探险家当时另有目标，因此没有对鲁文佐里山脉展开探索。直到1906年，萨伏伊（Savoy）王子路易吉（Luigi）组织了一次探险，这个地区的神秘面纱才被揭开。因此，尽管鲁文佐里地区最重要的山脉以英国爵士史丹利为名，这里最高的山峰（非洲第三高峰）——海拔5109米的玛格丽塔山（Mount Margherita）却是以当时意大利女王的名字命名的。

鲁文佐里山脉南北跨度129千米，宽48千米，是由前寒武纪时期的沉积岩和变质岩形成的。东非大裂谷的西部裂谷带形成时，板块张裂抬升，鲁文佐里山脉就形成于此。鲁文佐里山国家公园建于1991年，占地面积大约为1000平方千米，它坐落于乌干达西部，与刚果接壤。公园内有25座海拔超过4496米的高山和大约30处冰川和永久积雪层。

鲁文佐里山国家公园海拔在1676~4804米之间，因此公园内有许多不同的植被区。此外，其独特的地理位置也非常适合非洲高山植物的生长，其中很多都是非洲地方性植物：

■ 第74页顶部 海拔5109米的玛格丽塔山和海拔5094米的亚历山德拉峰（Alexandra）是鲁文佐里山脉的最高峰。

■ 第74页左下角 布吉库山谷（Bujuku Valley）海拔约4008米，周围是气势恢宏的贝克山（Mount Baker）。

记录在册的278种森林树种中，81%为东非地方性植物。海拔3048米以上的植被多是竹林，随着海拔上升，竹林逐渐被巨型石南属和半边莲属植物取代，例如王朝欧石南（Erika kingaensis）、联臂石南（Philippia trimera）和巨莲（Lobelia rhynchopetalum）。其中石南属植物的高度可达9米，半边莲属植物的重量可至59千克。

不过，目前对该地的动物物种的记录尚不完善。能够确定的是当地至少有89种森林鸟类、4种昼行性灵长动物和15种蝴蝶。这些动物许多都是生活在艾伯特湖（Lake Albert）附近的亚种。如疣猴、蹄兔（一种小型跖行动物）和豹子。最近科学家们在鲁文佐里山国家公园发现了60种无脊椎动物，其中25种属于新品种，这充分显示了当地的生物多样性。

鲁文佐里山的森林至关重要，因为它们涵养了艾伯特湖和爱德华湖（Lake Edward），两湖的湖水进而解决了当地至少50万乌干达农民的用水问题。因此，联合国教科文组织、世界自然保护联盟和鲁文佐里山脉服务区（Rwenzori Mountains Service）一直致力于保护这片区域。自1997年以来，鲁文佐里地区一直是政府军和反叛组织之间的冲突地带。持续的争端加上旅游收入（用于开发领土）的减少严重危及了山地栖息地。

■ 第74页右下角 该森林海拔不足2408米，典型植被是东非的特有树种，例如非洲李（*Prunus Africana*）和球花西姆藤黄木（*Symphonia globulifera*）。

■ 第75页顶部 鲁文佐里山脉的植物区系中有很多地方性品种。其中最引人注目的是那些大型植物，例如重量可达59千克的硕莲和高度可达10米的巨型石南属植物。

■ 第75页底部 千里木（*Senecio johnstonu*）是三角葵叶菊（*Cineraria*）属的树种。图中是海拔2987米的背风坡上的一大片千里木。

坎帕拉

布恩迪
难以穿越的国家公园

乌干达 | 卡巴莱、基索罗和鲁昆吉里
入选年份：1994
遴选标准：自（Ⅲ）（Ⅳ）

■ 第76—77页 布恩迪难以穿越的国家公园是山地大猩猩（Gorilla gorilla beringei）数量最多的地区，约有300只。而目前全球山地大猩猩的数量仅为650只左右。

■ 第76页左下角 公园中生长着浓密的林下植物，其中包括100多种蕨类。这里的植物生长非常茂密，想要穿过浓密的植被到达山脊之间的谷地几乎是不可能的。

■ 第76页右下角 布恩迪国家公园拥有东非生物多样性最丰富的森林，这里有200多种林木，林木周围还环绕着地衣、藤本植物和攀缘植物。

黑猩猩（Pan troglodytes）们成群结队，沸沸扬扬地找寻着水果和可食植物；黑白相间的疣猴（Colobus polykomos）在树上来回跳跃，尖声向同伴发出警告，长尾猴（Cercopithecus l'hoesti）在最高的树枝上假寐，并不时跳下树枝，到草丛中寻找食物。

布恩迪难以穿越的国家公园（Bwindi Impenetrable National Park）正如其名，是东非最难穿越的地方之一。这里的丛林中栖息着几十种灵长目动物，其中最受关注的就是山地大猩猩。山地大猩猩是大猩猩的亚种，是与人类亲缘关系最近的灵长目动物。多亏动物学家戴安·弗西的研究，山地大猩猩的诸多特征才为人所知。现在很多游客慕名而来，只为看到这些大猩猩。不过由于乌干达法律严格限制该区域的参观人次，这里每天接待的游客数量很少，不超过10人。他们需支付高昂的费用才能有机会进入园中。

在世界上仅存的650只山地大猩猩中，大约有300只居住在乌干达与扎伊尔（今刚果民主共和国）边境、大裂谷西部的丛林中。银背猩猩高约1.8米，重达136千克，每只银背领导一个约由30只猩猩组成的族群。布恩迪国家公园每年的旅游收入可达100万美元，这为国家赚取了巨大的利益，乌干达政府也曾采取措施保护该

■ 第77页顶部 大猩猩共有三个亚种，其中数量最少的亚种是山地大猩猩。布恩迪国家公园内生活着大约30个山地大猩猩族群。尽管乌干达政府曾郑重承诺保护该地区，但山地大猩猩的栖息地却在持续减少。

■ 第77页底部 山地大猩猩族群由雄性主导，这些雄性大猩猩背部有银毛，因此，有时也被称作"银背"大猩猩。

区域，但山地大猩猩所处的生态系统仍然在不断缩小。

刚果西部和卢旺达境内也都有山地大猩猩分布，但由于两国国内政局动荡，目前仅布恩迪国家公园可以看到野生山地大猩猩。该区域建于1932年，最初只被设立为一片森林保护区，1991年才成为国家公园。该区域占地面积300平方千米，海拔高度介于1189~2606米之间，是乌干达最大的区域森林集水区之一，艾伯特湖和穆坦达湖（Lake Mutanda）的若干支流都流经此地。

保护布恩迪地区对于周边农村地区的农业发展也具有重大意义。

由于高度范围广，布恩迪国家公园内既有山谷植物区系，又有高山植物区系，它们一同创造了东非范围内最丰富的生物多样性。这里有200多种林木和100多种蕨类，不过该区域最出名的要数林下植物：攀缘植物、草本植物和谷底的灌木丛，植物繁盛茂密，多到无法通行。除了那些需要保护的植物，例如，非洲李、布氏牛顿豆（Newtonia buchananii）和球花西姆藤黄木（Symphonia globulifera），当地至少还有10种记录在册的地方性植物品种。

公园内还有340种鸟类、120种哺乳动物和200多种蝴蝶。大象是其中一种濒危物种，仅存约30只；水牛的生存状况更加糟糕，20世纪60年代时，它们就被捕杀殆尽；豹子也在这个地区绝了迹。当地物种逐渐濒临灭绝的另一个因素是，布恩迪国家公园所在地是乌干达人口最密集的农村地区之一。最近一项调查发现，公园内多处显示出人类活动的痕迹，包括狩猎、砍伐、动物育种，河床附近甚至还发现了掘金的痕迹。

图尔卡纳湖国家公园

肯尼亚

图尔卡纳郡东部
入选年份：1997、2001
列入《濒危世界遗产名录》年份：2008
遴选标准：自（Ⅰ）（Ⅳ）

1967年，理查德·利基（Richard Leakey）首次乘坐飞机经过图尔卡纳湖东岸时，注意到一处看上去像是煤矿废料的黑色砂岩，他不禁对这个地方的过往感到十分好奇。几个月后，这位年轻的学者（他的父母也是世界上最著名的古人类化石发现者）被任命为肯尼亚国家博物馆馆长，并开始探索库比佛拉（Koobi Fora），在那里他发现了非洲大陆最丰富的化石层。这些化石层约在300万年至100万年前形成，因此具有极高的价值。

理查德·利基首先发现了一个据今200万年的人类头骨碎片，它属于人科人属中的能人（能用手准确把握器物的早期人科成员）。十年之内，他还发现了160多具远古人类化石遗骸以及他们用的石器工具。此外，他还发现了4000多种哺乳动物和鱼类化石残骸，包括肯尼亚侧颈龟（Pelusios broadleyi）、长达15米的布氏真槽齿鳄（Euthecodon brumpti）、雷氏亚洲象（Elephas recki）、巨型狒狒、犀牛大小的猪以及现代马、猫和羚羊的祖先。

1888年，第一批到达图尔卡纳湖的欧洲人将其称为鲁道夫湖。库比佛拉地区的化石独一无二，除此之外，图尔卡纳湖还有诸多重要意义。图尔卡纳湖地处半干旱气候区，是非洲大湖中盐碱含量最高的湖泊，也是东非大裂谷最北端的湖泊。该地区于1997年被联合国教科文组织列入《世界遗产名录》，包括希比罗依国家公园（希比罗依山有一片距今700万年前的石化森林）和中央岛国家公园（小型火山岛）。2001年，南岛国家公园加入其中，占地面积超1606平方千米。

图尔卡纳湖的干旱状况限制了植物生长，植被覆盖率极低，其中以刺槐和草原为主。尽管如此，图尔卡纳湖仍是研究湖畔野生动物的绝佳地点。

在图尔卡纳湖，生活着许多哺乳动物，比如平原斑马（Equus burchelli）、细纹斑马（Equus grevyi）、葛氏瞪羚（Gazella granti）、东非直角长角羚（Oryx gazella beisa）、狷羚（Alcelaphus buselaphus）、鄂氏牛羚（Damaliscus korrigum）、小旋角羚（Tragelaphus imberbis），也有像狮子（Panthera leo）和猎豹（Acinonyx jubatus）这样的捕食动物。

图尔卡纳湖也是候鸟迁徙的主要中转站，目前记录在册的鸟类共有350种，有在中央岛筑巢的非洲剪嘴鸥（Rynchops flavirostris），还有火烈鸟、夜莺、黄鹡鸰和小滨鹬（Calidris minuta）。最重要的是，图尔卡纳湖是世界上最大的尼罗鳄（Crocodylus niloticus）栖息地，生活着12000条尼罗鳄。

图尔卡纳湖曾是白尼罗河最大支流之一，如今成为内流湖，其未来境况不容乐观，但人类并非这一问题背后的始作俑者，因为附近图尔卡纳、加布拉（Gabbra）和伦迪尔（Rendille）的牧民已经将自己的活动限制在自给自足经济范围内，真正的罪魁祸首是全球变暖。近些年来灾难性干旱一直影响着东非地区，图尔卡纳湖的状况也因此进一步恶化。

第78—79页　尼亚布亚图姆火山（Nyabuyatom）位于图尔卡纳湖南岸。在图尔卡纳语中，尼亚布亚图姆意为"大象肚子"。

第78页左下角　图尔卡纳湖是非洲最大的咸水湖，占地面积6750平方千米。

第78页右下角　图尔卡纳湖湖水呈绿蓝色，故又名"碧玉海"。湖水四周沙漠围绕，宏伟壮观。

第79页顶部　希比罗伊山（Sibiloi）上的石化林木与岩石相似，历史可追溯至约700万年前。这些林木显示，此片区域在过去雨水丰沛、人口密集。

第79页中间　火烈鸟（Phoenicopterus ruber）在图尔卡纳湖聚居。350多种鸟类在此栖息，其中绝大多数为候鸟。

第79页底部　葛氏瞪羚（Gazella granti）在瞪羚属13种瞪羚中最为常见，它们在干旱地区的生存能力较强。

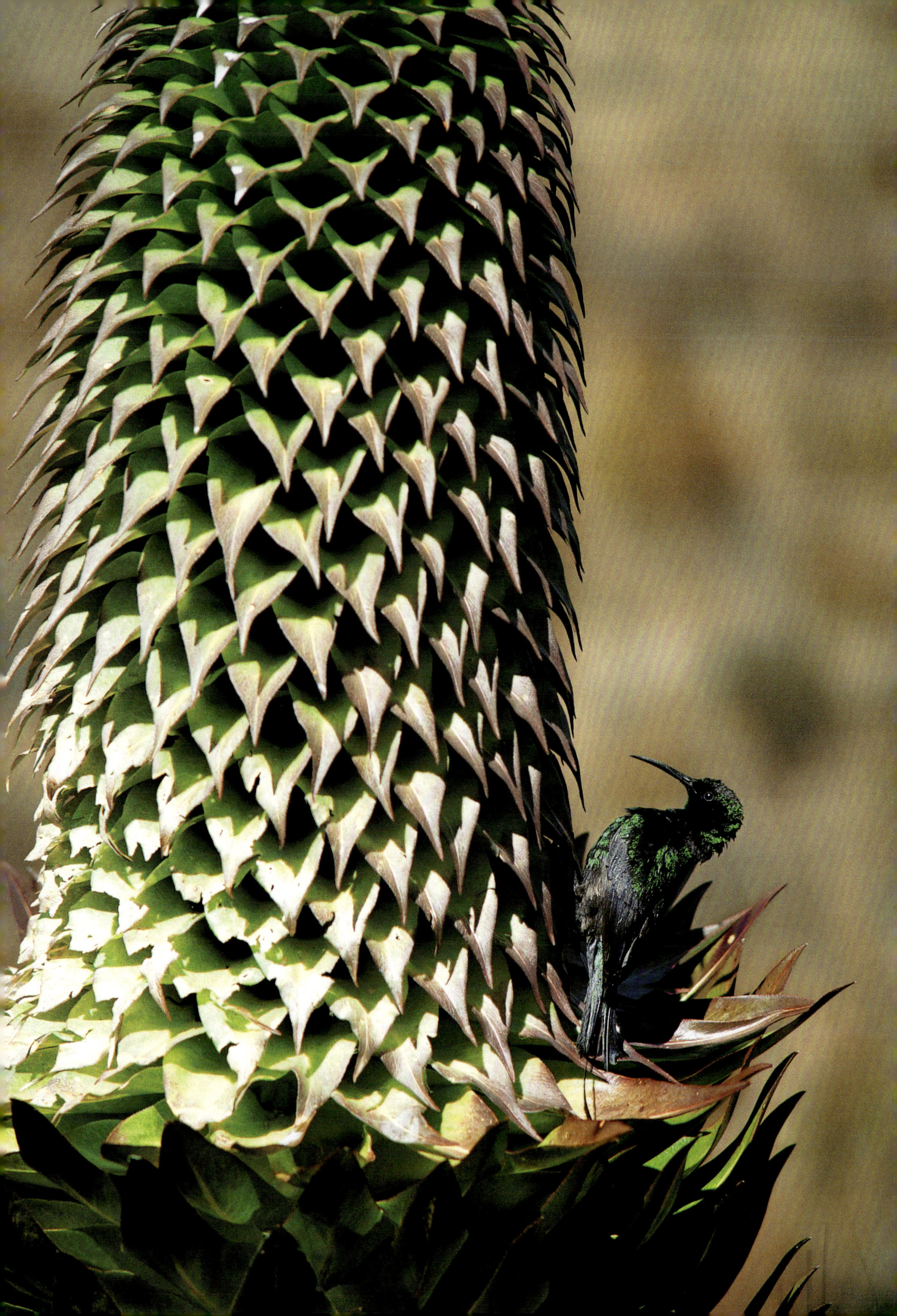

肯尼亚山国家公园及自然森林

肯尼亚 | 中部高原恩布
入选年份：1997
遴选标准：自 (Ⅱ)(Ⅲ)

16世纪和17世纪时，为了寻找肥沃的土壤，基库尤人（Kikuyu）从图尔卡纳湖（Lake Turkana）以东和赤道以南的平原迁徙到了肯尼亚。在这里他们发现了适合放牧的土地和一座巨大的山峰，他们认为这是神恩盖（英文名：Ngai，也称"Mwene Nyaga"，意为"光明之神"）和他的妻子穆比（Mumbi）的住所。于是该山峰被称为"光明之山"（Kere Nyaga）。在此之后，由于受斯瓦希里语的影响，该山被改称为肯尼亚山，其所在国家也因此得名"肯尼亚"。

肯尼亚山是非洲第二高峰，海拔5199米，在310万年至260万年前由活火山间歇喷发形成。据估计，古时候它曾高达6492米，但后来受大气因素影响，山体遭到侵蚀，日渐"变矮"。如今，这座锥形山直径为96.6千米，顶峰沟壑纵深、冰碛密布，分布着12个冰川和约20个冰川湖。在雨季，冰川覆盖着厚厚的积雪，山腰上的森林使肯尼亚山成为非洲东部最重要的水文保护区，是700万农村人口的重要经济来源。

该保护区包括1949年建立的肯尼亚山国家公园，占地面积715平方千米，以及肯尼亚山自然森林，占地面积704平方千米。从印度洋吹来的强风导致山区降雨分布不均，北部年降水量为889毫米，东南部降水量为2286毫米。此外，肯尼亚山海拔从1600~5200米高度不等，因此植物种类丰富多样。在海拔较低和较干燥的区域，主要分布着罗汉松科和刺柏（*Juniperus procera*），而在湿润地区，则分布着洋葱木（*Cassipourea malosana*）。在海拔2500~3002米的区域，特别是东南部的湿地带上，覆盖着285平方千米的竹林。在海拔为3048米的区域，分布着广袤的森林，生长着诸如樟科绿心樟属（*Ocotea usambarensis*）、油橄榄（*Olea europeae*）

▎第80页 以硕莲花蜜为食的红簇花蜜鸟（*Nectarinia johnstoni*）在吸食花蜜的同时，也帮助植物完成授粉。

▎第81页左侧 菊科千里光属（*Senecio keniodendron*）生长在肯尼亚山海拔3810~4496米的高山地区，是一种菊科植物，有莲座叶丛，叶子高度可达约6米。

▎第81页右侧 肯尼亚山山坡上的硕莲高度可达9米，如图片中的肯尼亚半边莲（*Lobelia keniensis*）、蓬头硕莲（*Lobelia telekii*）和较为少见的阿伯德尔硕莲（*Lobelia aberdarica*）。植物顶部的莲座叶丛可以尽可能多地储存雨水，直径约46厘米。

第82页左侧 当地灌木丛中的兰花种类繁多,海拔高度可达3400米。

第82页右侧 竹林中主要分布着非洲高地竹(*Arundinaria alpina*),位于肯尼亚山的西南侧,覆盖面积为803平方千米。

以及苦苏(*Hagenia abyssinica*)之类的本土植物。

动物群普遍分布在海拔较低地区和竹林中。该地区哺乳动物种类繁多,例如树蹄兔(*Dendrohyrax arboreus*)、白尾獴(*Ichneumia albicauda*)、大象、黑犀(*Diceros bicornis*)和豹子,由于栖息地不断减少,它们被迫向海拔更高的地区迁徙。

联合国环境规划署克里斯蒂安·兰布雷希茨(Christian Lambrechts)最近的一项研究表明,有证据显示人类在该保护区内大肆活动。海拔高达2500米的森林受到农业和动物育种的严重威胁,在海拔更高的地区,出现了商业砍伐、木炭生产甚至大麻种植等行为。

为了应对这些不法行为,内罗毕(Nairobi)政府于1999年通过了《森林法》,该法规定肯亚野生动物保护局负责保护整片肯尼亚山地区。肯尼亚保护区现占地约2124平方千米,并且只允许在山的低坡上砍伐非本土物种。

第82—83页 肯尼亚山是非洲第二高峰，海拔 322 米，常年层状云缭绕。周围有十几座冰川和许多冰川湖泊，是东非宝贵的水源地。

第83页顶部 经过两个雨季后，肯尼亚山北坡的降雨量相对适中（889 毫米），但南坡的降雨量远超北坡（2286 毫米）。

第83页左下角 千里光芸苔（Senecio brassica）是一种低矮树种，主要生长在海拔 3400~4480 米处的高山和亚高山地带。

第83页右下角 瀑布从肯尼亚山上倾泻而下，这座古老火山的生态环境与 700 万人口的生计息息相关。

维龙加国家公园

刚果民主共和国

刚果民主共和国基伍省和扎伊尔上部地区
入选年份：1979
列入《濒危世界遗产名录》年份：1994
遴选标准：自（Ⅱ）(Ⅲ)(Ⅳ)

1970年1月，《国家地理》杂志的封面刊登了一位来自路易斯维尔（Louisville）的年轻兽医戴安·弗西的照片。在美国国家地理学会和威尔基基金会的帮助下，她到了刚果民主共和国（当时还称为扎伊尔），后来又到了卢旺达的卡里索凯研究中心（Karisoke Research Center），研究最令人着迷的大型灵长类动物——山地大猩猩。

一次，偷猎者猎杀了戴安·弗西最喜爱的一只名叫迪基特（Digit）的雄性银背大猩猩。在那之后，她发起了一项运动，以警示人们山地大猩猩数量正在逐年递减，唤醒人们的保护意识。

1985年12月27日，戴安·弗西在卡里索凯研究中心的营地里遭到袭击，不幸身亡，她对山地大猩猩的不懈守护也因此被迫终止。

幸运的是，戴安·弗西之前恳切的呼吁引起了好莱坞的注意。她之前出版的自传《迷雾中的大猩猩》被改编成了电影，大获成功。

《国家地理》杂志出版40多年后，戴安·弗西此前研究的维龙加国家公园内大猩猩的未来仍充满变数。

为了纪念戴安·弗西，威尔基基金会继续照顾大猩猩，工作与之前相比也轻松了许多。

维龙加国家公园与乌干达鲁文

佐里山国家公园（Ugandan Rwenzori Mountains National Park）接壤。1994年以来，由于卢旺达内战，难民大量涌入，这座占地7900平方千米的公园被列入《濒危世界遗产名录》。

据联合国难民事务高级委员会统计，此地共有200万难民，主要集中在基伍省（Kivu）。但不论当时难民的确切人数是多少，如今，维龙加国家公园地区（由比利时殖民政府于1925年建立，当时命名为阿尔伯特国家公园）的人口正在过快增长。

随后，卢旺达与刚果民主共和国爆发战争，战争于2002年7月30日签署和平协议后结束。但当时卢旺达军队占领了刚果东部，对公园造成了灾难性的破坏，且政治动荡依然存在。维龙加仅10%的地区对游客开放，但不幸的是，其余地方成了狩猎场，有些人从中掠夺自然资源以谋求利益。除了非法开采地下资源（主要是用于生产手机电路的钶钽矿石）外，刚果民主共和国政府还向一家英国公司授予了非法开采石油的特权。但是，在所有非法活动中，维龙加地区非法砍伐树木的活动最为严重，这些树木可以为该地区及其周边地区不断增长的人口提供木炭，这些地区包括动荡的北基伍省省会戈马（Goma），该

■ 第84页底部　鲁文佐里山脉山坡上茂密的雨林中主要生长着竹子和苦苏（Hagenia abyssinica）。

■ 第85页顶部　大猩猩家族的成员多达30个，以雄性银背大猩猩为主，其身高超过1.5米，重约160千克。

■ 第85页底部　戴安·弗西开展的宣传运动使维龙加的山地大猩猩在20世纪70年代为人们所知，根据她的自传改编成的电影《迷雾中的大猩猩》大获成功。

■ 第84页左侧　萨比尼奥火山（Sabinyo Volcano）是维龙加火山地区众多的火山之一。另外两座是尼拉贡戈火山（Nyiragongo）和尼亚穆拉吉拉火山（Nyamuragira），最近都有喷发记录。

■ 第84—85页　1986年，维龙加山地大猩猩约有280只，受大湖（Great Lakes）地区近期危机影响，至少有12只大猩猩死于偷猎和猎杀。

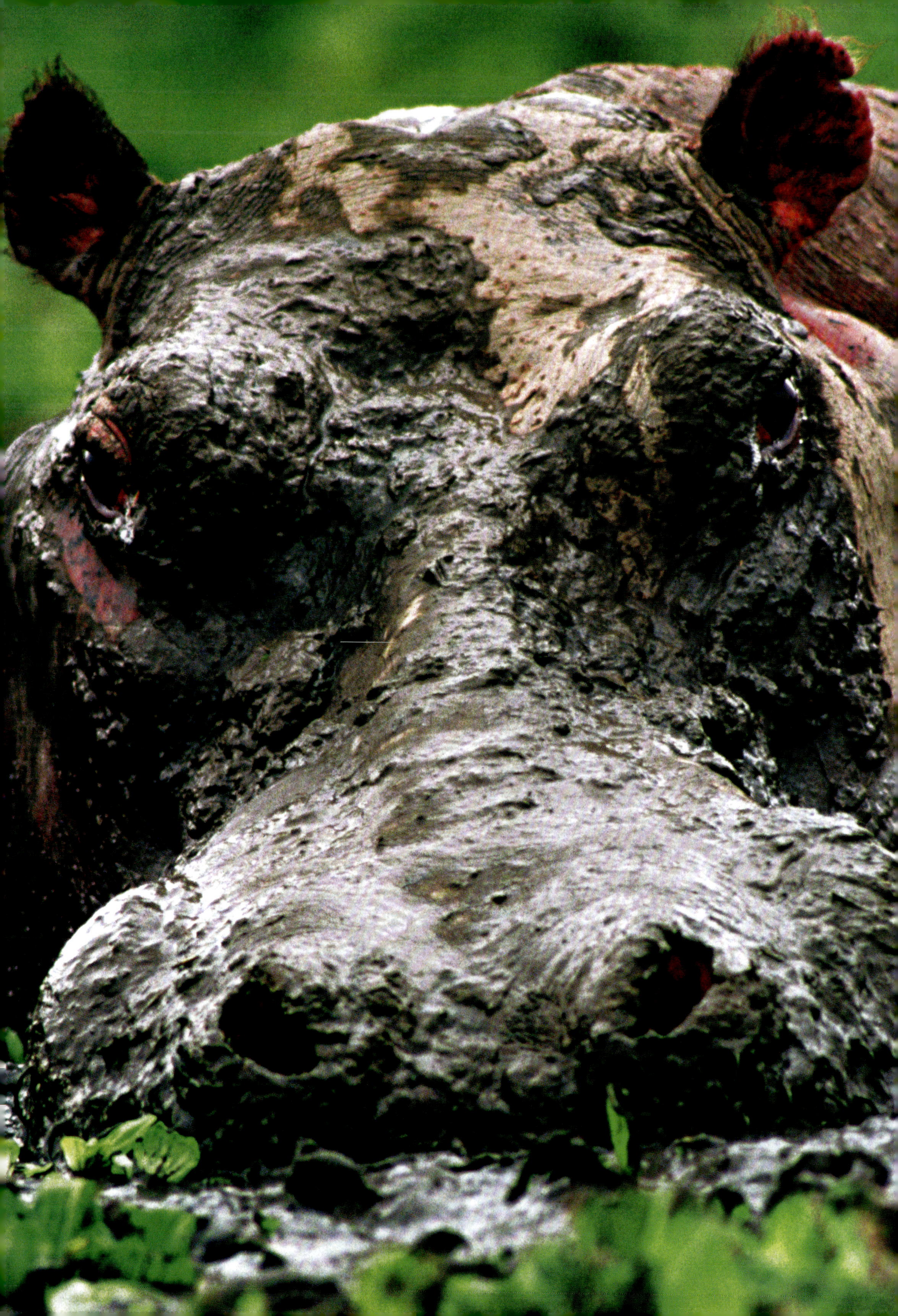

地是非洲人口增长最快的地区之一。更糟糕的是，已有占地面积约 5000 平方千米的公园被改造成农田，且公园内偷猎活动猖獗，维龙加护林员不得不像军队一样组织起来，以维护安全。偷猎活动使河马种群数量从 30000 只锐减至 3000 只，大象种群数量从 3000 只锐减至不到 500 只。即便生活在最偏远的山区，动物仍会遭到猎杀，甚至连该地最有名的由戴安·弗西守护的大猩猩都难逃偷猎者魔手。在 80 名护林员的特殊武装保护下，只有约 300 只大猩猩幸存。

但无论如何，维龙加仍是世界上最珍贵的保护区之一，物种极其丰富。从海拔 792 米的最低谷到海拔 5108 米的鲁文佐里山脉峰顶，风景各异，蔚为壮观。

该地区包括爱德华湖——尼罗河盆地（Nile Basin）的一部分，以及塞姆利基河谷（Semliki River Valley）和基伍湖（Lake Kivu）——刚果河（Congo River）一部分支流的开端。境内分布着内陆三角洲、热带稀树草原、淋溶高原、冰川、雪原和低海拔赤道雨林。

公园周围是不同的生物地理区域，包括热带雨林和草原。山坡上主要为竹林和苦苏（Hagenia abyssinica）林，沿着塞姆利基（Semliki）山谷分布的则是典型的赤道森林物种。鲁因迪平原（Rwindi）以树木和草原为主，此外还有广袤的干草原，主要分布着假虎刺属（Carissa）、山柑属（Capparis）、白花菜科（Maerua）和大戟属植物（Euphorbia）。

淋溶高原适合像大戟科树木（Neoboutonia macrocalyx）之类的物种生长，而沼泽地则生长着各种各样的芦苇。在海拔更高的高山森林，还生长着硕莲。

约 20 年前，维龙加国家公园的河流一直是非洲最密集的野生动物种群栖息地之一，包括 700 种鸟类和 200 种哺乳动物。除了已提及的动物，非洲野水牛（Syncerus caffer）、水羚（Kobus ellipsiprymnus）、荒漠疣猪（Phacochoerus aethiopicus）和狮子（Panthera leo）的数量也较多，有所增加外，该地区大多数其他野生动物数量呈下降的趋势。

2008 年，在茂密的森林中发现了霍加狓（一种与长颈鹿血缘最近的偶蹄类动物）。这项发现具有重大意义，因为该动物曾在 1959 年被宣布灭绝。

▌ **第 86 页** 河马（Hippopotamus mphibius）是一种两栖哺乳动物，夜间更为活跃，重达 3 吨，每天需要吃 40~60 千克草料。

▌ **第 87 页顶部** 维龙加较平坦的地区水道纵横，使得该地区成为非洲中部最重要的水文流域之一。

▌ **第 87 页中间左侧** 狮子是维龙加国家公园中为数不多的物种之一，好像并未受到多年战争的影响，数量似乎正在增加。

▌ **第 87 页中间右侧** 一只亚洲胡狼（Canis aureus）刚在卢旺达的草原上抓到了汤氏瞪羚（Gazella thomsonii）。

▌ **第 87 页底部** 维龙加国家公园的河流中生活着全非洲最大的河马种群。但卢旺达爆发战争后，河马数量在十年内从 30000 只锐减至 3000 只。

塞伦盖蒂国家公园

坦桑尼亚 玛拉、阿鲁沙及欣延加地区
入选年份：1981
遴选标准：自（Ⅲ）（Ⅳ）

在非洲传说中，斑纹角马（Connochaetes taurinus）是上帝在创造其他动物后，用剩下的一些残肢经过拼凑，最后创造出的一种动物。

诚然，斑纹角马的形态并不优美。与大草原上体形较为小巧的羚羊相比，它们头部粗大，身体的前部比后部更高更大。但斑纹角马是塞伦盖蒂生态系统中最重要的组成部分。

每年，约200万只斑纹角马、30万只斑马和其他羚羊会进行季节性迁徙，博物学家和非科学家都对此十分感兴趣。在雨季（12月至次年6月），斑纹角马聚集在恩戈罗恩戈罗（Ngorongoro）火山口进行繁殖。

之后，当草丛开始干枯时，斑纹角马穿过塞伦盖蒂平原（Serengeti Plain），向北迁徙，那里的水道不会干涸，能为它们提供生存所需的营养。11月底，它们开始往回迁徙。

迁移持续四五天，在此期间它们大约行进193千米。

迁徙的路途十分艰辛凶险。许多年幼和年老的斑纹角马还没到达目的地，就被猫科动物掠食者所捕获，或在河边被等候在河里的鳄鱼捕杀。

20世纪60年代初，坦桑尼亚政府无视公园护林员的反对，决定建造木头和金属围栏，以防止斑纹角马进入恩戈罗恩戈罗国家公园，但围栏建好后仅几小时之后就遭到斑纹角马的践踏破坏。人类既无权也无力改变动物的行为，因为这已在它们的基因中存在了千年之久。

由坦桑尼亚塞伦盖蒂国家公园、恩戈罗恩戈罗国家公园以及肯尼亚马赛马拉国家公园（Maasai-Mara National Park）组成的生物地理区被认为是世界上最古老健康的生态系统之一，因为自100万年前的更新世时代以来，该区域的野生动植物的种类几乎保持不变。此外，在塞伦盖蒂国家公园北部，恩戈罗恩戈罗火山口下方的奥杜瓦伊峡谷（Onduvai Gorge）中，发现了人类活动踪迹，这表明人类活动最早可追溯到更新世时期。

塞伦盖蒂在马赛语（Maasai

■ 第88页顶部 非洲象是最大的陆生哺乳动物，也是社会行为最复杂的一种动物。雌象和幼象成小群生活，雄象则主要单独生活。

■ 第88页底部 长颈鹿比大象高。雄性长颈鹿高达5.5米，雌性长颈鹿高达4.6米。由于栖息地范围缩小，再加上它们只生一只幼崽，这些体形高大的动物的数量正在减少。

■ 第88—89页 斑纹角马在11月底左右开始迁徙，近200万只斑纹角马、30万只斑马和羚羊汇集在一起。斑纹角马可以在短短4~5天行进193千米。

语中意为"永生之地",是一个覆盖着火山地貌的结晶岩高原,占地面积略小于15022平方千米,于1951年宣布成为国家公园。高原北部和东部平均海拔为920米,耸立着名为小丘(Kopjes)的花岗岩山丘,其中最高的山丘高达1798米。

有两条河道在干旱的年份会完全干涸,但就整个高原而言,上面分布着许多水池和草甸。

除了斑纹角马,该地还栖息着细纹斑马(Burchell's zebra)、伊兰羚羊、黑斑羚、汤式瞪羚和许多其他种类的羚羊。

它们都是生活在塞伦盖蒂平原的豹子、猎豹或3000头狮子的猎物,这些捕食者进食结束后,斑鬣狗和胡狼会将动物残骸搜刮一空。

该地区约有1500只大象,此外还有黑犀牛、水牛、河马、长颈鹿和鳄鱼。在体形较小的动物中,猫鼬和灵长类动物各有7种,水獭和

■ 第89页左下角 一头雄狮刚刚结束了捕猎。这一幕并不常见,因为通常是雌狮在夜间捕猎。

■ 第89页右下角 塞伦盖蒂平原由被火山灰覆盖了几千年的结晶岩石形成。

疣猪各有 2 种。

之前，该地还生活着非洲野狗，但十几年前，它们由于狂犬病而灭绝。该地共有 350 种鸟类，其中包括世界上最大的鸟——鸵鸟。

塞伦盖蒂的动物数不胜数，种类繁多，是最受欢迎的野生动物游猎目的地之一。游客很容易在一天之内同时看到"非洲五霸"：大象、犀牛、水牛、狮子和豹子。与人们所认为的相反，这些动物并不是因其体形大而获得该绰号，而是因为在政策允许的前提下进行捕猎时，它们对捕猎者安全的威胁最大，所以成为最受欢迎的战利品。

在雨季，放眼望去，塞伦盖蒂像是一片绿油油的草甸。

在中部和西部地区，有许多种相思树、野生枣椰树和以果实形状命名，俗称"吊灯树"（*Kigelia africana*）的物种。这种果实的提取物可用于化妆品工业。

在旱季，该地景致迥然不同，如同沙漠一般。

▌第 90 页　非洲最大的猫科动物是狮子，最多有 50 只成群生活，由两只雌狮领导。塞伦盖蒂的狮子总数约为 3000 只。

▌第 90—91 页　一群细纹斑马跃入水中。斑马领地意识并不强，只在水源周围 16 千米的范围内活动，也就是斑马一天的脚程。

▌第 91 页顶部　体态优雅的高角羚（*Aepyceros melampus*）是非洲中部和南部最常见的羚羊之一，十分合群，通常不会离开其领地。

尽管该地不适合发展农业，但人们仍会在其边缘地区进行农业活动，这对该地环境造成了压力。马赛人的偷猎行为非常普遍，据估计，马赛人平均每年猎杀4000只羚羊以供食用。

为使当地居民更加了解这里的生态状况，政府举办了大型宣传活动，但却收效甚微。尽管旅游业是坦桑尼亚的第二大收入来源，但马赛人实际上并未从中收益，2000年的旱灾使他们的生活雪上加霜。

▍第91页底部　猎豹（Acinonyx jubatus）是世界上奔跑速度最快的动物，也是濒危动物，人们正在努力尝试通过人工饲养来提高猎豹数量。

▍第92—93页　在过去的50年中，塞伦盖蒂的斑纹角马数量从约19万只增加到近200万只。

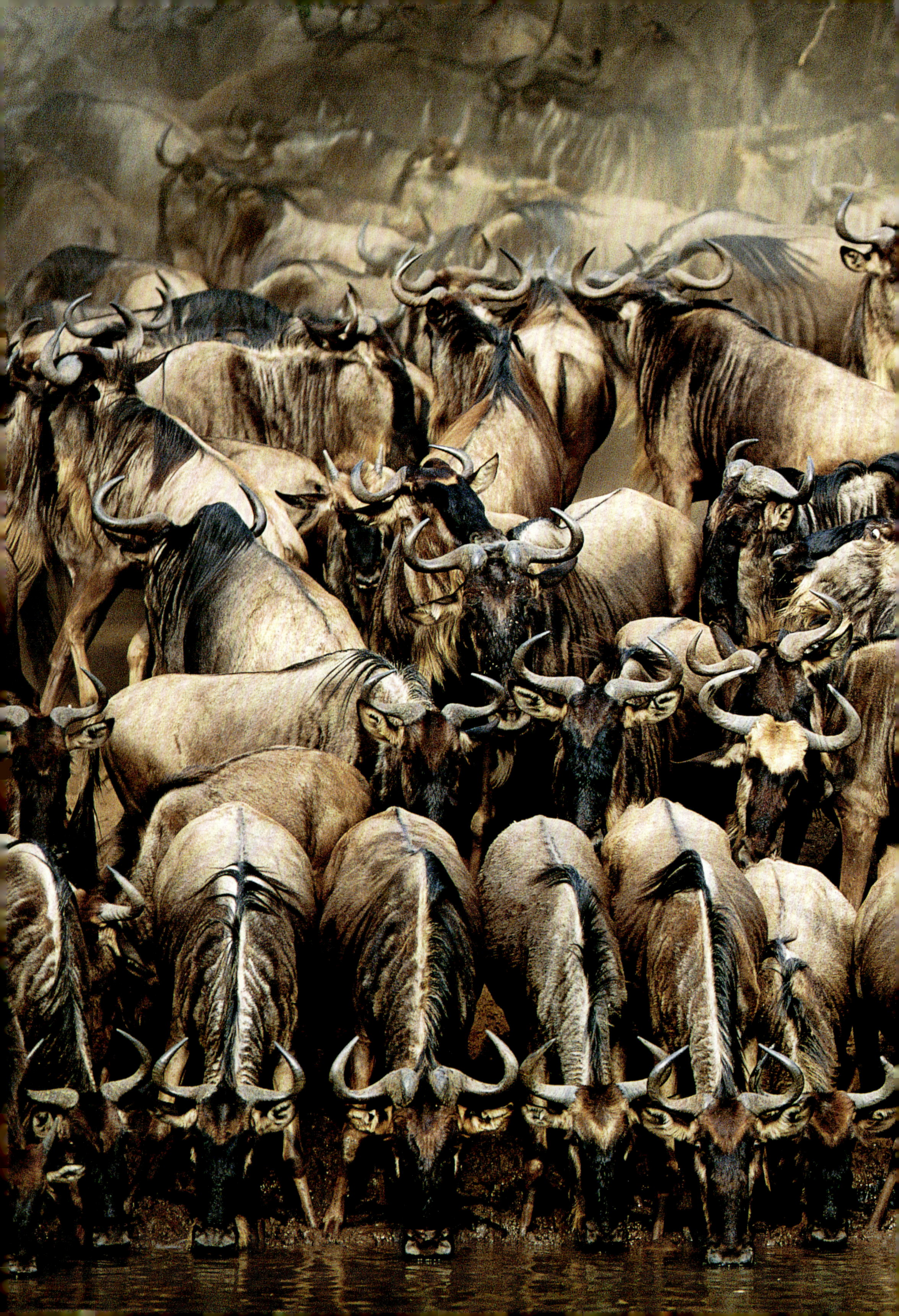

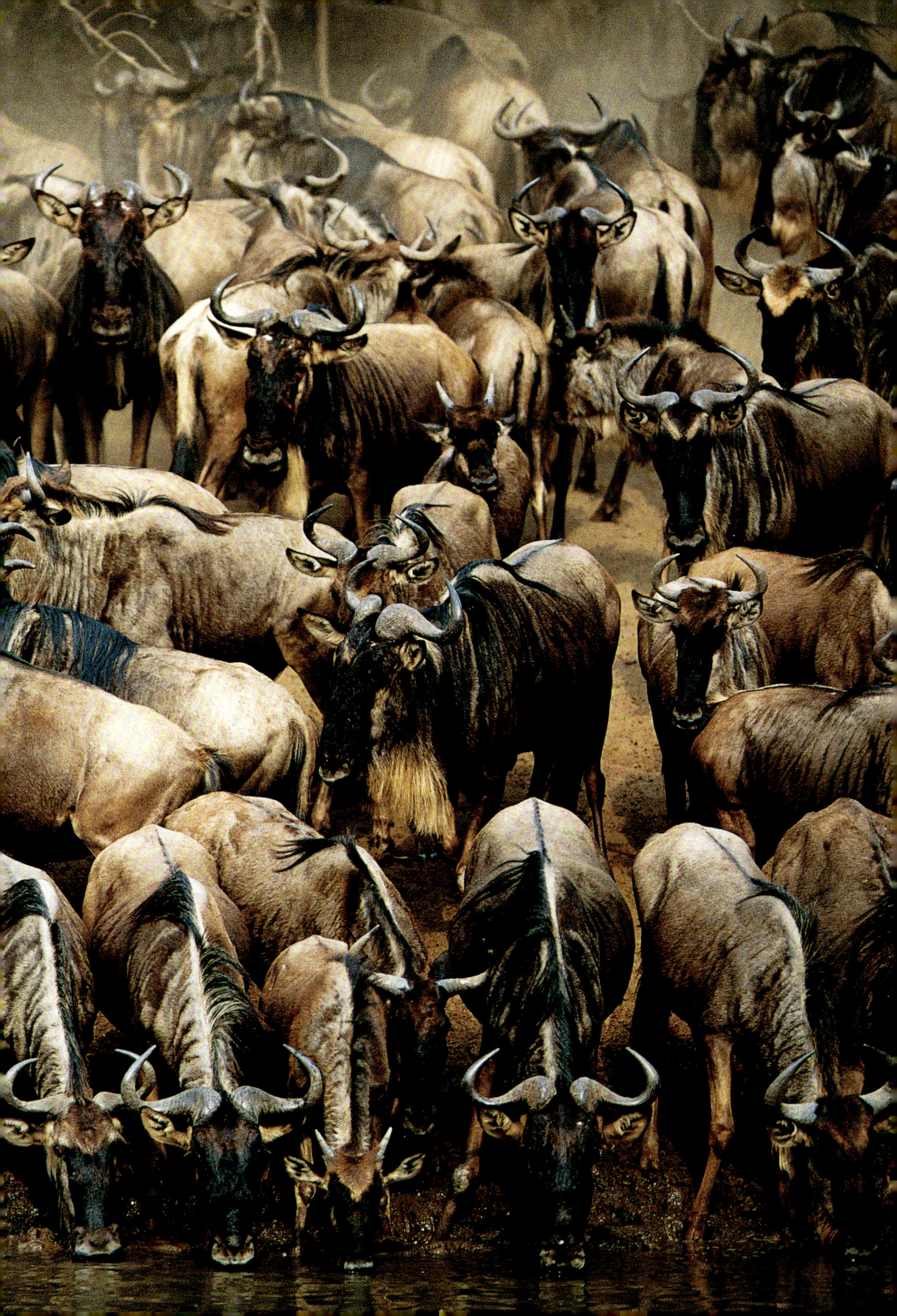

乞力马扎罗国家公园

坦桑尼亚

莫希（MOSHI）地区
入选年份：1987
遴选标准：自（Ⅲ）

1848年，在非洲高原，约翰内斯·雷布曼（Johannes Rebmann）到达了一个离赤道以南约300千米的地方，该地坐落在一座巨大的山峰脚下，上面覆盖着积雪，这一定令他非常惊讶。居住在山坡上的查加人（Chagga）称这座山为乞力马扎罗山（Kilimanjaro），并将其视为圣山。1889年10月，第一位登上该山的地质学家汉斯·迈耶（Hans Meyer）为了纪念德国皇帝而将其改名为威廉大帝山（Kaiser Wilhelm Spitze）。

多年后，该山在坦桑尼亚政府独立后又被冠以乌胡鲁峰（Uhuru Peak）的名称（在斯瓦希里语中意为"自由"）。但不管怎样，人们还是更愿意称其为乞力马扎罗山，虽然尚不能确定这个名字的由来，但雷布曼认为它的意思是"伟大的山脉"，也有人则将其解释为"闪闪发光的山脉""白色的山脉"或"群水环绕的山脉"。

从上述关于名字的各种解释中可以看出乞力马扎罗山是一座"完美的山脉"。它宛若海市蜃楼一般，从约900米高的无限平坦的热带稀树草原上拔地而起，上升到海拔5895米的地方，也就是地质学家所认定的三座休眠层火山中最高的基博峰（Kibo）。但是，他们并未注意到一个非常令人担忧的问题：在过去的100年里，乞力马扎罗山的雪盖缩小了85%。在乞力马扎罗山峰的延时摄影片段中，可以明显地看出山峰

■ 第94页顶部 乞力马扎罗山是非洲的最高峰。尽管它上一次的喷发可追溯到更新世时期，但主火山口的中心仍有轻微活动的迹象。

■ 第94—95页 乞力马扎罗山占地面积3885平方千米，有三个火山口：西拉峰（Shira，3962米）、马文济峰（Mawenzi，5149米）和最高峰基博峰（5888米）。

顶部的积雪范围越来越小，这反映出全球变暖的灾难性后果。

1921年，乞力马扎罗国家公园被德国殖民政府划为自然保护区，目前公园占地面积754平方千米，周围还有其他森林保护区，占地面积927平方千米。该保护区入口处的马兰古门（Marangu gate）海拔1829米，在马兰古门和山顶之间，有四个不同的植物生态系统，可称为山地森林、高海拔荒原、高山沼泽和高山沙漠。

海拔4600米以上的区域，仅生长着苔藓和地衣，而在高海拔荒原区域，主要分布着石南属植物和灌木丛。除了常见的千里光属（Senecio）和该地区特有的狄氏半边莲（Lobelia deckenii）外，海拔1829~2713米的森林带中还生长着非常奇特的物种，例如东非绿心樟（Ocotea usambarensis）和各种罗汉松属。然而这里没有竹子和苦苏花属植物，尽管这两种植物在中部非洲其他地区很常见。

乞力马扎罗山是众多哺乳动物的庇护所，其中包括伊兰羚羊、树羚、两种鹿羚、非洲水牛（Syncerus caffer）和豹子，约有220只大象和各种灵长类动物（旧世界猴、婴猴属和疣猴），不过该地没有黑犀。

尽管公园内已加大保护力度，政府也已明令禁止砍伐树木，不做半点让步，但政府对游客过多造成的环境威胁视而不见，这是因为该州一半的旅游收入来自乞力马扎罗山。乞力马扎罗山被称为"普通人可攀登的珠穆朗玛峰"，现在每年有25000名业余登山者成功登上乞力马扎罗山。他们在山上留下大量垃圾，以至于最受欢迎的马兰古路线有一个颇具讽刺意味的名字：可口可乐之路。

▌第95页顶部 基博火山口常年积雪覆盖，冰川广布，海拔最高可达4500米，而马文济峰附近并非终年被积雪覆盖。这三座山峰上都可以看到过去冰川的遗迹，在高达3597米的地方可见到冰碛碎屑。

▌第95页底部 一群大象奔向乞力马扎罗山脚下的水坑。乞力马扎罗国家公园占地面积754平方千米，有5个不同的植物生态区，动物种类繁多。

恩戈罗恩戈罗自然保护区

坦桑尼亚

阿鲁沙地区
入选年份：1979
遴选标准：自（Ⅱ）（Ⅲ）（Ⅳ）

恩戈罗恩戈罗火山口几乎呈标准圆状，直径略小于19.3千米，因此，尽管千年来都未形成湖泊，但它仍是世界上最大的火山口之一。火山墙海拔396~610米，但并非一直保持不变。恩戈罗恩戈罗火山形成于中生代末新生代初。科学家认为，恩戈罗恩戈罗火山与其邻近的洛尔马拉辛火山（Loolmalasin，海拔3587米）、奥尔德阿尼火山（Oldeani，海拔3168米），甚至非洲最高峰乞力马扎罗山（海拔5888米）相比，爆发力更强，以至于喷出物也淹没了火山本身。

随着时间的流逝，恩戈罗恩戈罗火山口逐渐变成凹形，成为非洲野生动物最理想的避风港，野生动物聚集最多的地方宛如一个马戏团，尤为壮观。

自1959年以来，恩戈罗恩戈罗火山口就被划为保护区，具有最为完备的生态系统，以塞伦盖蒂平原为代表。

该地区不仅是斑纹角马、细纹斑马和瞪羚等大型迁徙动物的目的地，还是大象、河马、长颈鹿、水牛、狒狒和鸟类（包括约30只猛禽）以及所有大型食肉动物的栖息地。此外，该地还是为数不多的黑犀的避难所之一。

恩戈罗恩戈罗火山口的猎豹值得一提。不同于非洲其他地区，这里的猎豹数量不降反增，不断繁衍，日益壮大。

一直以来，猎豹被认为是所有大型猫科动物的祖先，也是世界上奔跑速度最快的动物，能够在短短3秒钟内加速到109千米/小时，然而科学家对猎豹的生存状况倍感担忧，因此他们正在考虑在不得已的情况下采取克隆措施来保护它们。

由于火山口各种各样的植物为野生动物提供了极佳的食物和栖息地，因此该地野生动物种类十分丰富。火山口的底部水池数量众多，雨季降水充沛，形成湖泊，孕育出一片茂密的草地。

靠近火山口的边缘，有两股泉水滋养着拉雷（Lerai）森林，森林内主要生长着非洲刺相思树（*Acacia xanthopholea*）和奎宁树（*Rauwfolia caffra*）以及雷亚尼森林（Laiyani），主要生长

▌第96—97页 恩戈罗恩戈罗火山口几乎呈标准圆状，占地面积264平方千米，火山口壁海拔高396~610米。

▌第96页底部 拉雷森林中主要分布着非洲刺相思树和奎宁树。在恩戈罗恩戈罗火山口，拉雷森林是为数不多的树木茂盛的地区之一，因此成为大象最喜爱的觅食区。

第97页顶部和底部 长期干旱时,火山口变为沙漠,但在降雨正常的情况下,火山口生长着富有营养的草本植物,为大量牛羚、斑马和羚羊提供食物来源。

97

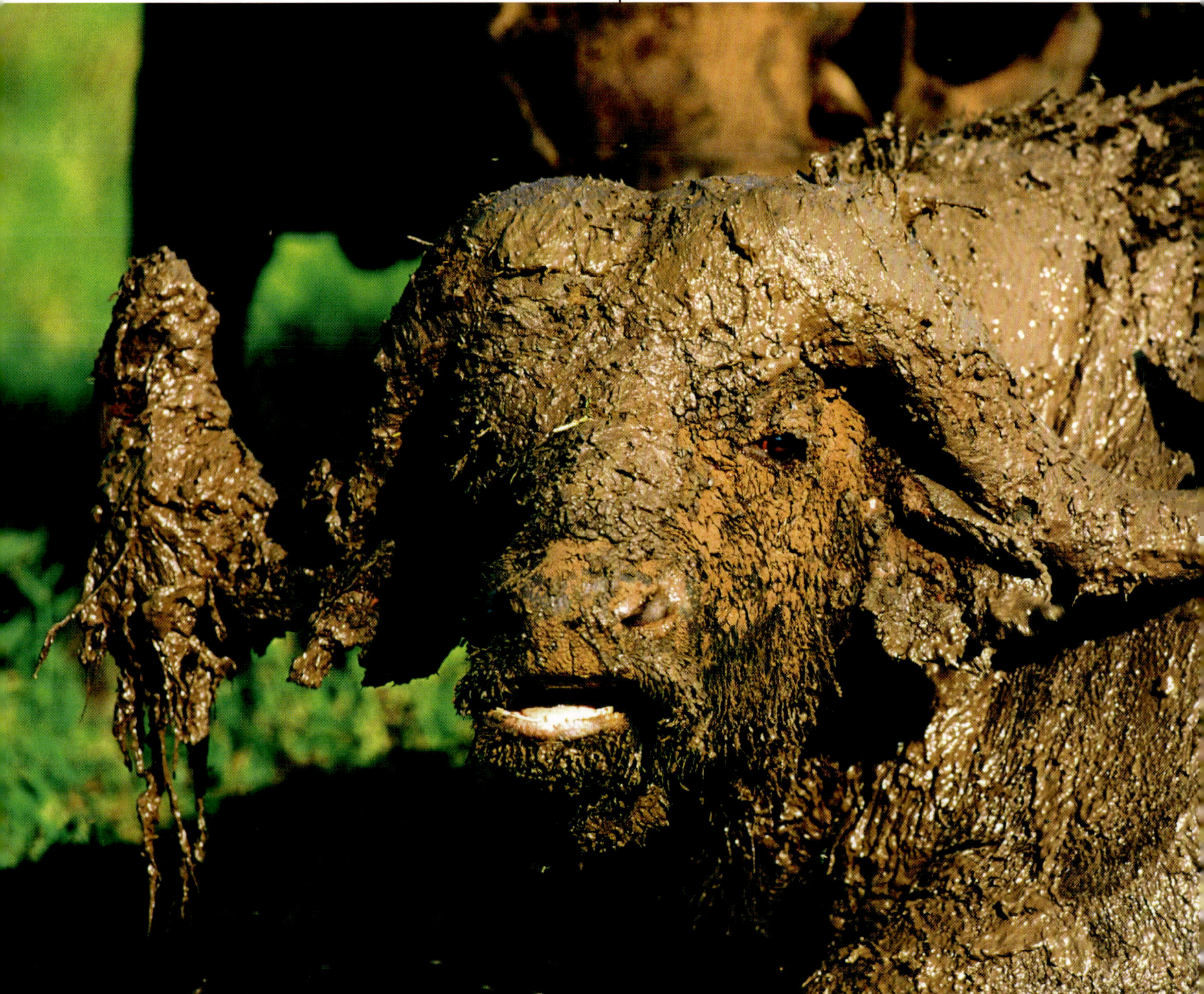

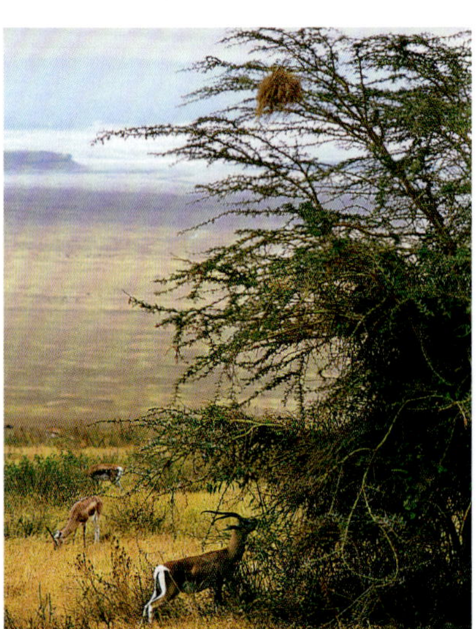

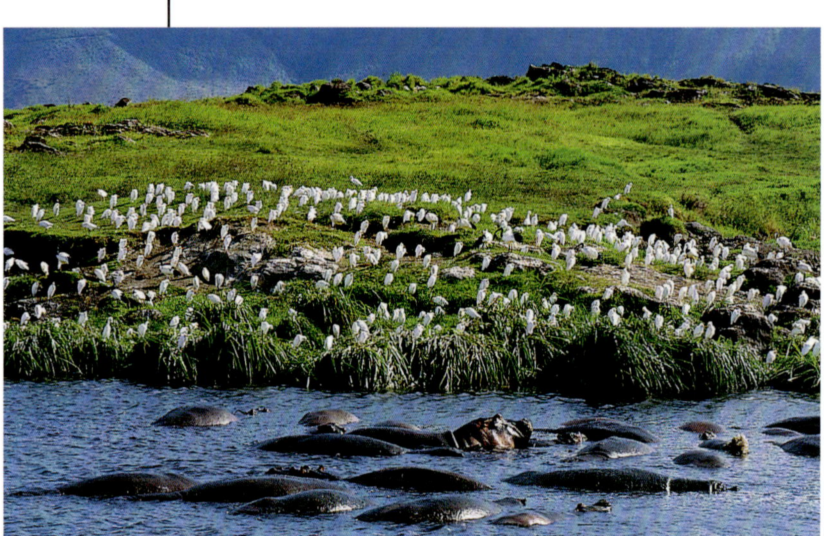

着红刺金合欢（Acacia lahai）、含胶合欢（Albizzia gummifera）和洋葱木（Cassipourea malosana）。火山口土壤肥沃，为植物群提供了极佳的养料。伦盖伊火山（Ol Doniyo Lengai）位于恩戈罗恩戈罗火山口的边缘，仍频繁喷发，因此火山口周期性地覆盖富含营养物质的火山灰。

此外，恩戈罗恩戈罗火山口对人类也同样意义非凡。在其边缘地带，人们发现了直立人、鲍氏南方古猿和能人的化石，这为物种起源于非洲的理论提供了依据。另外，几百年来，马赛人一直居住在恩戈罗恩戈罗火山口，火山口对他们的牲畜放牧以及农业生产至关重要。因此，坦桑尼亚政府和国际组织发起了一个实验性项目，旨在实现该地区土地的多种利用，从而满足马赛族和野生动植物的需求，并保护环境。

▮ 第98—99页 非洲水牛（Syncerus caffer）的特写镜头，身上覆盖着池中的泥。据最新估计，恩戈罗恩戈罗火山口约有4000只非洲水牛。

▮ 第98页左下角 瞪羚不需要喝太多水，因为它们能吸收吃的草、树叶和多汁的水果中的水分。

▮ 第98页右下角 一群河马经过一条满是牛背鹭（Ardeola ibis）的河岸。

▮ 第99页顶部 火山口是斑纹角马的迁徙目的地。雄性和雌性斑纹角马都有角，但雄性的角更高（马肩隆处平均高1.37米）。雄性斑纹角马重159千克，雌性斑纹角马重249千克。

▮ 第99页中间 鸵鸟是世界上最大的鸟类。尽管它们无法飞行，但奔跑速度极快。如果受到天敌的威胁，它们的速度可以达到50千米/小时，能持续奔跑30分钟，这种耐力在动物界实属罕见。

▮ 第99页底部 成千上万的火烈鸟（Phoeico-naias minor）聚集在水池中。很少有大型鸟类和它们一样合群。火烈鸟大量聚集在含盐较高或碱性较强的池塘和湖泊中，此类环境不利于鱼类生存，否则它们将不得不与鱼类竞争食物。

▌第 100 页顶部 黑犀（Diceros bicornis）越来越稀有。在过去的 40 年中，黑犀的数量从几百只减少到仅约 15 只。

▌第 100 页中间左侧 白天，狮子通常在树荫下懒散地休息。夜间，它们通常在雌狮的带领下狩猎。

▌第 100 页中间右侧 斑鬣狗（Crocuta crocuta）的生活方式有些与众不同。雌性占主导地位，雌性比雄性至少重 10 千克，且更具攻击性。

▌第 100 页底部 汤氏瞪羚是非洲中东部最常见的羚羊。在恩戈罗恩戈罗火山口大约有 3000 只。

▌第 101 页 母狮通常一次产下 1~5 只幼崽，并且非常注重幼崽的安全。生活在一个群体中的母狮会互相帮助彼此的幼崽断奶。

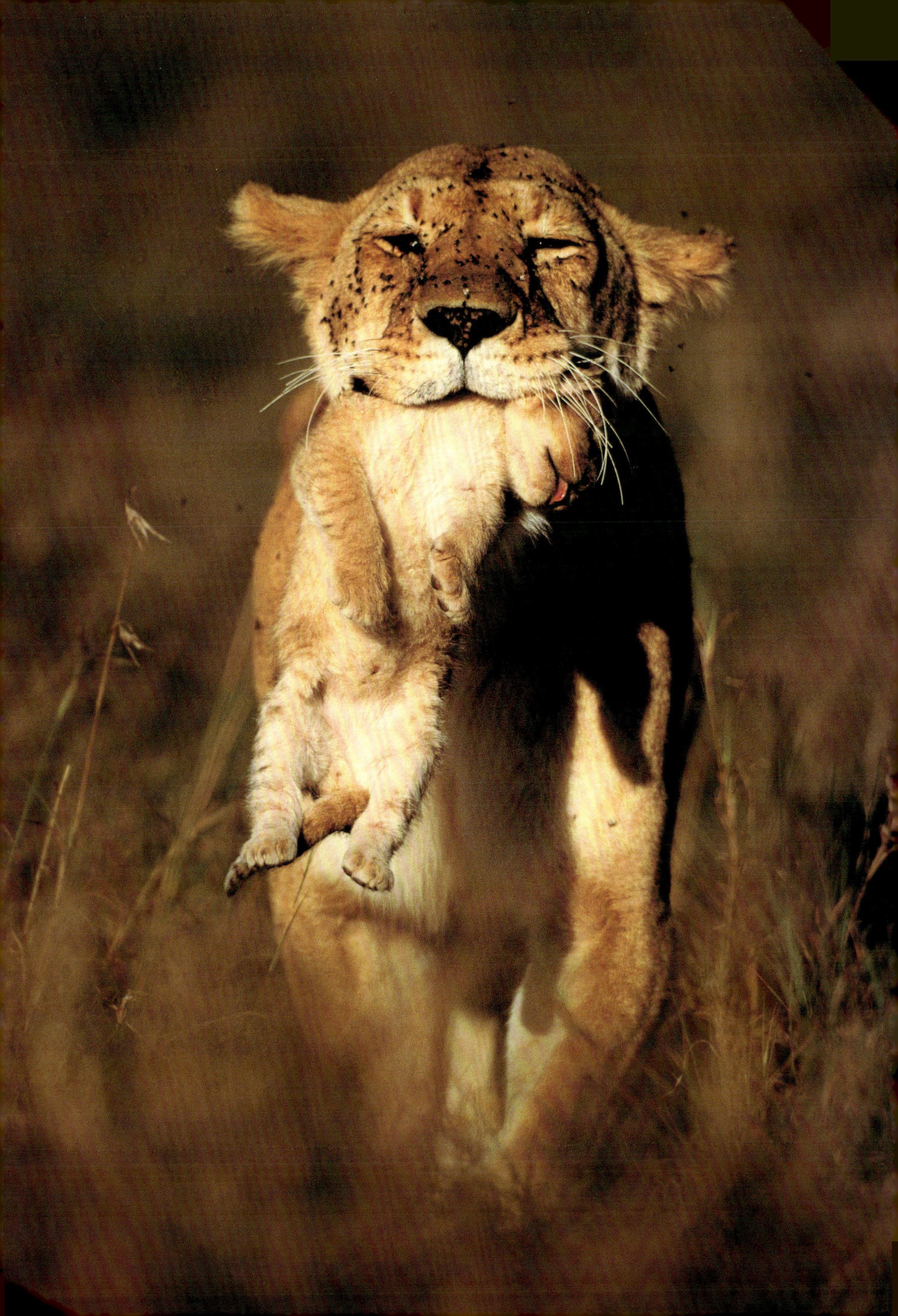

塞卢斯禁猎区

坦桑尼亚

莫罗戈罗，林迪
姆特瓦拉和鲁伍马地区
入选年份：1982
遴选标准：自（Ⅱ）（Ⅳ）

在贝奥贝奥营地（Beho Beho）一座岩石山的山峰上，埋葬着弗雷德里克·考特尼·塞卢斯的遗体。1917年，在第一次世界大战即将结束之际，这位英军上尉被德军射杀，他宁愿死于与狮子的徒手搏斗，也不愿死于战场。

塞卢斯的一生极具传奇色彩。他是一位探险家、博物学家和猎人，只要提到征服非洲最危险、最原始的地区，人们就会联想到他。

塞卢斯的坟墓位于1992年以其名字命名的塞卢斯禁猎区（Selous Game Reserve）内。该保护区占地面积近51800平方千米（占坦桑尼亚全境的5%），只有乘坐小型飞机才能到达。

塞卢斯禁猎区每年的游客数量限制在3000人以内，禁止任何形式的人类聚居，因为该保护区的土壤不适宜农业生产，还有大量舌蝇使放牧活动无法进行。

但同时，塞卢斯禁猎区拥有80万只大型哺乳动物，形成了世界上最大的大型哺乳动物群落，包括5万头大象、11万头水牛、1300只非洲猎犬、3000~4000头狮子以及大量河马和鳄鱼。

除此之外，该保护区内还有约100头黑犀牛、豹子和猎豹等食肉动物，以及狒狒、数种羚羊、布氏斑马和长颈鹿的大型群落。这些群落主要集中在塞卢斯最大的河流——鲁菲吉河（Rufiji）以北地区。塞卢斯禁猎区生活着440种鸟类，其中一些鸟类的生存现状令人担忧，如犀鸟科的红脸地犀鸟（*Bucorvus leadbeateri*）和短尾雕（*Terathopius ecaudatus*），亟须采取保护措施。

除了鲁菲吉河之外，该片广袤的区域还受到其他河流的灌溉，包括鲁菲吉河的支流卢韦古河（Luwegu）、基隆贝罗河（Kilombero）、大鲁阿哈河（Great Ruaha）、卢洪贝罗河（Luhombero）和姆巴朗加杜河（Mbarangardu），以及12月至次年3月雨季期间形成的其他河流。在旱季，这些河流干涸，但会留下水潭，在斯瓦希里语中被称为"季节性沼泽地（mbugas）"。辽阔的平原仅被

▌ **第102—103页** 塞卢斯的冲积平原人迹罕至，是当之无愧的野生动物王国。该地土壤贫瘠，并不适宜农业生产，果蝇遍地，无法进行放牧活动。

▌ **第102页左下角** 尼罗鳄（*Crocodylus nilo-ticus*）在泥泞的河岸上休息，张开嘴巴调节体温。尼罗鳄是非洲最大的爬行动物，成年后身长可达6米，重达1吨。

▌ **第102页右下角** 平静的河面上，河马巨大的嘴巴从水底浮现出来。河马看似无害，实则极具攻击性，居非洲食人动物之首。

▌ **第103页顶部** 一群河马（*Hippopotamus amphibius*）在鲁菲吉河中闲逛。塞卢斯禁猎区拥有世界上最大的河马群落。

▌ **第103页底部** 这只年轻的雄象来自塞卢斯禁猎区。该保护区拥有世界上最大的大象群落（约5万只）。

第104页顶部 一只幼小雌性黑斑羚（Aepyceros melampus）和一只"清洁工"鸟互帮互助。在动物界，这类共生关系非常普遍，常见于鱼类和爬行动物，以及鸟类和哺乳动物之间。

第104—105页 两只黑斑羚试图从捕食者口中逃脱。尽管黑斑羚群体内部已经形成了复杂的防卫策略，但仍有一半的幼崽在出生后的头几周就被杀死。

贝奥贝奥营地的群山和斯泰格峡谷（Steiger Gorge）隔断，鲁菲吉河流经该峡谷，峡谷呈花岗岩地貌。

塞卢斯的冲积平原以一位德国猎人的名字命名。1907年，他在该地受到一只大象攻击，不幸身亡。

塞卢斯禁猎区的植物群种类丰富，其中约2000种植物最适宜生长在落叶草原，生物多样性仅次于热带雨林。

落叶草原植被区在班图语中被称为"米欧埔"（miombo），覆盖了塞卢斯禁猎区75%的面积，主要包括桑给巴尔相思树（Acacia zanzibarica）和瘤刺树的相思树属，以及短盖属、兔风檀属和紫檀属树木。此外，还有树龄1000年以上的猴面包树（Adansonia digitata）。一棵大猴面包树的树干和树枝可储存近160吨水，是动物群在旱季的重要水源。在河流附近，有各种各样的植物，最有趣的是棕榈树，如高达25米的树头桐和塞内加尔海枣（Phoenix reclinata）。这两种植物的果实类似于大象和狒狒喜欢吃的枣子。

由于交通闭塞、地域广阔、资金短缺等原因，迄今尚未对短盖属植物群开展广泛的研究。同时，这些因素也使反偷猎小组的工作困难重重。

第 105 页顶部 沿河的植被繁密茂盛,种类繁多,达 2000 多种,其中大部分是典型的落叶草原植被,生物多样性仅次于热带雨林。

第 105 页中间 一只雄豹（*Pantherus pardus*）进食后靠在相思树上休息。豹的捕食对象种类繁多（从大型昆虫到小型大象共 90 种),是该物种保持良好状态的基础。

第 105 页底部 两只布氏斑马在争夺一只雌斑马。斑马群体通常由唯一的一只雄斑马和十几只雌斑马组成,一般情况下雄斑马会竭力保护雌斑马。

105

莫西奥图尼亚瀑布 / 维多利亚瀑布

赞比亚 / 津巴布韦

利文斯顿（赞比亚），
维多利亚瀑布（津巴布韦）
入选年份：1989
遴选标准：自(Ⅱ)(Ⅲ)

1855年11月上旬，一群科洛洛（Kololo）土著把英国探险家利文斯通博士（Dr. Livingstone）带到了他们称为莫西奥图尼亚（Mosi-oa-Tunya，意为"雷鸣的烟雾"）的地方。在沿赞比西河（Zambezi River）短暂旅行之后，利文斯通博士第一次看到了"在非洲，当大片稀树草原燃烧时，在10千米外的地方都能看到烟雾升起"的盛景。实际上，他看到的景观是河流从马卡迪卡迪盐沼（Makgadikgadi Pan）倾泻而下跃入玄武岩峡谷，水汽缭绕，蔚为壮观。

利文斯通将这一自然奇观上报给维多利亚女王，但直到他四年后回到伦敦时，有关该发现的信息才在欧洲传播开来。1860年8月3日，威廉·鲍德温（William Baldwin）是第二位到达维多利亚瀑布（Victoria Falls）的旅行者，从那时起，维多利亚瀑布成为非洲最受欢迎的旅游景点之一。游客们沿着现在的博茨瓦纳—津巴布韦边界越过德兰士瓦省（Transvaal）进入"猎人路"，步行、骑马或乘坐牛车都可到达瀑布。后来，得益于塞西尔·罗兹（Cecil Rhodes）的帮助，人们能更便捷地到达维多利亚瀑布。尽管罗兹本人从未到过该地，但他在1900年组织修建了一条通往瀑布的铁路，还在非常靠近瀑布底部的地方建造了一座桥梁，以便瀑布击起的浓浓水雾能够溅入车厢内。

1934年，殖民政府建立了维多利亚瀑布保护区，但在1972年，保护区被莫西奥图尼亚国家公园和维多利亚瀑布国家公园取代，两个公园共占地88平方千米，保护着赞比亚和津巴布韦两岸的瀑布。

维多利亚瀑布大约形成于200万年前，是世界上最宽的河道瀑布，跨度超过1676米，最大落差为108米。2月和3月是赞比西河的汛期，在此期间，河水流速超过63.6万立方米/分钟，21千米外都能听到水流的冲击声。赞比西河在抵达瀑布之前，水流平稳。水流倾泻而下之后，瀑布底部的水流变得湍急，在七个毗邻的玄武岩峡谷岩壁之间奔腾流淌，玄武岩峡谷的位置正是远古时代瀑布的位置。

虽然两个公园内没有特定的野生动物景点，但它们与赞比西国家公园（Zambezi National Park）相邻，大象、长颈鹿、斑马、疣猪和狮子经常在两个公园内出没，而在平静的河流弯道上，河马和鳄鱼在其聚居地内漫步。相比之下，由于瀑布造成了不同物种的进化屏障，河道动物群更值得关注。同样有趣的是，津巴布韦河岸常年水汽氤氲，生长着狭长的热带雨林。雨林中生长着许多赤道附近的典型物种，如非洲黑檀（*Diospyros mespiliformis*）、塞内加尔海枣和各种榕树。

尽管距发现维多利亚瀑布已有

▌第106页顶部　维多利亚瀑布下，赞比西河蜿蜒穿过一系列玄武岩峡谷，形成湍急水流。这些峡谷正是古代瀑布的位置。

▌第106页底部　一只汤氏瞪羚站立在津巴布韦的赞比西河畔，对雄伟壮观的瀑布视而不见。

一个半世纪之久，但它仍对成千上万的游客有着不可抗拒的吸引力。而关于亚米—亚米（Yami-Yami，少数幸运儿在汹涌的水流中才能看到的瀑布之神）的古老传说，已经发展成为一种商业活动：异教神的符文被刻在玄武岩碎片上作为纪念品出售，促进当地经济增长，使该地区成为津巴布韦最繁荣的地方。

■ 第106—107页 维多利亚瀑布是津巴布韦和赞比亚的边界，在2月和3月（赞比亚河的汛期）会形成世界上最长的水帘，每分钟流量达63.6万立方米。

■ 第107页右侧 莫西奥图尼亚（"雷鸣的烟雾"）是维多利亚瀑布在科洛洛语中的名称。雾状的水类似于烟雾，在21千米外都能听到水流冲击声。

■ 第107页底部 维多利亚瀑布的独特地貌促进了河道动物群的分化，瀑布落差巨大，代表着无法跨越的进化边界。

马纳波尔斯国家公园、萨比和切俄雷自然保护区

津巴布韦

卡里巴湖东北部
赞比西河南岸
入选年份：1984
遴选标准：自（Ⅱ）（Ⅲ）（Ⅳ）

约60只河马慵懒地躺卧在水潭中。河马的皮囊看似坚硬，实则非常脆弱，极易灼伤，因此它们整天浸泡在水中，避免受到阳光照射。一群尼罗鳄在赞比西河的弯道处缓慢踱步，似乎也很悠闲。在稍往下游的地方，一大群羚羊正在吃草，它们对尼罗鳄这种身长可达7米的凶猛食肉动物视而不见。

上述景观仅仅是马纳波尔斯国家公园（Mana Pools National Park）和毗邻的萨比和切俄雷自然保护区（Sapi and Chewore Reserves）的众多景观之一，马纳波尔斯国家公园于1963年建立，两个保护区占地面积共约6734平方千米。在5月至10月的旱季，保护区的大型冲积平原、水潭、岛屿、峡谷、南部边界的赞比西河是非洲南部最集中的一个野生动物群的家园。

除了成千上万的河马和鳄鱼，保护区内还生活着黑犀、大象、狮子、豹子、猎豹、斑鬣狗、疣猪、非洲猎犬，以及一种以产蜜膜翅目昆虫为食的獾——蜜獾（Mellivora capensis）。此外，还生活着一大群平原斑马（Equus burcelli）和各类羚羊群，如大林羚（Tragelaphus oryx）、生性胆怯的水羚（Kobus ellipsiprymnus）、体形庞大的伊兰羚羊（Taurotragus oryx）和体态优雅的安氏林羚（Tragelaphus angasii）。该地还栖息着大量的两栖动物和鱼类，以及380多种鸟类，其中包括40余种猛禽类。

马纳波尔斯国家公园与萨比和切俄雷自然保护区的植被茂盛繁密，营养丰富，孕育着丰富多样的动物群落。在切俄雷自然保护区，山丘被高大的草丛覆盖，而冲积平原则是被当地人称为"耶西"（jesse）的落叶荆棘灌木丛以及香松豆（Colophospermum mopane）的家园。香松豆树皮坚韧，树叶呈蝴蝶状，会在一天中最热的时候折叠起来，以减少树叶的蒸腾作用。

香松豆的树叶富含蛋白质和磷，即使在气候干燥时也能保持其营养成分，这也是它们对食草动物具有重要意义的原因。生活在香松豆上的马陆常在雨季出没，是当地鸟类最喜欢的食物。在马纳波尔斯的食物链中，有一种相思树也非常重要，即纳

■ 第108页顶部 河马种群的个体数量可达60只。它们整天浸泡在河水中，保护脆弱的皮肤免受强烈的阳光照射。

■ 第108—109页 马纳冲积平原被落叶荆棘灌木丛和纳塔尔桃花心木覆盖。纳塔尔桃花心木的树叶营养丰富，备受羚羊和大象喜爱。

■ 第108页底部 雌性大象和幼象照常进行泥浴，然后在马纳的一个水潭边休息。

■ 第109页左上角 黑脸黑斑羚（Aepyceros melamphus petersi）的体形与黑斑羚相似，在黄昏时活动，常年生活在水边。羚羊是马纳波尔斯国家公园内数量最多的动物之一。

■ 第109页右上角 赞比西河下游河段沿津巴布韦和赞比亚交界处缓缓流淌，汇入巨大的卡里巴湖。湖岸上植物群种类多样，一年四季有大量动物在此觅食。

塔尔桃花心木（Trichilia emetica），它的树叶是羚羊和大象的食物。

在当地语言中，"马纳"意为"四"，是公园以北、赞比西河以南大型水潭的数量。几百年前，河水流经马纳波尔斯国家公园，并得以保留，形成水潭。但如今，人类活动不断威胁着这一大自然的杰作。1958年，当时的罗德西亚政府决定建造卡里巴水坝（Kariba Dam）发电。该举措致使河水流量减少，雨季泛洪区面积缩小。种种影响导致土壤恶化，对生态系统至关重要的植被也因此减少。

■ 第109页底部 虽然非洲南部地区的豹子数量众多，但豹子性情孤僻，偏爱独居，其踪影并不常见。洛克梅奇河（Ruckomechi River）是赞比西河的支流，也是公园东部的边界。马纳有大量人口在洛克梅奇河附近生活。

▌第110页左上角 德拉肯斯堡公园（Drakensberg）生活着约300种鸟类，是胡兀鹫（*Gypaetus barbatus*）在非洲南部地区最后的避难所。这种鸟类85%的食物都来源于死亡动物的尸骨。

▌第110页右上角 德拉肯斯堡公园是南非最具富水性的水文流域之一，主要原因是该地降雨量较大。在11月至次年3月的夏季，降雨尤其充沛。

比勒陀利亚

乌卡兰巴／德拉肯斯堡公园

南非 | 夸祖鲁-纳塔尔省
入选年份：2000
遴选标准：自（Ⅲ）（Ⅳ）；文（Ⅰ）（Ⅲ）

大约8000年前，当欧洲和中东处于新石器时代早期阶段时，非洲南部地区仍有以半游牧方式生产的游猎群体，他们居住在德拉肯斯山脉裸露山谷的洞穴中或岩石尖坡下。当时，游猎群体之一的桑族人（San）开始装饰他们的洞穴，在墙壁和屋顶上描绘神像、狩猎场景以及在荒凉环境中每天为生存而斗争的情景。人类定居点的遗迹表明，尽管该地区一百万年前就已经有人类居住，但桑族人的岩画"编年史"是南非旧石器时代人类活动最确凿的证据，其记载一直持续到19世纪。那时，从开普（Cape）登陆的欧洲殖民者，以及祖鲁（Zulu）和科萨（Zhosa）等非洲民族，把桑族人赶出山脉，驱逐到卡拉哈里沙漠（Kalahari）的边缘地带。

德拉肯斯山脉风景壮丽，原始粗犷。1903年，纳塔尔殖民地政府为德拉肯斯山脉的壮美景观所震撼，在该地建立了一个动植物公园。1916年，公园发展为纳塔尔国家公园（Natal National Park）。1947年，公园规模扩大，更名为皇家纳塔尔国家公园（Royal Natal National Park）。1998年，南非政府正式用回非洲习语，再次将公园重新命名为乌卡兰巴-德拉肯斯堡公园（uKhahlamba-Drakensberg Park）。德拉肯斯堡公园海拔在1280~3500米，占地面积2427平方千米，地貌丰富多样，高原、山峰、玄武岩和砂岩岩面、深阔的山谷和粗糙的岩层各显其彰。受亚热带气候影响，公园拥有最富水性的水文流域，植被茂盛，山谷、山坡和高原间植被差异显著。德拉肯斯堡公园内共生长着2153种植物，其中近2000种属于被子植物，200多种为公园和当地特有物种，特有植物中有109种被认定为濒危物种。

此外，德拉肯斯堡公园还生活着48种哺乳动物、近300种鸟类、48种爬行动物、26种两栖动物和8种鱼类，虽然目前尚未对无脊椎动物进行精确普查，但它们从根本上促进了德拉肯斯堡公园的生态平衡。无脊椎动物包括74种蝴蝶（相当于南非所有蝴蝶种类的7%）、32种马陆和44种蜻蜓。两栖动物仅包括3种非常奇特的蛙类：林蛙（*Rana vertebralis*）、河蛙（*R. dracomontana*）和强肢花螳蛙（*Strongylopus hymenopus*），它们仅生活在高海拔低温地区。鸟类种类丰富，其中许多鸟类为当地特有物种。哺乳动物包括16种啮齿动物，南非最大的水獭种群、15种食肉动物和11种偶蹄目动物，偶蹄目动物中包括1500只短角羚（*Pelea capriolus*）和2000只伊兰羚羊（*Taurotragus oryx*），伊兰羚羊是世界上体形最大的羚羊。德拉肯斯堡公园内没有濒临灭绝的哺乳动物，令人意外的是，公园内也没有非洲大型食肉动物。现在，人们只能在桑族人描绘的狩猎场景中看到这些动物。

第110—111页 德拉肯斯堡天然露天剧场呈半圆形，由直径超过4.8千米的火山岩形成。德拉肯斯堡公园占地面积2427平方千米，地貌景观丰富多样。

第111页底部 从巨大的德拉肯斯堡露天剧场旁俯瞰谷底，可以看到一望无际的红色火炬花（*Kniphofia uvaria*）。保护区海拔在1280~3500米。

大圣卢西亚湿地公园

南非 | 夸祖鲁 – 纳塔尔省
入选年份：1999
遴选标准：自（Ⅱ）（Ⅲ）（Ⅳ）

■ 第112页顶部 一群火烈鸟（*Phoeniconaias minor*）挤满了戈西湖的湖岸及平静的湖面。圣卢西亚湿地公园是这群总数超过50000只的鸟类的家园。

■ 第112页底部 非洲鱼鹰（*Haliaeetus Vocifer*）因其独特的叫声而被称为"非洲之声"，是一种非常有领地意识的食肉鸟，以鱼类和小型水鸟为食。

2002年9月，意大利货船"乔利卢比诺"号在夸祖鲁－纳塔尔省（Kwazulu-Natal）的海岸搁浅，1000吨燃料从货舱中溢出。但更糟糕的是，约70个装有高污染有毒物质的集装箱也坠入海中。

幸亏有安全小组的及时干预，再加上天气晴朗，海况良好，一场巨大的环境灾难事件得以避免。

"乔利卢比诺"号搁浅在大圣卢西亚湿地公园（Greater St. Lucia Wetland Park）的保护区附近。湿地公园形成了一个完美的河口生态系统，公园内的生物多样性、复杂的水文结构以及栖息物种的相关适应性独一无二，举世无双。

大圣卢西亚湿地公园位于南非东海岸至莫桑比克和斯威士兰南部225千米处，由13个保护区组成，占地面积2398平方千米，主要有两个地貌区：海岸平原和大陆台地，台地发地而起，海拔达500米。

大圣卢西亚湿地公园始建于1997年，公园内汇聚着多条河流的尾梢部分，其中最重要的是姆库兹河（Mkuze）和乌姆福洛济河（Umfolozi）。

此外，公园内还有数个沿海湖泊，如盐度中等的圣卢西亚湖和科细湖（Lake Kosi），以及淡水湖西巴亚湖（Lake Sibayi）、班加西湖（Lake Bhangazi）和恩戈博雷尼湖（Lake Ngoboreleni）等。

在海岸平原外缘，沙丘植被繁茂，最引人瞩目。沙丘通向漫无边际的海滩，海滩上有星星点点的岩石露头。

圣卢西亚位于非洲南部土壤最为肥沃，植物十分多样的地区，共有152科734属的植物。

圣卢西亚的植物群占整个南非植物群的30%。至少44种是该地特有物种，分别属于禾本科（*Brachychloa*）、东非鞍果木属（*Ephippiocarpa*）、蜡菊属（*Helichryopsis*）、南非最近发现的最小的开花植物——狂榄属（*Inhambanella*）、天南星科（*Wolffiella welwitschii*），以及南非唯一的海洋开花植物——木杆藻属（*Thallasodendron cilliata*）。

大圣卢西亚湿地公园的水生

■ 第112—113页 一只尼罗鳄在芦苇丛中捕食到一只非洲树蛙（Hyperolius mariae）。大圣卢西亚湿地公园有5种两栖动物为夸祖鲁-纳塔尔省特有物种，6种爬行动物被列入《国际自然保护联盟濒危物种红色名录》。

■ 第113页左上角 大圣卢西亚湿地公园内，沼泽地占地面积约70平方千米，由芦苇和纸莎草组成，是南非最大的湿地保护区。

■ 第113页右上角 大圣卢西亚湿地公园内有许多科研站。这些尼罗鳄由普利鳄鱼科研站（Pooley Crocodile Research Station）监测。

植物种类繁多，极大地丰富了该地的生物多样性。沼泽地占地面积约 70 平方千米，内有芦苇、纸莎草、325 种藻类和许多其他典型湿地物种。

尽管大圣卢西亚湿地公园地处非洲，该地区有 129 种哺乳动物，其中包括 150 只白犀和约 100 只黑犀，但奇怪的是，该地区的动物群并非大型食肉动物。最有趣的是游客通常注意不到的动物种群，如约 200 种蝴蝶、52 种蜻蜓和 139 种贼鸥科鸟类。

该地区还生活着海洋无脊椎动物，包括 53 个珊瑚属和 812 种软体动物。一项统计表明，圣卢西亚的 991 种鱼类中，只有 55 种栖息在淡水湖，令人印象深刻。该地区共有 109 种爬行类动物和 521 种鸟类，其中火烈鸟的数量有时可达 50000 只。

世界各地的两栖动物数量都在减少，它们因此成为观测环境健康状况的敏感指标。在圣卢西亚，有 50 个物种的种群数量似乎非常稳定。

由于该动物栖息地没有人类定居，因此，在环境相对无污染的情况下，大圣卢西亚湿地公园内允许货船通行。

▎第 114 页顶部 幼小的红小羚羊（*Cephalophus natalensis*）能够将自己隐藏在植被中。

▎第 114 页底部 海岸沙丘植被密布，一路蔓延至潮汐线，平均高度 160 米，最高可达 182 米。

▎第 114－115 页 大圣卢西亚湿地公园有约 150 只白犀，但仅有约 100 只黑犀。

■ 第115页左下角 在大圣卢西亚湿地公园的主要河流——姆库兹河和乌姆福洛济河,可以看到成群的河马。　■ 第115页右下角 一群口渴的布氏斑马正在饮水。大圣卢西亚湿地公园内没有大型食肉动物,但栖息着129种海陆哺乳动物和521种鸟类,鸟类占南非鸟类总数的60%。

黥基·德·贝马拉哈自然保护区

马达加斯加 | 安黥基区北部
入选年份：1990
遴选标准：自 (Ⅲ)(Ⅳ)

生活在黥基·德·贝马拉哈自然保护区（Tsingy de Bemaraha Strict Nature Reserve）的狐猴有11种之多。其中，冕狐猴属，包括维氏冕狐猴（*Propithecus verraux*）和瓦氏冕狐猴（*Propithecus deckeni*），体形最大，主要在白天活动；而倭狐猴（*Microcebus murinus*）体形最小，差不多与老鼠一般大，只在夜间活动。

保护区内还有其他9种体形介于两者之间的狐猴，如金冠狐猴（*Propithecus tattersalli*）、獴美狐猴（*Eulemur mongoz*）、佩氏冕狐猴（*Propithecus diadema perrieri*）以及埃氏鼬狐猴（*Lepilemur edwardsi*）。近期才被发现的指狐猴（*Daubentonia madagascariensis*）是最为珍稀的狐猴种类之一，喜欢生活在森林深处。

黥基·德·贝马拉哈自然保护区位于马达加斯加西部，占地面积1520平方千米，1927年首次被列为保护区，以保护这处人迹罕至的人间仙境。保护区东面是陡峭的悬崖，比马南布卢河河面高305~396米。贝马拉哈高原是喀斯特石灰岩地貌，由于河水和雨水的侵蚀作用，沟壑纵横，裂隙密布，矗立着高耸尖利的石头尖峰（当地土著语称为"Tsingy"）。

该保护区属于热带气候，旱季长达6~8个月，11月至次年3月为雨季。在降雨量相对较多的地区，分布着茂盛的落叶林，在降雨情况相对较少的地区，落叶林与人造稀树草原交替分布。少数关于该地植被的研究记录了约430种植物，其中85%为该地特有物种，这是岛上物种不同进化的结果。例如，东海岸的乌木（*Diospyros perrieri*）、马达加斯加唯一一种野生香蕉树（*Musa perrieri*）以及各种各样的凤凰木，都是当地独一无二的物种。该地的植物科属有猴面包树属、兰科、大戟科、木棉科、豆科以及许多旱生植物，如芦荟等。

人们对黥基·德·贝马拉哈自然保护区的动物群研究同样甚少，这是因为当地物种数量极其不确定，以及

人们对物种来源意见不一。在该保护区内，除了狐猴，还有一些更加有趣少见的物种，比如该地特有的西部马岛鼠（*Nesomys rufus lambertoni*）和残肢变色龙（*Brookesia perarmata*），但目前只有少数为人所知。该保护区共有 13 种两栖动物和数十种爬行动物，包括尼罗鳄（*Crocodylus niloticus*）、叶尾壁虎属和变色龙属的物种。该地区鸟类物种多样，陆生水生兼有。在马达加斯加的 100 对鹗中，有 30 对是世界上最珍稀的猛禽，它们会在峡谷入口或黥基湖（Tsingy Lakes）旁筑巢。

奇怪的是，虽然黥基·德·贝马拉哈自然保护区是马达加斯加西部面积最大、生物多样性最丰富的保护区，但却因维护力度不足而遭到破坏。虽然世界自然基金会（WWF）强调必须加大保护力度，但情况并不乐观。几年前，人们还无法进入保护区南部的国家公园，但现在已经有几户人家在此定居。和附近的村民一样，他们在此放牧和种植庄稼，为了清理土地，他们在开阔地区和森林边缘人为纵火。由于人类活动，马达加斯加的原始落叶林面积已减少了 3%。

▎第 116—117 页 在陡峭的峡谷、沟壑和裂隙中，杂乱分布着大片落叶林，并且很多都是该地特有物种。

▎第 117 页顶部 该地峡谷纵深，崎岖不平，极难行走，不利于对动植物群进行准确分类和研究，因此大部分的物种仍是神秘未知的。

▎第 117 页底部 在 20 世纪中叶之前，人们还无法涉足黥基·德·贝马拉哈自然保护区，然而现在，当地居民在此定居，带来了隐患。他们的农业和牲畜放牧会危及该地独特的生物多样性。

▎第 116 页 贝马拉哈高原是喀斯特石灰岩地貌，由于雨水和地表水的侵蚀作用，最终形成了高耸尖利的石头尖峰，这也是该地名称的由来。

塔那那利佛

阿尔达布拉环礁

塞舌尔

入选年份：1982
遴选标准：自（Ⅱ）（Ⅲ）（Ⅳ）

阿尔达布拉环礁（Aldabra Atoll）是世界上最大的珊瑚环礁，位于塞舌尔主岛——马埃岛（Mahé）以南，临近马达加斯加。1511年，葡萄牙人首次发现阿尔达布拉环礁，并将其记录在地图上，当时葡萄牙航海家看到的是环礁内水域的绿色倒影，因而将这里命名为"阿尔达布拉"（Ilha Dara），这个名字源自阿拉伯语中的"al Khadra"，意为"绿色岛"。

阿尔达布拉环礁由13座小岛组成。1742年，拉扎尔·皮考特（Lazare Picault）和让·格罗森（Jean Grossin）带领法国探险队登上塞舌尔群岛（Seychelles Archipelago），并在其中的一座小岛上插上了法国国旗，使得法国成为首个占领塞舌尔群岛的国家。19世纪初，塞舌尔群岛又被英国海军占领。查尔斯·达尔文是最先开始欣赏和研究其独特魅力的英国博物学家。

雅克·伊夫·库斯托（Jacques Yves Cousteau）率先对阿尔达布拉环礁的生态系统进行了广泛研究，他于1954年乘坐"卡利普索"号（Calypso）航行至此。由于阿尔达布拉环礁与塞舌尔群岛其他岛屿距离甚远，地理位置偏僻，淡水匮乏，因此人类无法在此永久定居。但在20世纪60年代初，英国海军仍考虑将其作为海军基地。

最终，因皇家学会和史密森尼学会的介入，这项军事计划被取消。因此阿尔达布拉环礁仍是世界上最偏僻、最原始的地区之一。

和所有环礁一样，阿尔达布拉环礁最初也是火山岩，大约在125000年前形成。

其周边岛屿分散在两个独立的平面上，海拔约为4米和8米。阿尔达布拉环礁的潟湖直径近35千米，面积约为104平方千米，有四个出口通向海洋，涨潮时水深不超过3米，而在退潮时80%的河床会露出水面。

阿尔达布拉环礁上共有198种植物，其中19种为该地特有物种，不过，丰富多样的动物群才是其与众不同之处。

巨型陆龟（*Geochelone gigantea*）是该地最著名的动物，由于达尔文向毛里求斯总督求情，巨型陆龟才得以成为世界上首批受到保护的物种。这种动物曾经在印度洋中随处可见，但现在只有阿尔达布拉环礁上还生存着约15万只巨型陆龟，其数量是科隆群岛著名的加拉帕戈斯象龟的三倍。一头成年雄龟的体长可达1.2米左右，体重可达250千克，寿命可达100年。正如大象对非洲大草原生态环境十分重要一样，巨型陆龟也深刻影响着阿尔达布拉环礁脆弱的生态环境。该地也是绿蠵龟（*Chelonia mydas*）的产卵地。

阿尔达布拉环礁的鸟类物种丰富，包括一些珍稀物种，比如印度洋上仅剩的一种不会飞的鸟类——白喉秧鸡（*Dryolimnas cuvieri aldabranus*），还有黄喉岩鹭（*Egretta gularis dimorpha*）和圣鹮（*Threskiornis aethiopica abbottii*）。

栖居在珊瑚礁周围的海洋动物

▋ 第118页顶部　阿尔达布拉环礁是印度洋上唯一一处红脚鲣鸟筑巢地。

▋ 第118页底部　阿尔达布拉环礁是世界上最后15万只巨型陆龟的栖息地。

第119页顶部 俯瞰阿尔达布拉环礁，波光粼粼，五颜六色：蓝绿色、碧绿色、天青石色和深蓝色交相辉映，熠熠生辉。其潟湖直径为34千米，面积为96平方千米。

维多利亚

第118—119页 阿尔达布拉环礁有四个出口与海洋相连，在图的右上角，可以看到其中一处像一条分叉河流。潟湖涨潮时水深不超过3米，而在退潮时80%的河床会露出水面。

第119页底部 在阿尔达布拉环礁西部水道，有壮观的"蘑菇"岩石景象，这是由于海水侵蚀作用而形成的。该区域内的洋流被视为地球上最强大的自然力量之一。

▍第120页顶部 阿尔达布拉环礁浅水区，红树林根系盘结缠绕。该地共有198种植物，其中有19种为该地特有物种。

▍第120页中间 一只锈须鲛（*Nebrus ferrugineus*）小心翼翼地在潟湖河床上移动，大约3米长，这种鲛鱼一般不会伤害人类。

▍第120页底部 阿尔达布拉环礁是海龟和陆龟的王国。除了巨型陆龟之外，还有绿蠵龟、赤蠵龟（*Caretta caretta*）和玳瑁（*Eretmochelys imbricate*）。这些长寿的爬行动物可与鲨鱼相提并论，都是地球上最古老的生物。

▍第120—121页 一群鲷鱼，包括单斑笛鲷（*Lutjanus monostigma*）和埃氏笛鲷（*Lutjanus eherembergi*）正在探索水下的红树林根系。鲷鱼之所以称为"snapper"（即"猛咬"的意思），是因为它们对同类有攻击性行为。

更是一绝。丰富多样的珊瑚和海绵有利于微生物繁殖，为约200种色彩鲜艳的热带鱼提供养分。这些热带鱼包括神仙鱼、蝴蝶鱼、鲉科、鹤鱵科和四齿鲀科；此外，该地区还有不同种类的螃蟹、大型双壳类动物、海葵和软体动物。阿尔达布拉环礁海洋动物丰富多样，对少数幸运的潜水者而言是当之无愧的天堂。

■ 第121页底部 在阿尔达布拉环礁，生活着13种陆生鸟类，比如在红树林筑巢的阿尔达布拉岛燕卷尾鸟（*Dicrurus aldabranus*），以及印度洋上唯一不会飞的鸟类——白喉秧鸡。

第 122 页右上角　柳珊瑚（*Gorgonias*），俗称海扇，因其与古希腊神话中蛇发女妖（gorgon）的头发相似，故得此名。全株是一个群体，形状类似树木，属于珊瑚纲，有角状骨骼。但与钙质珊瑚不同的是，它们非常灵活。

第 122 页中间　一条尖吻鲬（*Oxycirrhites typus*）惬意地在软珊瑚或海鸡冠亚纲珊瑚上休息。

第 122 页底部　海参是一种棘皮动物，表皮柔软有弹性，有疣足，通过收缩其纵行肌和环形肌移动，行动速度缓慢。

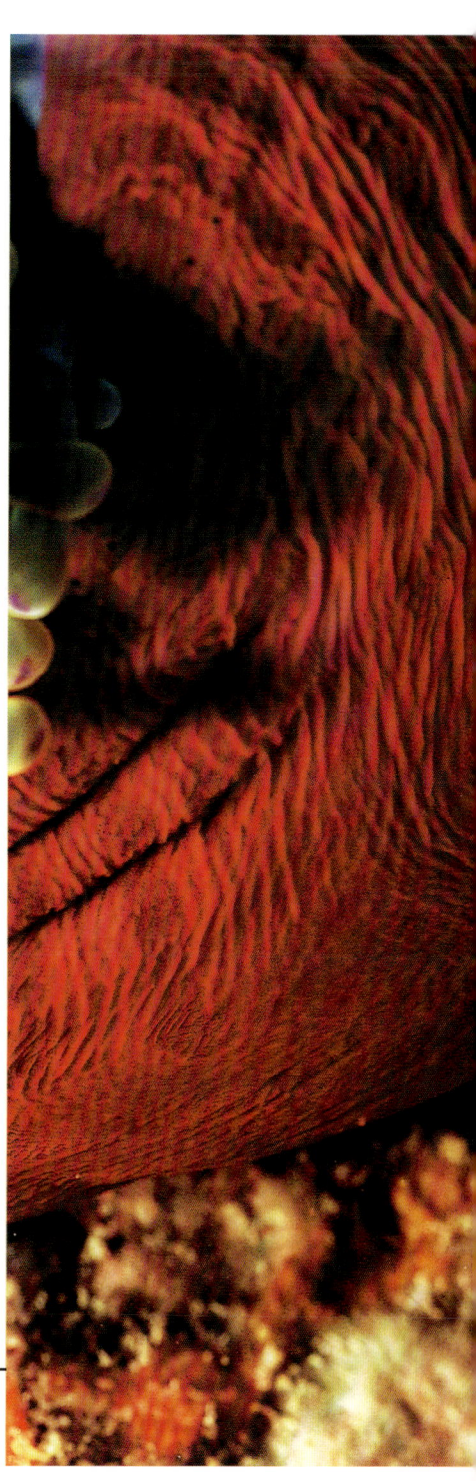

第122—123页 这种瓷蟹在印度洋里随处可见，常与大型海葵（图中是公主海葵）成对生活，隐藏在海葵的触手里。

第123页顶部 一群布氏鲳鲹（*Trachinotus blochi*）在珊瑚礁水域摇曳身姿，银光闪闪。它们通常生活在外海，但在日落时分，会靠近岩石或珊瑚，主要以那里的双壳类软体动物为食。

亚洲

土耳其—格雷梅国家公园和卡帕多细亚的岩石景观—第 126 页

土耳其—赫拉波利斯和帕穆克卡莱—第 130 页

俄罗斯联邦—堪察加火山—第 133 页

俄罗斯联邦—贝加尔湖—第 138 页

俄罗斯联邦—中锡霍特—阿林山脉—第 142 页

俄罗斯联邦—金山—阿尔泰山—第 148 页

中国—黄龙风景名胜区与九寨沟风景名胜区—第 152 页

中国—黄山—第 156 页

中国—武陵源风景名胜区—第 158 页

日本—白神山地—第 160 页

尼泊尔—奇特旺皇家国家公园—第 162 页

尼泊尔—萨加玛塔国家公园—第 166 页

印度—楠达戴维山国家公园—第 168 页

印度—卡齐兰加国家公园—第 170 页

印度—马纳斯野生动植物保护区—第 172 页

印度—凯奥拉德奥国家公园—第 174 页

斯里兰卡—辛哈拉加森林保护区—第 179 页

孟加拉国—孙德尔本斯国家公园—第 183 页

泰国—通艾和会卡肯野生生物保护区—第 186 页

越南—下龙湾—第 188 页

菲律宾—图巴塔哈群礁海洋公园—第 190 页

马来西亚—基纳巴卢国家公园—第 192 页

马来西亚—巫鲁山国家公园—第 196 页

印度尼西亚—乌戎库隆国家公园—第 198 页

印度尼西亚—科莫多国家公园—第 202 页

亚洲

亚洲大陆历史文化绵延上千年，宗教文明灿烂，汇聚着千余个民族。仅中国和印度就占了世界近一半的人口。印度尼西亚的爪哇岛（Java）更是世界上人口最密集的岛屿。人们一般不会把亚洲和"自然遗产"联系起来，然而这片广袤的大陆孕育着世界上最美丽的地方。这里高山林立，世界上最高的几座山峰位于喜马拉雅山脉、喀喇昆仑山脉（Karakorum）和兴都库什山（Hindukush）；大江大河众多，如长江、黄河、湄公河、阿姆河（Amu Darya）、鄂毕河（Ob）和印度河（Indus）；风景绝美，人迹罕至，如恒河（Ganges）—布拉马普特拉河（Brahmaputra）三角洲，印度和孟加拉国接壤的边境地区生长着一大片红树林，盘根错节，是孟加拉虎这种令人生畏的动物最后的家园。亚洲还有几处地质奇观，如火山活动频繁的俄罗斯堪察加半岛（Kamchatka Peninsula），以及风光秀丽迷人的越南下龙湾（Vietnamese bay of Ha Long）。

亚洲地域辽阔，西有阿拉伯半岛，东有日本，北靠西伯利亚，南至巽他群岛（Sonda Archipelago），气候、环境类型复杂，动物和植物种类丰富多样。不过令人惊讶的是，在这样一片独具魅力的大陆上，仅有几处被联合国教科文组织列为世界自然遗产。事实上，这些入选的世界自然遗产恰恰表明了亚洲地区动植物栖息地范围广阔。例如，中国的竹林是自然保护的象征——大熊猫的避难所；中亚是雪豹的栖身之所；印尼是爪哇犀和可怕的科莫多龙的栖息地（尽管栖息地面积有限）。因此，即便只考虑哺乳动物，亚洲偏远地区的独特物种亦不胜枚举。

几十年前，亚洲的人口增长尚未对自然环境造成损害，但如今，人口的快速增长使一些生态脆弱地区环境恶化，情况堪忧。在过去二十年中，中国、印度和东南亚国家经济持续快速增长，提高了最底层人民的生活水平。但同时，重工业发展，城市化不断推进，严重威胁着生态环境。

亚洲虎数量锐减，且下降趋势没有任何缓和迹象。若不采取有力措施，加大保护力度，噩梦恐将成为现实，亚洲最后的野生栖息地将会消失。

格雷梅国家公园和卡帕多细亚的岩石景观

土耳其

卡帕多细亚，中部安那托利亚地区
入选年份：1985
遴选标准：文（Ⅰ）（Ⅲ）（Ⅴ）自（Ⅲ）

格雷梅山谷（Valley of Göreme）的地貌酷似月球表面，其奇特岩层的起源众说纷纭。例如，在卡帕多细亚（Cappadocia）的村庄里，流传着邪恶巨人的故事：虔诚的穆斯林母亲会对孩子们说，那些妄想占领我们国家的巨人被安拉变成了石头。人类已经在此生活了16个世纪，长期以来，当地居民和游客之中一直流传着许多传说，试图解释"精灵烟囱"的起源。实际上，"精灵烟囱"是一些石柱，高达40米，形状酷似蘑菇、烟囱和金字塔。

与传说不同的是，关于这些石柱的地质学解释其实既不浪漫，也毫无想象力：埃尔吉耶斯火山（Erciyas Dag），旧称凯撒利亚（Caesarea）位于古罗马城市开塞利（Kayseri）的平原上，正是它造就了格雷梅山谷的原始地貌。

埃尔吉耶斯火山高达3916米，尽管该地区地震活动频繁，但如今它已是死火山。不过在上新世和更新世早期，埃尔吉耶斯火山曾多次剧烈爆发，喷发而出的火山物质流动蔓延，覆盖了约10000平方千米的周边乡村地区。这些物质不断堆积，形成了熔岩层和火山灰层，然后熔岩冷却，形成坚实的黑色玄武岩层，火山灰与易碎的白色安山岩相互融合。

后来，该地区降水量剧增，河流泛滥，流水冲刷作用造就了格雷梅山谷非凡奇特的景观。

格雷梅山谷占地面积104平方千米，绵延不绝。1985年，联合国教科文组织将其列入《世界遗产名录》；1986年，格雷梅国家公园成立。自然的鬼斧神工和人类的独具匠心融为一体，造就了其独一无二的奇特景观。

格雷梅山谷中也有古代赫梯

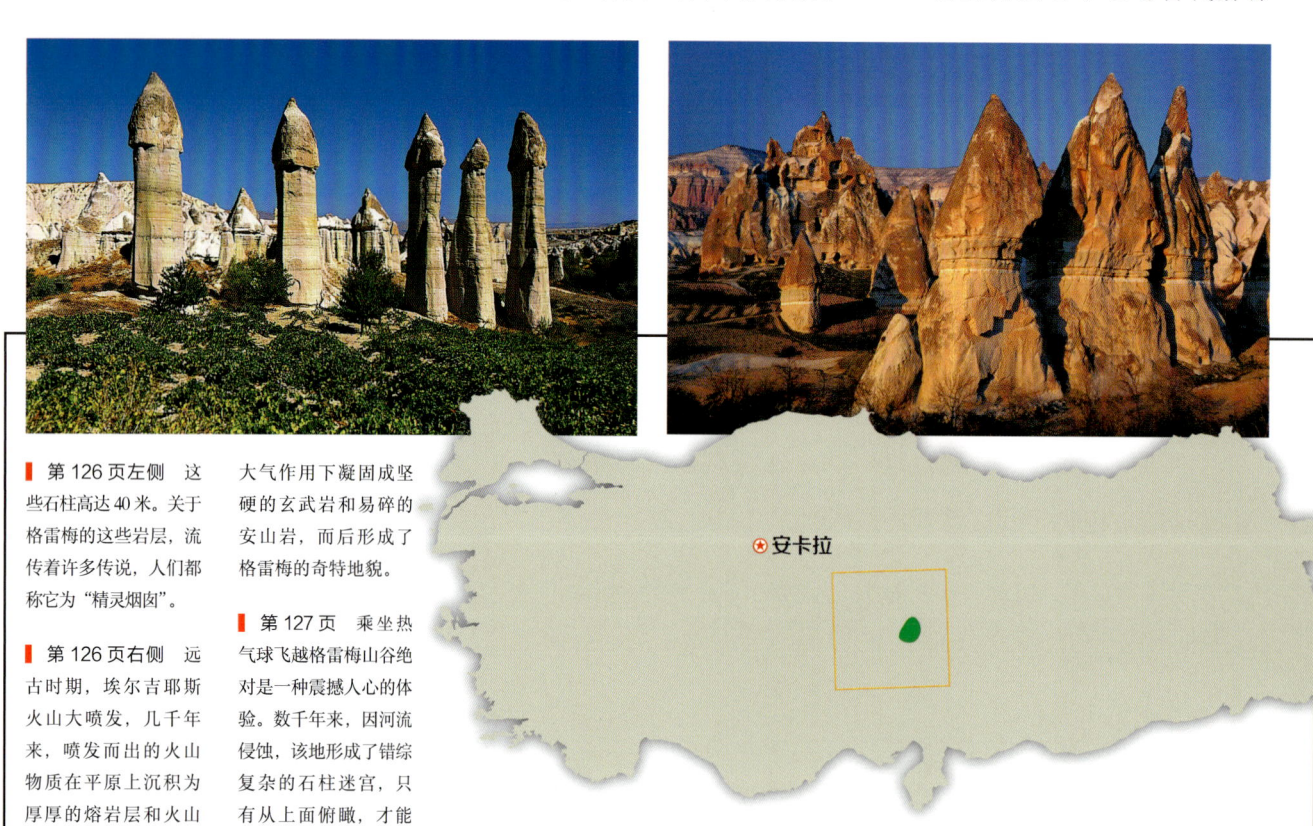

■ 第126页左侧 这些石柱高达40米。关于格雷梅的这些岩层，流传着许多传说，人们都称它为"精灵烟囱"。

■ 第126页右侧 远古时期，埃尔吉耶斯火山大喷发，几千年来，喷发而出的火山物质在平原上沉积为厚厚的熔岩层和火山灰层。这些沉积物在大气作用下凝固成坚硬的玄武岩和易碎的安山岩，而后形成了格雷梅的奇特地貌。

■ 第127页 乘坐热气球飞越格雷梅山谷绝对是一种震撼人心的体验。数千年来，因河流侵蚀，该地形成了错综复杂的石柱迷宫，只有从上面俯瞰，才能真正领略其壮丽之美。

★ 安卡拉

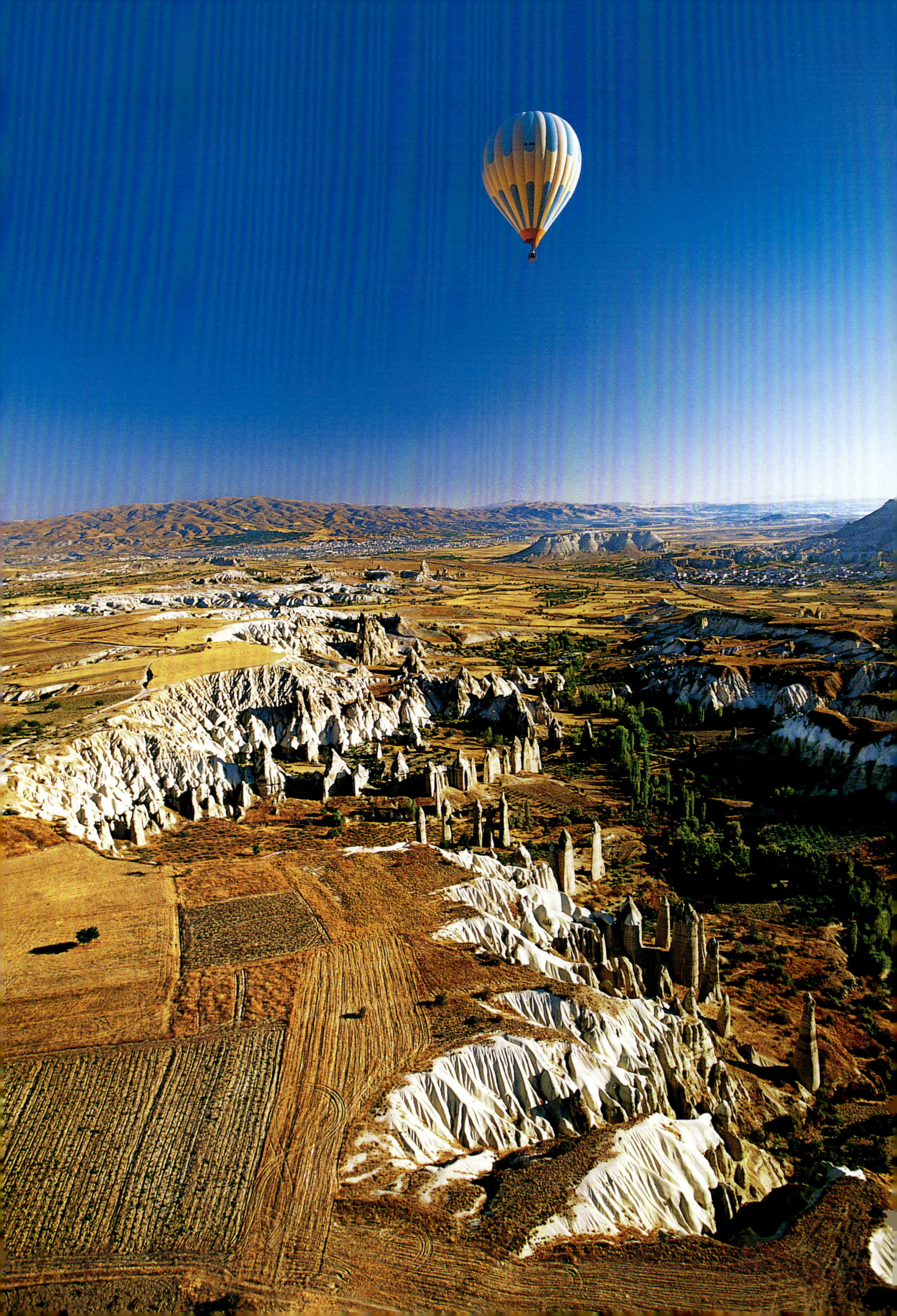

第128页顶部和第128—129页 在格雷梅山谷，白色沉积岩结构清晰地显示出其形成过程：在大多数情况下，雨水穿透火山灰层，形成了奇形怪状的尖顶岩塔和鲜奶油状岩石。

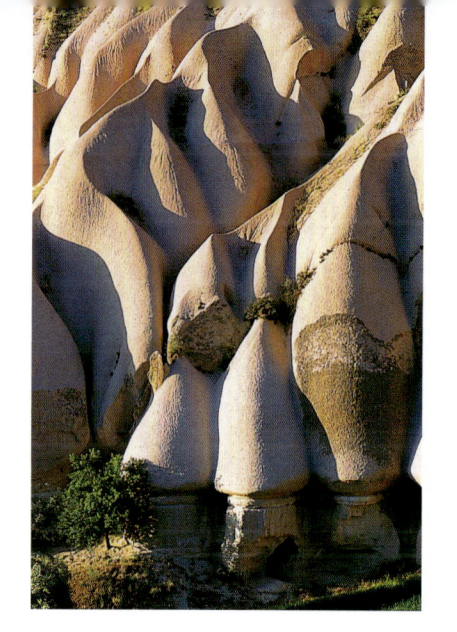

（Hittite）文明的印记，证明卡帕多细亚之后受到佛里吉亚、罗马和拜占庭的统治，最后处于伊斯兰教的庇护下。在格雷梅的村庄里，人们在"精灵烟囱"里建造了365座教堂，这样每天都可以在不同的圣坛上举行弥撒。

几百年来，人们因地制宜，居住的房屋改造自天然的安山岩结构。即使在今天，仍有约1万人生活格雷梅山谷中，在格雷梅国家公园周边地区，居住人口又增加了2万人。

格雷梅山谷看似荒芜，实则土壤肥沃，植物种类丰富多样，其中有110种为该地特有物种，如老鼠簕属（*Acanthus irsutus*）、东方紫珠草（*Alkanna orientalis*）和石竹（*Dinathus zederbauriana*）。

当地居民主要以农业为生，并且沿用传统耕作方式，他们认为这样有利于农业可持续发展。

在格雷梅山谷，也栖息着许多野生动物，如灰狼、狐狸、獾、石貂以及许多鸟类，其中值得一提的是欧石鸡（*Alectoris graeca*）。这类鸽子在岩层的小洞穴中筑窝，一些鸽子还在废弃的岩石教堂中安家——这也体现出人类和自然良好积极的互动。长期以来，鸽子一直是当地居民重要的食物和肥料来源，其他地方的农民使用化学产品施肥，但该地的田地里遍地都是天然肥料——鸽子粪便。

据说这就是卡帕多细亚盛产土耳其最佳品质水果的秘诀。

第129页顶部　在卡帕多细亚，白色峡谷（Baglidere Valley）的景色也十分壮观。对赫梯人的考古发现表明，自古以来就有人居住在"精灵烟囱"。不久前，由于政府的命令，当地居民才从该地搬离。

第129页底部　尽管格雷梅看似荒芜，但实际上，卡帕多细亚的土壤相当肥沃，农业生产和植物生长条件优越，生长着110种当地特有植物。

赫拉波利斯和帕穆克卡莱

土耳其 | 代尼兹利平原
入选年份：1988
遴选标准：文（Ⅲ）（Ⅳ）自（Ⅲ）

■ 第130页顶部　在古罗马时期，赫拉波利斯帕被称为温泉城，如今被称为帕穆克卡莱（土耳其语中意为"棉花堡"），着重强调了该地非同一般的石灰岩层。

列柱大道（Plateia）是一条巨大钙华石铺成的宽阔大道，由罗马人于公元2世纪所建，也是赫拉波利斯（Hierapolis）居民的日常生活中心。赫拉波利斯是一个重要的温泉城，位于土耳其西南部的代尼兹利省以北约23千米处，是帕加马国王欧迈尼斯二世（Eumenes II）于公元前2世纪所建，早在几百年前，就已是繁荣富庶之地。

赫拉波利斯（"圣城"）的底土非常独特，土壤水中富含碳酸氢钙和其他矿物盐，极负盛名。流水带走了石灰岩层中的矿物盐，到达地表。据古人说，在此处泡温泉，不仅能得到绝佳的疗效，还能欣赏其瑰丽景致。该地宛若一座白色岩石之城，因此得名帕穆克卡莱（Pamukkale），即土耳其语中的"棉花堡"，众多游客慕名前来。

该地泉水富含矿物质，沿着卡尔达吉高原（Cal Daği Plateau）的缓坡潺潺而下，泉水温度为35摄氏度，蓄水成塘，积水成沟，慢慢冷却，碳酸钙得以溶解扩散。水塘边的水最先冷却，此处的钙华沉淀得更快，形成越来越厚的石柱。帕穆克卡莱的泉水中年均钙华沉积量超过4万立方米。据估计，该地的钙华沉积已有14000年的历史，造就了宛若人间仙境的特殊地貌，它由石林、石化瀑布、岩石尖塔以及一系列白色梯田组成，这激起了当地人的好奇心。

早在罗马时代之前，帕穆克卡莱温泉水的治疗功效便已是传奇。地理学家斯特拉波（Strabo）曾说，赫拉波利斯因其温泉水和砖铺场所普鲁特尼乌斯（Plutonium）而闻名，后者用来收集对人和动物都有毒的气体。在当地居民看来，温泉水具有特殊的化学特性，可以清洁该地生产的棉花（这也是取名为"棉花堡"的另一个原因），还有利于棉花着色。温泉内矿物质含量丰富，特别是碳酸钙、硫酸盐，以及铁盐、硫盐和镁盐，使其疗养效果绝佳。

直至今日，帕穆克卡莱温泉和古罗马赫拉波利斯文化遗址依然是旅游胜地。为了保护该地的自然和考古价值，自1976年以来，土耳其当局启动了一系列保护项目，作为地中海沿岸国家间协议的一部分。

■ 第130页底部　泉水沿着卡尔达吉高原潺潺而下，蓄水成塘，慢慢冷却，溶解释放从底土携带而来的碳酸钙。然后，碳酸钙自水塘边缘流下，形成钙华柱。

■ 第130—131页　在人们看来，需要14000年之久，才能形成富含矿物盐的水，并由此造就了今日所见的奇观：100米高的石化瀑布、岩石尖塔和白色梯田。

■ 第131页底部　帕穆克卡莱的泉水瀑布绵延2.4千米，每年都有4万立方米的钙华沉积。泉水中的矿物盐多为碳酸钙和硫酸钙，这就是传说中其绝佳疗养功效的秘密所在。

安卡拉

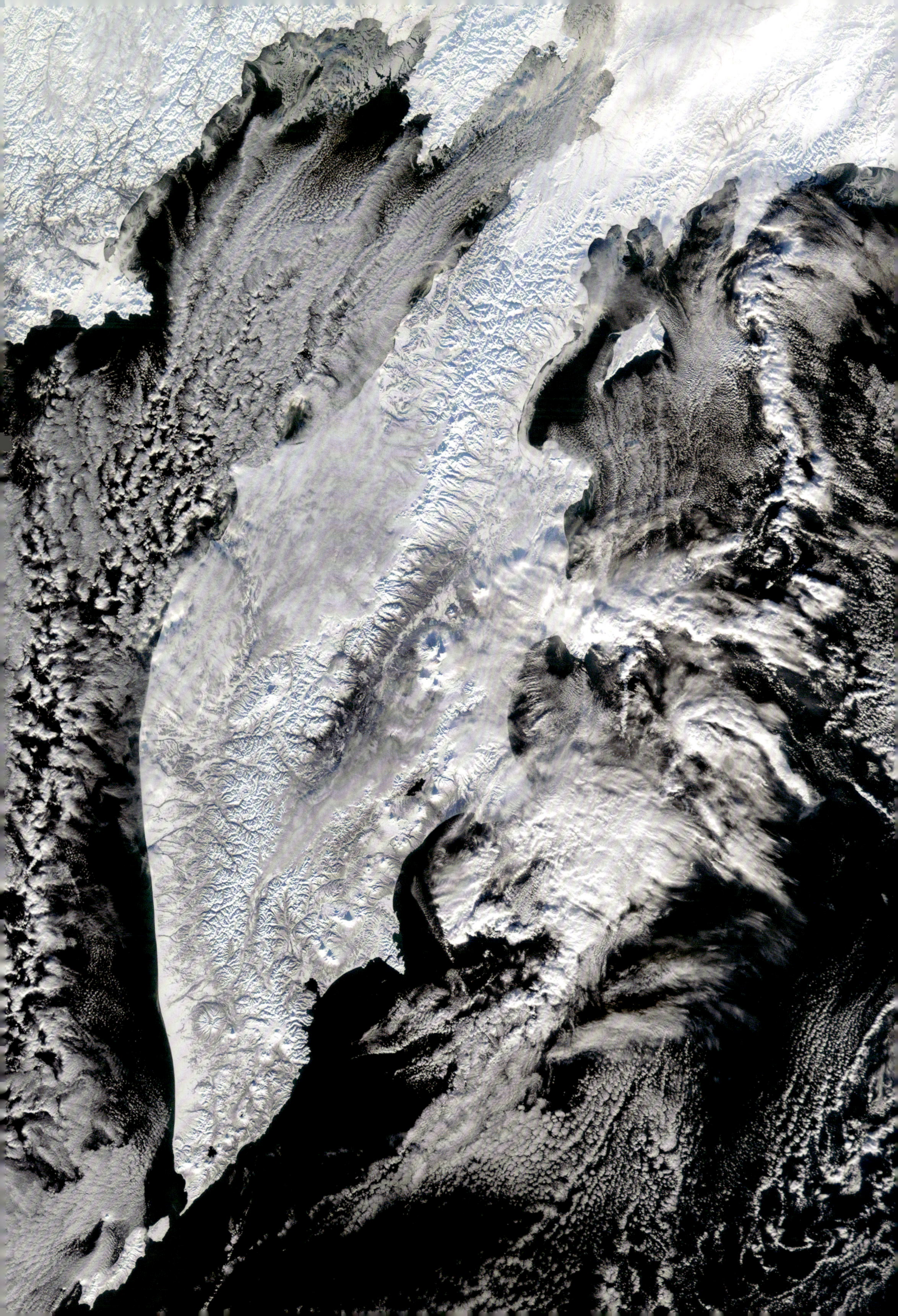

堪察加火山

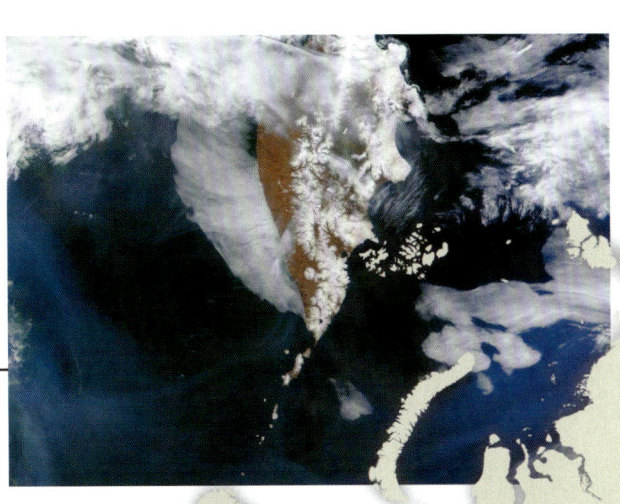

俄罗斯联邦

堪察加半岛
入选年份：1996，2001
遴选标准：自（Ⅰ）（Ⅱ）（Ⅲ）（Ⅴ）

■ 第132页 冬季，堪察加完全被冰层覆盖，其景观正如美国国家航空航天局卫星拍到的图片一样：中部山脉（Sredinnyyi Khrebet）位于堪察加半岛中心，山谷顺中部山脉而下。

■ 第133页顶部 2001年从太空拍摄。从图中可以看到，西伯利亚天空中飘荡着一缕长长的轻烟。

■ 第133页底部 堪察加火山保护区占地面积36960平方千米，内有29座活火山、300座死火山和150个温泉。

克柳切夫火山（Mount Kluchevskoy）呈标准锥状，结构完整，体态挺拔秀美，海拔近4755米，是欧亚大陆上最高的活火山。它与卡门火山（Kamen）、别济米安纳火山（Bezymyanny）和普洛斯基·托尔巴奇克火山（Plosky Tolbackik）一起形成克柳切夫火山群（Kluchevskaya）。据史料记载，克柳切夫火山第一次爆发是在1697年，当时是俄罗斯探险家弗拉基米尔·阿特拉索夫最先发现了克柳切夫火山。之后，火山学家发现克柳切夫火山每五年至少爆发一次。但是克柳切夫火山从未危及当地

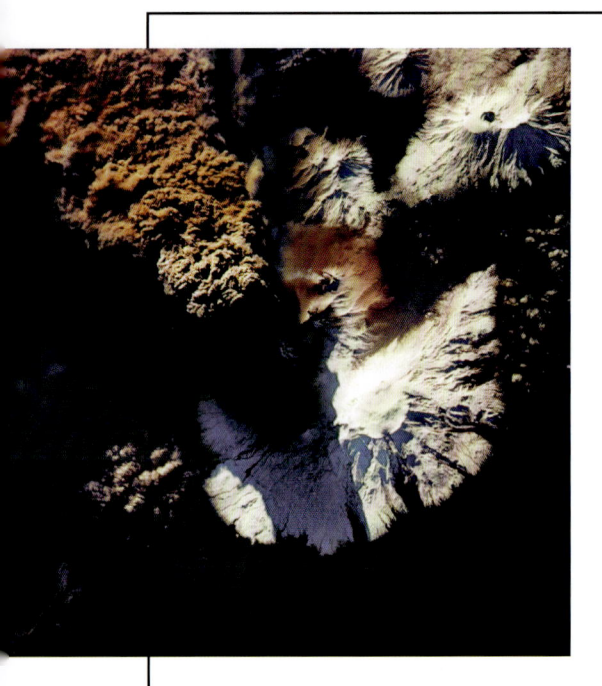

民众，堪察加（Kamchatka）的其他火山也是如此。

堪察加半岛临鄂霍次克海（Sea of Okhotsk）和白令海（Bering Sea）。除克柳切夫火山外，半岛上还有许多地方同样引人入胜。克罗诺基火山（Mount Kronotsky）海拔不高，为3528米，但也是标准的锥状火山。乌松火山（Uzon Volcano）形成于4万年前，是半岛地区内最有趣的地质现象之一。乌松火山占地面积93平方千米，火山口呈巨碗状，壁高198~792米。火山内部有热液系统，其中不断有矿物质生成。

堪察加火山占地面积36960平方千米，1996年被联合国教科文组织列入《世界遗产名录》。

堪察加火山保护区分为6块区域，在这些区域内均可以观赏到许多火山活动。堪察加半岛位于环太平洋地壳板块交界处，故半岛上火山活动频繁。

保护区内现有29座活火山、300座死火山和150多个温泉和矿泉。间歇泉、火山喷气孔、瀑布林立在陡峭的山峰边沿。山峰两侧绿松石色湖泊和大片彩色海藻交相辉映，衬得间歇泉谷宛如仙境一般。

火山区域气候类型多样，因此植被繁茂，种类丰富。冻原、北方针叶林面积广阔，该地还生长着1168种巨型草和野生浆果，其中10%为堪察加特有物种。

堪察加动物群种类丰富，有145种鸟类，包括雕、鸬鹚、海鹦、鹅、鸭、海鸥和天鹅等；哺乳动物33种，包括棕熊、驼鹿、灰狼、驯鹿、山地绵羊和狐狸等。虎头海雕（*Haliaetus pelagicus*）属于濒危物种，世界上一半的虎头海雕生活在堪察加。堪察加棕熊（*Ursus arctos*）属于棕熊亚种，同样面临着生存威胁。堪察加棕熊与同样生活在半岛上的1万只灰熊

▎第134页顶部 图片于1994年由"奋进"号航天飞机拍摄，展示了最近克柳切夫火山爆发的景象之一。克柳切夫火山海拔4750米，是亚洲最高的活火山。

▎第134页中间 堪察加位于不同地壳板块交界处，是环太平洋带火山数量最多的区域之一。

▎第134页底部 保护区内一处死火山的火山口处形成了一个冰川湖。

▎第134—135页 堪察加大部分火山之所以呈标准锥状，是因为这些火山是成层火山，数十万年间由火山喷发物不断堆积而成。

第 135 页　这张克柳切夫火山群鸟瞰图的背景是锥状克柳切夫火山。该区域内的火山群由乌迪纳火山（Udina）、济明火山（Zimina）、别济米安纳火山（Bezymianny）、克曼火山（Kaman）和托尔巴奇克火山（Tolbachik）组成。这些火山环绕在最高峰克柳切夫火山四周。

第 136 页顶部　间歇泉谷景色独一无二，由间歇泉、火山喷气孔、绿松色湖泊和大片彩色海藻构成。17 世纪末，俄国人不辞万里，来到堪察加探访。

第 136—137 页　堪察加棕熊是棕熊亚种，与北美灰熊血缘关系亲近。冬眠（5 月结束）期间，堪察加棕熊体重约减轻 30%。

有亲缘关系。

夏季伊始直至冬季，数以百万计的鲑鱼洄游至堪察加产卵，这是堪察加最为壮观的景象。这些鲑鱼是5种太平洋鲑鱼。在这一时期，堪察加地区的鲑鱼数量居全世界之最。

近些年来，堪察加半岛大力发展旅游业和采矿业，当地脆弱的生态平衡受到严重威胁。

当地政府之所以迟迟不批准在距离布斯特宁基自然公园（Bystinsky Nature Park）数千米处开采金矿的计划，仅仅是因为缺乏充足资金。如果开采金矿计划实施，势必会影响到当地某个尚未遭到破坏的生态系统。

▎第137页顶部 半岛上生活着约1万只堪察加棕熊。交配季过后，这些踮行动物大部分时间都会单独行动。

▎第137页中间 夏季伊始，数以百万计的5种太平洋鲑鱼开始溯游而上。棕熊也开始准备大展身手，美美地饱餐一顿。

▎第1397底部 北极狐（Alopex lagopus）毛色在冬季为白色，在夏季为黄褐色。冬季不冬眠，以动物尸体或其他动物捕获的猎物为食。

贝加尔湖

俄罗斯联邦 | 布里亚特共和国
西伯利亚东南部，伊尔库茨克地区
入选年份：1996
遴选标准：自（Ⅰ）（Ⅱ）（Ⅲ）（Ⅳ）

1957年，西伯利亚东南部民众突然开始公开对固执的苏联政府提出异议，这无疑使苏联政府感到十分震惊。毕竟40年来，当地科学家、作家、渔民和其他普通公民一直默默服从政府的决定。但是，因为苏联政府决定在贝加尔湖岸边选址建造庞大的造纸厂，人们不再沉默，奋起反抗。

然而，当时民众的异议并未得到太多关注。20世纪60年代初，先锋环保人士抗争失败。1987年，造纸厂建成约30年后，苏联部长会议决议通过，要建立贝加尔湖沿岸保护区，环保人士的抗争这才以胜利告终。保护区广袤无际，占地88060平方千米。最近有科学家研究了贝加尔湖水域的水质，发现造纸厂虽然危害力极强，但建立时间不长，还未严重污染贝加尔湖栖息地。

贝加尔湖面积为31500平方千米，最深处可达1637米，是地球上储水量最大的淡水湖。除浮冰群外，贝加尔湖淡水储量占到地球总量的20%。

据估计，贝加尔湖容量达2.3万立方千米，流域面积约为51.8万平方千米。贝加尔湖南北方向长641千米，平均宽度48千米。假若伏尔加河、多瑙河、亚马孙河和尼罗河一起汇入贝加尔湖，尚需一年时间才能将其注满。贝加尔湖有365条支

▎第138页顶部　与贝加尔海豹（*Phoca sibirica*）血缘关系最近的海豹生活在北极地区：人们普遍接受并认可，第一批海豹是沿勒拿河（Lena）抵达了贝加尔湖。

▎第138页底部　春暖花开之时，贝加尔湖南岸色彩缤纷，极具生机。当地植物群有800种维管植物。由于气候不同，这些植物分布的地点也不同。

▌第 139 页底部　贝加尔海豹在 305 米深处游泳。这种海豹体形虽小，但胃口很大，一天至少吃 3 千克鱼。

▌第 138—139 页　贝加尔湖中最大的岛是奥利洪岛（Okhlon）。奥利洪岛直指贝加尔湖最深处，距地表 1637 米。

▌第 139 页顶部　贝加尔湖不仅是世界上最深的湖、容量最大的淡水湖，它还是地球上最古老的湖，形成于 2500 万年前。

莫斯科

流，但只有安加拉河（Angara）流出贝加尔湖。

贝加尔湖也是世界上最古老的湖泊，大约形成于2500万年前。但是地质学家对于贝加尔湖的起源意见不一。一些地质学家认为，贝加尔湖由地壳俯冲作用形成。由于贝加尔湖中浮游动物数量极多，因此湖水非常纯净，其矿物质含量比大多数湖泊都要低25%~50%。

贝加尔湖对当地气候有显著影

▌第 140 页顶部 奥利洪岛东南部覆盖有草原植被,横扫贝加尔湖的西北风常年肆虐。

▌第 140—141 页 西伯利亚红松林和贝加尔湖西岸的哈马尔－达坂山脉(Khamar-Daban mountains)针叶林带是棕熊的王国。

响。尽管冬季水面的平均温度为零下 25 摄氏度,且 1 月至 5 月期间,湖面冰层厚达 76~114 厘米,但湖畔周围陆地温度平均为零下 21 摄氏度。夏季则刚好相反,地表温度低于水面温度。

气候和环境因素使得当地生物物种非常丰富:记录在册的水生植物超过 1000 种,包括随季节交替变化的藻类和水生花。贝加尔湖湖畔生长着约 800 种维管植物,但由于不同区域的气候不同,这些植物的分布也不尽相同。

贝加尔湖流域西部主要是针叶林和山地草原,东部则为松树林,北部森林为落叶松属兴安落叶松(Larix dahurica)和杜鹃花属兴安杜鹃(Rhododendron dahuricum)。

在海拔较高的区域(流域内最高海拔达 2841 米),分布着山毛榉属森林西伯利亚冷杉(Abies sibirica)和西伯利亚红松(Pinus sibirica),再往高处就是冻原。

水生动物群种类更加繁多,更丰富多样。有 1500 种水生动物生活在贝加尔湖,其中 80% 为当地特有物种,包括 255 种端足类动物(其中一部分为甲壳类动物)、80 种扁形动物和 1 种独特哺乳动物——贝加尔海豹。陆地动物相对寻常,因为它们在西伯利亚地区较为常见。北部有 243 种鸟类和 39 种哺乳动物(包括旱獭、鼯鼠、狐狸、麋鹿、棕熊以及像水獭、黑貂等皮毛贵重的动物)。南部有 260 种鸟类和 37 种哺乳动物,如狍、野猪、草原臭鼬和猞猁。

当地考古遗迹数不胜数,如岩画和定居点古迹,这表明贝加尔湖在东北亚人类文明发展过程中占据重要地位。目前,贝加尔湖地区约有 10 万居民,他们主要靠农业、渔业、畜牧业、木材砍伐相关活动为生。

这些居民分属不同民族,比如有布里亚特人(Buryat)、鄂温克人(Evenk),当然还有俄罗斯人。大约在 17 世纪中叶,俄罗斯人到达此地。1643 年,在库尔巴特·伊万诺夫(Kurbat Ivanov)带领下,哥萨克人(Kossack)来到贝加尔湖。12 年后,大祭司阿瓦库姆·彼得罗夫(Awakum Petrov)被流放到此地。彼得罗夫被贝加尔湖自然风光深深吸引,他在传记中描绘的贝加尔湖十分令人神往。也正是因为这些描述,俄罗斯人才开始对贝加尔湖地区有所了解。

▌第 141 页左侧 由于附近洞穴里发现了一个新石器时代宗教祭祀遗址,所以布尔汗海角(Cape Burchan)上的悬崖被称为"萨满岩"(rock of the shaman),在鄂温克语中,"萨满"意为人与神之间的中介。

▌第 141 页右侧 杜鹃花属兴安杜鹃在贝加尔－勒拿保护区(Baikalo-Lenski)绽放。该保护区占地面积约 6000 平方千米,尚未遭受破坏。

中锡霍特－阿林山脉

俄罗斯联邦

滨海边疆区
入选年份：2001
遴选标准：自（Ⅳ）

2000年2月，记者兼作家彼得·马西森（Peter Matthiessen）的作品《雪地里的老虎》（Tigers in the Snow）出版，这部作品十分感人，并警示人类：世界上最迷人的大型猫科动物之一——老虎的命运正面临威胁。70多岁高龄时，马西森曾踏上行程，探寻最后的西伯利亚虎（也称阿穆尔虎）（Panthera tigris altaica）。在5种老虎亚种中，西伯利亚虎最具王者风范，但同时也是最濒危的物种。

西伯利亚虎生活在西伯利亚最东端，面朝库页岛对面的日本海。20世纪30年代，苏联政府就已建立中锡霍特－阿林自然保护区，以保护为数不多尚存于世的西伯利亚虎。但是，20世纪80年代末，苏联解体，社会动荡，当地仅有的几户住民生活窘迫，再加上在东亚和东南亚一些国家，虎皮和虎骨均有较高商用价值，因此向这些国家走私老虎的活动非常猖獗。黑市上一张虎皮价格可达15000美元，这就使原本慢慢恢复的老虎种群数量又急剧减少。

目前约有400只西伯利亚虎存活于世。但由于西伯利亚虎群居规模小、且与外界隔离，这使它们的生存无法得到保障。目前中锡霍特－阿林保护区约有150只西伯利亚虎，因区内保护措施完备，所以只有在该保护区内，西伯利亚虎才可能再次壮大族群。

中锡霍特－阿林山脉（Central Sikhote-Alin）占地面积约16317平方千米，分为5个自然保护区，区

■ 第142页顶部　由于中锡霍特－阿林自然保护区建立，半个世纪的时间内，西伯利亚虎族群在该保护区内不断繁衍。但随着苏联衰败，盗猎活动再次威胁到西伯利亚虎的生存。

■ 第142页左下角　三分之二的保护区未受人类影响，因此1200种维管植物生存未受威胁。

■ 第142页右下角　西方狍（Capreolus capreolus）是一种高选择性反刍动物，主要以当地繁茂的矮灌木丛嫩芽为食。

■ 第143页　当地植物群分布在不同的植被带，针阔叶原始森林茂密繁盛，生长着如岳桦（Betula ermanii）、偃松（Pinus pumila）和杜鹃花属物种。

143

莫斯科

内分布着山岭、河谷、洼地和高原，从沿岸内陆向上直至海拔1890米的地区都在其中。中锡霍特－阿林山脉形成于第三纪末期，当时玄武质熔岩和安山质熔岩渗流而下；之后在冰河时期，山脉间沟谷成型，生长有世界上面积最广、最为独特的温带森林。因海拔和日照差异，这里有很多原始松树林、阔叶林、针叶林和高海拔灌木丛，其中主要生长着西伯利亚橡树和杜鹃花属植物。在其他生态系统中，有云杉、山毛榉、落叶松和红松（*Pinus koraiensis*）等。

中锡霍特－阿林山脉地区记录在册的维管植物共有1200余种，但是当地森林的生物多样性仍在不断减少，残存的特有珍稀物种处于濒危边缘。尽管与西伯利亚其他地区相比，该地区人迹罕至、无人涉足，但其生物多样性减少已是事实，而这也可能会危害到当地种类繁多的动物群。中锡霍特－阿林山脉地区共有65种哺乳动物，除西伯利亚虎外，也有其他动物处境危险，如东北马鹿（*Cervus elaphus xanthopygus*）——老虎最爱的猎物，和亚洲黑熊（*Ursus thibetanus*）。该地区还有水獭、黑貂、松鼠、水貂、鼬鼠、狍。此外还有241种鸟类，其中丹顶鹤、白头鹤、东方白鹳、黑鹳和印度鹫鹰均为濒危动物。

尽管中锡霍特－阿林山脉地区气候恶劣，不宜居住，但考古学家发现有踪迹显示，自旧石器时代晚期以来就有人类在此定居。比金河（Bikin）是中锡霍特－阿林地区最为重要的河流，在该河流域，最低温度可至零下50摄氏度，地表被冻土覆盖的时间长达9个月。

▍第146页左上角 欧亚水獭（Lutra lutra）感官系统高度发达，善于交际。除了捕猎、游泳，欧亚水獭大量时间都在玩耍——这是它们最喜欢的休闲活动。

▍第146页右上角 在欧亚地区，俄罗斯境内的棕熊（Ursus arctos）数量最多。棕熊是杂食跖行动物，很少捕食比它们体形大的动物。

▍第146—147页 亚高山森林遗迹表明，因农业所需而点燃的火有时会危害到保护区。

▍第147页顶部 比金河是当地保护最为完好的河流，下游河段栖居有数百只珍稀丹顶鹤。

▍第147页中间和底部 大乌苏卡尔河（Bolshaya Ussurka）中游、上游河段在保护区内最具代表性。中锡霍特-阿林山脉地区有大片北方针叶林，如红松等。这些针叶林是乌苏里地区的典型物种。

▍第148—149页 西伯利亚虎，又称阿穆尔虎，是世界上体形最大的猫科动物。年幼时，西伯利亚虎之间关系亲密，但成年以后极具攻击性，较为弱势的一方便会被孤立。

145

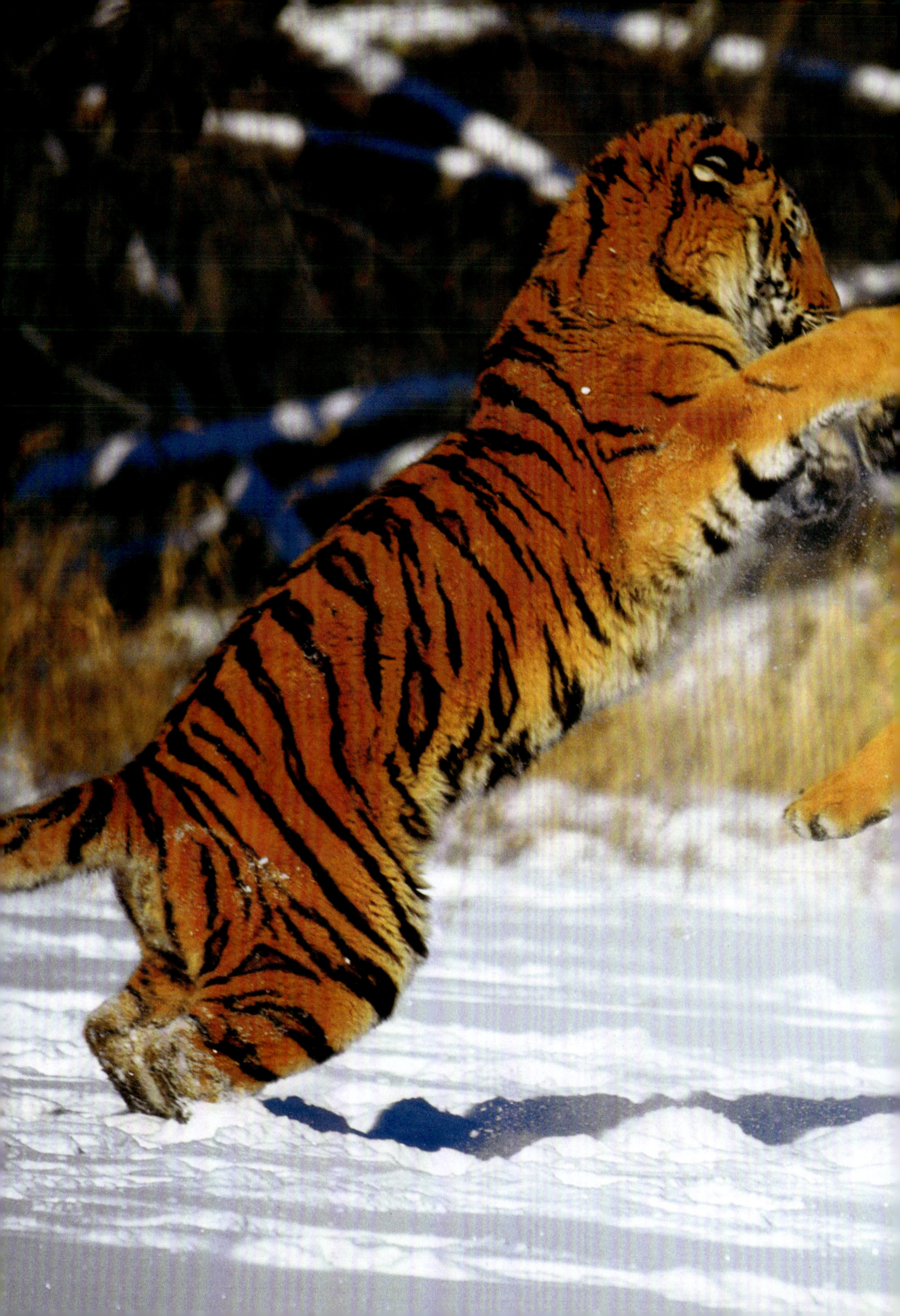

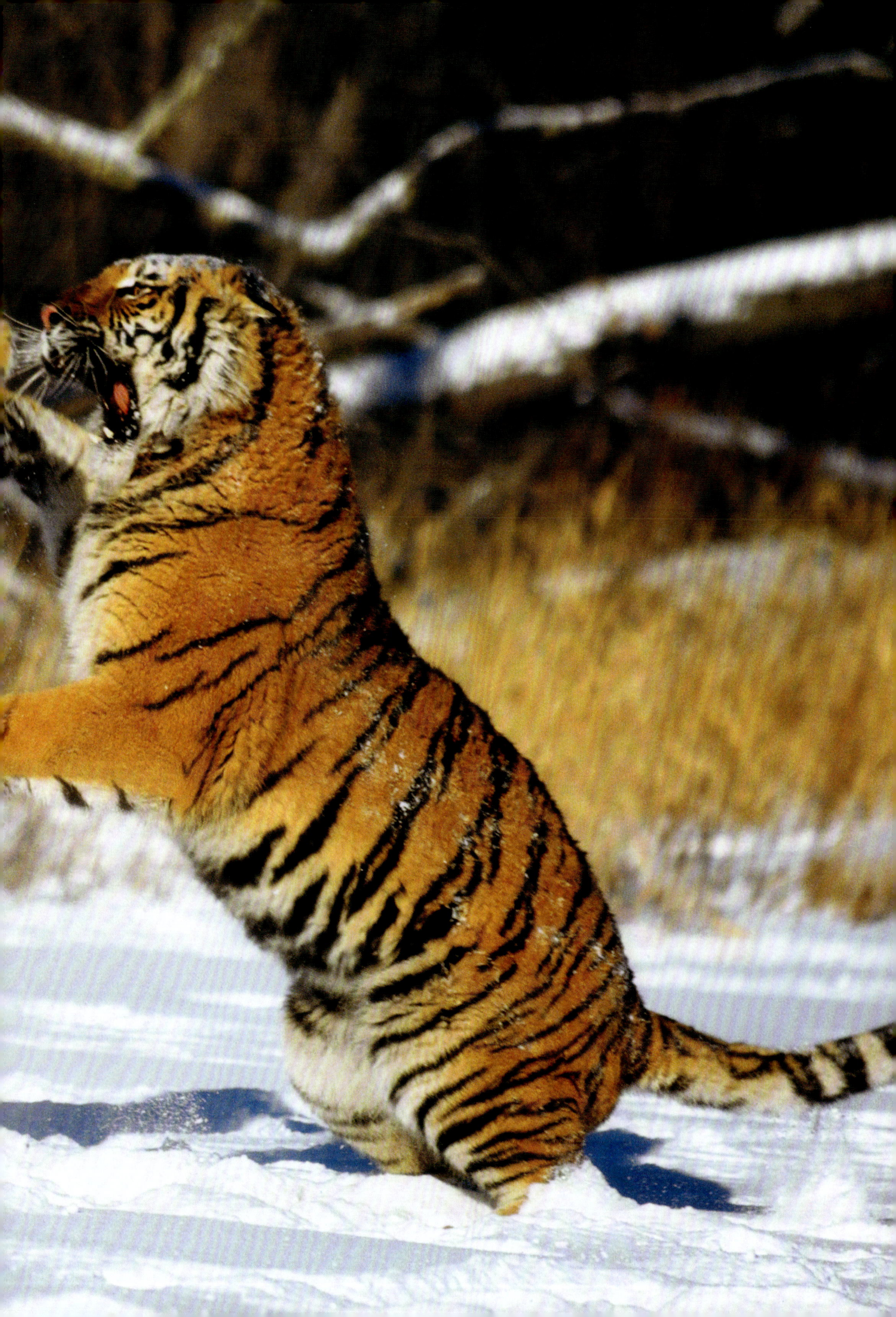

金山－阿尔泰山

俄罗斯联邦

阿尔泰共和国
入选年份：1998
遴选标准：自（Ⅳ）

第150页 跟游隼一样，金雕（*Aquila chrysaetos*）更钟情于在卡顿司基扎波伏德尼克山顶尖岩上筑巢。白肩雕（*Aquila heliaca*）则青睐海拔中等、半开放式地带。

阿尔泰共和国坐落在俄罗斯与中国、哈萨克斯坦交界处，地势偏远，鲜为人知，但此处是俄罗斯农产品的主要产地。境内耕作面积超70000平方千米（农业用地中有27%位于俄罗斯亚洲地区），以谷物生产为主。阿尔泰共和国内土地肥沃，水源自阿尔泰山系而下，十分充足，因此耕地面积十分广袤。山系横贯644千米，跨度为772千米。在当地，阿尔泰山又被称为金山，地位十分重要，受相关环境法的严格保护，山内许多地区只有科学家出于研究需要才可进入。

金山区域分为阿尔泰自然保护区（9661平方千米）、卡顿司基扎波伏德尼克（Katunsky Zapovednik）自然保护区（3929平方千米）和乌科克（Ukok）高地自然保护区（2538平方千米）。在大西洋水文流域内，金山地势最高，环抱西伯利亚第一大河、世界最大河流之一的鄂毕河（Ob）。最高山别卢哈山（Belukha）海拔4506米，山北面阿克姆斯基（Akkemsky）岩壁海拔1000米，巍峨壮观。区域内大多数山峰海拔都超过3993米，1500座冰川分散其中，占地面积达906平方千米。众多山谷或陡峭深邃，或平缓开阔；有些地方被涧溪、瀑布冲刷，形成道道沟壑，也有些地方内里拥环一湖。区域内共有1274个湖泊，以捷列茨科耶湖（Teletskoe）面积为最。捷列茨科耶湖容量达390亿立方米，深325米，湖水清澈见底。

区域内景色多变，植物群包括2000余种植物，其中17种为遗存植物，212种为当地特有植物。海拔较低地区覆盖着大片草原，随着海拔升高，植被逐渐过渡为针叶林，其中冷杉林、西伯利亚红松林与白杨林、白桦林和阿尔泰地区特有的一种桤木林相互错杂分布。海拔1890米处，针叶林消失，冻原取而代之。由低往高，先是高山草本植物阿尔泰薹草（*Carex altaicus*）和寒生羊茅（*Festuca krylovus*），后是以苔藓和地衣为主的冰川植物。

由于官方明令禁止入内，再加上当地地貌特征的缘故，人们很难进入山脉内部，但这样的结果使得当地高山花卉保存完好，其中生长着在世界其他地方已经灭绝的几种龙胆属植物。阿尔泰山脉地区与世隔绝，当地动物群因此受益良多。阿尔泰地区是雪豹最后的庇护所之一。虽然尚未进行具体的数量普查，

第151页右侧　跟雪豹不同，赤狐（*Vulpes vulpes*）生活在高山冻原和低海拔森林地区。赤狐与灰狼（*Canis lupus*）、貂熊（*Gulo gulo*）和欧亚猞猁（*Lynx lynx*）都属于当地捕食动物群体。

第150—151页　雪豹（*Uncia uncia*）是个机会主义捕食者，可以猎杀的最大动物体形是自身体形的三倍，但偏爱捕食阿尔泰高山地区的小型哺乳动物，如高山鼠兔（*Ochotona alpina*）。

第151页顶部　9月，卡顿司基扎波伏德尼克高山里的波佩雷奇纳亚湖（Poperechnaya）就开始有积雪覆盖。金山山脉中有1500座冰川，形成了近1300个湖泊，占地面积906平方千米。

第151页底部　最近，俄罗斯政府资助了多项对雪豹种群的研究，在阿尔泰高山地带发现了雪豹最后的庇护所之一。据估计，整个中亚地区现存的雪豹数量在4500~7000只。

▌第150页左上角 金山山脉中，西伯利亚草原分布较少，针叶林面积广阔，其中包括冷杉、落叶松、西伯利亚红松、白桦和白杨。

▌第150页右上角 "苏梅"激流（Shumy）将多恩斯基湖（Multinskie）的上段和中段分开。在众多水体中，这两部分一起组成多恩斯基湖。众水体之间由短小而湍急的河流相连。

▌第150—151页 金雕在帮助巢中的雏鸟。出生大约30天后，雏鸟便可自行食用父母捕来的猎物；出生大约9周后，便可第一次飞翔。

但动物学家发现了很多雪豹活动后留下的踪迹，例如雪豹捕食猎物的残骸。就总体而言，金山地区生活着约60种哺乳动物、300余种鸟类、11种爬行动物和20多种鱼类，哺乳动物有蒙古原羚、花鼠、高山鼠兔、紫貂等，鸟类中13种为濒危物种。

尽管保护区边缘地带无人定居，阿尔泰共和国全境也只有20万人口，但当地仍然发现了一系列考古遗迹，令人惊喜。仅仅在乌科克保护区，就发现约100多座巴泽雷克人（Pazyryk）在公元前5世纪堆成的土丘。从部落酋长坟墓中出土了一些手工艺品，其中部分现藏于圣彼得堡的艾尔米塔什博物馆（Hermitage Museum）。单这些手工艺品就占据了博物馆的一整间展厅。

▌第151页顶部 金山山脉占地面积16058平方千米，山脉内的湖泊、河流和激流都是鄂毕河水文流域的一部分。鄂毕河是西伯利亚西部第一大河，也是世界最长河流之一。

▌第151页中间 花鼠（*Eutamias sibiricus*）是小型啮齿动物，栖于树上，喜群居。但花鼠领地意识很强，在群体内部，每只花鼠占据的领地界限分明。

▌第151页底部 阿尔泰棕熊会随季节变化更换领地。春季，棕熊在捷列茨科耶湖周围游荡。进入夏季，便逐渐向高处迁移，直至到达雪线。

151

黄龙风景名胜区与九寨沟风景名胜区

中国 | 四川省
入选年份：1992
遴选标准：自（Ⅲ）

40多年来，大熊猫一直是世界自然基金会（World Wildlife Fund）的徽标，也是所有濒危物种的代表。不能不说，中国人民正竭尽全力拯救大熊猫（*Ailuropoda melanoleuca*）：他们对大熊猫脆弱的栖息地予以保护，尝试用音、画等技术手段来刺激大熊猫明显下降的性欲，促进其生殖交配，甚至还曾用克隆技术进行试验，但该试验效果并不明显，尚未取得成功。

目前大熊猫保护情况不容乐观，但通过人工授精已经取得一些成果。例如在卧龙，1998年时仅有20只大熊猫，但现在该地的大熊猫数量已经增长至60余只。而九寨沟大熊猫数量更少，估计1996年时仅有17只。在邻近的黄龙保护区内，据记载，当地五处区域共栖息着四个大熊猫群体。虽然大熊猫数量不多，但因为黄龙毗邻王朗保护区，大熊猫存活率大大增加。

川北地区是中国通向亚洲内陆的门户，黄龙风景区和九寨沟就坐落于该地区。两地有许多异曲同工之处：均在20世纪70年代末建成；占地面积相差无几，分别为699平方千米和720平方千米；所处地理位置多山，地壳构造复杂，最高峰海拔可达5000多米；均有断层线穿过，这些断层线

▎**第152页顶部** 黄龙保护区位于北半球喜马拉雅山脉、亚热带和热带气候过渡带，气温在零下24摄氏度至零上30摄氏度。

▎**第152页底部** 黄龙保护区内森林覆盖率为65.8%。在1700~2300米的低海拔区域，植物主要为云杉和三种槭树。

▎**第152—153页** 黄龙保护区内水源众多，水中矿物质含量较高，似有疗养奇效，因此闻名于世。水流自温热的煮珠湖奔涌而出，温度为21摄氏度，形成了众多天然泳池。

第 153 页顶部　大熊猫是世界自然基金会的徽标，目前生活在四川、甘肃、陕西等地。截至2022年，中国大熊猫保护研究中心创建了世界最大人工圈养种群，数量已达到364只。

■ 第154页左上角 九寨沟水文系统复杂：主要河流均汇入嘉陵江，但同时，嘉陵江又注入浩瀚的长江水系。

■ 第154页右上角 卧龙水底石灰岩形状奇特，当地人认为有一条巨龙潜卧水中。传说九寨沟湖泊深处有怪物。

■ 第154页底部 九寨沟保护区囊括树正群海的19个湖泊和诺日朗群海的18个湖泊。湖泊呈梯田状层层叠叠，逶迤而下，由钙华分割开来，似道道堤坝。

会导致强烈且频繁的地震活动。从地质角度来看，两地均有古生代碳酸盐岩，上面覆盖有冲击砾石和冰碛形成的沉积层。沉积层上方又叠有方解石沉积层，形成了广袤无边的钙华和石灰岩，并由此形成喀斯特地貌。高海拔区域有许多冰川湖，沟谷幽深，绝壁夹峙，景色绝美。实际上，九寨沟意为"九个沟谷组成的山谷"。

此外，黄龙和九寨沟两地植被分布整齐，十分相似。在1700~2300米的低海拔森林带，主要生长着云杉（*Picea asperata*）、川甘槭（*Acer yiu*）、阔裂槭（*Acer erianthum*）和青榨槭（*Acer davidii*）。

再往高处，是冷杉、落叶松和白桦组成的针叶林。高山草甸位于海拔3658~4206米的地区，生长着草地和灌木。两地植物种类丰富（黄龙保护区101种，九寨沟92种），这对特有植物分布、植物观赏价值和中药价值挖掘均有重要意义。

除大熊猫以外，黄龙保护区内还有59种哺乳动物，而九寨沟只有10种左右，但这些数据非系统调查研究所得。最值得关注的哺乳动物是川金丝猴（*Pygatrix roxellanae*）、小熊猫（*Ailurus fulgens*）、亚洲黑熊（*Selenarctos thibetanus*）和四川羚牛（*Budorcas taxicolor thibetana*）。

1992年，经过世界遗产委员会评估，认为黄龙风景名胜区和九寨沟风景名胜区符合世界自然遗产遴选标准中"具有绝妙的自然现象或罕见自然美的地区"被联合国教科文组织列入《世界遗产名录》。一直以来，两地坚守人与自然和谐共生，探索出了"保护型"发展的模式。

■ 第154—155页 珍珠滩瀑布是九寨沟地区最受欢迎的景点，宽310米，平均落差28米，自钙华滩湍泻而下。此种自然形貌历经变化，在九寨沟和黄龙地区均十分常见。

■ 第155页顶部 黄龙沟意指"黄龙咽喉"，全长3.5千米，一串钙华水池沉积于此，景色蔚为壮观。池中有藻类衬托，黄、绿、蓝交相辉映，更显得池水晶莹剔透。

黄山

中国

安徽省
入选年份：1990
遴选标准：文（Ⅱ）；自（Ⅲ）（Ⅳ）

在中国人民心目中，黄山是世界上最美的山。有一句古老的谚语说："泰岱之雄伟、华山之险峻、衡岳之烟云、匡庐之飞瀑、峨眉之清秀"。换句话说，黄山集中国五座名山之美于一身，名扬天下。在过去长达1200多年的历史中，歌颂黄山的诗歌大约有2万首，而以黄山自然奇观为主题的绘画作品更是不计其数。实际上，中国山水画派在16世纪盛极一时，主要将黄山作为风景绘画艺术的典范。

公元747年6月17日，唐朝天宝皇帝下诏批准"黄山"之名，而黄色正是当朝备受崇尚的正色。黄山占地面积155平方千米，层峦叠嶂，其中有77座山峰海拔超1000米。最高峰莲花峰海拔高1864米，顾名思义，山峰状似含苞待放的花蕾。其他山峰也颇负盛名，如光明顶和天都峰。总体而言，黄山是由长石、闪长岩、石英、黄云母和黑云母组成的花岗岩地块，在中生代时期，由地壳抬升和长江退潮形成。

然而，在最后一个冰河时代，黄山才形成如今壮观雄伟的地貌。黄山怪石嶙峋，洞穴密布，拥有无数天然桥梁、沟壑、悬崖和山谷，风景如画。在过去的几百年里，这些山谷被赋予了充满想象力的名称，如"猪八戒吃西瓜"和"仙人指路"。

同时，水也造就了黄山的神话。在黄山众多瀑布中，最令人赞叹的是位于紫云峰附近的人字瀑。人字瀑一源二流，落入波光粼粼的水池中，造型神似中国人熟知的传统表意文字——"人"。黄山最著名的温泉是汤池，每小时约有50吨热水上涌，流出地面。

黄山生活着300种动物，其中包括48种哺乳动物和170种鸟类。同样令人惊叹的还有黄山的植被，黄山的松树覆盖率高达56%，主要是马尾松（*Pinus massoniana*）和环山松（*Pinus huanshanensis*）。该地植物群以其美学价值而闻名，例如有几百年历史的环山松和银杏。由于黄山特有物种种类多样，因此当地植物群具有显著的科学价值。黄山有240种苔藓植物，占全中国苔藓植物种类的三分之一。同时，黄山也是濒危植物的家园，如米面蓊（*Buckleya henryi*）、线叶旋覆花（*Inula iinariaefolia*）、黄连（*Captis Chinensis*）等中药材中的珍稀物种。黄山气候非常湿润，植物群种类繁多。黄山境内每年有200天云层密布，只有最高的山峰才能破云而出。这些山峰高耸入云，犹如空中岛屿，黄山因此得名"天下第一山"。

1990年黄山被联合国教科文组织列入《世界遗产名录》。

北京

■ 第156页顶部　黄山有77座海拔超过1000米的山峰。其中大多数山峰都被文学作品和民间传说赋予了如诗如画的名字，灵感多来源于山顶附近岩石的形状和多节树木。

■ 第156页中部　松林内主要生长着马尾松和环山松，分布在海拔800~1798米的地区，占保护区总面积的56%。

南海诸岛

■ 第156—157页　黄山被誉为"世界最美的山"，明代文人墨客推选其为山水之典范。一千两百年来，黄山成为2万多首诗词歌赋的灵感来源。

■ 第157页顶部和底部　黄山平均湿度高达75%，降雨主要集中在7月，年平均降雨量为2388毫米，这就是黄山薄雾缭绕、常年云层密布的"神秘"所在。

武陵源风景名胜区

中国

湖南省
入选年份：1992
遴选标准：自（Ⅲ）

"天架圣空"，意为"跨天之桥"，取名自张家界村民，是世界上最大的天然桥。桥长40米，宽10米，厚15米，两端的两座山峰拔地而起，约351米高，守护着这座石桥。武陵源风景名胜区景致独特，被誉为"大自然的迷宫"，景点众多，与众不同，"天架圣空"也仅是其中之一。

武陵源风景名胜区位于索溪河流域附近，占地面积264平方千米。

武陵源群峰环绕，山峰高达457~1265米，激流奔腾，小溪潺潺，共约有60条。几百年来，由于地表水侵蚀、降水充沛，造就了一片奇特非凡的石英砂岩峰林，共有3000多个石英岩尖峰，高达198米，纯石英含量在75%至95%之间。在石英砂岩峰林中，峡谷纵横交错，悬崖峭壁耸立，美不胜收，瀑布、池塘和湖泊随处可见。

1988年，武陵源被中华人民共和国国务院命名为"历史和风景名胜区"。该地风景雄伟壮丽，呈喀斯特地貌，石灰岩分布广泛。在索溪河两岸和天子山东南缘，约有40个洞穴，尤为独特。其中，"黄龙"又称"黄龙洞"，是中国最大的洞穴之一，全长近11千米，尤为壮观，瀑布从50米左右高度倾泻而下。

武陵源地处湖南省东北角，人类在此定居历史不长，这与中国其他地区有所差别。

古时，人们认为武陵源位置遥

第158页顶部　中国水鹿（*Hydropotes inermis*）是唯一一种雄性和雌性都没有鹿角的鹿。不过，雌性的牙齿很长，状似象牙。

远，不可抵达。广为流传的说法是，汉代一位贵族为了实践苦行生活，隐居于此。到了明代，武陵源才在官方记载中频繁出现，当地秀丽风光和植物也得以见之于文学作品。

武陵源是中国中部植物区系的一部分，植物种类繁多，约有3000种植物，其中600种树木分属94科下的252属，包括热带、亚热带和温带物种，且数量相差无几。在海拔671米以下的地区，主要生长有常绿阔叶林，包括橡树、槭树和栗树。海拔渐高处植被类型为针叶林和落叶阔叶林。

据官方记载，武陵源地区有116种脊椎动物，包括12种两栖类、17种爬行类、53种鸟类和34种哺乳类。但最近研究显示，实际动物种类可能更多。在以上列举的动物中，豺（*Cuon alpinus*）、亚洲黑熊（*Selenarctos thibetanus*）、獐（*Hydropotes inermis*）和云豹（*Neofelis nebulosa*）在世界范围内濒临灭绝。

除此之外，中国大鲵（*Andrias davidianus*）处境尤为危险。

因此，为了拯救中国大鲵，中国政府在索溪河支流上建造了一座大坝拦截水流，形成了宝峰湖。如今，宝峰湖成为诸多游客一日游、乘船欣赏美景的地点。

▌第158—159页 武陵源地貌雄伟壮观，分布着3000座石英砂岩尖峰，高度超过198米。这些峰林由当地地表水和降水长期侵蚀而成。武陵源降水丰沛，水源丰富。

▌第158页底部 亚洲黑熊数量不断减少，本为食肉动物，现在也已适应食素。一只成年雄性亚洲黑熊体重可达180千克。

▌第159页顶部 武陵源素有"水八百"之称，但实际上武陵源只有60条河流，其中大多数都汇入索溪河。

▌第159页底部 云豹已列为中国国家保护动物。但因为云豹皮毛美观、质地柔软，骨头可以入药，它们仍面临被捕猎的危险。

白神山地

日本 | 青森县和秋田县
本州地区
入选年份：1993
遴选标准：自（Ⅱ）

尊重祖先和传统是日本人的一大特点，这也是日本最后一片山毛榉原生林能得到如此细心的照看，有着严格保护条例的原因。这些山毛榉树，属于圆齿水青冈种（Fagus crenata），位于日本本州岛北部的白神山（Shirakami Mountains）。

这片山毛榉原生林所在地被称为白神山地（Shirakami-Sanchi），自1992年起受到保护。白神山地占地面积约168平方千米，位置偏远，海拔在896~1000米。因为靠近日本海，又有大量的冷空气从西伯利亚传来，所以这里冬季寒冷且经常降雪。从地貌学的角度来看，白神山是在石炭纪时期剧烈的地壳运动后形成的，由基底的花岗岩和上部的沉积岩构成。这里地形复杂，深谷遍布，谷壁陡峭，大部分山体的坡度都在30度以上。林中道路稀少，且经常被乱石掩盖。虽然有史料提及在9世纪初（日本的平安京时代），这里有过采矿活动，甚至可能连制作奈良大佛的铜都是从这里开采的，但是现在几乎看不到人类活动留下的痕迹。山脚下的村民偶尔会进山林采摘蘑菇和草药，每年还会有约3000名狩猎爱好者和猎人登上保护区边缘的华森莫里峰（Mount Huatsamori）举行一种古老的"玛塔基"猎熊仪式。

除山毛榉树外，白神山地森林还有500种植物。尽管与日本其他山区相比，该地植物种类并不是特别多，但一些当地特有的物种使其备受关注。有几种植物在全球范围内濒临灭绝，如山岩黄芪变种（Hylotelephium tsugaruense）和一种早熟禾（Poa ogamontana），还有一些较为少见的兰科植物，如虾脊兰（Calanthe discolor）、黄铃杓兰（Cypripedium yatabeanum）和筒距兰（Tipularia japonica）。

该地鸟类最喜在树上和岩石尖坡上筑巢。有87种鸟类栖息于此，其中部分鸟类已被列入《世界自然保护联盟濒危物种红色名录》，并被日本列为"国家天然纪念物"，如黑啄木鸟（Dryocopus martius）、金雕（Aquila chrysaetos）和鹰雕（Spizaetus nipalensis）。白神山还有两种哺乳动物——鬣羚（Capricornis crispus）和日本睡鼠（Glirulus japonicus）也被列为"国家天然纪念物"。鬣羚是一种外形十分原始的大型食草动物，而日本睡鼠是一种夜行性啮齿类动物，冬天会把身体团成一团在树洞里冬眠。

日本人把动植物当作国家纪念物，和京都塔相提并论，这与东亚地区的哲学理念相契合。对于日本人来说，保护动植物势在必行，这种观念深入人心。1981年，当时还未设立保护区，政府部门要求修一条连接青森县和秋田县的公路，但是这势必会破坏生态平衡，所以当地居民提出抗议，并最终取得了胜利。

■ 第160页左侧　日本典型的温带森林中大量生长着圆齿水青冈种（Fagus crenata）的山毛榉树。遗憾的是，占地168平方千米的白神山地森林是日本仅存的最后一片山毛榉树原生林。

■ 第160页右上角　最近发现丑鸭（Histrionicus histrionicus）在白神山赤石川（Akaishi River）上筑巢，这是一种海鸭，羽毛绚丽多彩。

■ 第161页　日本猕猴（Macaca fuscata）已经适应了寒冷的气候。在过去的几十年里，由于森林砍伐和非法捕猎，日本猕猴数量锐减，目前已被列入《世界自然保护联盟濒危物种红色名录》。

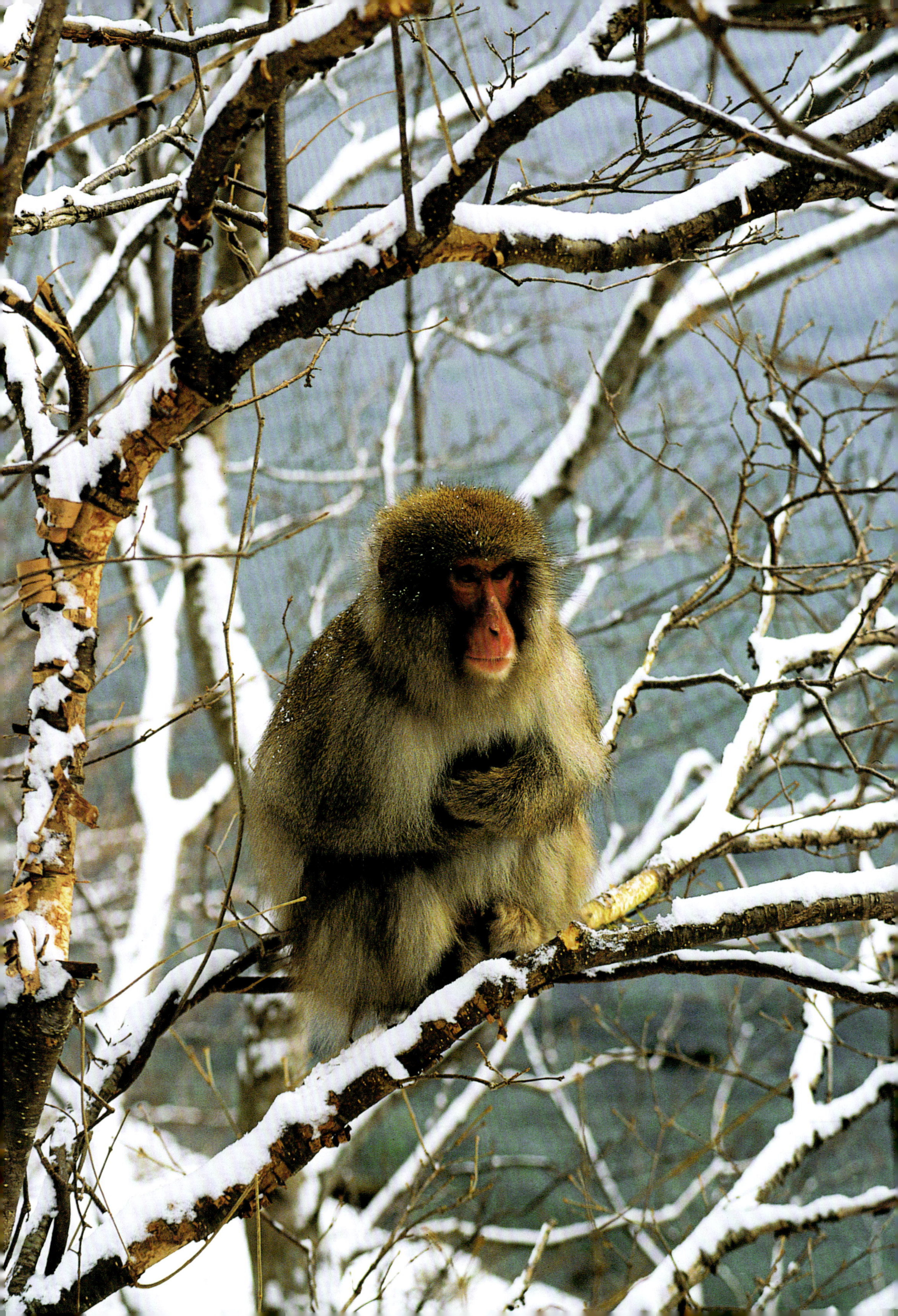

奇特旺皇家国家公园

尼泊尔

德赖
入选年份：1984
遴选标准：自 (Ⅱ)(Ⅲ)(Ⅳ)

■ 第162页底部 一头雌性印度犀与其幼崽站在高高的草丛中。这种犀牛的孕期为480天，小印度犀出生时体重达68千克。雌性犀牛在4岁时达到性成熟，雄性犀牛在9岁时达到性成熟。

■ 第162—163页 奇特旺国家公园占地面积932平方千米，位于尼泊尔西南地区，与印度接壤，几个世纪以来一直是尼泊尔王室的专属狩猎区。如今这里是野生动物的家园，而且这里的很多野生动物在亚洲其他地区都不常见。

印度犀（*Rhinoceros unicornis*）是一种独角亚洲犀牛的学名，目前仅存1800头，其中约有450头生活在尼泊尔德赖平原（Terai Plain）的娜普娣河（Rapti River）以南地区。1963年，在尼泊尔国王马亨德拉（Mahendra）的倡议下，尼泊尔将该地划为犀牛保护区。10年后，该保护区并入了尼泊尔第一个国家公园——奇特旺皇家国家公园（Royal Chitwan National Park）。

除尼泊尔以外，印度犀还生活在印度的孟加拉邦（Bengal）和阿萨姆邦（Assam）。这种大型哺乳动物身长可达4.3米，肩高可达约2.1米，体重近4000千克。由于印度犀体形庞大，所以在尼泊尔国王和其他王室成员狩猎大型野味时，它是最珍贵的战利品。事实上几个世纪以来，奇特旺皇家国家公园所在地一直是加德满都（Kathmandu）王室的专属狩猎区。这片区域以丘里亚山（Churia Hills）、拉普提河（Rapit）、雷乌河（Reu）和纳拉亚尼河（Narayani）为界，占地面积932平方千米。

奇特旺皇家国家公园属于亚热带季风气候（奇特旺是纽瓦里语，意为"森林中心"）。公园近四分之三的土地生长着娑罗双树（*Shorea robusta*）落叶林，另外五分之一是草地，生长着约50种草本植物。最常见的是甜根子草（*Saccharum spontaneum*）和孟加拉甘蔗（*Saccharum bengalensis*），高度可达8米，是大象的食物之一。还有几种相对较小的白茅属（*Imperata*）植物，当地人主要用它们建造屋顶，制作垫子和纸张。几条河流的沿岸有许多树木，如滑桃树（*Trewia nudiflora*）、木棉树（*Bombax cieba*）、印度黄檀（*Dalbergia sissoo*）和儿茶（*Acacia catechu*）等。

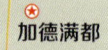

■ 第163页左上角 印度犀的独角长达6.4米。

■ 第163页右上角 尼泊尔约有450头犀牛。为了防止偷猎，尼泊尔政府雇用了700名武装护林员来保护它们。

■ 第163页底部 两只犀牛搅乱了拉普提河平静的河水。这种哺乳动物喜欢独居，有时会变得好斗。尽管受到人类保护，但在犀牛分布较密集的地区，雄性犀牛也常因打斗而死亡。

第 164 页顶部 印度灰叶猴（*Semnopithecus entellus*）在尼泊尔、印度、缅甸、不丹和孟加拉国比较常见，有些印度灰叶猴生活在城镇地区。它们也被称为哈奴曼（Hanuman），是印度教中猴神的名字。

第 164 页左下角 水鹿（*Cervus unicolor*）是南亚次大陆最高大的鹿，也是孟加拉虎最喜爱的猎物。雄性水鹿的鹿角可长达 0.9 米，十分引人注目。

而在丘里亚山的山顶上，有几片娑罗双树林和西藏长叶松树林。

除了印度犀之外，奇特旺皇家国家公园还为著名的孟加拉虎（*Panthera tigris tigris*）提供了栖息地，孟加拉虎也被收入《世界自然保护联盟濒危物种红色名录》中。有约 100 只处于繁殖年龄的孟加拉虎生活在公园内，占亚洲大陆孟加拉虎总数量的四分之一。

还有约 50 种哺乳动物栖息在奇特旺皇家国家公园里，包括印度象（*Elephas maximus*）、印度野牛（*Bos gaurus*）、恒河豚（*Platanista gangetica*）和 5 种羚羊。奇特旺皇家国家公园里还栖息着 500 种鸟类、45 种两栖类

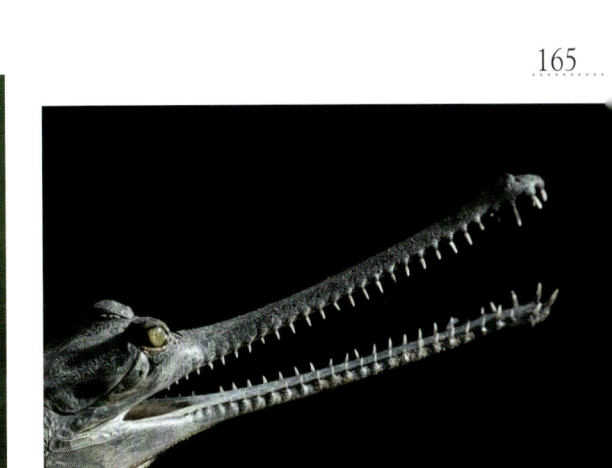

▌第 164—165 页和第 165 页左上角 著名的孟加拉虎（Panthera tigris tigris）与其他大多数猫科动物不同，很喜欢水，目前仅剩几百只，它们的犬齿是动物界中最长的。

▌第 165 页右侧 恒河鳄（Gavialis gangeticus）的颚部比其他鳄鱼要细长得多。由于人类对该地水域造成的污染日益严重，这种鳄鱼正濒临灭绝。

和爬行类动物。爬行动物中有恒河鳄（Gavialis gangeticus），该鳄也被列为濒危物种。

奇特旺皇家国家公园是亚洲地区动植物研究最深入的地区之一。建立保护区和颁布禁猎令后，犀牛和老虎的数量已经翻了两番，它们的领地成为许多研究和监测项目的中心。尽管如此，德赖平原日益增长的人口压力和尼泊尔正在经历的工业化进程，还是威胁着公园的生态和谐。

一方面，人类与大象等四处游荡的动物之间形成了一种相互影响的关系，这种关系很危险；另一方面，工业废弃物造成环境污染，导致纳拉亚尼河中的恒河豚消失，其他河道中的恒河豚数量也明显减少。因此，保护奇特旺皇家国家公园正逐渐成为一项艰巨的挑战。

萨加玛塔国家公园

尼泊尔 | 坤布
入选年份：1979
遴选标准：自（Ⅲ）

有这样一个民族，他们在雪地里赤脚行走，身体异常强壮，已经适应了恶劣的气候。他们也很长寿，是一个平和、务实的民族，一丝不苟地遵循着藏传佛教的理念。这就是"来自东方的人"——夏尔巴人（Sherpa），他们居住在尼泊尔坤布（Khumbu）地区，该地区位于世界最高峰珠穆朗玛峰的山坡上。夏尔巴人在16世纪末从西藏东部的康巴（Kham）地区出发，翻过了海拔5898米的囊帕拉（Nangpa La）山口，来到此地。

对夏尔巴人而言，山是神圣的。在古代，他们认为攀登山峰是一种亵渎神明的行为。海拔8848.86米的世界最高峰，在他们的语言中被称为珠穆朗玛（Chomolangma），即"母神"——喜马拉雅山脉的至高神。坤布地区有3座超过4952米的神奇山峰：洛子（Lhotse）峰（8516米）、卓奥友（Cho Oyu）峰（8201米），当然还有珠穆朗玛峰。该地区大部分都属于尼泊尔的萨加玛塔国家公园（Sagarmatha National Park），萨加玛塔是尼泊尔人对珠穆朗玛峰的称呼。

大约有3500名夏尔巴人生活在萨加玛塔国家公园，这个世界上海拔最高的公园。自1953年人类首次登顶珠峰以来，夏尔巴人的生计就越来越依赖于山地旅游业。当时，新西兰人埃德蒙·希拉里（Edmund Hillary）和夏尔巴人丹增·诺尔盖（Tenzing Norgay）登上了珠峰，后者也是夏尔巴人中第一位"亵渎"圣山的人。40年后，帕桑·拉木（Pasang Lhamu）登上珠峰，成为第一位登上珠峰的女性。

萨加玛塔国家公园占地面积1147平方千米。公园里有冰川、峡谷、宽阔的山谷，并分布着都得科西河（Dudh Kosi）和胡特科西河（Bhote Kosi）两条河的源头。公园最低点海拔2848米，从此处到山顶，共有四个不同的气候区，每个气候区的植物类型也各有不同。第一个气候区生长着高达9米的杜松、桦树、冷杉、竹子和杜鹃花。在3月和4月，杜鹃花盛开的景象是公园最美丽的景观之一。第二个气候区以矮树和灌木为主，再往上，植物只有苔藓和地衣，然后从海拔5700米左右的永久雪线处往上，没有任何植物生长。

对于此地118种鸟类和许多哺乳动物而言，萨加玛塔国家公园里海拔最低的区域是理想的栖息地。这里常见的动物有原麝（*Moschus moschiferus*）

和喜马拉雅塔尔羊（*Hemitragus jemlahicus*）。喜马拉雅塔尔羊是一种无须山羊，角很短，且向后弯曲。

但是在萨加玛塔国家公园，观察动物并不容易。公园最有趣的动物中，有很多既稀有又害羞，比如雪豹（*Uncia uncia*）、喜马拉雅黑熊（*Selenarctos tibetanus*）和长着黄褐色皮毛的小熊猫（*Ailurus fulgens*）。当季风季节到来时，公园内会有26种蝴蝶。

近年来，即使是这片环绕着世界屋脊的天堂，也出现了环境问题。虽然夏尔巴人非常爱护他们的土地，但是众多的登山探险队留下了成吨的垃圾，这也引起了生态保护组织的关注和抗议。目前公园已经开展了各种清理运动，并且正在考虑限制每年探险次数。然而公园还面临着另一个威胁：全球气候变化造成冰川面积缩小，甚至连喜马拉雅山脉的很多神圣山峰也未能幸免。

■ 第166页左侧　雪豹（*Uncia uncia*）是世界上最害羞的猫科动物。据估计，目前野生雪豹仅存4000只。它们的栖息地逐渐减少，猎物的数量也随之减少，生存面临严重威胁。

■ 第166—167页　佛塔体现了这片地球上海拔最高地区的神圣性。佛塔分布在西藏和尼泊尔地区，相当于印度的舍利塔。经幡系在佛塔上，这样风就可以把经幡上的祈祷传播到世界各地。

■ 第167页顶部　珠穆朗玛峰以南不远的洛子峰，与珠峰交相辉映。它海拔8516米，为世界第三高峰，也是最难攀登的山峰之一。

■ 第167页底部　从卡拉帕塔山（Kala Pattar）（5623米）望去，珠穆朗玛峰标志性的金字塔形峰顶在晨曦中熠熠生辉。

楠达戴维山国家公园

印度 | 北方邦
入选年份：1988
遴选标准：自（Ⅲ）（Ⅳ）

楠达戴维山（Nanda Devi）是印度第二高峰，对印度居民来说，更重要的是，这座山是湿婆的妻子——帕尔瓦蒂（Parvati）女神在人间的化身。加瓦尔（Gharwal）地区的印度教徒从12世纪起就把此山尊为圣山，并且认为攀登此山是一种亵渎神明的行为。然而，对于更务实的英国人来说，海拔7817米的楠达戴维山是当时大英帝国最高的山峰，因此，它令探险家们神往不已。

自19世纪末以来，人们曾多次尝试在山顶部分（几乎都在海拔5974米以上）开辟出一条道路，形成一条约129千米的环形山路。但几次尝试无一成功，似乎楠达戴维山不可侵犯的传说真的受神灵庇佑。自第一次尝试开路后，过去了近40年，英格兰人比尔·蒂尔曼（Bill Tilman）和埃里克·希普顿（Eric Shipton）终于在山脚附近找到了一

■ 第168页顶部和底部 楠达戴维山东峰（7434米）和另外十几座海拔超过6000米的山峰组成了一个周长129千米的"楠达戴维之冠"。

■ 第168—169页 自1987年以来，该公园已被纳入印度政府保护雪豹的计划之中，据当地人说，其实雪豹在此地很常见。

条小路，能够穿过瑞诗恒河（Rishi Ganga）的狭窄河谷。两年后（1936年），蒂尔曼在诺埃尔·奥德尔（Noel Odell）的陪同下成功登顶。之后14年里，蒂尔曼和奥德尔所登山峰海拔为世界之最，直到1950年，有人登上了尼泊尔的安纳普尔纳峰（Annapurna），这一记录才被打破。印度政府担心人类破坏楠达戴维山地区的环境，所以于1982年建立了楠达戴维山国家公园（Nanda Devi National Park），从而杜绝了此地频繁的极限运动。

楠达戴维山国家公园占地面积629平方千米，如今被认为是整个喜马拉雅山脉中最壮观、最原始的地区之一。公园内庞大的瑞诗恒河流域由冰川形成，由北向南分布着一连串山峰。其中一些山峰——杜纳吉里峰（Dunagiri，7066米）、长邦峰（Changbang，6864米）和特里苏尔峰（Trisul，7120米）构成了"楠达戴维之冠"。上瑞诗谷也被称为内圣谷（Inner Sanctuary），包含四座冰川，楠达戴维山将其与下瑞诗谷，即外圣谷（Outer Sanctuary）相隔开来。

瑞诗恒河流域的最高地区一年中有六个月完全由积雪覆盖，而在较低的地方，由于山脉的保护，形成了异常湿润的小气候，从而孕育了丰富多样的植被。河谷附近有一片区域生长着印度冷杉（*Abies pindrow*）林和钟花杜鹃（*Rhododendron campanulatum*），一直延伸至海拔3353米处。从此处开始，糙皮桦（*Betula utilis*）林带转变为低矮的高山植物群落。内圣谷的入口处大量生长着新疆方枝柏（*Juniperus pseudosabina*），而海拔更高处则生长着草本植物、苔藓和地衣。

人们还没有对该公园的动物群落进行过系统研究。此地有许多鸟类，哺乳动物以有蹄类动物为主。据说这里有一个庞大的牦牛和棕熊群落。而且，最重要的是，生活在公园周边的人们报告说，在别处罕见的雪豹在此地"很常见"。为此，自1987年起，印度政府把楠达戴维山国家公园纳入了保护雪豹的项目中。

▍第169页顶部 喜马拉雅塔尔羊（*Hemitragus jemlahicus*）已被列入《世界自然保护联盟濒危物种红色名录》，在楠达戴维山国家公园禁止人类活动后，公园内的塔尔羊数量正在增加。

▍第169页底部 楠达戴维山国家公园有大量有蹄类动物，其中包括稀有的岩羊（*Pseudois nayaur*），数量约为1000只。

卡齐兰加国家公园

印度 | 阿萨姆邦
入选年份：1985
遴选标准：自（Ⅱ）（Ⅳ）

布拉马普特拉河（Brahmaputra）是亚洲主要的大河之一。它长达3000千米，发源于西藏西部的冈仁波齐峰（Mount Kailash），最后注入孟加拉湾。在佛教和印度教中，须弥山（Meru）是位于宇宙中心的神秘山峰，冈仁波齐峰被视作须弥山的化身，因而受到崇拜。布拉马普特拉河在发源地急速奔流，穿过喜马拉雅高原上形成的峡谷，分化成无数的溪流，然后在广阔的平原上再次汇合。

对于印度最偏远的邦之———阿萨姆邦而言，布拉马普特拉河代表着生与死。它力量强大，能够改变地貌形态，在季风季节（5月至9月），它会破坏地貌，在旱季则给土壤带来肥力。布拉马普特拉河流域和其中广阔的沙地处于不断的演变之中，同时也是亚洲犀牛和孟加拉虎等濒危物种最后的栖息地之一。

为了保护这些濒危物种，阿萨姆邦政府于1975年建立了卡齐兰加国家公园（Kaziranga National Park）。该地区被认为是南亚次大陆上仅存的未开发地区之一，这是由于公园内完全没有人类居住，考虑到整个印度的庞大人口，这种情况较为罕见。卡齐兰加国家公园最初成立时，占地面积430平方千米，但根据最近的估计，布拉马普特拉河使其面积减少至378平方千米。在夏季季风期，公园平均降雨量为2184毫米，导致洪水泛滥，洪水后会出现大面积的绿地。在洪水暴发时，动物们可以在美里山（Miri Hills）或喀比高原（Karbi Plateau）上避难并存活下来。但在特殊年份，洪水会威胁到野生动物的生命安全。上一次洪水暴发于1998年，在短短几个小时内就淹没了公园70%的面积，最终淹死了38头犀牛、1000只羚羊、3头小象、2只老虎和许多其他动物。

尽管如此，人们仍然对卡齐兰加动物种群的数量和构成持乐观态度。如今，该地区有1250头犀牛。这是一个巨大的进步，因为在禁止狩猎的那一年，即1908年，该地区只有几十头犀牛。此外，公园内还有1100头印度象和86只老虎，以及大量的有蹄类、灵长类和爬行类动物。鸟类有300种，其中三分之一是候鸟。冬季，它们从遥远的西伯利亚等地迁徙而来，在鱼类和昆虫丰富的冲积池塘周围繁衍生息。

雨林覆盖了公园29%的土地，其余部分由于数千年来的洪水侵袭，覆盖着沙子、水（旱季时面积占12%）和面积巨大的草地。草地长势良好，部分原因是卡齐兰加工作人员会定期燃火除草。

▌第170页左上角 热带雨林是公园三大主要生态系统之一，占公园面积的29%。

▌第170页中间 公园内有世界上最大的印度犀（*Rhinoceros unicornis*）种群，数量达1250头。

▌第170—171页 卡齐兰加国家公园内有700头水牛（*Bubalus bubalis*）。1908年起，公园内禁止狩猎。

▌第171页左下角 一只白色的牛背鹭（*Bubulcus ibis*）停在了一头大型雄性水鹿（*Cervus unicolor*）的鼻子上。

▌第171页右下角 熊猴（*Macaca assamensis*）在印度、尼泊尔、不丹和东南亚地区很常见。它们一般以10~50只的数量群居，社会行为复杂。

▌第170页底部 随着季风的到来，大象们朝着山上走去，以躲避布拉马普特拉河平原的洪水。

最近，这些工作人员受到了印度政府和监测保护区的非政府组织的赞扬。他们中很多人来自米基尔族（Mikir），一直生活在保护区周围。这些工作人员全心全意地致力于保护当地动物，自发组织巡逻队驱赶犀牛偷猎者。然而他们得到的报酬很低，也不受当地政府的重视，因为各民族对阿萨姆邦发动了独立战争，政府把更多的精力用于处理战争造成的后果。

马纳斯野生动植物保护区

印度 | 阿萨姆邦
入选年份：1985
列入《濒危世界遗产名录》：1992
遴选标准：自（Ⅱ）（Ⅲ）（Ⅳ）

第172页左侧 金叶猴（*Presbytis geei*）仅栖息在马纳斯野生动植物保护区及位于不丹的邻近区域。上一次统计在1980年进行，当时金叶猴的数量约为300只。

20世纪80年代末以来，阿萨姆邦一直在进行独立战争，试图脱离印度政府的控制。这是世界上许多已被人们遗忘的游击战之一，只有在南亚次大陆地区才有相关记录出版。然而，博多（Bodo）族（阿萨姆邦最大的民族）各武装派别的恐怖行动，以及印度军队的反击行动，造成了许多平民的伤亡，并破坏了这一偏远地区脆弱的经济。

战争的另一个受害者是马纳斯野生动植物保护区（Manas Wildlife Sanctuary）。该保护区占地面积500平方千米，位于"老虎项目"（Project Tiger）所覆盖的广大地区的中心。老虎项目是印度政府和世界自然基金会为拯救老虎而采取的一项举措。

博多族游击队在该保护区进行了各种破坏活动，包括偷猎、放火和谋杀公园护林员。为此，联合国教科文组织于1992年举行投票，将马纳

斯保护区列入《濒危世界遗产名录》。1997年，印度政府拨款235万美元用于保护区的恢复计划，目前该计划正在取得令人满意的进展，然而在保护区周边地区，居民进行的土地开发仍然不符合可持续发展的要求。

马纳斯野生动植物保护区成立于1928年，该地列入《世界自然保护联盟濒危物种红色名录》的物种数量为印度之最。除了孟加拉虎，保护区内还有55种哺乳动物，包括东南亚湿地特有的猫科动物，以及各种猴子。当地特有的猴子有金叶猴（Presbytis geei）和白眉长臂猿（Hylobates hoolock），数量仅几百只。从动物保护的角度来看，值得关注的还有侏儒猪（Sus salvanius）和印度犀（Rhinoceros unicornis）；据估计，保护区内约有1000头大象，还有另外2000头大象会定期从相邻的不丹皇家马纳斯国家公园进入保护区。保护区的物种名录中还有各种蛇类、两栖类和450种鸟类，鸟类中有一种极为稀有的犀鸟。

尽管人类活动给马纳斯保护区带来了危险，但是保护区内动物数量依然很多，这是由于保护区的植物种类不断变化。马纳斯保护区位于喜马拉雅山前平原，雨量充沛，年平均湿度为76%。马纳斯河（Manas River）将阿萨姆邦与不丹分隔开来，在保护区河段下游约64千米处汇入布拉马普特拉河。由于马纳斯河和其他几条湍急的河流带来了大量泥沙，因此马纳斯保护区的土地不断演变。保护区内约55%的区域是草地，其余区域为常绿热带森林、热带湿润落叶林及热带干燥落叶林。森林中主要生长着木棉（Bombax ceiba）和绒毛苹婆（Sterculia villosa）一类的树木，而河流和池塘的岸边则生长着茂盛的水生植物。在马纳斯保护区，共发现了393种双子叶植物以及98种单子叶植物，双子叶植物包括197种林木。

▎第172—173页 过去，印度犀（Rhinoceros unicornis）的栖息地西至开伯尔山口（Khyber Pass），但现在只限于尼泊尔和印度的某些地区。有人认为马纳斯野生动植物保护区内的印度犀数量不超过12头。

▎第173页顶部 这是一种罕见的无花果树，树皮有着类似于大象皮肤的褶皱。这种树会攀附在其他树木上，并将这些树木缠死。

▎第173页中间 一头亚洲象（Elephas maximas）泡在马纳斯河河水中。马纳斯河在公园西部分成三条支流，然后汇入布拉马普特拉河。

▎第173页底部 孟加拉虎（Panthera tigris tigris）是孤独的猎手，同时也是可怕的食人兽，由于孟加拉虎食人，所以它们在马纳斯地区惨遭猎杀，仅剩约80只。世界野生动物基金会和印度政府发起了一个大型保护项目来保护孟加拉虎。

凯奥拉德奥国家公园

印度 | 珀勒德布尔，拉贾斯坦邦
入选年份：1985
遴选标准：自（Ⅳ）

凯奥拉德奥国家公园（Keoladeo National Park）是南亚次大陆最特别的保护区之一，它在人类对其地貌进行了破坏性的改造后又恢复了生机。湿婆神是印度教的创造与毁灭之神，而凯奥拉德奥古庙供奉着湿婆神，所以该公园以古庙的名字命名也就不足为奇了。现在，这个占地面积28平方千米的公园是候鸟最喜欢停留的地方。

凯奥拉德奥国家公园靠近拉贾斯坦邦（Rajasthan）珀勒德布尔市（Bharatpur）的边缘，严格来说，该公园并不是纯粹的"自然环境"。人们曾改造了这片城郊地区，努力使珀勒德布尔市免受季风引发的洪水侵袭。早在1760年，当地的王公就在阿让（Ajan）地区的一片洼地边缘修建了一座水坝，形成了一个湖泊。在20世纪初，人们又增设了一个堤坝和水闸系统，使湖中不同区域的水位得到控制。

这些建筑工程将该地区变成了一连串沼泽地、湿地和草地，成为了许多鸟类的家园。因此，珀勒德布尔的王公下令，将该地区设为野鸭狩猎场，之后一些著名的外宾慕名而来，如印度总督英国寇松勋爵（Lord Curzon）。1948年印度独立后，凯奥拉德奥地区成为鸟类保护区，但在1972年之前，印度王公们仍有权在此狩猎。1981年，凯奥拉德奥终于成为国家公园。

从9月到次年2月，公园内约有100万只鸟类，其中包括360多种候鸟，从翼展超过1.8米的巨型卷羽鹈鹕（*Pelecanus crispus*）到比手指还小的叽咋柳莺（*Phylloscopus collybita tristis*），种类繁多。

鸬鹚、白鹭、朱鹭、鸭子和鹤等鸟类从俄罗斯、中国、蒙古等地来到这里。

公园内，西伯利亚白鹤（*Grus leucogeranus*）特别吸引游客，它是地球上最稀有的鸟类之一，现在仅剩几百只。为了在这里过冬，它们从鄂毕河流域出发，飞过阿富汗和

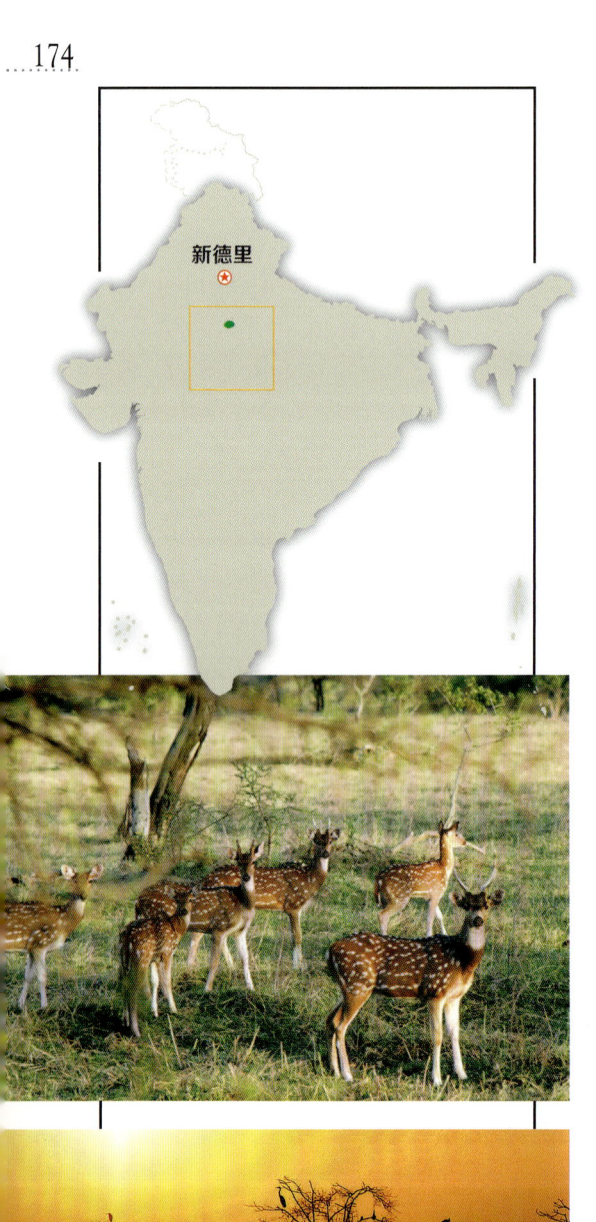

- 第174页左上角 斑鹿（*Cervus axis*）皮毛上有白色斑点，是世界上最可爱的鹿之一。
- 第174页左下角 凯奥拉德奥公园分布着许多形成于18世纪的人造湿地。
- 第174页右上角 公园内发现了两种灵长类动物，猕猴（*Macaca mulatta*）是其中之一。
- 第174页右下角 凯奥拉德奥公园的树上总是有许多朱鹭、鸬鹚、鹤等鸟类。
- 第175页 公园里的水草甸上生长着阿拉伯金合欢树（*Acacia nilotica*）和许多水生植物，这些植物是许多鸟类的食物来源。

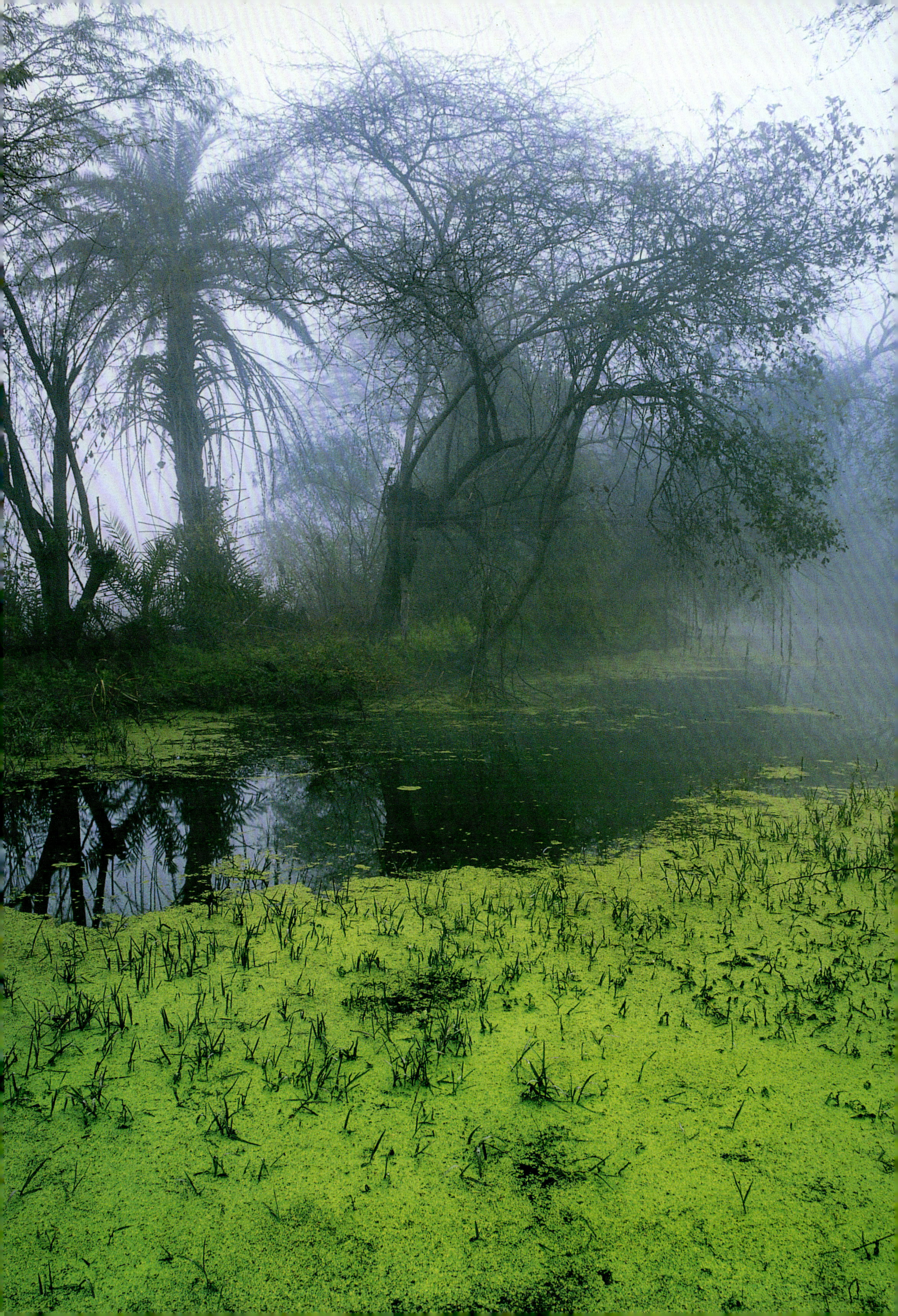

巴基斯坦，飞行路程长达 684 千米。

公园内有丰富的微型动物、鱼类和水生植物（如荷花、睡莲等），也吸引了不少留鸟，如翠鸟、啄木鸟、金莺和几种鸽子。

随着夏季季风季的到来，凯奥拉德奥的另一大奇观开始出现：17 种鹭鸟会聚集在一个非常狭小的区域内筑巢。该区域内主要生长着阿拉伯金合欢树（*Acacia nilotica*），每棵树上的鸟巢都会多达 100 个，分属于不同种类的鹭鸟。这些鸟儿们选择如此近距离地住在一起，是为了联合起来抵御游隼和白肩雕等天敌，保护它们的幼鸟。

公园里的动物并不只限于鸟类。凯奥拉德奥公园也是哺乳动物青睐的栖息地，这里有孟加拉狐（*Vulpes bengalensis*）、金豺（*Canis aureus*）、欧亚野猪（*Sus scrofa*）和印度羚（*Antilope cervicapra*）等哺乳动物。就爬行类动物而言，蟒蛇的数量也很可观。

作为一个绝佳的观鸟胜地，凯奥拉德奥国家公园每年接待数十万游客，旅游业是当地居民的重要收入来源。

公园提供了众多服务项目，其中一项是游客可以乘坐传统的人力车进行观鸟游览。

▎第 176 页顶部　赤颈鹤（*Grus antigone*）颈部上半部和红色的头部没有羽毛，它们以复杂的求偶仪式而闻名。

▎第 176 页底部　公园里有很多涉禽，白头鹮鹳（*Mycteria leucocephala*）是其中一种；还有西伯利亚白鹤，为地球上最稀有的鸟类之一。

第 176—177 页 在一棵树的树顶上，两只展翅的白头鹮鹳尽显其美丽身姿。

第 177 页底部 斑头雁（*Anser indicus*）会在冬季造访凯奥拉德奥公园，其余时间都生活在喜马拉雅山中。它们甚至会在珠穆朗玛峰上空飞翔，曾有人目睹过这一情景。

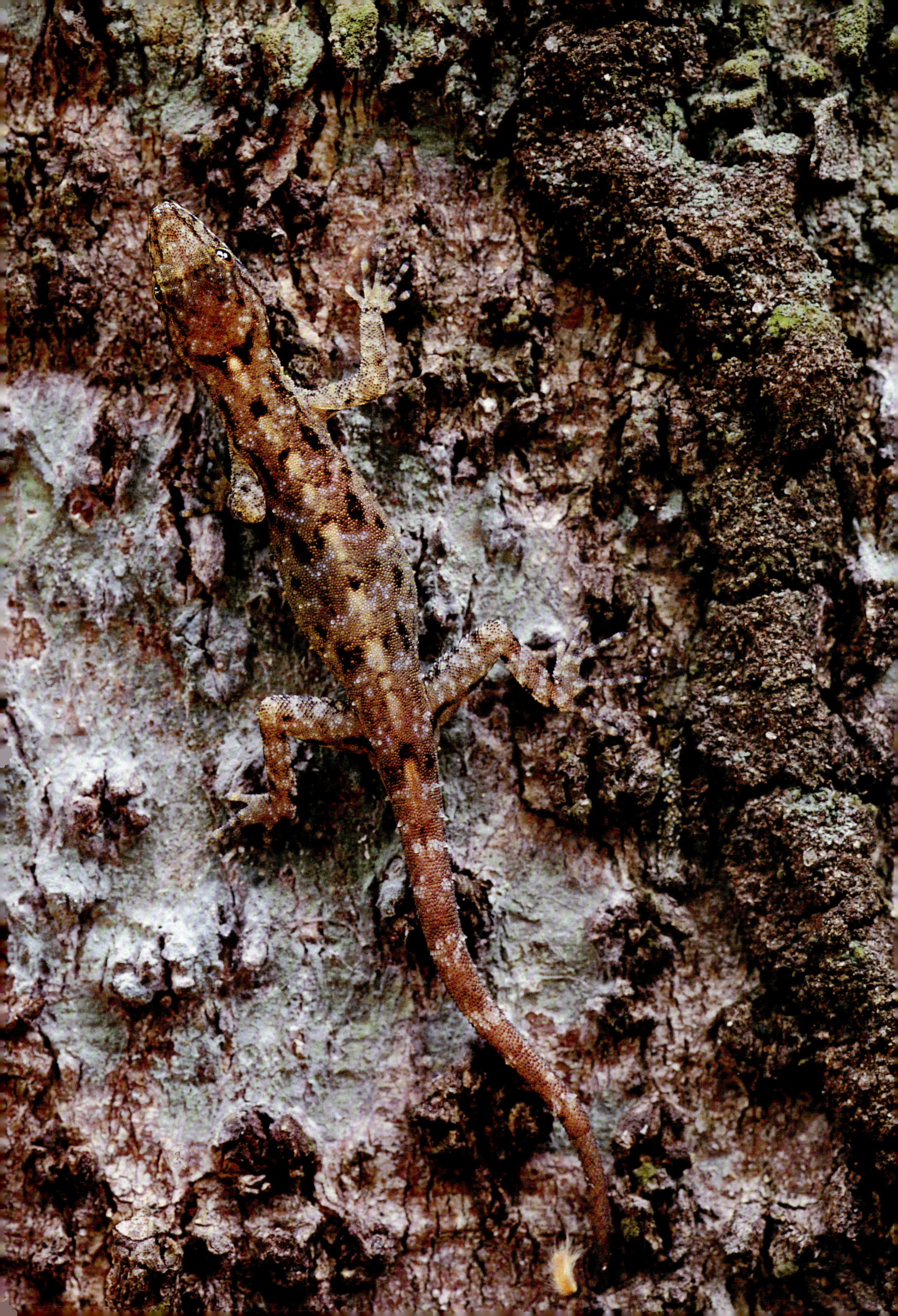

辛哈拉加森林保护区

斯里兰卡 | 萨伯勒格穆沃省和南部省
入选年份：1988
遴选标准：自 (Ⅱ)(Ⅳ)

乔治·亨利·思韦茨（George Henry Thwaites）曾在斯里兰卡岛（当时称为锡兰岛）停留，其间对无数植物物种进行了研究。他于1860年左右出版了《植物名录》（Enumeratio plantarum Zelaniae），展示了他十年研究的成果。大约20年后，鸟类学家（同时也是军人的）文森特·莱格（Vincent Legge）出版了《锡兰鸟类史》（The History of the Birds of Ceylon）一书。这两本书经常提到锡兰岛上仅存的一片热带雨林——辛哈拉加森林，他们都在这里发现了在其他地方从未见过的植物和鸟类。

这片森林在1875年被设为保护区，为英国王室所有，其名字辛哈拉加意为"狮子王"。当地至今还流传着这样一个传说，有一只生活在辛哈加拉山（该地区最高的山峰）山洞里的狮子统治着这片广阔的土地，后来一个巨人设法杀死了它，帮助当地居民摆脱了这个可怕的威胁。但事实上，辛哈加拉山并没有山洞，斯里兰卡也从未出现过狮子。

辛哈拉加森林保护区面积不足78平方千米，但生物多样性异常丰富。这里的山丘和山谷呈一字型分布，海拔在299~1158米，流淌着很多溪流。溪流形成错综复杂的网络，南面汇入金河（Gin Ganga River），北面汇入卡鲁河（Kalu Ganga River）。据记录，在过去的60年里，这里的降雨量从未低于3632毫米，最大降雨量达到4978毫米。

与南亚次大陆的隔绝，无疑为斯里兰卡独特的演化过程提供了条件，在辛哈拉加神奇的植被中可以明显地看到演化的痕迹。岛上有两个独立的植物群落：在低海拔地区有龙脑香属（Dipterocarpus）乔木的森林，而在山坡上则生长着一些娑罗双属（Shorea）的植物。在全岛217种特有的物种中，辛哈拉加森林占了139种；这些物种通常只生长在非常狭小的区域，比如圆叶酒饼簕（Atalantia rotundifolia）或岩槟榔棕榈（Loxococcus rupicola）。花卉种类繁多，尤其是兰花，包括竹叶兰（Arundina graminifolia）在内，除此之外还有2种食虫的猪笼草。

在岛上20种鸟类中，有19种仅在斯里兰卡出现。甚至在岛上的哺乳动物和蝴蝶中，特有物种也超过50%。濒临灭绝的哺乳动物有豹（Panthera pardus）、亚洲象（Elephas maximus）和一种特有的灵长类动物——紫面叶猴（Presbytis senex）。以下是一些濒危或稀有的鸟类：紫头林鸽（Columba torrringtoni）、锡

▌第178页 一只壁虎（Cnemaspis kandianus）与树干完美地融为一体。在辛哈拉加的45种爬行动物中，有21种是当地特有的。

▌第179页顶部 还有一个特有的物种是一种危险的树栖毒蛇——斯里兰卡竹叶青（Trimeresurus trigonocephalus）。它的特征是皮肤布满绿色、黄色和黑色的斑点，这使得它可以非常隐秘地藏在树叶和树枝之间。

▌第179页底部 低海拔地区主要生长着锡兰龙脑香（Dipterocarpus zeylanicus）和硬毛龙脑香（Dipterocarpus hispidus），而更高的地区则分布着一些娑罗双属植物。辛哈拉加森林是斯里兰卡仅存的最后一片热带原始森林。公园内有139种当地特有植物。

■ 第 180 页顶部　辛哈拉加灌木丛下的树桩上，生长着一株株真菌形成的菌群。树叶、果实、种子和菌类是附近村庄居民最常获取的食物资源。

■ 第 180 页中间右侧　斯里兰卡的八种蜥蜴中，有五种是当地特有品种，其中两种形成了自己的属。

■ 第 180 页中间左侧　皇蛾（Attacus atlas）是世界上最大的飞蛾，广泛分布于印度、中国、马来西亚、印度尼西亚和斯里兰卡。

■ 第 180 页左下角　辛哈拉加森林保护区有两种食肉植物，猪笼草是较常见的一种。它的叶子像笼子一样，把昆虫困在其中，分解消化。

兰鸦鹃（Centropus chlororhynchus）、白面八哥（Sturnus senex）、斯里兰卡蓝鹊（Cissa ornata）和红面杜鹃（Phaenicophaeus pyrrhocephalus）。爬行动物、两栖动物和蝴蝶中也有许多当地特有品种或濒危物种。

对脆弱的森林栖息地构成最大威胁的不是旅游业（因为度假者更偏爱岛上的海滩），而是保护区及其周边地区约 5000 名的贫困居民。对他们来说，辛哈拉加森林有他们赖以生存的物资，十分重要。他们可以从董棕（Caryota urens）中提取出一种糖的替代品；柔韧的省藤属植物被用作纺织品；小豆蔻（Elattaria ensal）是一种香料，常被当地人用于烹饪；娑罗气味芬芳，常磨制成粉；假可坡根（Coscinium fenestratum）是当地一味传统草药。但是，森林保护区面临的主要问题还是森林的滥砍滥伐，大量的树木被砍伐用作薪柴，这可能威胁到当地一些稀有物种的生存，而这些物种的价值不可估量。

■ 第 180 页右下角　一股细流在雨林的蕨丛中涓涓流淌。辛哈拉加地表水资源丰富，众多溪流蜿蜒流入金河或卡鲁河。

■ 第 181 页　竹荪的网状菌盖呈明黄色，在辛哈拉加的密林中十分显眼。

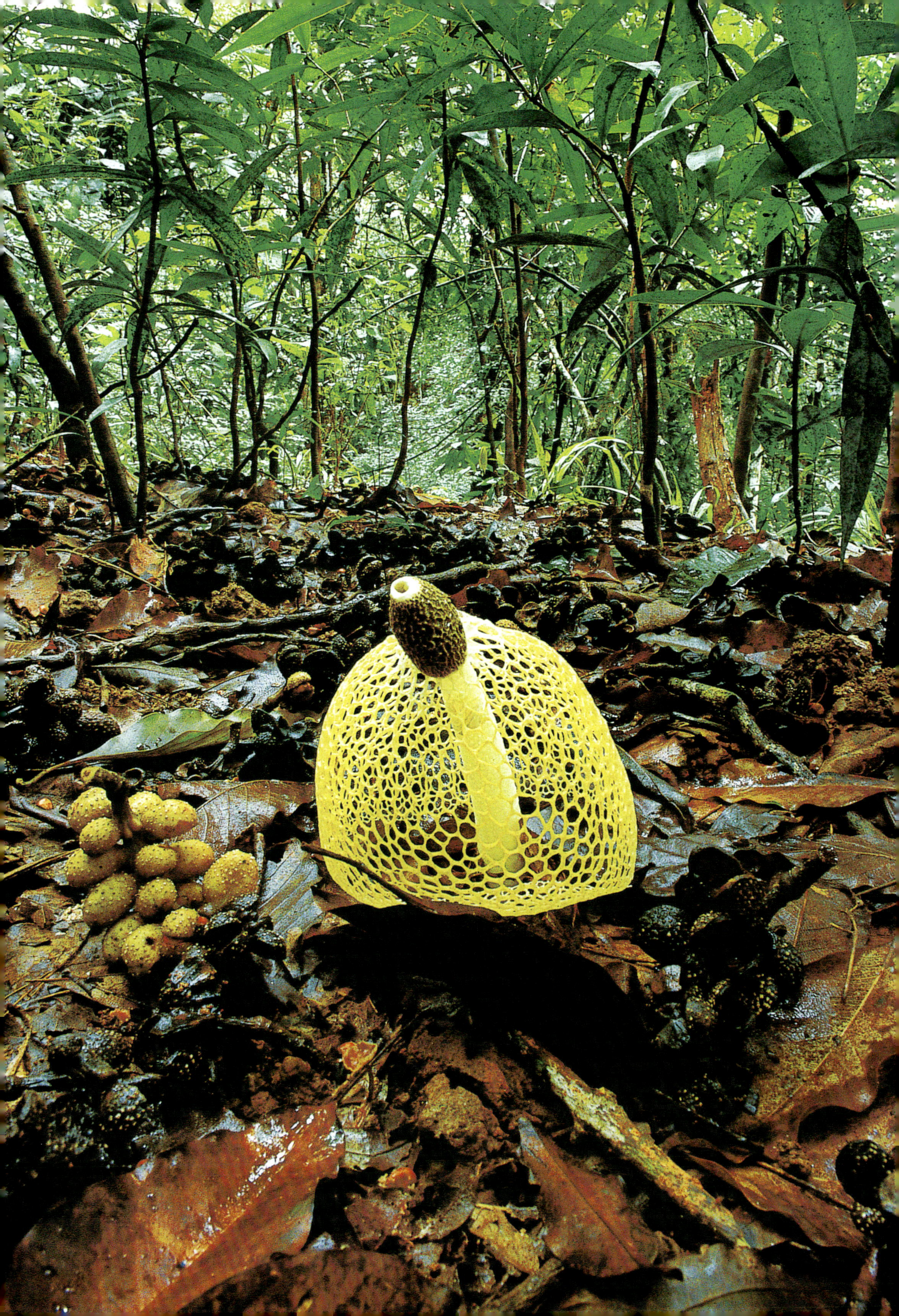

第182页顶部 这张恒河图片拍摄于"哥伦比亚"号航天飞机上,图片中央最暗的区域就是孙德尔本斯生物圈保护区的红树林。

第182—183页 一只鳄鱼的下颚突然从三角洲的淡咸水中浮出。这是这种看似迟钝且懒惰的生物用来攻击的战术。

第182页底部 孙德尔本斯是世界上最大的红树林,名称源自"sundri"(即银叶树),这是当地人对该物种的称呼。

孙德尔本斯国家公园

孟加拉国

库尔纳区
入选年份：1997
遴选标准：自（Ⅱ）（Ⅳ）

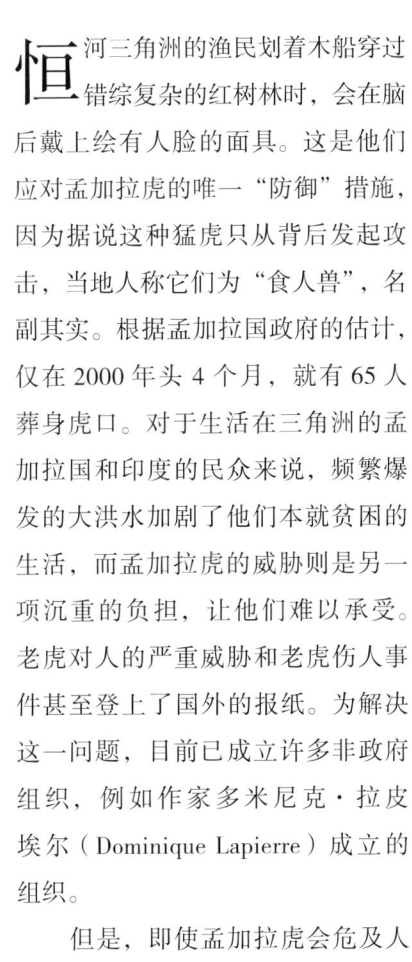

恒河三角洲的渔民划着木船穿过错综复杂的红树林时，会在脑后戴上绘有人脸的面具。这是他们应对孟加拉虎的唯一"防御"措施，因为据说这种猛虎只从背后发起攻击，当地人称它们为"食人兽"，名副其实。根据孟加拉国政府的估计，仅在 2000 年头 4 个月，就有 65 人葬身虎口。对于生活在三角洲的孟加拉国和印度的民众来说，频繁爆发的大洪水加剧了他们本就贫困的生活，而孟加拉虎的威胁则是另一项沉重的负担，让他们难以承受。老虎对人的严重威胁和老虎伤人事件甚至登上了国外的报纸。为解决这一问题，目前已成立许多非政府组织，例如作家多米尼克·拉皮埃尔（Dominique Lapierre）成立的组织。

但是，即使孟加拉虎会危及人类生命，保护它们仍有必要，因为它们只剩最后一片栖息地——恒河三角洲。自 1977 年以来，孟加拉国的三角洲中有约 1400 平方千米的区域都受到环境保护法保护，据动物学家估计，这片受保护的区域如今只剩下 450 只老虎，这一数字意味着孟加拉虎已纳入世界自然保护联盟的濒危物种名单。减轻老虎对人类的威胁的唯一方法是维持生态系统的平衡，并禁止将荒野进一步开垦为农田。

恒河三角洲是世界上最大的三角洲，布拉马普特拉河（Brahmaputra River）和梅格纳河（Meghna River）的水流入其中，形成了孟加拉国的孟加拉盆地。三角洲被数千条河道冲割成沙岛，河流流量受到潮汐和季节的影响，沙岛上生长着世界上最大的红树林。这片红树林被称为孙德尔本斯（Sundarbans），源于"sundri"一词，是三角洲地区最常见的红树林（银叶树）的名称。

孙德尔本斯属于热带气候，非常湿润。年降雨量达 2794 毫米，降水集中在每年 6 月至 10 月的季风季节，从而造就了这里的生物多样性。孙德尔本斯有 334 种乔本和草本植物，分属 245 个属（不含红树林）。该地区野生动物种类繁多，数量为孟加拉盆地之最。

尽管在 20 世纪初，爪哇犀牛、水牛和白肢野牛从孙德尔本斯消失了，但该地区仍有 50 种哺乳动物，

■ 第 183 页顶部 森林中红树林的组成种类随水的盐度而改变。目前记录在册的红树林组成种类共有 334 种，分属 245 个属。

■ 第 183 页底部 水下，红树林的根系养育着一个复杂的生态系统，其中有小鱼和许多海洋动物的幼崽。

第184页顶部 孙德尔本斯生物圈保护区仅剩700只河口鳄（*Crocodylus porosus*）。尽管政府打击了保护区内的非法狩猎势头，但鳄鱼数量并没有恢复的迹象。

第184页底部 一只美洲绿鹭（*Butorides virescens*）在浅水中等待进食。孙德尔本斯地区有315种鸟类，其中95种为水栖类，38种为猛禽。

其中包括60000只猕猴、80000只斑点鹿和20000只野猪，它们是老虎的主要猎物。此外，还有3种野猫和3种水獭，渔民们驯化水獭来帮助他们赶鱼入网。

孙德尔本斯还是鸟类的天堂，拥有315种鸟类，其中95种为水栖鸟；两栖动物和爬行动物种类繁多，其中蛇类有19种。但是，让保护区周围250万居民受益最大的是海洋生物，因为鱼类是他们的主要食物来源。除120种鱼类外，还有大量甲壳类动物，其中螃蟹的生物量达15.5万吨，占孙德尔本斯总生物量的比例最大。因此，螃蟹、对虾和龙虾的售卖成为附近吉大港市（Chittagong）最重要的商业活动。

▌第184—185页 孙德尔本斯现有450只孟加拉虎（*Panthera tigris tigris*），数量为世界之最，但是栖息地的持续减少使其未来面临严重生存风险。

▌第185页顶部 印度蟒（*Python molurus*）身长可达6.4米，是生活在孙德尔本斯国家公园中的53种爬行动物之一。

通艾和会卡肯野生生物保护区

泰国 | 乌泰他尼、达府、北碧各府
入选年份：1991
遴选标准：自（Ⅱ）（Ⅲ）（Ⅳ）

1988年，一张爪哇犀牛（Rhinoceros sondaicus）脚印的图片消除了人们关于这种大型哺乳动物在此地已经灭绝的猜测。最近，人们发现了一个由50只野牛（大型牛科动物爪哇野牛）组成的野牛群，此前人们认为它们只生活在爪哇岛上，同时还发现了24只野生水牛（Bufalus arnee），这也是一个此前从未发现的物种，令人惊喜。科学家向我们保证，将来还会出现更多类似的情况。

尽管泰国是东南亚最发达的国家，经济欣欣向荣，城市和工业区的数量增长非常迅速，但它与缅甸接壤的边境地带是这片大陆上甚少被开发和研究的地区之一。这片原始土地占地面积约6221平方千米，分为通艾野生生物保护区（Thung Yai Wildlife Sanctuary）和毗邻的会卡肯野生生物保护区（Huai Kha Khaeng Wildlife Sanctuary），二者构成了泰国最大的保护区。

尽管对这两个保护区动物群落

▌第186页顶部 通艾和会卡肯的自然保护区总面积超过6221平方千米，是泰国最大的保护区。

▌第186页底部 印度支那虎（Panthera tigris corbetti）是大型猫科动物的八个亚种之一。据估计，其在泰国公园的数量为400~600只。

■ 第186—187页 会卡肯由四类森林构成，其生物多样性受到海拔高度影响。通艾野生生物保护区的植物以竹林和龙脑香树为主。

■ 第187页顶部 图片中的是白肢野牛（*Bos gaurus*），它是该地区三种野牛之一，其余两种是爪哇野牛（*Bos javanicus*）和河水牛（*Bubalus arnee*）。

■ 第187页底部 由于数量不断减少，印度象（*Elephas maximus*）被视为濒危物种，在泰国保护区约有1500头印度象。

的记录工作仍处于早期阶段，但科学家们一致认为，这两个保护区是苏丹、中印半岛、印缅地区和中国喜马拉雅地区的物种交汇处。从动物学的角度看，这里展示了更新世如何影响亚洲物种的分布，是世界上具有重大物种学意义的地区之一。有学者认为，通艾和会卡肯的面积足够大，能够容纳更多数量的大型珍稀哺乳动物，如爪哇犀牛、虎（*Panthera tigris*）、豹（*Pardus pardus*）、亚洲象（*Elephas maximus*）、貘（*Tapirus indicus*）和白肢野牛（*Bos gaurus*）等。

目前，这里有120种哺乳动物、400种鸟类、96种爬行动物、43种两栖动物和113种鱼类。鱼群生活在该地区的四条河流中，即湄公河、奎艾河、卡萨河和他彼河，以及诸多洪流中，洪流流经狭窄山谷和冲积平原形成了小湖、水池和沼泽。水使得矿物质盐沉淀下来，成为许多动物的营养来源。

通艾（泰语中意为大草原）的植被主要有草本植物、竹林和落叶乔木（主要是龙脑香科树）。在西南地区和会卡肯地区，生物多样性更加丰富，至少有四种常绿森林，林中树木的种类受到海拔高度影响。保护区海拔最低处为250米，最高处的Khao Thai Par达1811米。

卡伦（Karen）族在该地区生活了300多年，他们对当地的生态环境相当了解，能够在不破坏环境的前提下与之和谐相处。尽管如此，在通艾保护区成立后不久，泰国政府就"请"走了卡伦人。另一方面，世界野生动物基金会启动了通艾生态项目，然而在该项目中，研究保护区新物种以及未来保护区的保护工作又都需要卡伦人的参与。

下龙湾

越南

北部湾
入选年份：1994，2000
遴选标准：自（I）（III）

Ha Long 的字面意思是"龙入海的地方"，相关传说一直流传到 19 世纪。传说越南的敌人航行到该海岸，越南人民与他们进行海战时创造了下龙湾（Ha Long Bay）。在越南人即将被打败之际，玉皇大帝派遣龙母和她的一个小儿子来援助他们。大量珍珠从龙嘴里吐出，与水接触后变成了美丽的岛屿，敌人的小船全部撞毁在这些岛屿上。后来，由于海湾景观壮丽，龙就留在此地生活。

这个故事深深植根于当地人民心中，以至于渔民们至今仍会讨论海面上偶尔出现的巨型海兽。

这个美丽海湾上的人类居住历史源于对此处洞穴的考古研究。研究表明，越南最早有人类居住的时间可以追溯到 2.5 万年前。

下龙湾经常被誉为大自然的鬼斧神工，许多诗人受此启发，作出大量诗歌。下龙湾占地面积约 1502 平方千米，分散有 1969 个岛屿，高度从 49~195 米不等，其中 989 个岛屿的名称取自其如诗如画的形态，例如有状如打斗的公鸡、成对的天鹅、人头等岛屿。许多岛屿都有地下洞穴和空洞，是一些极其稀有的物种的栖息地。

抛开传说，下龙湾的形成始于约 5 亿年前的造山过程和板块移动。这一活动一直持续到石炭纪和二叠纪时期（3.5 亿~2.4 亿年前），当时该地区被海水覆盖，底部是一层厚达 1006 米的砂岩。从中新世到更新世的 2000 万年里，砂岩表层（当时已成为海岸平原）受到强烈侵蚀，形成了片岩和砂岩地层，并形成了如今的下龙湾。约万年前的冰河时代末期，此地海水开始回涨。

下龙湾的生物多样性主要体现在三个生态系统：热带森林以及沿海栖息地和海洋栖息地。

热带森林的特点是植物种类繁多，其中有七种植物已被世界自然保护联盟认定为当地的特有物种。森林中有 477 种木兰科植物、4 种两栖动物、8 种爬行动物、40 种鸟类以及 14 种小型哺乳动物。沿海栖息

■ 第 188 页顶部和中间 在中新世和更新世之间，强烈的侵蚀将巨大的砂岩高原蚀化成形状奇特的石峰。在冰河时代末期，海洋涌入这片高原，形成了下龙湾。

■ 第 188 页底部 光亨洞（Quang Hanh）长达 1280 米，在殖民时期被称为"隧道"，是下龙湾最大的溶洞。

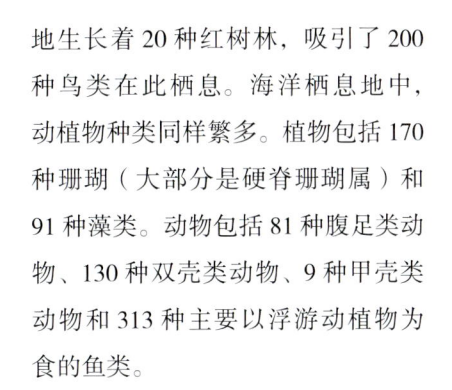

地生长着20种红树林，吸引了200种鸟类在此栖息。海洋栖息地中，动植物种类同样繁多。植物包括170种珊瑚（大部分是硬脊珊瑚属）和91种藻类。动物包括81种腹足类动物、130种双壳类动物、9种甲壳类动物和313种主要以浮游动植物为食的鱼类。

最近，下龙湾的自然生态系统引入了人工单鱼繁殖，不仅破坏了大片红树林沼泽地，还威胁到海湾的生态平衡。尽管过去几年，一项获得欧盟大量投资的项目给出了既尊重当地传统、又能实现生态可持续发展的解决方案，但越南经济的飞速发展仍在透支其旅游资源。

▎第188—189页 风景如画的下龙湾拥有约2000座岛屿，海拔在49~198米。岛屿外形奇特，还带有由海水和雨水侵蚀而成的溶洞，因而得名。这些岛屿的名字带有传统的东方特色，意境唯美。

图巴塔哈群礁海洋公园

菲律宾 | 巴拉望省
卡加延奇诺自治市
入选年份：1993
遴选标准：自（Ⅱ）（Ⅲ）（Ⅳ）

2002年2月，普林塞萨港海岸警卫队在图巴塔哈群礁国家公园（Tubbataha Reef National Park）里的四艘船上逮捕了61名偷猎者。警卫队还收缴了200多头巨型软体动物、54只海龟以及大量的炸药和氰化物。过去20年，偷猎活动屡禁不止，这只是其中一件。偷猎活动使保护公园生态保护变得十分困难。不过，得益于菲律宾世界野生动物基金和其他组织的大力支持，保护区加大了巡逻力度。过去两年内，珊瑚礁的数量增长了40%。

从海上望去，图巴塔哈并不引人注目。在其33198平方千米的范围内，只有两个小岛露出水面，岛屿周围环绕着白沙和零星珊瑚礁，没有什么吸引人的地方。岛上也没有人类活动的痕迹。然而，水面之下的海底世界，生活着各种各样动植物，美轮美奂，是世界上海洋生物最丰富的地区之一。

图巴塔哈的北堡礁和南堡礁以苏禄海中一条长达8千米的运河为界，它们是菲律宾群岛仅有的两个环状珊瑚岛。北堡礁呈长圆形，长16千米、宽4.4千米，是一个露出水面的珊瑚小岛，岛中间有深24米的沙质潟湖。北堡礁上的主要陆地是北小岛（North Islet）。这是一片由珊瑚沙构成的陆地，面积只有2926平方米，很多海鸟和海龟来这里产卵。南堡礁呈三角形，宽约1.6千米，岛上有一个浅潟湖，低潮时会露出大片陆地。

虽然陆生植物只有几种，但是礁石上生长着45种底栖大型海藻，潟湖较深处生长着大片的水草。两个岛上已知的鸟类有46种，其中包括褐鲣鸟（*Sula leucogaster*）和红脚鲣鸟（*Sula sula*）这两种塘鹅，还有乌燕鸥（*Sterna fuscata*）、大凤头燕鸥（*Sterna bergii*）和白顶玄鸥（*Anous stolidus*）。这里还生活着两种海龟——绿蠵龟（*Chelonia mydas*）和玳瑁（*Eretmochelys imbricata*）。珊瑚礁拥有独特的生物多样性，分属46属的300种珊瑚生活在海洋的不同深度中。波纹珊瑚属（*Pachyseris*）、薄层珊瑚属（*Leptoseris*）和表孔珊瑚属（*Montipora*）主要生活在较深水域。双星珊瑚属（*Diploastrea*）、扁脑珊瑚属（*Platygyra*）和微孔珊瑚属（*Porites*）生活在海下12~20米的水域，轴孔珊瑚属（*Acropora*）只生活在珊瑚礁边缘。

海洋中还生活着至少40科的379种生物，同样令人震撼。允许潜水员进入公园潜水，但是不能在此打猎和钓鱼。他们可以轻易看到乌翅真鲨（*Carcharinus melanopterus*）和鲨鲨（*Triaenovon abesus*），及许多燕魟和无刺蝠魟（*Mobula diabolus*）。软体动物尤其常见，其中包括几种大砗磲。

生态保护专家对公园目前的状态很满意。他们提到，图巴塔哈珊瑚森林的水生微生物丰富，从根本上影响了巴拉望省海洋地区海洋动物的食性，因此，珊瑚森林对整个地区的经济也同样重要。

▌第190—191页 图巴塔哈水域的潜水员经常为颜色鲜艳的蟹鱼所吸引。图片中的蟹鱼为红色，但是此处水域蟹鱼种类繁多，颜色各异，均属于蟹鱼科。

▌第190页左下角 一群小缘边鳗鲶（*Plotusus lineatus*）欢快地游着。专家认为，图巴塔哈群礁生态系统对巴拉望省所有海域都至关重要。

▌第190页右下角 公园里最大的陆地是一个面积仅为3010平方米的珊瑚沙小岛。诸多鸟类和海龟在此筑巢。

▌第191页顶部 一群海扇在水流中伸展着水螅体。图巴塔哈群礁生长着46种珊瑚。

▌第191页底部 一群触角蓑鲉（*Pterois antennata*）环绕着一个大型桶状海绵生物。图巴塔哈拥有至少40科的379种生物，以及300种珊瑚。这里丰富的生物多样性，使图巴塔哈成为世界上物种最丰富的海洋生态系统之一。

基纳巴卢国家公园

马来西亚

沙巴州，婆罗洲
入选年份：2000
遴选标准：自（Ⅱ）（Ⅳ）

> 第192页顶部　阿诺德大花草重9千克，直径达1.4米，是地球上最大的花。

阿诺德大花草（Rafflesia arnoldii），是自然界最大的花，一提到它，人们就会想到"好莱坞的创造物"这一说法。其红色的肉质花瓣，直径可达9米，重9千克，散发出一股腐臭味。它属于寄生植物，没有根叶，常寄生于葡萄科崖爬藤属植物的根上，很难看到其全貌。这种一年生植物会在某个雨夜悄然绽放，花期只有一周。

阿诺德大花草的名字是为了纪念托马斯·斯坦福·莱佛士爵士（Sir Thomas Stanford Raffles）（1781—1826），他是一位具有开拓精神的英国人，创建了新加坡。植物学家约瑟夫·阿诺德（Joseph Arnold）随莱佛士多次远征婆罗洲（Borneo），并首先发现了这种花。

这种非同寻常的植物，生长在基纳巴卢山（Mount Kinabalu）的山坡上的丛林中，不难想象约瑟夫发现它时的惊讶，而且科学家们对该花的兴趣并没有随着时间流逝而消退。到目前为止，已经陆续鉴定出28种大花草，最近的一次发现是在2017年。虽然在苏门答腊岛偶有发现，但大花草仍被认为是婆罗洲的本土物种。

图中标出了基纳巴卢山的位置，它是东南亚最高的山峰，高达4061米。

约150万年前的火山运动和板块运动、第三纪的沉积过程以及冰川作用造成的侵蚀形成了如今的基纳巴卢山。此外，科学家们最近通过记录得知，基纳巴卢山每年升高0.5厘米。

基纳巴卢山、担布尤贡山（Mount Tambuyukon）（海拔2579米）和邓普勒山（Mount Templer）（海拔1134米）都是基纳巴卢国家公园（Kinabalu National Park）的一部分。这些山的周边生长着各种各样的植物，种类数量为世界之最。除了有阿诺德大花草和世界上最大的食虫植物——马来王猪笼草（Nepenthes rajah）外，这里记录在册的植物约有6000种，分属200科和1000属，其中很多植物都为当地特有。此处有1000种兰花、20种杜鹃花、52种棕榈树、135种榕属植物和608种蕨类。植物学家认为此地植物种类

> 第192页左下角　基纳巴卢山是东南亚最高的山，高达4061米。山坡上生长着各种雨林，其生物多样性随海拔高度而变化。

> 第192页右下角　基纳巴卢山上生长着多种植物，其中包括9种猪笼草属的食虫植物，其中四种为当地特有。

> 第193页顶部　兰瑙瀑布（Langanan Waterfall）位于公园中心，瀑布共七折，最后一折长149米，气势磅礴。

> 第193页底部　基纳巴卢山的山顶布满沟壑，经过古代冰川的严重侵蚀形成了冰碛、冰川谷和冰斗。通过地质勘察判断，这座山的高度每年增长0.5厘米。

193

吉隆坡

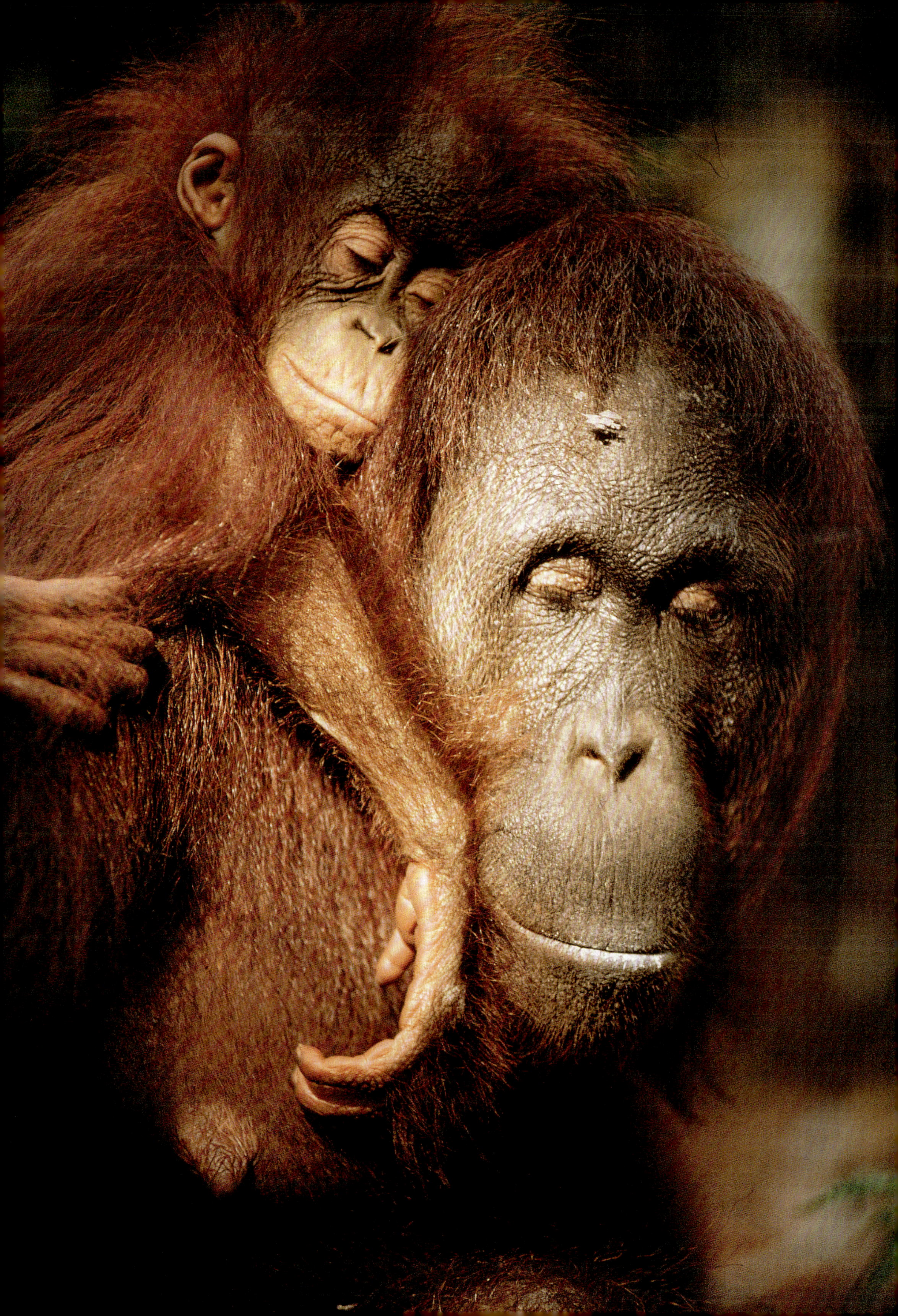

第194页 基纳巴卢山生活着120只猩猩（Simia satyrus）。因为一场摧毁了婆罗洲的大火以及偷猎活动，山中的猩猩数量锐减至这一数字。

第195页左上角 栖息在树上的灵长类动物以多肉水果为食，在食物匮乏时期，它们以树皮为生。

第195页右上角 猩猩通常被形容为孤独的灵长类动物，它们倾向于在交配季节彼此相聚并聚集在食物充足的地方。

第195页底部 猩猩具有领地意识，它们的领地很大（0.4~6.5平方千米），彼此的领地互相重叠。

是中国、喜马拉雅地区和澳大利亚、新西兰的植物种类在此交汇产生的，他们甚至还发现了与美洲大陆植物具有亲缘关系的植物。

公园里从海拔152米到基纳巴卢山顶的六个区域生活着各种各样的动物，其中包括90种生活在低海拔地区的哺乳动物、22种生活在山上的动物，例如猩猩和其他灵长类动物。这里的鸟类和蝴蝶种类繁多，分别有326种和200种。

对于杜顺人（Dusun）和卡达山人（Kazadan）而言，基纳巴卢同样是一座神山。其山名——基纳巴卢起源于卡达山人的方言"Aki"和"Nabalu"，这两个单词组合在一起意为"逝者的圣地"。这片神圣之地以前是山打根（Sandakan-Ranu）死亡行军的战区。1944年9月，日军迫使2400名英国和澳大利亚战俘步行241千米，穿过丛林，最后只有6个人幸存下来。英国军队的卡特少校（Major Carter）是幸存者之一，他回国后成立了"基纳巴卢纪念委员会"。在英国，出于对该地区的好奇，人们成立了一个组织，多次举行自然探险活动，这些活动均由英国皇家学会资助。最终，该组织于1964年推动创建了基纳巴卢山国家公园。

巫鲁山国家公园

马来西亚

砂拉越州，婆罗洲
入选年份：2000
遴选标准：自（Ⅰ）（Ⅱ）（Ⅲ）（Ⅳ）

在描述鹿洞（Cave of the Deer）的大小时，科学家们不只是给出一些具体数字，如2千米长、150米宽、80~120米高，而是充分发挥想象力，通过计算得出，它可以轻松容纳5个大教堂或20架波音747飞机。

鹿洞是世界上最大的地下走廊，但它的名气不仅仅因为这一点。还因为它位于亚庇山（Gunung Api）山顶的宽阔开口，允许大量的光线进入，让许多热带草木得以生长，郁郁葱葱，高达500米。此外，洞穴内还栖息着300万只蝙蝠。在黄昏时分，它们会一起飞入森林中寻找食物，大量的蝙蝠从洞口飞出，涌向天空，形成一条空中黑河，持续一个小时左右，非常壮观。

另外，附近的好运洞（Cave of Good Fortune）还拥有一个长600米、宽415米、高80米的洞穴，容量为世界之最。清水洞（Cave of Clear Water）长达108千米，常年受到地下微风的影响，形成了一个巨大的钟乳石，造型奇特。总之，巫鲁群山被认为是世界上洞穴最多的山脉。迄今为止，已开发了长达295千米的洞穴和隧道，仅占此处洞穴和隧道总长度的三分之一。

巫鲁山高达2377米，是它所在山脉的最高峰，这里还有山势较缓的亚比山和本那拉山（Gunung Benarat）。巫鲁山由白色和灰色的砂岩构成，200万~500万年前发生的岩溶现象使这些砂石布满孔洞。经受热带雨水长达千年的侵蚀后，山体外形像是一片顶部尖锐锋利的岩石森林。然而，巫鲁山不仅拥有非凡地质和奇特的地貌特征，还拥有独特的生物多样性，因此，马来西亚政府于1974年将该地区规划为巫

鲁山国家公园（Gunung Mulu National Park）。公园占地528平方千米，分为17个植被带，生长着3500种维管植物。山腰被一片森林所覆盖，是东南亚最茂密的森林之一。除了数量众多的乔木树、1700种苔藓和地衣以及4000种真菌外，这里的棕榈树种类为世界之最，共111种，分属20个属。其中包括极少见的鳞皮椰属（*Eugeissona utilis*）（生长在姆鲁山的陡坡上）和轴榈属（*Licuala lanata*）（喜欢生长在狭窄的冲积山谷）。

园内的动物区系包括81种哺乳动物、270种鸟类、20000种无脊椎动物、55种爬行动物、76种两栖动物和48种鱼类。受到最多研究的是居住在地下生态系统中的200个物种。此处除了生活着28种蝙蝠，蜈蚣数量也为世界之最（数量可达数百万只），它们生活在此处洞穴中的湖泊和河流中。

在公园建立十年之后，巫鲁山国家公园开始向公众开放。四个洞穴均已配备了人工照明，铺设了人行道，森林中也铺设了一条条道路，约40千米。最近，此处还修建了一个豪华度假村，只能通过飞机或传统的砂拉越独木舟到达。每年有15000名游客来此公园游玩，但是园内独特稳固的生态系统似乎尚未被扰乱。公园生态完整性所面临的危险与全球气候变化息息相关。

197

第196页顶部　巫鲁山（Gunung Mulu）里一共生活着20000种无脊椎动物，其中有数百种已经习惯了在荒凉洞穴中生活，这一行为也许是为了躲避天敌，但最终引发了有趣的物种形成现象。

■ 第196—197页　在遭受热带强降雨长达数千年的侵蚀后，巫鲁山形成了细长的岩溶尖顶。在山脉的某些地方，这些针状的石灰石高达46米，令人震撼。

■ 第196页底部　巫鲁山国家公园的动物区系包括23种蜥蜴，其中一种学名为 *Cyrtodactylus pubisculus* 的蜥蜴只生活在山洞中。

■ 第197页左侧　朗洞（Lang Cave）是巫鲁山对公众开放的四个洞穴中最小的一个，其风琴管状石灰岩构造十分壮观。1977年，一位名为朗（Lang）的向导发现了它，因此得名。

■ 第197页右侧　巫鲁山中有几处非常巨大的洞穴。公园内洞穴顶的高度在79~120米，走廊的宽度在149~450米，在大小方面创下了四项世界纪录。

乌戎库隆国家公园

印度尼西亚 | 爪哇岛
入选年份：1991
遴选标准：自（Ⅲ）（Ⅳ）

■ 第198页顶部 园内共有700只爪哇野牛（Bos javanicus），它是乌戎库隆国家公园中最常见的有蹄类动物。尽管如此，它还是被列入《世界自然保护联盟濒危物种红色名录》，动物学家怀疑它和爪哇犀牛之间存在领土竞争。

■ 第198—199页 "名声不佳"的喀拉喀托火山（Krakatoa）最近一次喷发是在1997年，目前仍处于活动中。1883年8月26日，喀拉喀托火山发生一次大规模喷发，喷出的岩石达21立方千米，造成至少36000人死亡。

■ 第199页顶部 乌戎库隆的低海拔雨林中遍布棕榈树，生长着大片的榕属植物和龙脑香科植物。爪哇岛是世界上居住人口最密集的地区之一，而这片雨林是爪哇岛上最后一片原始森林。

■ 第199页底部 喀拉喀托火山和图片前景的阿纳喀拉喀托（Anak Krakatoa）（"喀拉喀托之子"，形成于喀拉喀托火山1883年的喷发。作为植物学家和地质学家的研究中心，这座小型火山自1930年出现火山活动以来，海拔高度已经增长至181米。

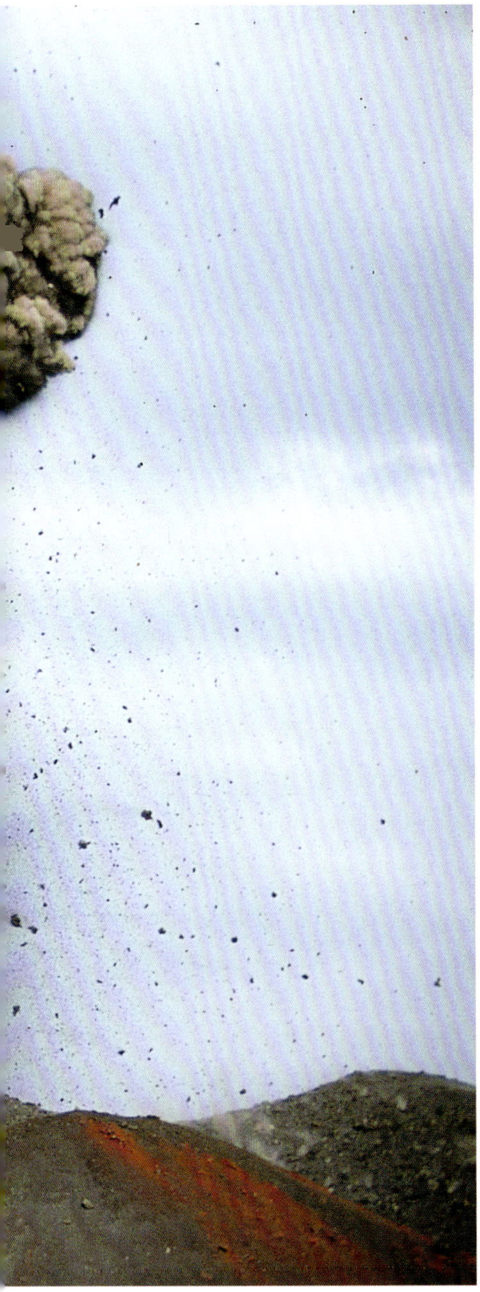

■ 第199页中间 乌戎库隆海岸的背景是一片红树林，近海水域处则被藻类覆盖。岸礁是巽他群岛（Sonda Archipelago）中物种最丰富、最多样化的海洋生态系统之一。

曾经，从印度东部的阿萨姆邦（Assam）到中南半岛（Indochina）、马来西亚半岛和苏门答腊、一直延伸到爪哇岛的广阔地域上都生活着爪哇犀牛（Rhinocerus sondaicus）。但可悲的是，人们认为犀牛角能够壮阳且效果显著，许多中药配方中都含有这味昂贵的药材，因此这种健壮的生物遭受到大规模屠杀。

爪哇犀牛已被猎杀到几乎灭绝，如今它可能是世界上最濒危的哺乳动物。2000年，世界野生动物基金会（World Wildlife Fund）进行的最后一次动物普查中，乌戎库隆国家公园中大约有60头犀牛。目前世界上仅剩两个犀牛群，这是其中较大的一个种群，另一群犀牛生活在越南的吉仙国家公园（Cat Tien National Park）中，犀牛数量仅为10头。尽管其种群数量没有增长，但与前几年令人担忧的数字相比，至少犀牛的数量似乎达到了稳定。研究人员怀疑，爪哇犀牛的数量没有增长是由于它与爪哇野牛种群之间存在种间竞争，而野牛也被列入《世界自然保护联盟濒危物种红色名录》。然而，狩猎可能仍在造成影响，因为尽管犀牛的数量没有增加，但人们注意到犀牛的年龄结构发生了变化，这表明犀牛群内可能正在发生变化。

乌戎库隆国家公园位于爪哇岛西南端的一个三角形半岛上，半岛上生活着1亿人口，是地球上人口最稠密的地方之一。公园内有一片占地面积约1200平方千米的热带雨林，这是地球上最后一片未受人类活动影响的热带雨林。雨林周边的海域仍保留生态完整性，其中包括喀拉喀托自然保护区（Krakatoa Nature Reserve）。除了爪哇犀牛，该公园对于其他濒临灭绝的物种的生存同样至关重要，其中有许多物种是该岛所特有的。也许这就是严格控制进园方式的原因，进入公园的唯一方式是从纳闽（Labuhan）乘船。

目前乌戎库隆国家公园内爪哇犀牛的生存境况十分严峻，但老虎

■ 第200页顶部 乌戎库隆国家公园里林下灌丛植物种类十分丰富，这得益于当地2997毫米的年均降雨量。这里至少有50个植物品种为当地特有，本身极其稀有。

■ 第200页中间 皇蛾（Attacus atlas）是蛾类中体形最大的。这张照片捕捉到一只皇蛾破茧而出的瞬间。

■ 第201页顶部 这种灵长类动物分布在东南亚许多地区。食蟹猕猴（Macaca fascicularis），有面部颊囊，可携带食物。

■ 第201页底部 贝坞藏岛（Peucang）和附近的巴娜依丹岛（Panaitan）上覆盖着茂密的热带雨林，并于1937年成立自然保护区，是乌戎库隆国家公园的前身。保护区还包括440平方千米的海域，将各岛屿与乌戎库隆半岛隔开。

■ 第200页左下角 目前爪哇犀牛（Rhinoceros sondaicus）已知的栖息地只有两个：乌戎库隆国家公园（约60只）和越南吉仙国家公园（最多只有15只）。

■ 第200—201页 西干塔河（Cigenter）是发源于特兰卡高原（Telanca）的众多河流之一。以这条河为中心形成了复杂的流域系统，滋养着乌戎库隆的森林。

境遇更糟，这里已有40年不见老虎踪影。人们密切关注着乌戎库隆国家公园内的诸多哺乳动物，如猎豹、豺（Cuon alpinus）、食蟹猕猴以及其他当地特有灵长类动物。鸟类的境况要好得多，有超过270种鸟类记录在册，包括3种鹳，11种鸽子和16种杜鹃鸟。爬行动物和两栖动物的数量也在增加，蟒蛇和鳄鱼各有两种，青蛙和蟾蜍的种类也丰富多样。

乌戎库隆海滨的珊瑚礁90%为鹿角珊瑚和花椰菜珊瑚，附近海域多礁石和深海鱼类，因此这里是巽他群岛动物种类最丰富的地方。

公园内的植被因分布位置不同而各具特色，但由于此地降雨量巨大（年降雨量约为19050毫米），因此植被以原始雨林为主。在海拔579米的巴涌（Gunung Payung）山地的森林中，上部是由紫萼五桠果（Dillenia excelsa）、多花硬椵（Pentace polyantha）、和蒲桃属乔木（Syzygium）等树木形成"森林屋顶"，棕榈树和各种草类则在这"屋顶"下茂盛生长。贝坞藏岛上有开放的原始森林，那儿主要生长着伞花姜饼木（Parinari Corymbosum）、大花紫薇（Lagerstroemia speciosa）和三角属杉木（Rinorea Lanceolata），这三种树都有40多米高。

人类的出现，让整个原始森林出现了显著变化，但1883年喀拉喀托火山（Krakatoa）大喷发造成了更大的影响。喀拉喀托火山是乌戎库隆国家公园的地理标志，火山大喷发后导致地面覆盖了厚厚一层火山灰，土壤成分发生显著变化。

拉卡塔岛（Rakata）、班让岛（Payang）和塞尔通岛（Sertung）是古代安山岩火山的遗迹，它们在漫长的地质时期里合为一个火山岛——喀拉喀托。8月26日，喀拉喀托火山先是发生了巨大爆炸，随后出现高达27千米的火山灰柱，之后开始大喷发。在接下来两天的喷发过程中，近21立方千米的岩块被抛到天上，剧烈震动引起的海啸，造成附近地区36000人死亡。

这是人类历史上最大的火山喷发，致使阿纳喀拉喀托（Anak Krakatoa，"喀拉喀托之子"）的火山锥露出海面，并在1930年开始出现火山活动，共喷发35次，每次喷发都增加了火山岛面积。最近的一次从1997年开始，一直阵发性地持续到现在。现在，阿纳喀拉喀托火山高181米，直径超过1.6千米。这座火山为地质学家和植物学家提供了难得的机会，让他们能实地研究植被覆盖火山坡的缓慢过程。

科莫多国家公园

印度尼西亚

科莫多岛、林卡岛、帕达尔岛、吉利达斯莫岛（GIll Dasam）、莫堂岛和弗洛勒斯岛
入选年份：1991
遴选标准：自（Ⅲ）（Ⅳ）

这里有一种身形巨大的生物，当地居民称之为"buaja darat"（意为陆上鳄鱼），这便是有名的科莫多龙（Komodo dragon），又称科莫多巨蜥（*Varanus komodoensis*）。成年科莫多龙体长可达3米、重68千克，但它并不是鳄鱼，而是一种巨蜥，和蜥蜴同属一类。实际上科莫多巨龙是有鳞目爬行动物中体形最大的，是科学家研究进化的绝佳对象。瓦尔特·奥芬伯格（Walter Auffenberg）是研究这些恐龙后裔的先驱，他曾说："这种动物一旦决定发起攻击，没有什么能阻止它们。"

因此，有关于这种可怕捕食者猎食能力的传说层出不穷，尽管它每小时最多只能爬行19千米。可以肯定的是，科莫多龙在物种进化史上有重大意义，应受到保护。早在1938年，为保护科莫多龙，成立了帕达尔岛和林卡岛自然保护区，1965年科莫多岛并入其中；1980年科莫多国家公园（Komodo National Park）建立，占地面积超751平方千米。四年后，弗洛勒斯岛（Flores）的一部分并入公园，上述岛屿（位于巽他群岛）周围的部分海域都并入其中，公园总面积增至近2201平方千米。

这些岛屿处于巽他火山台地中间，受此影响，地貌形态多连绵的陡峭山脊，一直延伸至大海，包围着难以到达的海湾。最大的科莫多岛（Komodo）上分布着一连串南北向排列的山岭，高度不超过564米。其他一些岛上也有类似地貌。

虽然当地并非多雨气候（11月至4月的季风季节降雨量为787~991毫米），却生长着典型的热带植被。还有大片因人类活动形成的草原，约占公园面积的70%。一些分布最广的草本植物是龚氏金茅（*Eulalia leschenaultiana*）、倒刺狗尾草（*Setaria adhaerens*）和孟仁草（*Chloris Barbata*）；而最常见的林木是棕榈树中的糖棕（*Borassus flabellifer*）。

科莫多岛上野生动物众多，包括多种鸟类、爬行动物和两栖动物，还有7种陆生哺乳动物，其中包括当地特有的卡莫鼠（*Rattus rintjanus*）；食蟹猴和鬣鹿（*Cervus timorensis*）也十分有趣。科莫多国家公园还有一个巨大的珊瑚礁，有着世界上最丰富鱼类区系之一，但最近几十年

■ 第202页顶部 科莫多岛位于巽他群岛东南部，处于松巴哇岛（Sum：bawa）和弗洛勒斯岛之间，面积达337平方千米。岛上主要为连绵的山岭，高度不超过600米。

■ 第202页左下角 这只科莫多龙体长3米，重136千克，是地球上最大的有鳞爬行动物。过去，人们误以为它和其他爬行动物一样有毒液，但它的咬合力很强，若被它咬伤，会引起严重感染，甚至导致死亡。科莫多龙主要以动物腐尸为食，因此携带大量有害细菌，主要集中在其颚部。

■ 202页右下角 一小群科莫多龙在水洼旁饮水。这种爬行动物通常独居或小群聚居，它们最喜欢栖息在热带落叶林中，其次是开阔的草原。

203

雅加达

■ 第203页 帕达尔岛（Padar）占地面积为20平方千米，自20世纪70年代，科莫多龙在这里绝迹。帕达尔岛是唯一一个科莫多龙已绝迹的岛屿，可能是因为它的食物被猎人捕杀殆尽。

第204页 科莫多龙的进攻方式令人印象深刻。它有60颗巨大的、排列紧密的锋利牙齿，猎物一旦被咬住便不可能逃脱。

偷猎猩猴，珊瑚礁的生态系统受到严重威胁；据说当地还使用炸药来捕鱼。这片海域中还生活着濒临灭绝的蓝鲸（*Balaenoptera musculus*），抹香鲸（*Physeter catodon*）和10种海豚，其中包括高度濒危的儒艮（*Dugong dugon*）。

科莫多国家公园的标志——科莫多龙同样是濒危物种。最近一项统计显示科莫多龙现存数量约5700只，并似乎已在帕达尔岛绝迹，因为那儿已经数年没有发现它的踪迹。究其原因，则是科莫多龙最喜欢的食物鬣鹿被大量猎杀。没有猎物，世界上最凶悍的捕猎者也处境艰难。

第204—205页 科莫多龙现存约5700只，其中2900只生活在科莫多岛，900只生活在林卡岛（*Rinca*），莫堂岛（Gili Motong）上约有100只，剩下的生活在弗洛勒斯岛滨海地区。

第205页左下角 科莫多龙属巨蜥属（Varanus），这一属名是埃及语"waran"译为拉丁语而得来。"waran"意为"警告"，传说尼罗河的巨蜥族群警告人们注意鳄鱼出没。

第205页右下角 科莫多龙喜食山羊、野猪和鬣鹿，也以鸟、蛇、鱼、螃蟹、水牛为食，它们甚至会捕食其他科莫多龙的幼崽。

美洲

美国/加拿大—克卢恩/兰格尔—圣伊莱亚斯/冰川湾/塔琴希尼—阿尔塞克公园系统—第 208 页

加拿大—伍德布法罗国家公园—第 214 页

加拿大—加拿大落基山脉自然公园—第 218 页

加拿大—省立恐龙公园—第 223 页

加拿大—格罗莫讷国家公园—第 224 页

加拿大/美国—沃特顿冰川国际和平公园—第 228 页

美国—黄石国家公园—第 233 页

美国—雷德伍德国家公园—第 238 页

美国—约塞米蒂国家公园—第 240 页

美国—大峡谷国家公园—第 245 页

美国—大雾山国家公园—第 250 页

美国—大沼泽地国家公园—第 252 页

美国—夏威夷火山国家公园—第 257 页

墨西哥—埃尔比斯开诺鲸鱼禁渔区—第 264 页

伯利兹—伯利兹堡礁—第 270 页

哥斯达黎加—科科斯岛—第 274 页

哥斯达黎加—瓜纳卡斯特自然保护区—第 278 页

巴拿马—达连国家公园—第 283 页

委内瑞拉—卡奈伊玛国家公园—第 286 页

厄瓜多尔—加拉帕戈斯群岛—第 288 页

秘鲁—瓦斯卡兰国家公园—第 295 页

秘鲁—玛努国家公园—第 299 页

玻利维亚—挪尔·肯普夫·墨卡多国家公园—第 306 页

巴西—潘塔纳尔保护区—第 308 页

巴西—大西洋东南热带雨林保护区—第 314 页

巴西—费尔南多·迪诺罗尼亚群岛和罗卡斯环礁保护区—第 317 页

阿根廷/巴西—伊瓜苏瀑布—第 318 页

阿根廷—冰川国家公园—第 320 页

阿根廷—瓦尔德斯半岛—第 324 页

美洲

1872年3月1日，时任美国总统尤利西斯·格兰特（Ulysses Grant）签署通过了一项法案，建立黄石国家公园以保护这里壮美的景观。该法案标志着人类自然保护行动正式开始，同时也是现代环境保护主义的开端。

美洲有广阔的未开发的土地，且很早就重视自然保护，因此联合国世界遗产中有三分之一都分布于此也就不足为奇。这片广袤的土地北及阿拉斯加，穿过亚马孙巨大的热带雨林，南至巴塔哥尼亚，生物多样性极为丰富。

美洲地区生态环境和保护区多种多样，是许多动植物种群栖息繁衍的天堂：克卢恩／兰格尔—圣伊莱亚斯／冰川湾／塔琴希尼—阿尔塞克（Kluane, Wrangell-St. Elias, Glacier Bay and Tatshenshini-Alsek Parks）国家公园系统横跨阿拉斯加、育空和不列颠哥伦比亚，面积超过108780平方千米，是地球上第二大自然保护区；秘鲁的马努国家公园（Parque Nacional Manu）被认为是世界上生物多样性最丰富的地区；阿根廷的冰川国家公园（Parque Nacional Los Glaciares）有一半面积被两极外最大的冰川——南巴塔哥尼亚冰原覆盖。此外，美洲地区还有许多海洋保护区，如墨西哥下加利福尼亚半岛的埃尔比斯开诺鲸鱼禁渔区（El Vizcaino）、伯利兹堡礁（barrier reef in Belize），以及巴塔哥尼亚的瓦尔德斯半岛（Peninsula Valdes）。

绝大多数保护区都归美国和加拿大所有。20世纪时，两国内兴起的环保运动给政府带来巨大压力。这些运动声势浩大，最终保护了国内重要的自然保护区不受经济利益的侵蚀。最近几年，一些拉美国家也重新发现了当地自然环境的价值，哥斯达黎加便是一个例子。该国在全国范围内设立保护区项目保护自然遗产，因其"绿色旅游"日益发展，成为国家收入的重要来源。

尽管人们已做出种种努力，但人类活动给脆弱的生态环境造成的负面影响正显现出来。亚马孙森林首当其冲，每年大片的雨林被砍伐，这片地球上最后的原始森林正消失殆尽。人类的入侵也威胁到许多物种的生存。哺乳动物中，美洲野牛（美洲边境的象征）处境艰难；大型食肉动物如美洲狮、美洲豹同样处于危险之中；一些长相奇特的动物，如树懒、貘、犰狳也都濒临灭绝；同样濒危的还有蓝鲸和灰鲸，这些海中的庞然大物看似不可战胜，实则不然。

克卢恩／兰格尔－圣伊莱亚斯／冰川湾／塔琴希尼－阿尔塞克公园系统

美国／加拿大

美国，阿拉斯加
加拿大育空地区和不列颠哥伦比亚省
入选年份：1979，1992，1994*
遴选标准：自（Ⅱ）（Ⅲ）（Ⅳ）

* 冰河湾国家公园及其保护区和塔琴希尼－阿尔塞省级公园分别于1992年和1994年并入此遗产。

▍第208页顶部 白头海雕（*Haliaetus leucocephalus*）原产于北美，北至阿拉斯加、南至墨西哥湾都有分布，但现在南部地区已看不到它们的踪影。

▍第208—209页 兰格尔－圣伊莱亚斯－楚加奇－克卢恩山系（Wrangell-St Elias, Chugach and Kluane mountain chains）是北美的"群山之王"。圣伊莱亚斯山（St. Elias）海拔5489米，是美国的第二高峰。

20世纪初，克朗代克（Klondike）的淘金热造就了美国梦的神话。当时毛皮贸易也十分兴盛。数十年间，毛皮商人们在北部地区来往穿梭，约翰·道尔顿（John Dalton）也是其中一员。1890年，他在塔琴希尼流域（Tatshenshini Basin）旁建了第一个毛皮贸易中心。如今拓荒者时代已经过去，但阿拉斯加却一直是采矿公司的必争之地。由于开采活动很容易破坏这片广阔区域的环境平衡，因此直到今天，是否要开采这里丰富的石油资源依然是美国社会讨论的中心话题。

加拿大温迪克拉基（Windy Cragg）矿产事件刚刚过去：一个采矿项目将在北美建设最大的露天矿，开采金和铜。20世纪90年代初，约50个环保团体组成名为"塔琴希尼国际"的环保组织，要求加拿大政府保护育空和不列颠哥伦比亚省的广大区域，并给予相关矿业公司以相应补偿。

后来，塔琴希尼－阿尔塞省级公园（Tatshenshini — Alsek Provincial Wilderness Park）于1993年在这里建立，占地9583平方千米。一年之后，这个公园被归入克卢恩／兰格尔－圣伊莱亚斯／冰川湾／塔琴希尼－阿尔塞克公园群，整个公园系统面积达110074平方千米，是世界上仅次于大堡礁的第二大保护区。

整个公园系统横跨阿拉斯加和加拿大的边境，内有许多大型山脉，如北美第二高峰洛根山（Mount Logan）（海拔5950米）；还有世界上除两极外最大的冰川系统。这里有着非凡的陆地景观：高山、北极冰原、峡湾、冰蚀谷、冰碛和以阿尔塞克河三角洲（Alsek River Delta）为终点的复杂水文系统。不同的生物地理气候带生长着各色植被，有成片的杉木、白杨和山杨，主要是白云杉（*Picea glauca*）、北美云杉（*Picea sitchensis*）、美洲山杨（*Populus tremuloides*）、欧洲大叶杨（*Populus balsamifera*）；海拔1006米处生长着美国矮桦（*Betula glandulos*）和北美白桦（*Betula papyrifera*）；海拔更高的地方主要生长着草、灌木、莎草和浆果。

这里是许多北美物种的家园，尤其是灰熊（*Ursus arctos horribilis*）、

■ 第209页顶部　加拿大克卢恩国家公园（Kluane National Park）内的山脉映衬着斯莱姆斯河谷（Slims River Valley）。

■ 第209页中间　赤狐（*Vulpes vulpes*）遍布阿拉斯加和加拿大，仅北极地区未有分布。

■ 第209页底部　一个罕见的例子是白大角羊（*Ovis dalli*）：它们数量繁多，但对人类没有什么利用价值。

美洲黑熊（*Ursus americanus*）和埃蒙斯冰川熊（或称蓝熊）（*Ursus americanus emmonsi*），埃蒙斯冰川熊被认为是美洲黑熊的亚种。

当地物种包括白大角羊（*Ovis dalli dalli*）、以小虫为食的栗鼩鼱（*Sorex alaskanus*）和北极地松鼠（*Spermophilus parryi*）；此外这里还生活着加拿大马鹿、貂熊、灰狼、鹿和猞猁。此外，这里有5种太平洋鲑鱼，是渔民们最喜欢的渔获。

这里是许多毛皮类动物的家园，生活着许多曾深受繁盛毛皮贸易之苦的动物，如赤狐、北美水獭（*Lutra canadensis*）、水貂（*Mustela vison*）、美洲河狸（*Castor canadensis*）和麝鼠（*Ondatra zibethicus*）。虽然在一场声势浩大的国际运动后毛皮贸易终止，一个铜矿开采计划也受到阻止，但当地环境面临的威胁远未消失。最近美国参议院提出开放公园以供狩猎，国际自然保护联盟正仔细评估，若实施该提议，将会给当地动物族群造成什么影响。

▌第210页顶部　克卢恩国家公园里的山脉占地面积为22015平方千米，加拿大最高峰洛根山也位于此处（海拔5950米）。

▌第210页中间　美洲河狸和猞猁、水貂、麝鼠一样，是众多不幸的毛皮动物之一。20世纪初，许多探险家来到此地，捕猎这些动物以获取毛皮。

▌第210页底部　灰狼（*Canis lupus*）生活在草地、苔原、落叶林和针叶林，它是现有适应能力最强的哺乳动物之一。加拿大有60000只灰狼，数量为世界之最。

▌第210—211页　霍格山口（Hoge Pass）位于克卢恩国家公园杜吉克山脉（Donjek）海拔2015米处。1942年，这片地区被划为野生动物保护区。

▌第211页左下角　由于栖息地减少、繁殖率低，灰熊（*Ursus arctos horribilis*）被加拿大濒危野生动物状况委员会列为"渐危种"。整个阿拉斯加、不列颠哥伦比亚和育空地区的剩余灰熊数量在40000~60000只。

▌第211页右下角　阿拉斯加驼鹿（*Alces alces gigas*）是现有驼鹿四个亚种中体形最大的。通常雄鹿可重达590千克。

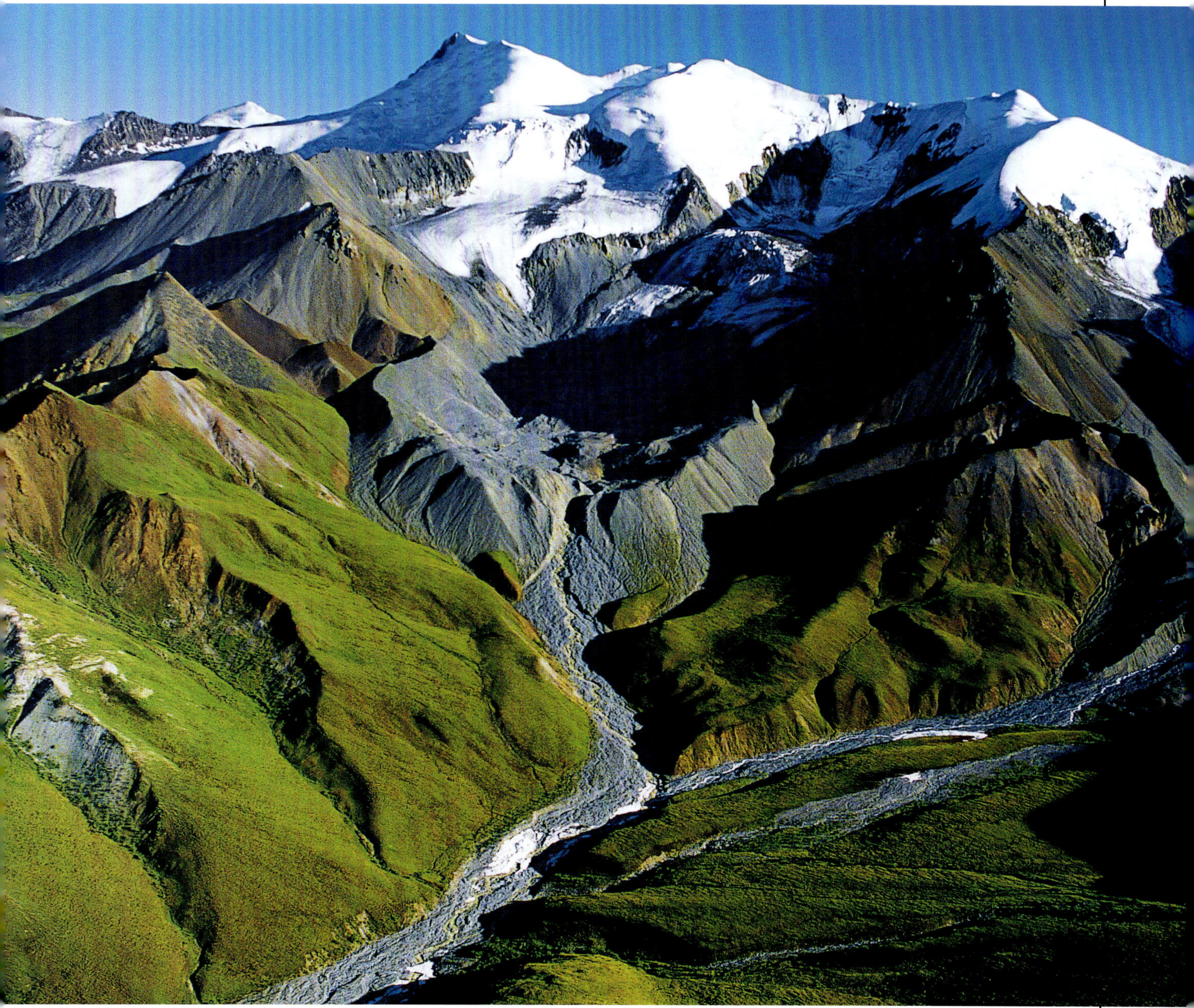

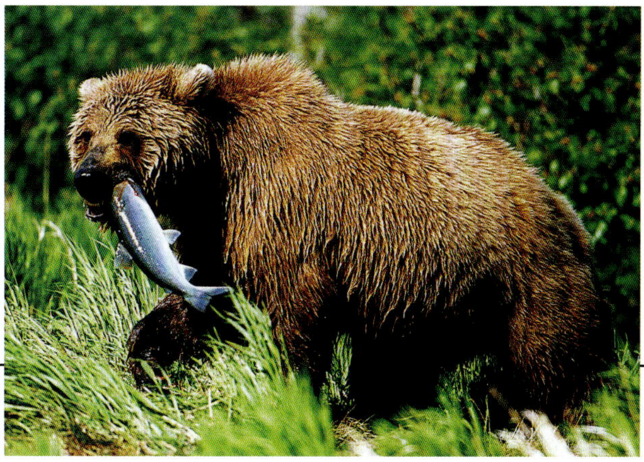

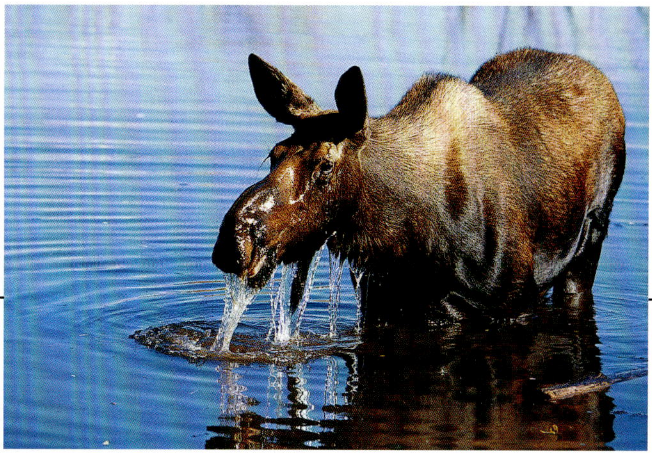

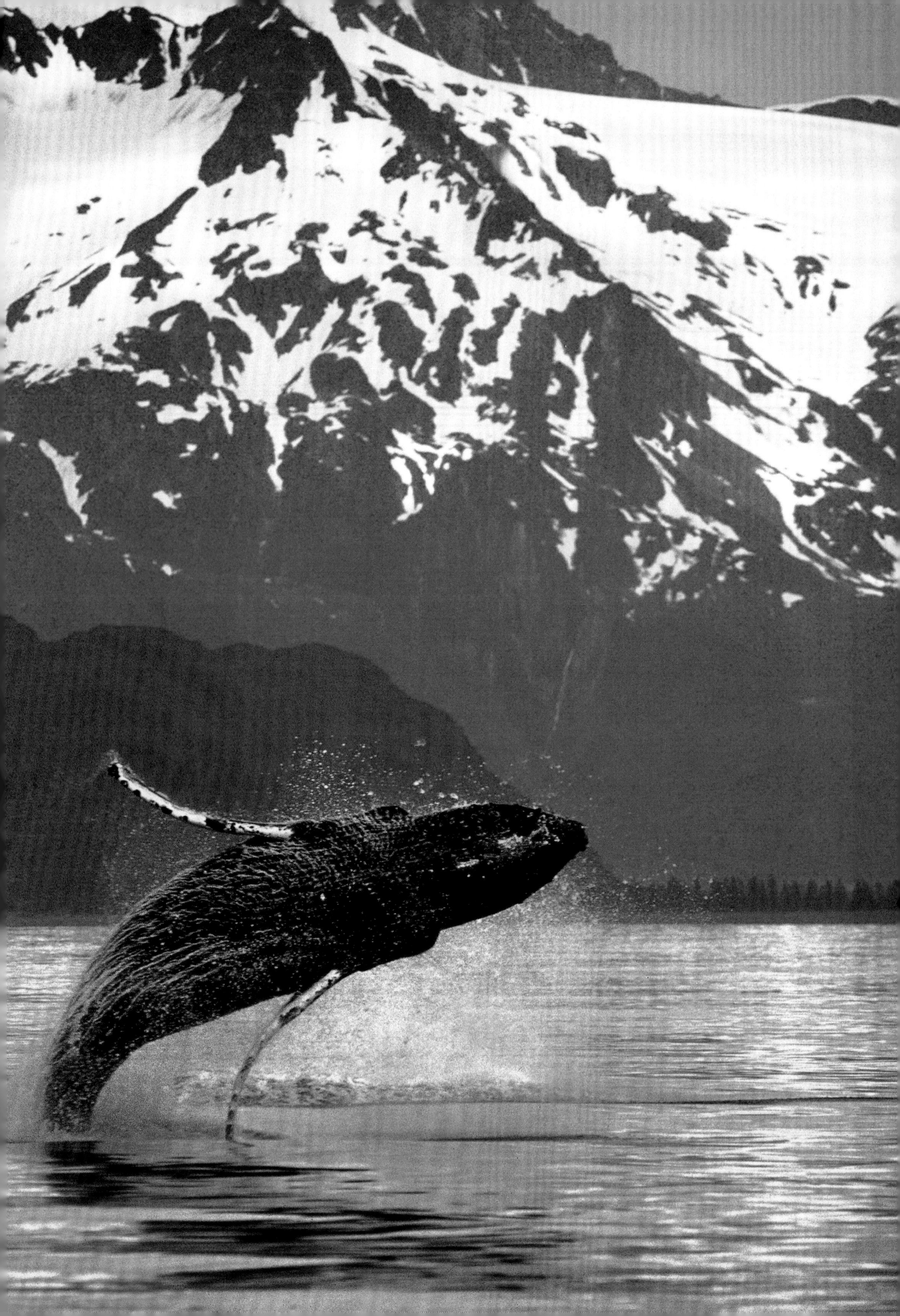

■ 第214页 座头鲸（*Megaptera novaeangliae*）分布在诸多海域。它们生活在寒冷海域时会囤积厚厚的脂肪，在繁殖期时会洄游至亚热带海域。

■ 第215页左上角 虎鲸（*Orcinus orca*）曾被林奈归入海豚属（*Delphinus*），后来被归入"虎鲸属"（*Orcinus*）这一新属。作为不列颠哥伦比亚海滨的标志，虎鲸是最聪明、同时也是最凶猛的海洋食肉动物之一。

■ 第215页左下角 一头虎鲸和幼崽在一起。一个虎鲸家族通常有3~25名成员，但也可多至50名。

■ 第215页右侧 哈伯德冰川（Hubbard）全长129千米，从洛根山下一直延伸至亚库塔特（Yakutata）和觉醒湾（Disenchantment Bays），是阿拉斯加最长的入海冰川。

伍德布法罗国家公园

加拿大　艾伯塔
入选年份：1983
遴选标准：自（Ⅱ）（Ⅲ）（Ⅳ）

■ 第214页顶部　一群白色鹈鹕飞落在奴河（Slave River）上。奴河和另外两条河流形成萨巴斯卡湖地区巨大的内陆三角洲。伍德布法罗国家公园是许多鸟类迁徙的必经之地，这里生活着227种鸟类，包括非常珍稀的美洲鹤（*Grus americana*）。

■ 第214页底部　两只美洲黑熊幼崽正在嬉戏，但快乐时光十分短暂，因为美洲黑熊通常独居，只在交配季节和断乳期结伴。

加拿大是一个崇尚和平、尊重自然的国家，最近却遭遇一场国际性的环保讨伐，这并不寻常。起因是20世纪90年代初，加拿大联邦政府决定选择性宰杀一部分森林野牛（*Bison bison athabascae*），这遭到许多自然主义者协会的反对。森林野牛是美洲野牛的一个亚种，体格强健，现有2500头生活在伍德布法罗公园内。

伍德布法罗国家公园（Wood Buffalo National Park）又名森林野牛公园，建于1922年，从名称就可看出，公园旨在保护当时仅存1500头的森林野牛。

因为当时部分森林野牛染上传染性肺结核和马耳他热，牧民担心传染病会波及自己的牛群，因此加拿大联邦政府下令宰杀野牛。但环境主义者则反驳称，森林野牛受此疾病侵扰已有75年，但从未出现过蓄养牛群被感染的情况。此言一出，环境主义者取得暂时性胜利，森林野牛得以继续在公园内平静生活。伍德布法罗国家公园位于艾伯塔省（Alberta），地处西北部边境，占地47915平方千米，比瑞士国土面积还大。虽然园内绝大部分区域是广阔的平原，鲜有奇特的自然景观，但公园内有重要的地貌特征，如盐碱低地、北美最奇特的喀斯特地貌区和巨大的内陆三角洲。三角洲由皮斯河（Peace）、阿萨巴斯卡河（Athabasca）、奴河汇入阿萨巴斯卡湖（Lake Athabasca）形成。

公园属大陆性气候，夏季短暂炎热，冬季漫长寒冷，9月至来年6月地表冰封。当地植被主要为针叶林，广泛分布着白云杉（*Picea glauca*）、黑云杉（*Picea mariana*）、班克松（*Pinus banksiana*）、美加落叶松（*Larix laricana*）、香脂白杨（*Populus balsamifera*）和美洲山杨（*Populus tremuloides*）。

伍德布法罗国家公园的"明星"——森林野牛实际上是杂交亚种。保护区成立几年后，加拿大政府在公园内引入6000头美洲野牛，以促进繁殖。这里还有十分珍稀的美洲鹤（1954年才发现这个物种），它们栖息在园内的偏僻区域，因为受到悉心保护，其数量已由21只增长到130多只。总的说来，公园

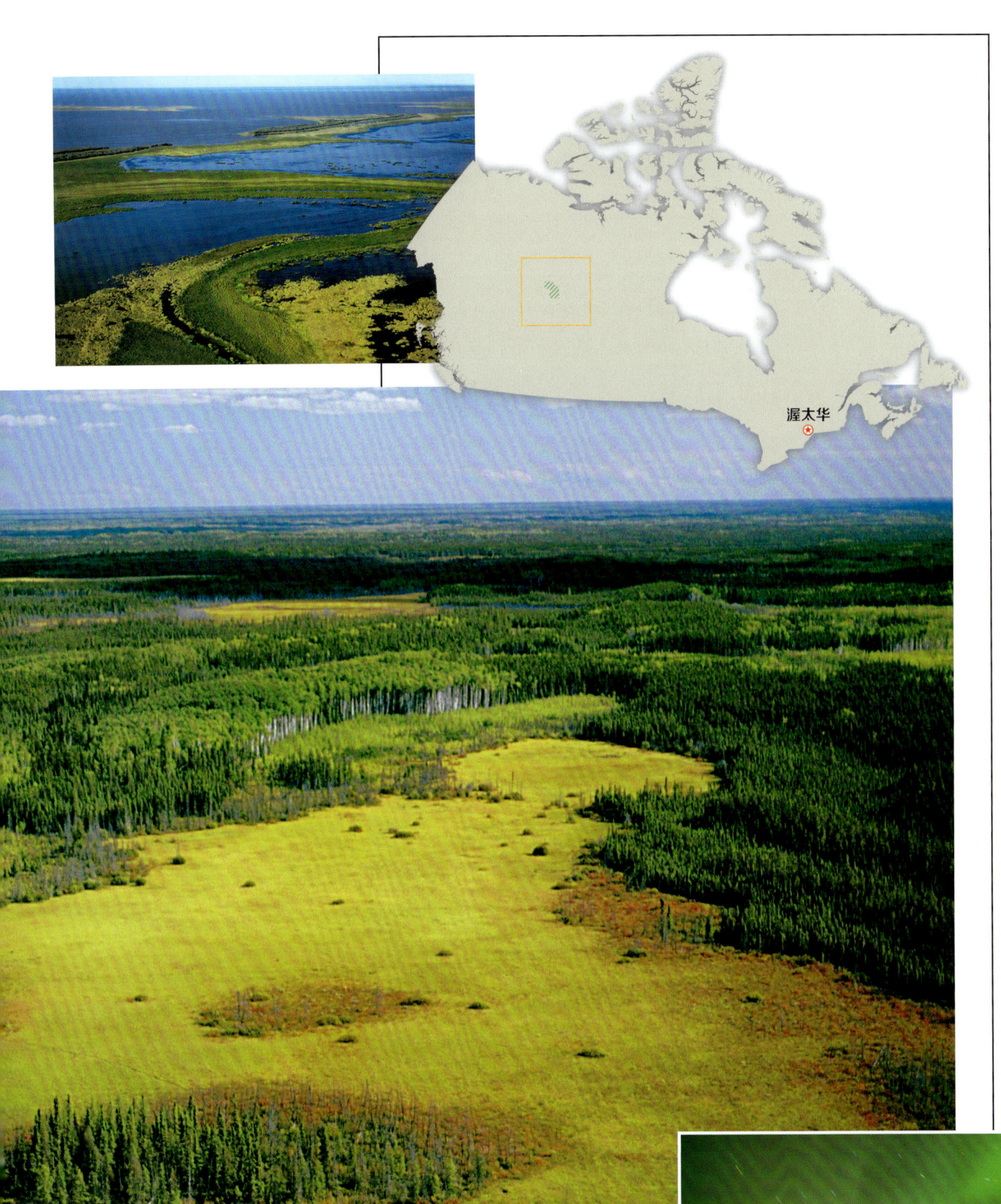

■ 第214—215页 伍德布法罗国家公园内的杉林、松树林和落叶松林中有大片空地。公园占地面积为44030平方千米，有北美最大的草原。

■ 第215页顶部 皮斯河、阿萨巴斯卡河和奴河流入皮斯－阿萨巴斯卡三角洲。水坝减少了部分流量，可能导致湖泊渐渐干涸，给环境产生难以估量的危害。

■ 第215页底部 极光发出明亮梦幻的光芒，照耀着公园内的森林（位于北纬58~60度），这是人类能见到的最壮观的自然景象之一。

内生活着46种哺乳动物，包括美洲黑熊、灰熊、灰狼、北极狐（Alopex lagopus）、驼鹿、猞猁、加拿大海狸（Castor canadensis）和美洲水貂（Mustela vison）等；此外，这里是至少四条鸟类迁徙路线的交汇点，阿萨巴斯卡湖滨也因此成为227种鸟类的栖居之所。

但这样的美丽景象不知能持续多久，因为皮斯－阿萨巴斯卡三角洲正日渐干涸，导致食物供应减少，同时捕食者更易进入湖区。人类应为这一变化承担至少部分责任，尤其是贝内特水坝的修建——自1969年起，水坝限制了流入三角洲的水量。

▎第216页顶部　格罗斯贝克湖（Gros Beak Lake）附近是莎草地和白杨小灌木林。大部分白杨生长于山林中，喜好极度潮湿的环境。

▎第216页底部　伍德布法罗国家公园于1922年建立，旨在保护森林野牛；目前野牛数量由建园初的1500头增长到2500头。

▎第216—217页　公园内的野牛是稀有的美洲森林野牛（Bison bison athabascae）和美洲野牛的杂交种，后者曾被引入园内以促进这里森林野牛的繁衍。

■ 第217页右下角 加拿大马鹿（早期称为驼鹿），原学名为加拿大马鹿（Cervus canadensis），后改为欧洲马鹿（Cervus elaphus），因为加拿大马鹿实际上是欧亚马鹿的亚种。

■ 第217页左下角 一只黑熊正用力地靠着树蹭背。通常一只成年黑熊重100~150千克，但也有黑熊可重达227千克。

加拿大落基山脉自然公园

加拿大 | 艾伯塔和不列颠哥伦比亚省
入选年份：1984*
遴选标准：自（I）（II）（III）

*伯吉斯页岩（Burgess Shale）于1980年列入世界遗产名录，现已并入此处遗产。

1886年，加拿大地质调查局地质学家R. G. 麦康诺（R. G. McConnell）发现了伯吉斯页岩中的沉积化石，在此之前，加拿大太平洋铁路的工人们已经收集了许多三叶虫化石。这条铁路将这里与外部连接，具有开创意义。之后，加拿大政府将洞穴与盆地（Cave and Basin）的矿物泉周围26平方千米的区域划为自然保护区，政府官员和铁路公司主管的想法一样：有一天这里也许会变成一个旅游景点。

此后，一系列国家公园在加拿大建立起来。两年后，以这个26平方千米的保护区为中心建立了落基山脉自然公园（Rocky Mountains Park），1930年更名为班夫国家公园（Banff National Park）。数年之后，落基山脉成为加拿大自然保护的标志。为纪念这第一个保护区，班夫国家公园里那些翠绿色的温泉更名为"洞穴与盆地国家历史古迹"（Cave and Basin National Historic Site）。

现在，这片区域有四个国家公园：班夫国家公园、贾斯珀国家公园（Jasper National Park）、库特奈国家公园（Kootenay National Park）、约虎国家公园（Yoho National Park），以及三个省立公园：汉博省立公园（Hamber Provincial Park）、阿西尼博因山省立公园（Mount Assiniboine Provincial Park）、罗布森山省立公园（Mount Robson Provincial Park），在艾伯塔省和不列颠哥伦比亚省交界处形成一个面积23069平方千米的公园群。

加拿大落基山脉主要由片岩、白云岩、砂岩和石灰岩构成，形成于前寒武纪和白垩纪之间，山脉海拔最低为1000米，最高为3954米（罗布森山）。这里有几个大型冰川，最大的是哥伦比亚冰原（Columbia Icefield），面积达324平方千米。

这里的大陆性气候造就了山区、亚高山带区和高山区三个生态区，其间差异由所处海拔和大气因素决定。公园里有996种维管植物、243种蕨类植物、407种地衣植物和53种苔藓植物。山区生长着花旗松（*Pseudotsuga menziesii*）、白云杉、

■ 第218页右下角 梦莲湖（Moraine Lake）位于海拔7920千米处，是班夫国家公园内众多美丽的湖泊之一。班夫国家公园是加拿大第一个国家公园，于1885年开放，当时名为洛基山脉自然公园。

■ 第218页左上角 玛琳河（Maligne River）从23米的高处奔流而下，巨大的水流在石灰岩上冲刷出一个壮观的河谷。

■ 第218页左下角 欧洲马鹿是体形最大的鹿属动物，其独特之处在于进化出了一颗上犬齿，这颗犬齿在19世纪时被用于制作时髦珠宝。

219

第219页左侧　巫药湖（Medicine Lake）位于贾斯珀国家公园中心，玛琳河流入其中，但似乎没有河流由湖中流出。实际上，巫药湖中的水由北美最大的暗河系统之一排出。

第219页右侧　驼鹿的鹿角因表面布满血管而呈红色。由鹿角可以辨别出这是一头雄性驼鹿，且较为年幼，因为只有雄鹿才有鹿角，在一岁左右开始长出。

渥太华

■ 第220—221页 沛托湖是加拿大落基山区最秀美的湖之一。湖水以冰川水为给养。冰川中面积最大的是哥伦比亚冰原，达324平方千米。

■ 第220页底部 阿西尼博因山，高达3618米，位于阿西尼博因省立公园的中心，是一座金字塔型石灰岩山峰，风景秀丽，位置偏远。它耸立在梅戈格湖上，是众多野生动物的栖息地。加拿大落基山脉共有4个国家公园和3个省立公园，总面积达23000平方千米。

美洲山杨和香脂白杨。亚高山区，海拔在1800~2103米，森林面积最为广阔，达1153平方千米，主要生长着恩氏云杉（Picea engelmannii）、高山冷杉（Abies lasiocarpa）、美国柔枝松（Pinus flexilis）和扭叶松（Pinus contorta）。高海拔地区的高山植物群包括北极柳和沼桦等低等植物、北极石楠等石南属植物以及山地仙女木（Dryas integrifolia）等蔷薇科植物。

哺乳动物中最典型的是食草动物，栖息于高山草甸带。有野山羊、野绵羊〔如雪羊（Oreamos americanus和大角羊（Ovis canadensis）〕、北美鼠兔和花白旱獭（Marmota caligata）；栖息于森林中的哺乳动物有北美驼鹿、麋鹿和驯鹿；食肉动物有灰狼、灰熊（Ursos arctos horribilis）、美洲黑熊、加拿大猞猁和美洲狮。

280种鸟类中，值得一提的有三趾啄木鸟、白尾雷鸟、灰噪鸦、加州星鸦，当然还有著名的金雕。

尽管落基山区每年会接待近1000万游客，但除了贾斯珀国家公园外的露天煤矿严重污染此地环境外，这里似乎没有遭受到特别严重的环境威胁。

▎第221页顶部　美洲狮曾经遍布加拿大全境，但是现在仅生活在落基山区。成年雄性美洲狮身长可达2.7米，体重接近91千克。

▎第221页中间　美洲灰狼最近才返回落基山区。在班夫国家公园内做的一项长期调查显示，有近40只灰狼栖息于此。

▎第221页底部　金雕每年在穿越北美的迁徙过程中，会在落基山脉的东坡上短暂停留。

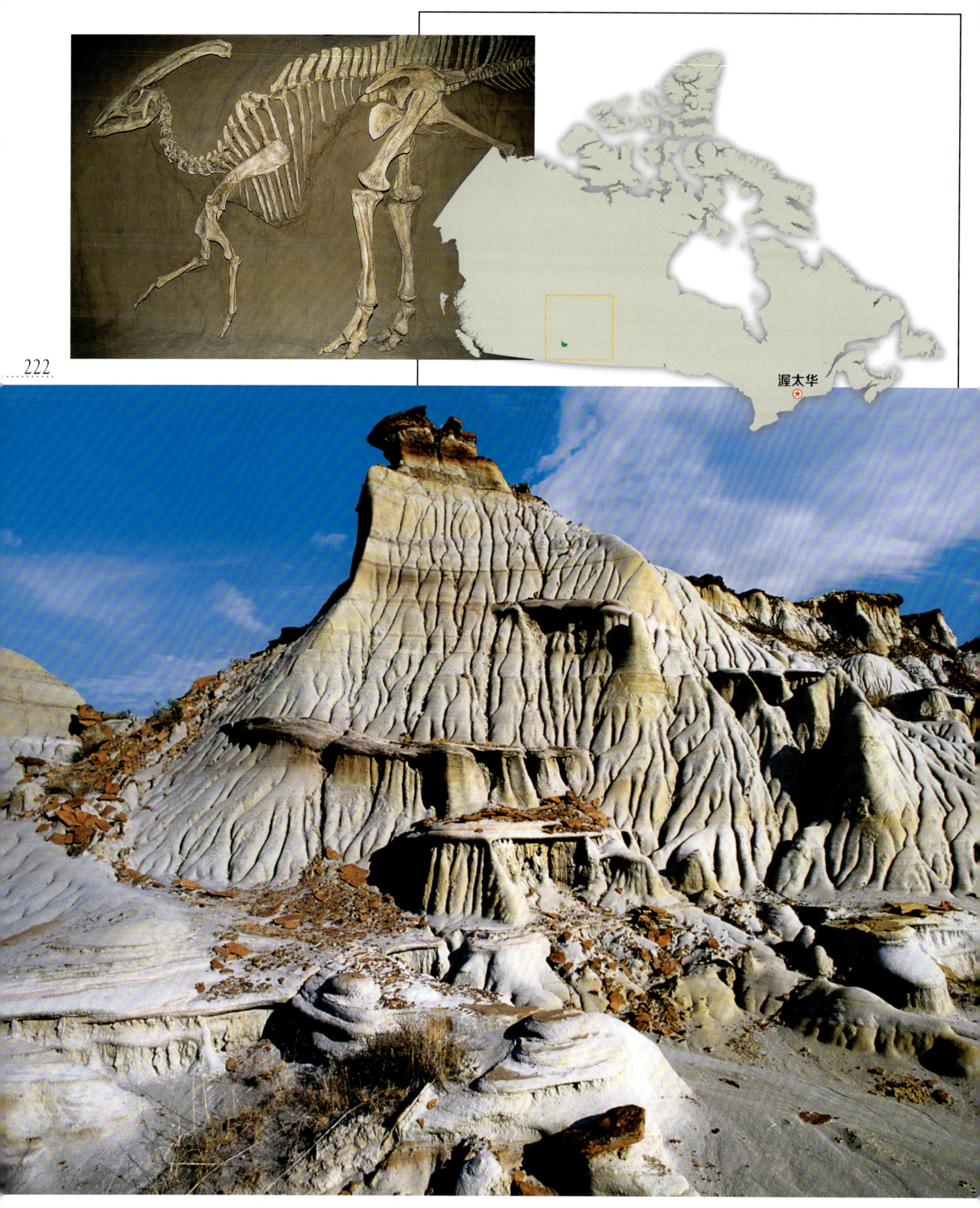

■ 第222页顶部 暂时还不清楚拟棘龙的骨嵴到底有何作用，也许拟棘龙需要用它来进行交流。

■ 第222—223页 省立恐龙公园的岩石在冰川融化过程中受水流侵蚀严重。

■ 第223页顶部 怪石柱是一种呈蘑菇状的特殊砂岩，距离德拉姆黑勒镇不是很远，是公园的景点之一。砂岩由风水复合侵蚀形成，当覆盖其上起保护作用的石块被大气侵蚀时，砂岩会迅速溶解。

■ 第223页中间 随着古代沉积层中的沉积物不断露出，现已发掘出300多具完整的恐龙骨架和数千块化石碎片。

省立恐龙公园

加拿大

南艾伯塔省
入选年份：1979
遴选标准：自（I）(II)

古生物学家有时候也需要作为侦探来调查悬案。无头冠龙的发现就是如此。这个冠龙骨架发现于 20 世纪 90 年代初，于 2017 年 4 月展出，是省立恐龙公园（Dinosaur Provincial Park）的象征。加拿大皇家蒂勒尔博物馆（Royal Tyrrell Museum of Paleontology）位于艾伯塔省的德拉姆黑勒（Drumheller）镇，古生物学家们在翻阅博物馆文献时，看到了 1920 年报纸上的一张照片，照片上是一个鸭嘴恐龙头骨。他们从博物馆的储藏室里找出这块头骨，经过测量，发现它就是冠龙骨架的头骨，至此这个蜥脚类恐龙的头和身体终于又完整了。从 19 世纪末发现化石以来，省立恐龙公园一直被认为是藏有白垩纪时代化石遗迹最丰富的地区之一。

加拿大皇家蒂勒尔古生物学博物馆，被誉为北美地区最杰出的博物馆之一，藏有大约 50 具完整的恐龙骨架和 80000 万多块不同性质的化石碎片，是世界上最大的恐龙化石收藏馆。

大约 7500 万年前，南艾伯塔省——现省立恐龙公园所在地，还只是熊掌海（Bearpaw Sea）边的一个沿海平原。这里属于亚热带气候，适宜动物生存，因此有着巨大的动物群，包括最原始的哺乳动物、鱼类、两栖动物、鸟类以及当时主宰世界的爬行动物——恐龙。地质时代以来，水系错综复杂，河床堆积物有 610 米厚，掩埋了许多动物的尸体。约 15000 年后，冰川不断侵蚀，在沉积物上划出了一道道裂痕，例如红鹿河和朱迪丝河扭曲的河床，这些生物的化石也因此露出。

从植物学的角度看，省立恐龙公园并没有特别吸人眼球的地方，但是因冰川侵蚀而暴露的砂岩和片岩层揭示了恐龙生活的剖面图。1979—1991 年，共有 23347 项考古发现，其中包括 35 个不同种类的 300 具恐龙骨架，分别来自鸭嘴龙科、似鸟龙科和结节龙科，甚至还有一些是白垩纪时期最可怕的掠食者——霸王龙的化石骨架。

相对温和的现代气候让有蹄类动物得以在冬天生存，比如叉角羚、骡子、白尾鹿和黑尾鹿。当地动物群还包括 150 种鸟类，比如金雕、草原隼、鸢鹰和灰背隼。

尽管省立恐龙公园的游客数量在不断增加，但是对栖息于此的动物来说，这里仍然是一个十分宁静的地方，因为来此的游客们都对搜寻化石更感兴趣。但是他们一般很少能有重大发现，因为挖掘行动仅在夏季持续几个星期，不过失望的游客总能从皇家蒂勒尔博物馆的珍贵藏品得到安慰。

▎第 223 页底部　前景中的大型恐龙骨骼发掘于国家恐龙公园的沉积物中。此地是含有白垩纪时代动物化石最多的河床之一，发掘于此的化石分属于 35 个不同的动物种类。

格罗莫讷国家公园

加拿大 纽芬兰
入选年份：1987
遴选标准：自（I）（III）

六亿年前，大陆板块开始分裂，欧洲和北美洲形成。巨大的板块运动让两个大陆板块之间产生了深深的海沟，其中一部分被地壳底层涌出的岩浆填满。

地质时代之后，海沟逐渐扩大，最终形成大洋。在美洲大陆，板块的剧烈运动形成了阿巴拉契亚山脉。由于大洋地壳的出现，欧洲和美洲大陆又开始互相靠近。紧随其后的冰河时代，给世界万物都附上一层厚厚的冰盖，冰原融化之后，水流就像刀子一样把山峰划开，汇入大海。

今天在格罗莫讷国家公园（Gros Morne National Park），游客能够清楚地看到发生过的地质事件和板块漂移的遗迹。格罗莫讷国家公园位于纽芬兰岛的西海岸，顺着长岭山脉延伸。公园的地表层就像是一部生物进化史，掩埋着前寒武纪和古生代初期所有物种的化石。

格罗莫讷国家公园面朝圣劳伦斯湾和贝尔马尔海峡（纽芬兰岛与拉布拉多省以此为界），公园内有1813平方千米的区域都称得上是加拿大最壮丽的景观。长岭山脉中遍布冰川湖、瀑布、陡峭的峡谷。山脉蜿蜒逐渐延伸到大海，所到之处有悬崖、峡湾、大片沙地、咸水沼泽地和高达30米的沙丘。

由于海风带来的湿度较大，格罗斯莫恩国家公园的植被非常丰富，有36个不同的植物群。711种维管植物和401种苔藓植物，共占纽芬兰岛植物群的60%。树木中最主要的是针叶林，海拔较高地带有黑松和红杉，沼泽地区遍布苔原草本植物和不同种类的石楠。

尽管加拿大的其他地区有猞猁等濒危物种，但是纽芬兰岛上，除了北美驯鹿、麝牛、偶尔能见到的棕熊和长岭山脉附近河里的鲑鱼，几乎没有什么动物；岛周围的海里还能发现鲸鱼和海豹。纽芬兰岛上有235种鸟类，如北极鸟、北方鸟和海鸟等。

狩猎导致动物不断减少，但印第安人和因纽特人自古以来就靠狩猎为生。贝尔马尔海峡两岸的捕鱼业和鳕鱼腌制工业开始于19世纪早期，持续到20世纪中叶。

1973年公园初建，印第安人不得不放弃他们在公园保护区的定居

第224页右上角 北极海鹦是一种笨拙的鸟类，鸟喙为彩色，生活在大西洋北部。冬天在开阔的海面上过冬，仅在春季交配期上岸。

第224页左下角和右下角 座头鲸在北大西洋寒冷的水域中跃出海面，令人惊叹。这个巨大的海洋哺乳动物的英文名字"humpback"意为"巨大的翅膀"，也就是指其强大的胸鳍。在格罗莫讷国家公园还可以看到其他鲸鱼如巨头鲸、小须鲸和长须鲸。

第225页 格罗莫讷国家公园的岩石峭壁向西延伸至格林花园（原来用于放牧）的圣劳伦斯湾。有人认为，纽芬兰岛是维京人到达北美洲最先登陆的地方。

渥太华

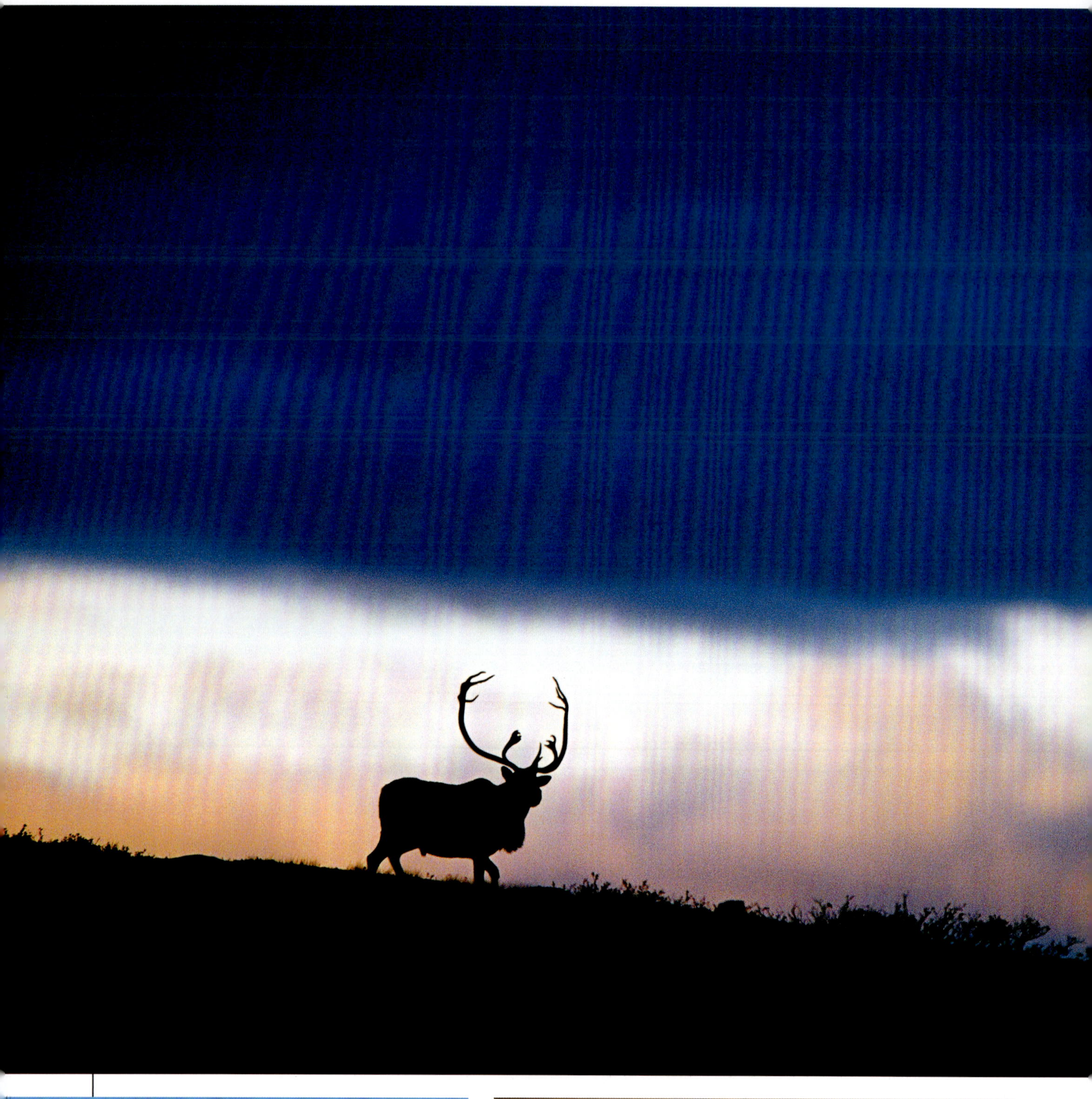

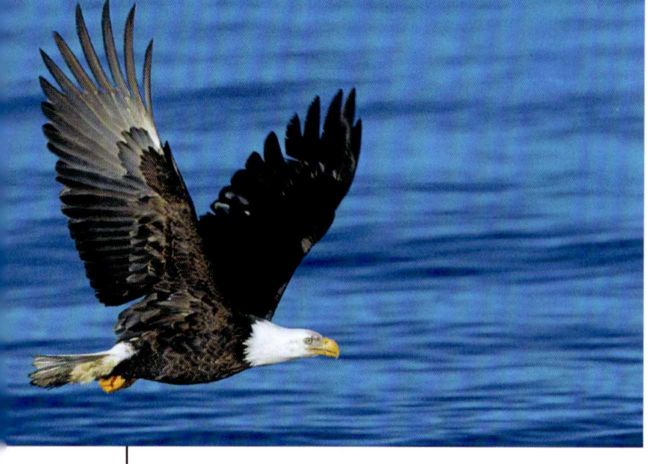

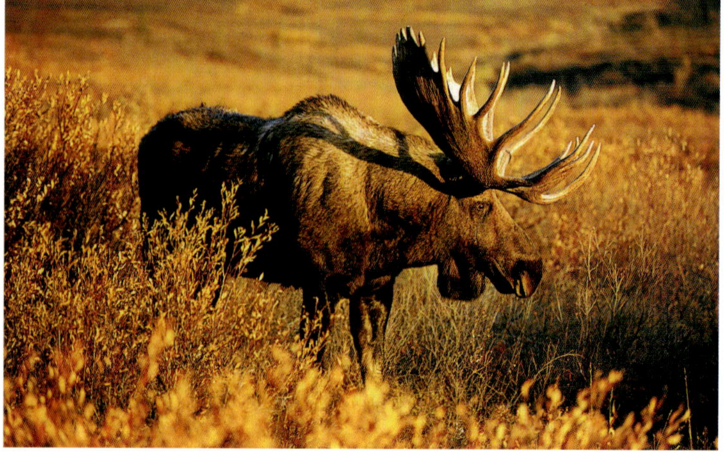

地。他们今天大多都居住在洛基港（Rocky Harbour）附近的一个村落，这个沿海村落也是公园的游客中心所在地。洛基港也是1497年第一位到达纽芬兰岛的欧洲人乔凡尼·卡博特（Giovanni Cabot）的登陆地。似乎就是他为当地人创造了"红皮"（redskin）一词，因为他在岛上最先遇到的一群人脸上都涂着用海豹的脂肪和血制成的油膏，这是当地的一种宗教仪式。

■ 第226—227页 北美驯鹿是唯一一种雌雄都有分叉鹿角的鹿科动物。

■ 第226页左下角 格罗莫讷（Gros Morne）是美洲白头鹰和许多北极鸟类、北方鸟类和深海鸟类的栖息地。

■ 第226页右下角 一只雄伟的驼鹿在纽芬兰草原上吃草。

■ 第227页顶部 北极日落的金光掠过格罗莫讷国家公园中心的诺里斯湾和波恩湾。

■ 第227页中间 尽管加拿大猞猁在加拿大全境都受到生存威胁，但是在纽芬兰依然数量很多。

■ 第227页底部 麝牛，分布于阿拉斯加到西伯利亚，因其厚重的皮毛散发出浓重的麝香味而得名。

沃特顿冰川国际和平公园

加拿大／美国

加拿大艾伯塔省
美国蒙大拿州
入选年份：1995
遴选标准：自（Ⅱ）（Ⅲ）

1932年春，加拿大和美国签署协议，决议在两国边境共建沃特顿冰川国际和平公园（Waterton Glacier International Peace Park），该协议也表明了两国之间的合作诚意。另一个权利相对较小的组织也参与了协议签订，它就是布莱克福特联盟（Confederation of the Blackfoot）。该联盟由史前时期就定居于此的北美印第安人组成，这些印第安人把公园中心的酋长山视为部落的象征。

建立世界上第一个国际公园的好处就是，为其他以保护环境为主要目的的协议开辟了道路，并且无须考虑边界和政治问题。其实这份有远见的协议并不是加拿大和美国的政府要员所创，而是由游走在法律边缘的两位冒险家：约翰·乔治·布朗（John George 'Kootenai' Brown）和亨利·雷诺兹（Henry 'Death on the Trail' Reynolds）首先提出。在1911年，他们两人或许就在山区的篝火旁，设想出是否可以创建一个联合公园。之后，艾伯塔省的扶轮社（Rotary Club）与其位于蒙大拿州的姊妹社知道了这一想法，双方进行了初步的外交交涉，最终促成这一历史性协议的签订。

沃特顿冰川国际和平公园由加拿大沃特顿湖国家公园（Waterton Lakes National Park）（占地526平方千米）和美国冰川国家公园（Glacier National Park）（占地4051平方千米）组成，二者由一个位于北纬49度的狭窄湖泊隔开。两个公园有着相同的地貌特征：自然景观都是草地和高达2500米的山峰。此地地层结构展现了过去的一百万年里发生过的重大地质事件，其中最重要的就是刘易斯断层（Lewis Fracture）。在刘易斯断层中，前寒武纪的岩石被推起，覆盖了更新、更软的白垩纪地

▍第228—229页 沃特顿冰川国际和平公园位于落基山脉的东部边缘，其最高点为克利夫兰山峰顶，海拔3191米。尽管公园的名字中有冰川二字，但公园中却并没有冰川，仅有永久性雪原。

▍第229页右上角 威武雄壮的白头鹰（Haliaetus leucocephalus）作为美国的象征而闻名于世，它有着超过2.4米的翼展，是世界上最大的猛禽之一。

▍第229页中部 20世纪80年代中期，人们最先在冰川国家公园发现灰狼（Canis lupus），后来在沃特顿湖国家公园也发现了，人们认为灰狼在该地区已经灭绝。如今，至少有三个不同的狼群，大约有40只灰狼。

▍第229页底部 在漫长的北极冬季，一头麋鹿在针叶林边缘的积雪下觅食。这些大型有蹄类动物曾经遍布整个大陆，它们更喜欢草原和开阔的树林，而不是大森林。

层，由此也露出了叠层石中的沉积物。沃特顿冰川国际公园是北美大陆上三大流域的交汇处：在这里，河流向西流入哥伦比亚河，向东流入密苏里河，向北流入萨斯喀彻温平原（Saskatchewan Plain）。

从气候方面来看，沃特顿冰川国际和平公园是北极大陆和太平洋系统的交界处，因此也形成了特殊的植物群落。公园的五个生态区中，最重要的是生长有高山罂粟等植被的高山苔原区和以桦树为主的亚高山森林区。

沃特顿冰川国际和平公园以物种丰富而闻名。公园里有241种鸟类和61种哺乳动物，其中哺乳动物有灰狼、黑熊和200只灰熊。同时，此地还是加拿大马鹿、北美野牛和鹿群的迁徙走廊，对动物基因库的健康起着至关重要的作用。更重要的是，这些有蹄类哺乳动物的迁徙表明了大自然没有，也永远都不会有边界限制。

▌第230页左上角　沃特顿冰川国际和平公园有200多只灰熊和一个大型美洲黑熊群落。

▌第230页左下角　驼鹿的分叉鹿角和长鼻子很容易辨认。它是一种独居动物，在落基山脉的高山区或亚森林区过冬。

▎第230页右侧 加拿大马鹿，是马鹿中较为强壮的亚种。成年雄性马鹿高达1.4米，重达295~454千克。

▎第230—231页 雪崩河（Avalanche Creek）里湍急的水流冲刷出的沟壑是蒙大拿州冰川国家公园里最具吸引力的自然景观之一。

▎第231页顶部 越过大片的丝兰，能够看到格林内尔湖（Lake Grinnell）碧绿的湖水，格林内尔湖以古尔德山的雪水为给养。

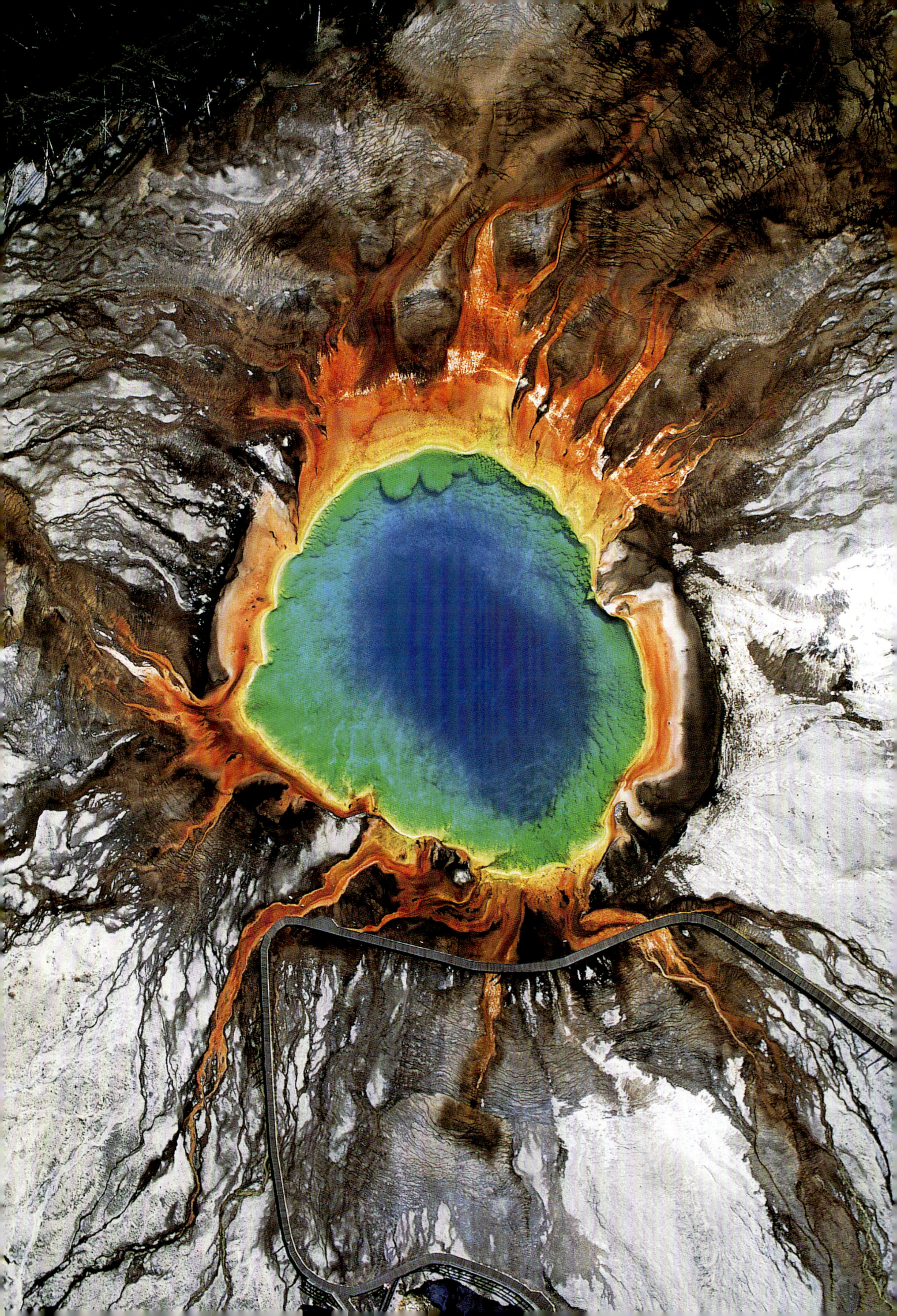

黄石国家公园

美国

怀俄明州、蒙大拿州和爱达荷州
入选年份：1978
遴选标准：自（Ⅰ）（Ⅱ）（Ⅲ）（Ⅳ）
1995年列入《濒危世界遗产名录》

受黄石公园秀美风景的启发，威廉姆·安娜和约瑟夫·巴贝拉创造了一些可爱的动物角色：顽强的瑜伽熊（Yogi）、波波熊（Boo boo），还有穿红色夹克的公园管理员，他耐心地保护着杰利石公园（Jellystone Park）游客的野餐食物篮。1872年3月1日，美国总统尤利西斯·格兰特（Ulysses Grant）正式签署法案，决定建立世界上第一个国家公园——黄石国家公园（Yellowstone National Park），这标志着环境保护时代的开始。

1870年，美国正深陷内战创伤之中，蒙大拿州一位议员的儿子——瓦尔特·特兰布尔组织了一支由亨瑞·沃什伯恩将军领导的探险队，前往黄石公园考证最早的探险家们带回的探险记录，即1807年的探险记述。1807年，约翰·科特尔（John Colter）在边境执行任务后返回，向大家描述了一个他遇到的山谷。在他的描述中，山谷的尽头是沸腾的泥浆、喷着蒸汽的火山孔和热温泉，类似于但丁所描述的地狱。这个故事流传甚广，人们也因此创造出了"科特尔地狱"（Colter's Hell）一词。

■ 第232页 世界上独一无二的大棱镜彩泉是黄石公园内最大的温泉，五彩斑斓的颜色是受水中的藻类、微生物以及河岸上沉积的矿物质的影响。

■ 第233页左上角 黄石公园里另一个地热景观丰富的地区，因其覆盖的石灰质沉积物呈白色而得名；盆地内有几个间歇泉，这是非洲间歇泉（Africa Geyser），它在持续不断地喷出蒸汽。

■ 第233页右上角 黄石瀑布汇入一条明黄色的溪谷，但是河流和公园的命名与颜色没有任何关系。"黄石"指的是黄石河以东998千米与密苏里河交界处的黄色岩石。

■ 第233页左下角 在冬季白茫茫的背景中，大棱镜彩泉的蒸汽在针叶树的映衬下产生了神奇的色彩效果。

■ 第233页右下角 猛犸象温泉（Mammoth Hot Springs）水中富含碳酸钙，在水中溶解后，又重新凝结，露出水面形成了壮观的石灰华阶。这些"阶梯"清晰有力地证实了黄石公园地下土地受到火山影响的程度。

根据这些传说，沃什伯恩和他的同伴们很快发现了一眼翻涌着滚烫热水的喷泉，从蒸汽孔中喷出的热水高达30米。这就是后来黄石公园最著名的间歇泉——老忠实喷泉（Old Faithful），因其喷发具有规律性而得名（每74分钟喷发一次）。

这次伟大的探险旅行发现了众多令人惊奇的自然现象，老忠实喷泉只是其中第一个发现。在这个占地8982平方千米的公园内，有10000多个地热景观和300多个间歇泉，占全球总数的三分之二。黄石高原由65000年前的流纹岩堆积而成，其独特之处在于它位于一个古火山口的上方，由于火山的喷发，此地地壳通常只有数千米厚。

因此，当压力过大时，地球内部热量会加热在复杂的地下排水系统中循环的水，然后水变成蒸汽，穿过土层猛烈喷出。

黄石公园中除了间歇泉，还有大棱镜泉（Grand Prismatic Spring）等景观，大棱镜泉水中富含硫黄等矿物质，泉水中的盐沉积到河岸上，形成神奇的多彩效果。这里还有喷气孔、火山口和如火洞河（Firehole River）等类似月球表面坑洞的景观。火洞河的河水流过沸泉的河床，形成一条长长的蒸汽带。而黄石河相对来说没有什么特色，它流过壮观的峡谷，形成激流的瀑布坠入到黄石湖中。黄石湖的流域面积为355

▌**第234页顶部** 但是黄石公园对野生动植物的保护还是很成功的。

▌**第234页中间左侧** 据史料记载，1872年左右，黄石公园宣布成为国家公园。当时驼鹿在怀俄明州还很少见。但因为保护措施的实施，该地驼鹿的数量已经有大幅增长。

■ 第234页中间右侧 美洲野牛是黄石公园中体形最大的哺乳动物，也是美国唯一完全处于野生状态的哺乳动物。

■ 第234页底部 20世纪30年代，黄石公园内的灰狼彻底绝迹。1995年，为控制不断增多的有蹄类动物，灰狼又被重新引入。到2002年，此地共有10个灰狼群落。

■ 第234—235页 尽管加拿大马鹿在美国的其他区域逐渐变得稀少，但是黄石公园内仍然有着较大的马鹿群落。1998年，此地加拿大马鹿的数量约为25000只。

■ 第235页顶部 黄石公园中一只加拿大马鹿在瑟瑟秋风中打喷嚏。此地夏季非常凉爽，但冬季平均气温仅为零下12摄氏度。

235

■ 第236页顶部 野牛经常无法抵抗怀俄明州冬季的严寒。1996年，超过1000头野牛被冻死，但是幸运的是，到1998年，此地还有约2200头野牛。

■ 第236页底部 约9065平方千米的黄石公园内有着地球上最多的间歇泉（约300个，占全球总量的66%）和地热景观。

平方千米，周长177千米，是世界上最大的高山湖泊之一。

黄石公园几乎80%都被森林覆盖，大部分是松树。森林海拔跨度大，1707~3463米生长着不同的植物群落，其中包括1100种维管植物。除此之外，还有半干旱草原带和高山冻原带。

黄石公园中除了约200只灰熊和许多黑熊（瑜伽熊和波波熊的原型），还有8种本土有蹄类动物：加拿大马鹿、黑尾鹿、美洲野牛、北美驼鹿、大角羊、叉角羚、落基山羊和白尾鹿。

濒临灭绝的物种有白头海雕、游隼和天鹅属中体形最大的天鹅——黑嘴天鹅。

几年前，灰狼被重新引入黄石公园的峡谷和拉马尔山谷（Lamar Valley），但是在20世纪30年代，灰狼威胁到了当地牛群，因此在地方政府的批准下被捕杀。

几十年后，人们才意识到灰狼作为此地有蹄类动物最大的天敌，在保持黄石生态系统动态平衡方面有着不可替代的作用。

因此当地政府在1995年决定重新引入灰狼，而这一计划也取得巨大成功。

遗憾的是，1995年，黄石公园被联合国教科文组织列入《世界濒危遗产名录》。起因是加拿大一家公司计划在距离黄石公园东北边几千米处建造一个矿山，开采金、银和铜。

由于该矿山位于三条流向黄石公园的河流的上游，因此开采活动可能会污染当地水源，破坏生态系统。克林顿政府先叫停了该项目，然后与有关公司达成协议。在支付了650万美元赔偿金之后，黄石公园最终得以保留；然而，美国政府受到了一些利益集团的谴责，他们指责政府把本国疆域的管辖权割让给联合国。但无论如何，黄石公园一直都是世界自然保护历史的象征。

▎第237页顶部 黄石公园80%的区域都被针叶林覆盖，其中大多数都是扭叶松种的高大松树。

▎第237页中间左侧 秃鹰是一种可怕的食肉动物，其与隼、灰狼和草原狼共处于黄石公园的食物链顶端。

▎第237页中间右侧 灰狼的归来使得草原狼不得不更改他们的狩猎区域。而为应对新的威胁，草原狼的内部凝聚力也显著加强。

▎第237页底部 落基山脉雄性大角羊的弯曲长角很容易辨认。据估计，黄石公园内的大角羊数量略多于200只。

雷德伍德国家公园

美国
加利福尼亚
入选年份：1980
遴选标准：自（Ⅰ）（Ⅱ）

19世纪中叶，人们在北加州发现金子，由此引发了淘金热，然后英国人和西班牙人才开始注意到这个地方。但随之而来的就是美国大片的森林资源被开发，旧金山南部海域沿岸的红杉树首当其冲。过去，当地人曾用这些树来建造独木舟和房屋。

红杉树是历史悠久的常绿针叶林的树种，在侏罗纪时期曾遍布整个温带地区，但是如今仅存于加利福尼亚和俄勒冈州。红杉树需要400年才能成熟，寿命长达2000年。其干燥、厚重的树皮富含单宁，能够使树木免于火灾和寄生虫的伤害。雷德伍德国家公园（Redwood

■ 第238页顶部 美洲狮避开平坦、开阔的土地，更喜欢森林和地势高的地区，因为这里更适宜它们伏击猎物和保护幼崽。

■ 第238—239页 人们经常把雷德伍德国家公园里的巨杉和本土物种花旗松联系在一起。

National Park）里有着世界上最高的树木，高达112米；1933年，公园内一棵年龄较大的红杉树被砍倒，其年轮显示这棵树树龄已经超过了2200岁。

据《美国国家历史遗迹名录》预测，96%的原始红杉树森林都永久地消失了，现存的红杉树森林中有42%都在雷德伍德国家公园。公园创建于1968年，占地面积为445平方千米，旨在保护最后的红杉树森林。该公园还包括26平方千米的德尔诺特海岸红木州立公园（Del Norte Coast Redwoods State Park）、39平方千米的杰迪代亚·史密斯红木州立公园（Jedediah Smith Redwoods State Park）和57平方千米的草原溪红木州立公园（Prairie Creek Redwoods State Park）。

红杉树沿落基海岸延伸约55千米，俯瞰着海水从悬崖边坠落，流向太平洋，海岸边偶尔可见到海滩。公园植被十分丰富，856种植物中有699都是本土植物，例如，花旗松、西铁杉、鞣皮栎、大冷杉、云杉和大叶槭。动物群包含75种哺乳动物的大型群落（如猞猁、加拿大马鹿、银狐、黑熊、水獭和美洲狮）、400种鸟类、许多鱼类和常栖息于潮汐区的无脊椎动物。不过，雷德伍德国家公园中最吸引人的无疑是红杉树。对红杉树的保护在自然保护史中具有里程碑式的意义，这也在一定程度上提升了该物种的重要性。红杉树砍伐最为猖獗的时候是在19世纪末，这一时期，几乎所有的森林区都被私人占领，可以随意伐木。直到1918年，古生物学者亨利·费尔费尔德·奥斯本（Henry Fairfield Osborn）、麦迪逊·格兰特（Madison Grant）和约翰·梅里亚姆（John C. Merriam）成立了拯救红杉联盟（Save-the-Redwoods League），该联盟是一个环保组织（当时还没有具体命名），提议通过购买大片森林来保护红杉树。1920年到1960年间，该组织共保护了440平方千米的森林，并把这片区域交给加利福尼亚州公园和娱乐部（California Department of Parks and Recreation）管理，后来该区域发展成雷德伍德国家公园，其中一部分曾被伐木公司砍伐的红杉树也得到恢复。

即使环保团体不断抗议，但在未受保护的地区，对红杉树的砍伐仍在继续。但是红杉树也显示了它们强大的存活力，这归功于它们非凡的生存能力：除了正常的有性繁殖方式外，红杉树还可以从树木的树干或者倒下树木的树根中再生，即"无性繁殖"。

▎第238页底部 雷德伍德国家公园位于加利福尼亚的洪堡（Humboldt）县和东北部的德尔诺特（Del Norte）县，公园长约48千米，宽度在274~14484米。

▎第239顶部 红杉树是植物界中最高、最大的植物，同时也是十分特殊的植物：据说，从来没有人见过因自然原因而倒下的红杉树。

▎第239左下角 红杉树的寿命很长，这是因为其树干中富含单宁。单宁可以防止昆虫侵袭，还能够帮助树木抵抗火灾。

▎第239页右下角 一只年幼的黑尾鹿在丛林中的空地边上仔细观察。这种防御能力低下的动物最喜欢在山地和草地之间的过渡区进食；而在保护区外，黑尾鹿常遭到无情捕杀。

约塞米蒂国家公园

美国
加利福尼亚
入选年份：1984
遴选标准：自（I）（II）（III）

■ 第240页左上角 约塞米蒂国家公园占地3004平方千米，于1890年10月1日被列为美国国家公园。目前，约塞米蒂国家公园的年游客量达400多万人次。

■ 第240页左下角 约塞米蒂谷（Yosemite Valley）因受到默塞德河（Merced River）的冲击与冰河时期冰川的不断侵蚀而形成，人们称其为"无与伦比的山谷"。山谷两侧，山脉垂直耸立，是冰川侵蚀的完美例证。

《巨石，半穹丘的面孔》（Monolith, the face of Half Dome）拍摄于1927年冬季，是摄影大师安塞尔·亚当斯（Ansel Adams）最著名的摄影作品之一，展现了俯视镜头下约塞米蒂谷半穹丘（Half Dome）的花岗岩壁。拍摄时，为获得半穹丘的后退视角，亚当斯只得将重型摄影设备扛到山肩。正是在这一天，亚当斯决定终生从事摄影事业。而后的30年间，他一直在约塞米蒂谷进行拍摄。第一批美洲殖民者于1833年发现了这一令人叹为观止的峡谷。约塞米蒂谷位于内华达山脉一侧，岩壁为花岗岩岩体，受默塞德河（Merced River）冲击而成。它是美国历史上首个能与黄石公园相媲美的自然保护区。1872年，黄石公园被列为首个美国国家公园。但早在1864年6月30日，林肯总统便已签署文件，将约塞米蒂谷和马里波萨县的巨杉林纳入美国公共遗产中不可分割的一部分。后来，自然主义者、诗人及攀岩爱好者约翰·缪尔（John Muir）担心淘金者会对内华达山脉开采过度，坚持说服昵称为"泰迪"的西奥多·罗斯福（Theodore "Teddy" Roosevelt）总统把约塞米蒂也列为国家公园。1890年10月1日，第一批游客来到了这个影响了几代艺术家和作家的地

■ 第240页右侧 图中山谷的景色摄于冰川点（Glacier Point）。冰川点位于陡峭的悬崖边上，是约塞米蒂国家公园最壮观的景点之一。从这里可以俯瞰公园里最迷人的岩层景观。

■ 第241页 图中在冬季薄雾掩映下的花岗岩被称为酋长石（El Capitan），高达900多米，吸引了无数攀登者前来挑战。1958年，酋长石迎来首位成功登顶者。

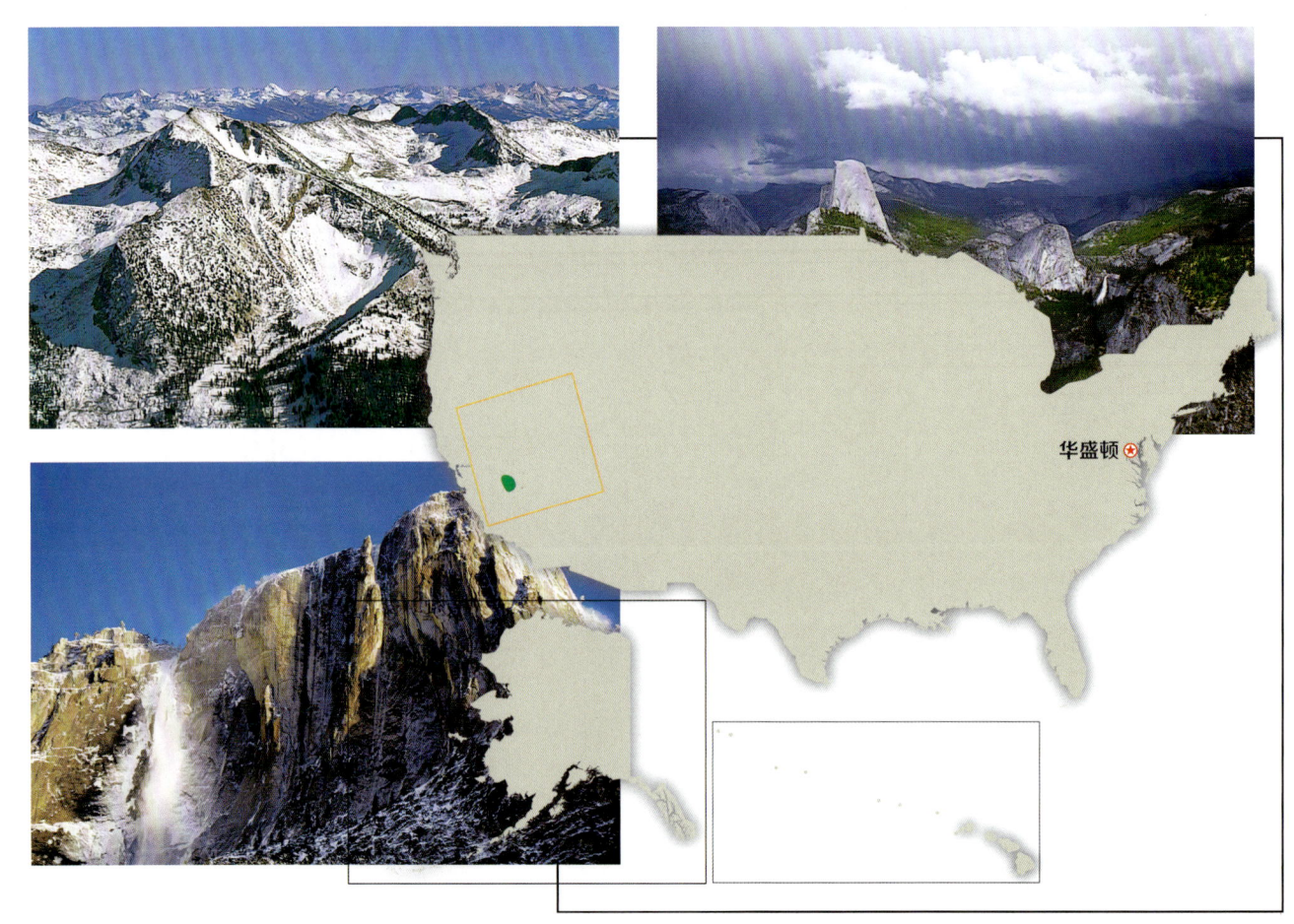

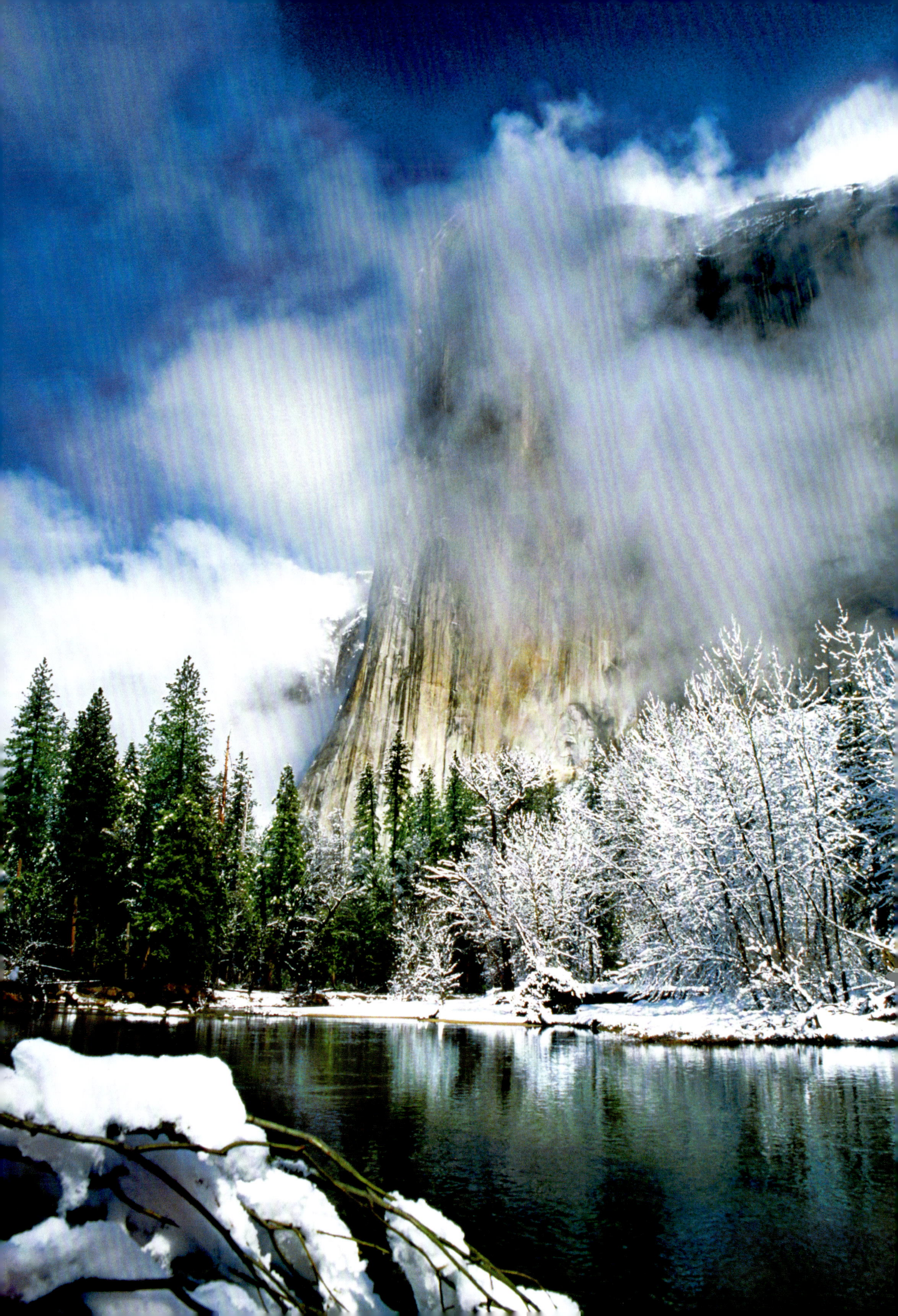

■ 第242页顶部　美洲狮（*Felis concolor*）又称美洲金猫和山狮，属于美国濒危动物，但在约塞米蒂国家公园却并不罕见。

■ 第242页至第243页　图为酋长石（左）和半穹丘处的日落。半穹丘是约塞米蒂国家公园中的又一地质奇观：冰川运动将这块岩石切割成了半个穹顶的形状，"半穹丘"因此得名。

第243页左下角 图为约塞米蒂国家公园中存活下来的三片红杉林，占地约1.7平方千米，其中最著名的单株树是大灰熊树（Grizzly Giant），高达65米。

第243页右下角 莫诺湖（Mono Lake）由从内华达山脉（Sierra Nevada）流下来的五条溪流汇聚而成，处于一个巨大火山凝灰岩盆地中。这个盆地为种类繁多、数量众多的鸟类提供了栖息地。

方。1984年前，约塞米蒂国家公园的范围一直在不断扩大，如今该公园占地3082平方千米，每年接待400多万游客。园内所有保护区（高度从671~3998米不等）都在内华达山脉范围内。内华达山脉大约形成于一亿年前，那时，大量岩浆从地心穿过地壳，喷涌而出，在花岗岩基层上形成了一个火山带。经过长期侵蚀，火山岩移动，花岗岩出露。约塞米蒂谷在数万年的河流和冰川侵蚀作用下形成，狭长深邃，绵延数十千米，两侧的岩壁高达945米。侵蚀作用不仅形成了半穹丘，还造就了酋长石（El Capitan）——一块距谷底91米高的独体花岗岩，305米高的马尾瀑布（Horsetail Falls）从岩顶倾泻而下。除此之外，U形山谷、V形山谷、冰碛以及冰川圈也是在冰蚀的作用下形成的。约塞米蒂国家公园有27种植物群落和16个林区，林区的主要树种为银冷杉（Abies alba）、扭叶松（Pinus contorta）和欧洲云杉（Picea abies），此外，还有加州黑栎（Quercus kelloggi）、花旗松（Abies douglasii）和北美西部圆柏（Juniperus occidentalis）以及其他松属植物（如沙棘松、兰伯氏松和西部白松）。马里波萨、图奥勒米和默塞德三个红杉林共占地1.7平方千米。不过，当地生态环境保护存在误区，林区内乱砍滥伐，曾多次遭受火灾。直到20世纪70年代末，人们才知道利用控制性放火，防止灌木丛过密，降低非控制性火灾造成更大破坏的风险。约塞米蒂国家公园为230多种鸟类提供了栖息地，这些鸟类包括白头海雕（Haliaeetus leucocephalus）、游隼（Falco peregrinus）和乌林鸮（Strix nebulosa）。此外，这里记录在册的哺乳动物有74种，如黄腹土拨鼠（Marmota flaviventris）、郊狼（Canis latrans）、骡鹿（Odocoileus hemionus）、美洲貂、渔貂、貂熊（Gulo luscus）和美洲狮（Puma concolor）等珍稀动物。

■ 第 244 页 科罗拉多大峡谷是世界自然奇观之一，全长 466 千米，谷深近 1500 米，峡谷宽 550 米至 31 千米不等。

■ 第 245 页顶部 美国赤猞猁（*Lynx rufus*），又名山猫，是一种优雅的中型动物，常见于科罗拉多大峡谷南缘。

大峡谷国家公园

美国
亚利桑那州
入选年份：1979
遴选标准：自(Ⅰ)(Ⅱ)(Ⅲ)(Ⅳ)

19世纪末，自然主义美学刚刚在美国兴起，人们会借助超脱世俗的力量来诠释大峡谷的壮丽。博物学家唐纳德·卡尔罗斯·皮蒂（Donald Culross Peattie）第一次俯瞰大峡谷的裂隙时，称自己感受到了"上帝的意志"。作家J.B.普里斯特利（J. B. Priestley）将科罗拉多河（Colorado River）蜿蜒于巨大岩壁间的奇观描述为"自然的最后审判"。在这之前，景观辽阔的美国西部荒野只被人们看作是一片有待征服和开发的土地。

1540年起，西班牙陆军上尉加西亚·洛佩斯·德卡德纳斯发现大峡谷之后，殖民者才开始对大峡谷有所了解。当时，上尉加西亚被墨西哥总督派往北方，寻找传说中的锡沃拉（Cibola）黄金七城。他满怀雄心壮志，立志实现这一宏大目标。但到达大峡谷后，加西亚感到希望落空。因此，随后也只有传教士来探访大峡谷，他们来到大峡谷是为了拯救原住民纳瓦霍人和霍皮人的灵魂，而非记录这里的地质现象或植物奇观。内战老兵约翰·韦斯利·鲍威尔少校曾率领一支九人探险队，首次随科罗拉多河的急流而下。但即便是鲍威尔，对大峡谷地理和自然奇观的兴趣也远不及对民族人种方面的兴趣浓厚。探险考察持续了三个月，其间有三名队员丧生。但在对当地语言的研究接近尾声之时，史密森尼学会（Smithsonian Institution）成立了美国民族学局（Bureau for American Ethnology）。大峡谷绝美的景色打动了鲍威尔少校，他向在这家知名科研机构工作的地理学家同事描述了那里的美景，激发了他们的好奇心。

大峡谷的奇观无以言表。该峡谷壮美秀丽，深1494米，全长446千米，宽550米至31千米不等。科罗拉多河的平均流速为每秒650立方米，至少有100条急流。大峡谷水平岩层的形成历经20亿年之久，包含前寒武纪、古生代、中生代、新生代四个主要地质时代的岩石样本。因此，大峡谷的科学研究价值可以和其景色的壮美程度相媲美。

每个人都会被岩壁的美丽景象所触动：水流不断冲击，磨平了大峡谷的岩壁；不同成分、不同年代的岩石呈现出绝妙的颜色。在峡谷顶端的凯巴布高原（Kaibab Plateau）上，随处可见珊瑚、贝壳、海藻甚至鱼类的化石。

■ 第245页左下角
草原猎鹰（草原隼）与更为珍稀的游隼（游隼北美亚种）在大峡谷中共享领地。

■ 第245页右下角
公园里郊狼（犬属郊狼）的数量在不断增加，目前已采取措施控制其数量。

▌第246页左上角 大峡谷南缘边的针叶树，如犹他杜松和矮松的根茎能够长时间储存水分。

▌第246页右上角 高海拔地区常常有很多积雪。峡谷北缘的气候比南缘更加潮湿，因此植被也更加丰富多样。

▌第246—247页 大峡谷岩壁的分层纹理是含铁矿物氧化形成的，这些矿物氧化后可呈现红、橙、黄、绿等色调。

▌第247页顶部 大峡谷水平岩层的形成时间为20亿年，历经前寒武纪、古生代、中生代、新生代这四个主要地质时代。

由科罗拉多河切分出的峡谷沿线有无数个观景点，也有许多"大自然的雕像"，这些自然杰作被冠以神灵的名称；比如，狄安娜神庙（Diana Temple）和湿婆神庙（Shiva Temple），尽管湿婆其实不太可能出现在这一地区。这些"雕像"对当地的霍皮人来说一直是神圣之物，他们相信"雕像"上附有祖先的灵魂。

大峡谷南北两侧——南缘和北缘——是完全不同的两个世界。南缘几乎全部为沙漠，生长着各种各样的仙人掌、龙舌兰、丝兰以及犹他杜松和矮松一类的针叶树种，这些植物的根部可长时间储存水分。

北缘气候更加潮湿、凉爽，因而植被更加丰富：不仅有花旗松和西黄松这样的针叶林，在受保护程度更高的山谷中，还有山杨和桦树群落。植被的差异也导致了峡谷两缘动物群落的差异，尽管郊狼、美洲狮和美洲山羊等物种在南北两缘都有分布，但也有只生活在峡谷一侧的物种，如较为稀有的当地响尾蛇亚种（草原响尾蛇），它们只存在于峡谷南缘。另外一个有趣的例子是源于同一祖先的凯巴布松鼠和缨耳松鼠，它们分别只栖息于峡谷的北缘和南缘，科罗拉多河两岸的不同环境条件使它们进化成了两个不同的物种。

大峡谷地区已有300多种鸟类记录在册，它们在峡谷两侧来往自如，其中至少包括60对游隼。大峡谷也是美国南部游隼数量最多的地区。

19世纪末，人们领略到大峡谷的自然美景时恰逢大众旅游业的兴起。1901年，通往大峡谷南缘的铁路建成。一年后，豪华的埃尔托瓦尔酒店开业，西奥多·罗斯福总统成了酒店第一批客人。像大多数早期的游客一样，罗斯福去那里是为了狩猎这项"运动"——尽管早在1893年，大峡谷就建立了森林保护区，但当时仍然允许在大峡谷地区狩猎。

据估计，仅在1900—1905年就有至少600头美洲狮被猎杀。1919年，伍德罗·威尔逊当政时，大峡谷国家公园不再允许狩猎，结束了该地区野生动物遭受的这一灾难。如今，大峡谷内的动物和鸟类面只需面对手持相机的500万名游客。

▌第247页底部 1540年，西班牙陆军上尉加西亚·洛佩斯·德卡德纳斯来到大峡谷，他是第一个来到大峡谷的白人。

▌第248—249页 从亚奇观景点（Yaki Point Lookout）（图片拍摄地）可观测到大峡谷最非凡的景色之一。

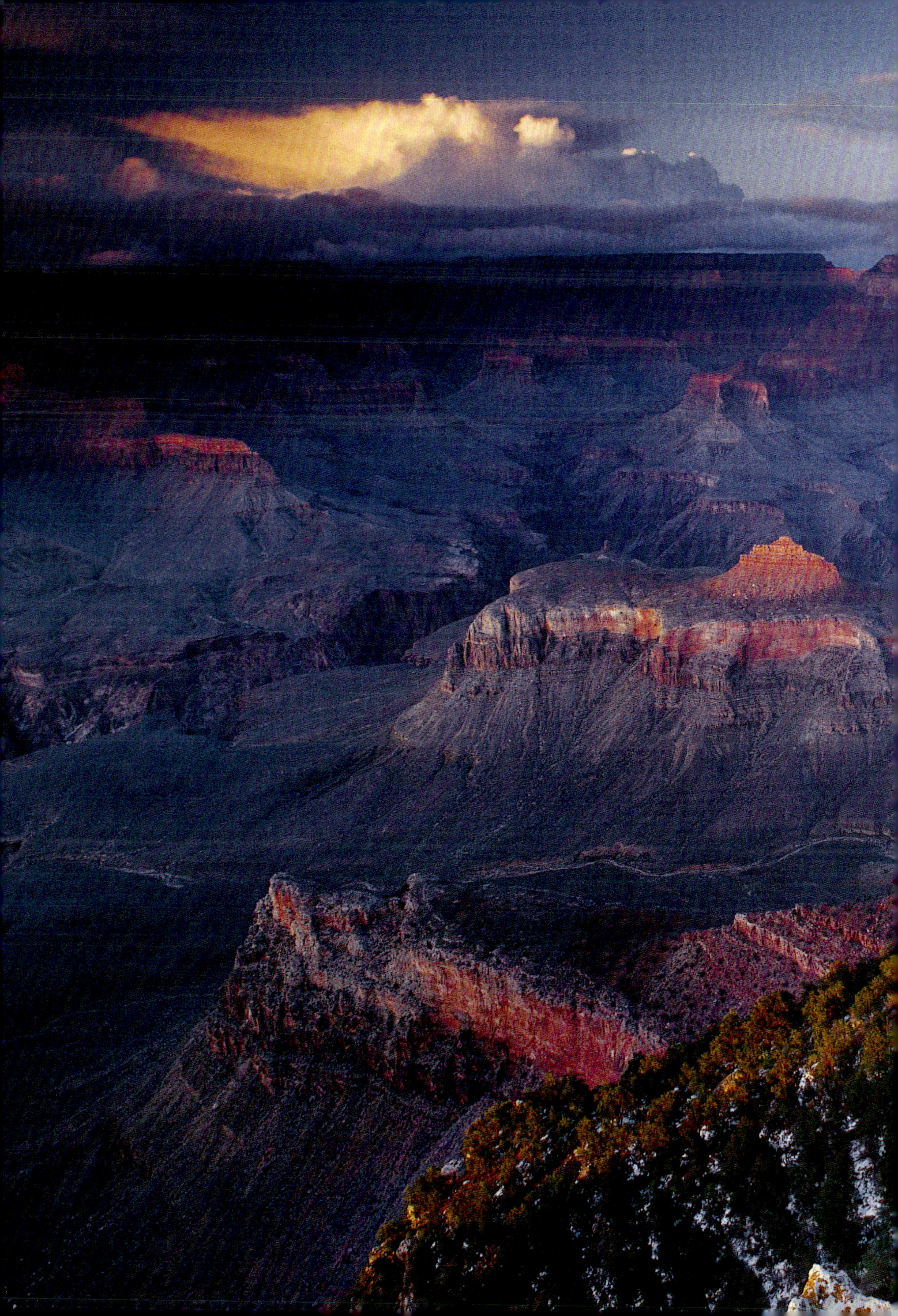

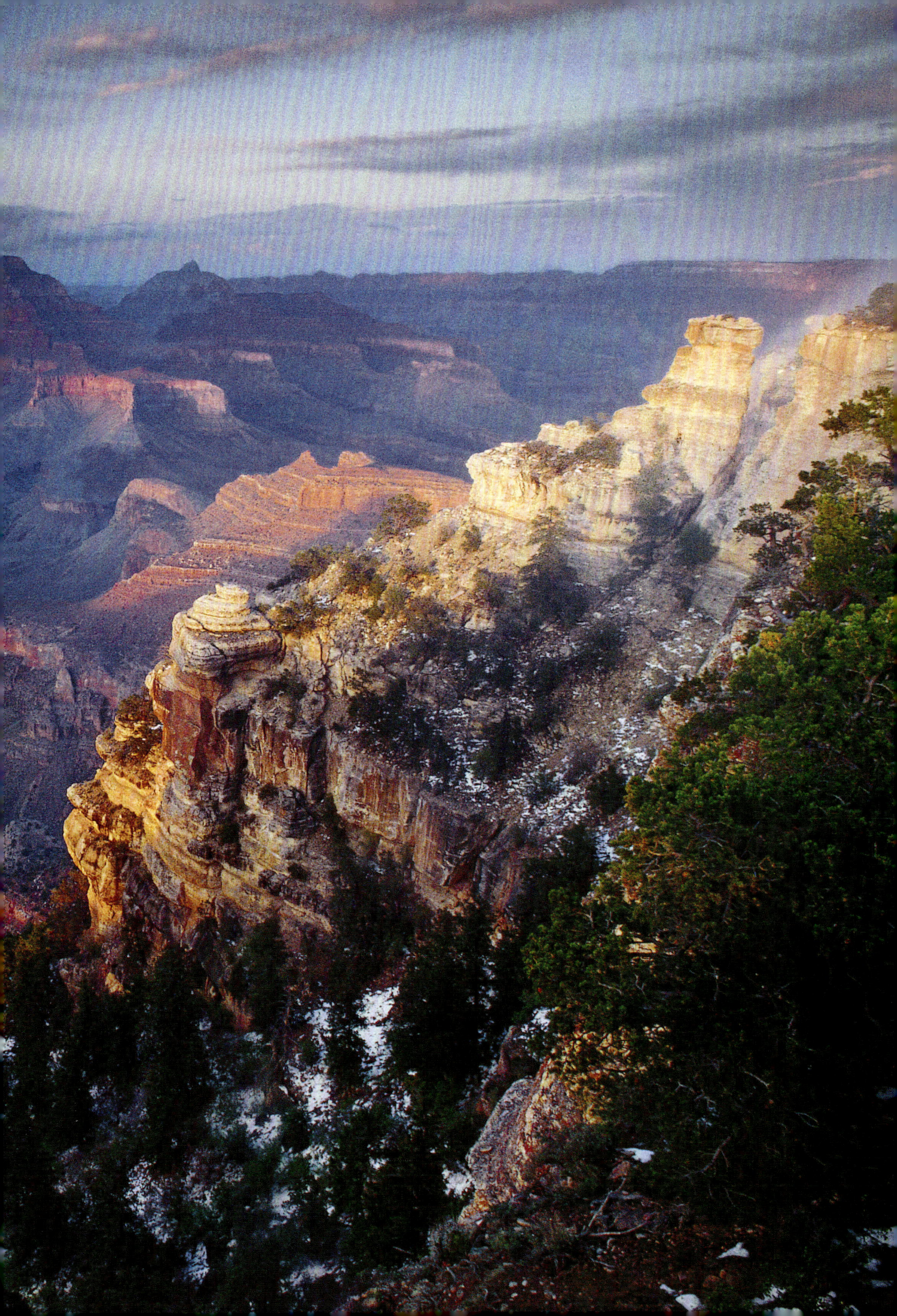

大雾山国家公园

美国 | 田纳西州和北卡罗来纳州
入选年份：1983
遴选标准：自(Ⅰ)(Ⅱ)(Ⅲ)(Ⅳ)

如今，很少有自然环境仍然完好未遭破坏的地方，能够保持着人类出现之前的样子。听上去也许有些矛盾，但的确存在这样的地方——大雾山（Smoky Mountains）就是其中之一。该山位于大雾山国家公园（Great Smoky Mountains National Park）内，每年接待800万游客，是美国游客数量最多的保护区。

大雾山国家公园建成于1926年，坐落在阿巴拉契亚山脉（Appalachian Mountains）长链南端，占地2090平方千米，公园内有高达约2000米的陡峭山峰，山峰之间由宽阔山谷相隔。

公园中部是连绵不断的石峰，石峰间水系复杂，其中的山涧急流长达3058千米。

公园覆盖了45个流域，水流随处可见。

考虑到大雾山国家公园独特的地理特征，再加上其湿热的夏季和相对温和的冬季交替的气候特征，公园的植被覆盖率达95%，也就不足为奇了。大雾山国家公园还有一个独特之处：它是北温带一些物种最后的避难所，更新世时期，这些物种迅速繁殖。

公园中约有1500种有花植物，其中130种为树栖植物，2200种为隐花植物，它们相互交织，拼接成了斑斓的植物图画。

大雾山国家公园的森林约20%为原始森林。几百年来，为发展农业，人们开垦了低海拔地区，现在植物学家把这些地区作为实验室，用以研究植物群落后续阶段的生长情况。

该地区的森林类型有14种。从生长于最高海拔处的世界上最大的红冷杉群就可看出该地森林和美国最东北的缅因州（Maine）森林群落，以及加拿大安大略省（Ontario）和魁北克省（Quebec）之间的联系。海拔稍低的地区，常绿针叶树与槭树和桦树相连，在部分山谷中，仅500平方米的范围内就有超过20种落叶阔叶树。

公园内丰富的植物群与多样的动物群相得益彰，本土的哺乳动物就有50种左右。

尽管公园里最出名的是中型哺乳动物，如赤狐、灰狐、猞猁、浣熊、獾、臭鼬、土拨鼠以及许多不同种类的松鼠和蝙蝠，但黑熊（美洲黑熊）和鹿（白尾鹿）的数量众

■ 第250页右上角　美洲飞鼠（*Glaucomys volans*）是体形最小的树松鼠。它是一种于夜间活动的啮齿动物，与许多其他中小型哺乳动物（从狐狸到土拨鼠）在公园内共享栖息地。

■ 第250页底部　钮芳隘口路（Newfound Gap Road）是穿过公园的唯一一条道路，在这条路上，游客可以欣赏大雾山（Smoky Mountains）中的各种植物。山区较低海拔处主要分布着槭树和桦树。

多，随处可见。这里的鸟类达200多种，还有世界上最多的有尾目动物种类，公园的河道为30种有尾目动物提供了栖息地。

19世纪初，该地区的野牛和马鹿（或称麋鹿）（Cervus elaphus）灭绝，但2000年，麋鹿被成功重新引进。

同年，美洲狮和郊狼从其他地区迁徙至大雾山，证明当地生态环境良好。

这些动物在切罗基人和欧洲拓荒者所熟知的重塑世界的版图中，拼凑出了额外的两块。

此外，该公园拥有美国最大的19世纪木屋群，因此也被列入了美国《国家史迹名录》。

▎第250—251页 大雾山国家公园现已发现约2200种隐花植物，包括部分从更新世时期存活至今的北温带物种。

▎第251页顶部 大雾山国家公园内的瀑布数不胜数，其中，石窟瀑布（Grotto Falls）是唯一一个水帘后有小径的瀑布。

▎第251页底部 8月底，山顶处的树叶开始变色，到了10月，山谷中的树叶也开始变色，公园的壮丽景色达到极致。

大沼泽地国家公园

美国 | 佛罗里达州
入选年份：1979
列入《世界遗产名录》
遴选标准：自（Ⅰ）（Ⅱ）（Ⅳ）
列入《濒危世界遗产名录》：1993

尽管美国人理所当然地认为自己是世界自然遗产保护政策的奠基者，但美国的民族环保意识尚未完全觉醒。通过建立大峡谷国家公园和黄石国家公园，美国创造了荒野神话，但在佛罗里达州南部，一个同样值得关注的地区却丝毫没有引起人们的兴趣。

大沼泽地气候炎热、潮湿，不适宜居住，此外，这里到处都是蚊虫和鳄鱼，所以也并不怎么吸引人。然而，此地却拥有北美唯一的热带生态系统——帕美奥基（Pa-Hay-Okee），它宽达80千米，也被塞米诺尔印第安人（Seminole Indians）称为"草河"，以慢到令人难以察觉的速度，从209千米外的奥基乔比湖（Lake Okeechobee）汇入佛罗里达湾（Bay of Florida）。遗憾的是，当人们意识到大沼泽地的价值时，该地环境恶化的趋势已经无法逆转。

1947年，哈里·杜鲁门总统建立了大沼泽地国家公园，当时佛罗里达州南部只有50万居民。1985年，当地人口已达600万，佛罗里达州政府拉响了人口警报。2015年，人口又增至700万。据估计，到2050年，

▎第252页顶部 红树林群落生长于运河和河口边，包括美国红树（*Rizophora mangle*）、海榄雌科黑皮红树（*Avicennia germinans*）以及拉关木（*Laguncularia racemosa*）。众多鸟类、鱼类及甲壳动物栖息于此。

▎第252页中间 美国短吻鳄（也称密西西比河鳄）是当之无愧的公园之王。这种凶猛的食肉动物以鸟类、鱼类、乌龟、螃蟹、水獭、青蛙为食，偶尔也会捕食自己的同类。

▎第252页底部 公园中共有16种涉禽，包括图中的小蓝鹭（*Egretta caerulea*）。小蓝鹭的数量正在不断下降，令人担忧。据估计，过去50年中，其数量下降了93%。

这个数字还将翻一番。工业化进程带来了一场环境灾难。在这场灾难之下，大沼泽地的动植物生存环境已减少了20%。14种动物濒临灭绝，所有水生动物均受到汞污染。此外，大沼泽的植物群还受到了221种外来入侵植物的威胁。1993年，大沼泽被联合国教科文组织列入《濒危世界遗产名录》，政府拨款数千万

▎第252—253页 大沼泽地国家公园占地约6000平方千米，是北美唯一的热带生态系统。植物学家们对加勒比地区的大量植物物种（60%~70%）以及高比例的地方性物种十分感兴趣。

▎第253页顶部 "草河"流淌在奥基乔比湖和佛罗里达湾之间，全长201千米，流速很慢，令人难以察觉。

▎第253页右侧 在大沼泽中，褐鹈鹕（*Pelecanus occidentalis*）并没有白鹈鹕那么稀有，但它们赖以生存的食物——鱼类，正面临着汞中毒的危险。

253

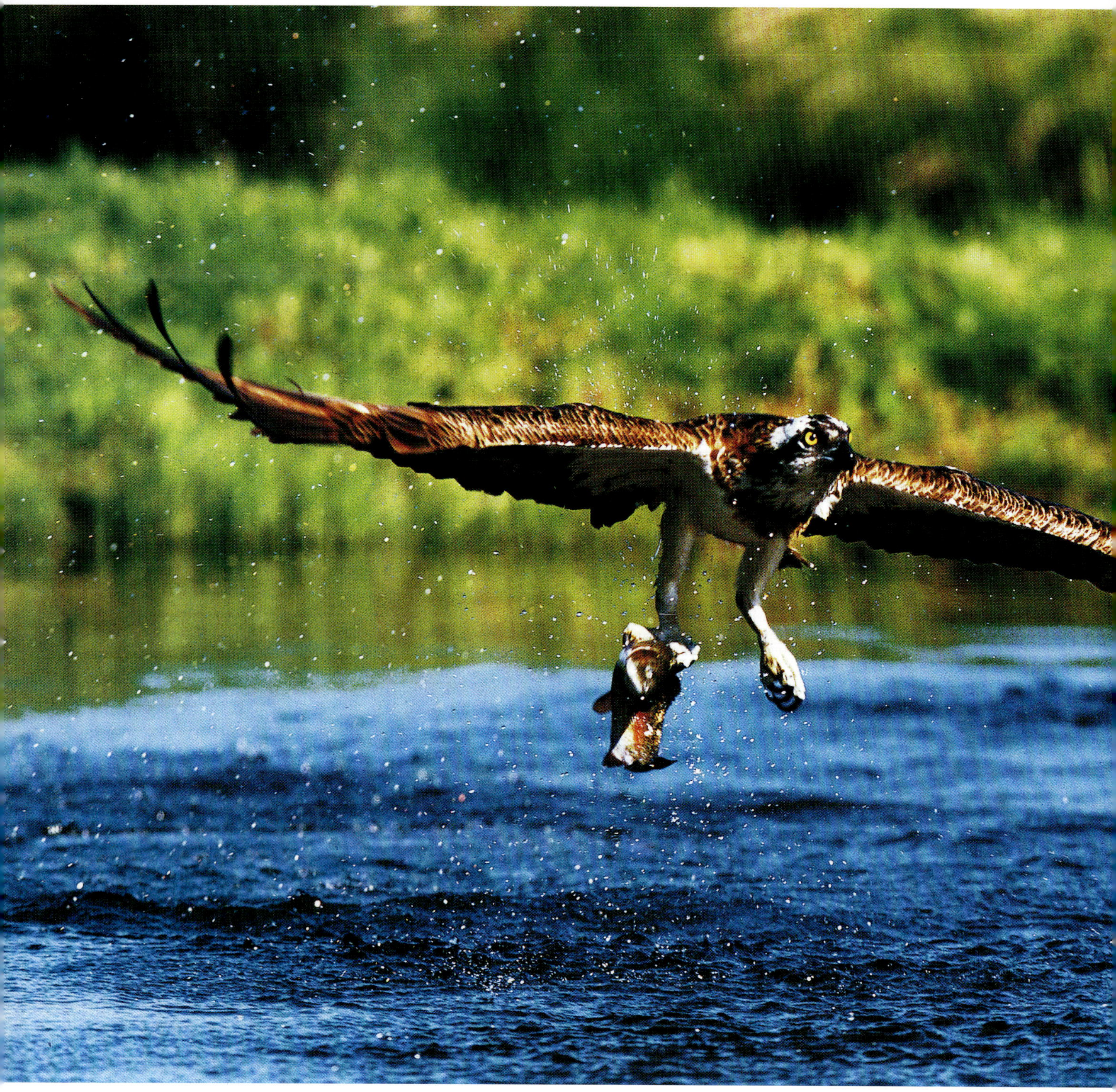

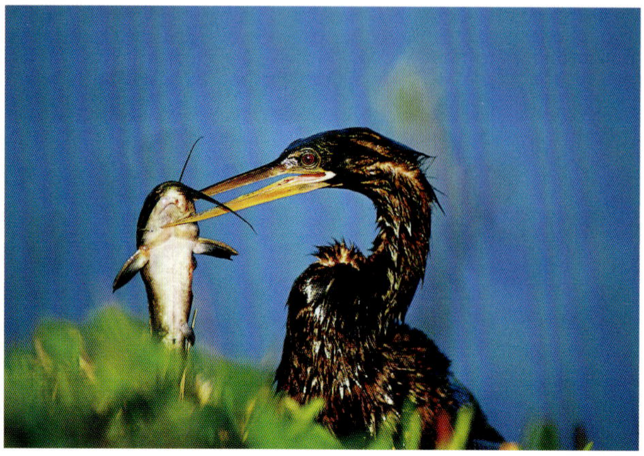

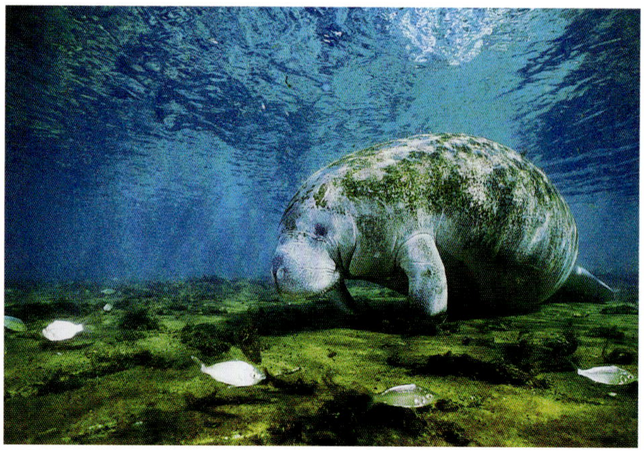

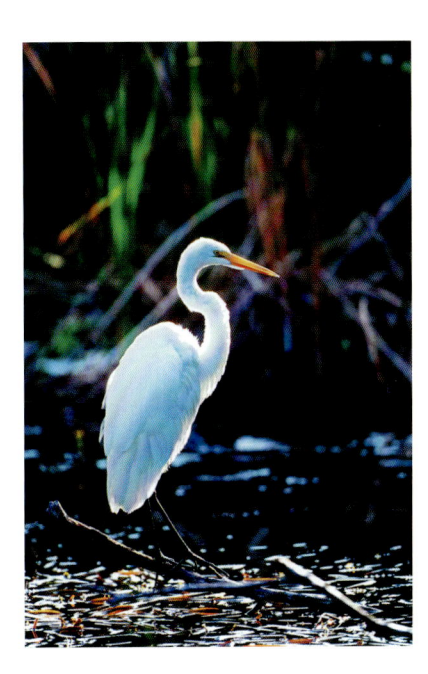

■ 第255页右侧 普通大白鹭（Casmerodius alba）是技艺娴熟的捕鱼者，冬季居于常年温暖潮湿的大沼泽地红树林中，夏季则迁徙至美国北部。

■ 第255页左侧 一只玫瑰琵鹭（Ajaia ajaja）的倩影倒映在马德湖（Mud Lake）的水面上。据估计，11月至3月间，有200多对玫瑰琵鹭在佛罗里达湾筑巢，巢穴分布在桑迪凯（Sandy Kay）、特恩基（Tern Key）和乔基（Joe Key）之间。

■ 第254—255页 一只鹗（Pandion haliaetus）在捕捉猎物。鹗的翼展可达1.7米，飞行时，很容易通过翅膀的弧度将其与其他猛禽区分开来。

■ 第254页右下角 海牛（Trichecus manatus）是一种极不具攻击性的脆弱生物，体重超过454千克。在大沼泽地，海牛的数量已下降至1000头左右。

■ 第254页左下角 一只美洲蛇鹈（Anhinga anhinga）刚刚捕获一条鲶鱼。这种鸟游泳时只有脖子和头部会浮出水面，因此被称为"蛇鸟"。

美元用于该地环境保护，这是世界上最大的环境清洁项目之一。然而，该地情况仍不容乐观。

大沼泽地国家公园占地面积超过5957平方千米，从佛罗里达湾的海洋环境到奥基乔比湖周围较为干燥的环境，公园包含许多不同类型的栖息地。在奥基乔比湖，有200种热带植物生长在温带气候特有的松树附近。这两种气候相差极大的环境区之间，有几片红树林群落生长于咸水和淡水交汇处。在更远的内陆地区，有被草本植物覆盖的泥滩、渍水草甸和柏树群落，这些植物都已具备了在滞水中存活的能力。最重要的是，公园中还有一条"草河"，每天只向前流进30米。草河中央深度为3米，河两侧的深度不足0.9米。河上还有些小岛，岛上生长着橡树和红枫。

大沼泽共有800种水生动物和陆生动物，它们的数量都在不断下降。其中海牛是最令人担忧的物种，目前仅存约100头。其次是佛罗里达山狮（Felis concolor coryi），仅存30只。人们在半数以上的佛罗里达山狮身上安装了无线电项圈，以便监测其行动轨迹。至于鸟类，多种涉禽的数量在过去50年中已下降了93%，令人担忧。

然而，该地60种爬行动物和两栖动物中的大多数都健康状况良好。美国短吻鳄是公园里最凶猛的食肉动物，也是当之无愧的大沼泽之王。但更令游客们更害怕的是公园里成倍繁殖的43种不同种类的蚊子：这些蚊子能在每平方米的土地上产下10万多个卵。尽管这些蚊子令游客十分不安，但作为食物链中的一个基本环节，它们仍旧受到当地的保护。

■ 第256页顶部 一条炽热的岩浆河流过绳状熔岩（pahoehoe）。"pahoehoe"为夏威夷语，意为极其光滑的玄武岩岩浆流表面，其纤维状熔岩壳如同面包。"pahoehoe"一词现已收录至国际地质词汇中。

■ 第256—257页 基拉韦厄（Kilauea）火山高达1250米，是全球最活跃的火山。20年以来，岩浆不断从该火山中喷涌而出，最终汇入太平洋，生成大量蒸汽团。

■ 第257页 1840年以来，持续喷发的基拉韦厄火山一直是旅游胜地。1866年，马克·吐温造访此地，对它的壮丽赞不绝口。1912年，美国地质调查局的观测站在此建立。

夏威夷火山国家公园

美国 | 夏威夷
入选年份：1987
遴选标准：自（Ⅱ）

中尉詹姆斯·金（James King）是詹姆斯·库克（James Cook）于1779年组建的探险队中的一员，他估算莫纳罗亚火山（Mauna Loa）的高度为4883米。几年后，植物学家阿希巴尔德·孟席斯（Archibald Menzies，首位登顶者）通过测量气压对火山高度进行了测算，读数为4134米，首次精准地记录了山顶高度。实际上，据美国地质调查局观测站（建于1912年）的测量结果，夏威夷西南部的莫纳罗亚火山高度为4169米。

然而，若加上海底约5000米的山体和由于火山的向上冲力而形成的高达8001米的凹地，莫纳罗亚火山的总高度可达16764米，是世界上最高的山峰，其高度几乎是珠穆朗玛峰的两倍。莫纳罗亚火山拥有约83364立方千米的火山岩，覆盖海平面以上5271平方千米的区域，无疑是体积最为庞大的火山。

莫纳罗亚火山是地球上最活跃的火山之一，历史上共有33次喷发记录。但这个喷发次数还远不及它的邻居基拉韦厄火山。基拉韦厄火山在1987—1907年一直处于喷发状态，1952年后又开始断断续续喷发，至1983年，又开启了新一轮的持续喷发。直至目前，该火山的喷发活动还未有减弱的迹象。2018年，基拉韦厄火山的喷发曾造成巨大的破坏，该火山喷发的类型被称为"夏威夷式"喷发，其特点为岩浆从火山一侧持续溢出，但很少引发爆炸。

数千年来，这些流体岩浆沉积成一层又一层的熔岩，形成了夏威夷岛壮观的火山全貌。

这两座火山都位于夏威夷国家公园（建于1916年）内。后来，公园的占地面积扩大到现在的930平方千米。

夏威夷国家公园是为保护由7000万年来地质演变所形成的景观而建立的。如今，它已成为原地动植物物种的庇护所。

夏威夷群岛是一片独立岛屿，其土壤特性适宜植物群落生长。尽管群岛的典型特征和普通岛屿相同——岛上的生物不如大陆地区多

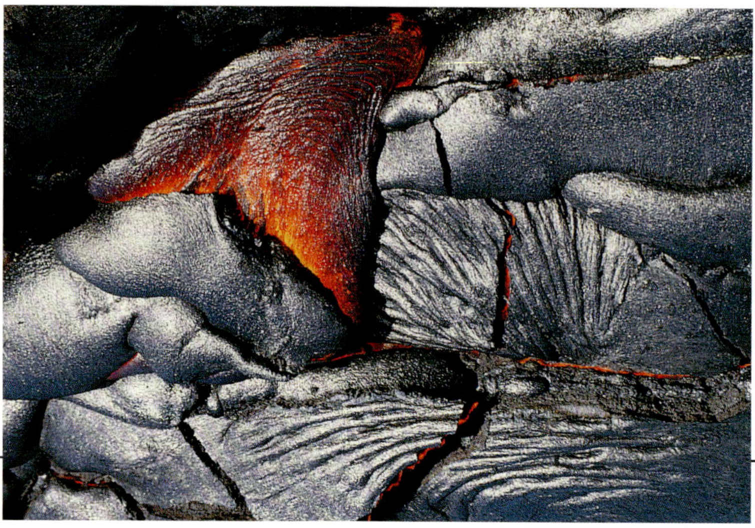

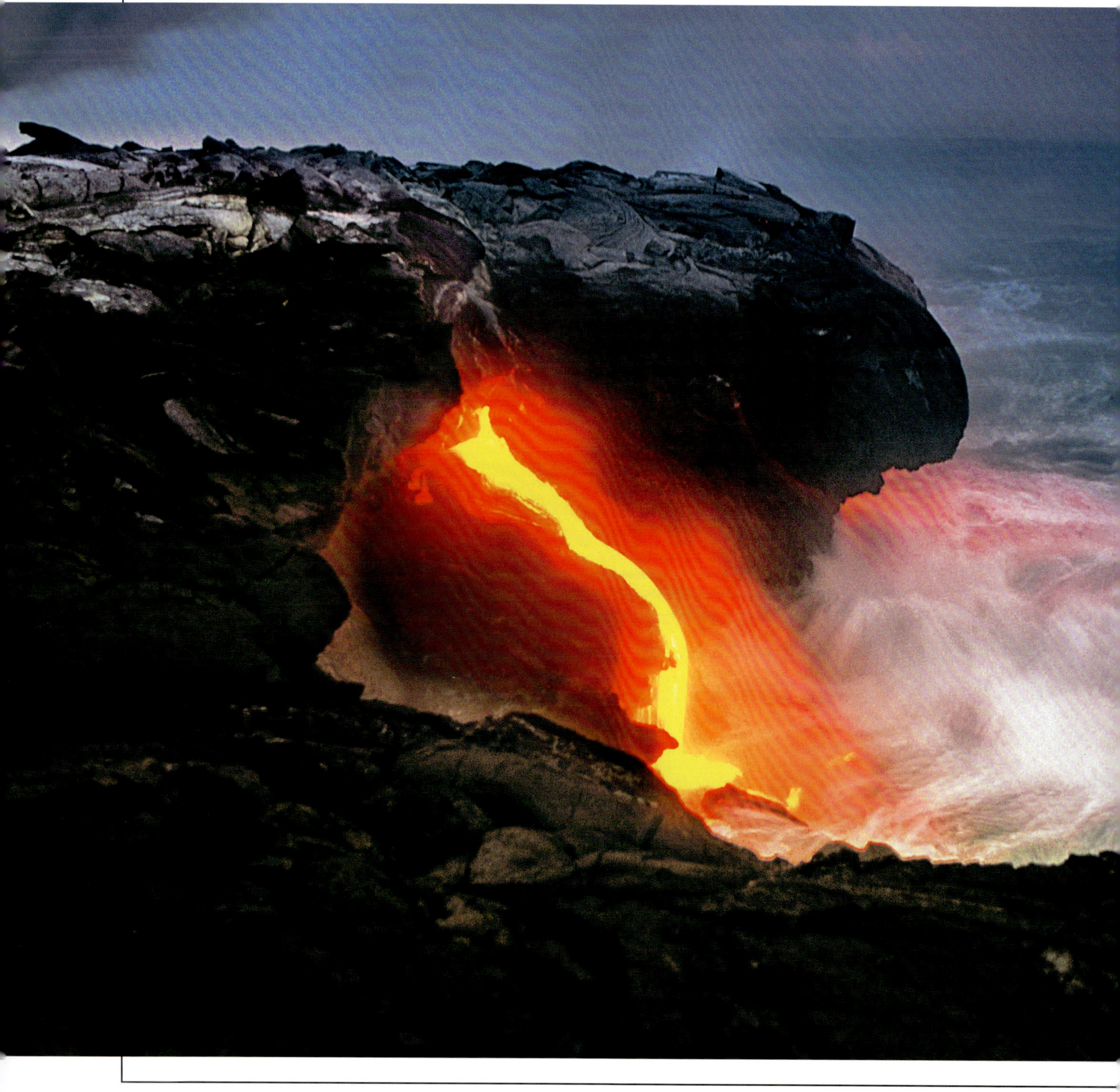

■ 第258页顶部 一条三角形的小熔岩舌渗入已冷却的岩浆沉积物中，沉积物受压开裂，形成了绳状熔岩典型的束状结构。

■ 第258—259页 基拉韦厄的岩浆从悬崖顶部流下，一直流入海中。大量岩浆持续沉积，使夏威夷岛呈现出近似月球的地貌。

样，但其特有物种所占比例却很高。

尤其是蕨类植物，它们在特有植物区系中占据很大比例，这些特有植物一般生长于海拔1494米以上的地区。外来植物则生长在海拔610米以下的地区。

灰白蝙蝠（Lasiurus cinereus）是夏威夷唯一的原始哺乳动物，也是美国最常见的一种蝙蝠。

这些蝙蝠是适应辐射的典型，因此备受关注。

公园内许多特有种已十分稀有，甚至濒临灭绝，其中包括夏威夷蜜鸟（Loxops coccineus）、镰嘴雀（Hemignathus wilsoni）、夏威夷海燕（Pterodroma sandwichensis）、褐背孤鸫（Phaeornis obscurus）、白臀蜜鸟（Himatione sanguinea）、蚋鹟（Chasiem-

■ 第259页顶部 基拉韦厄火山为世界上最活跃的火山。莫纳罗亚火山则为世界上最大的火山，由约8万立方千米的火山岩构成。从海平面下8千米深的山底算起，该火山的总高度超过16764米。

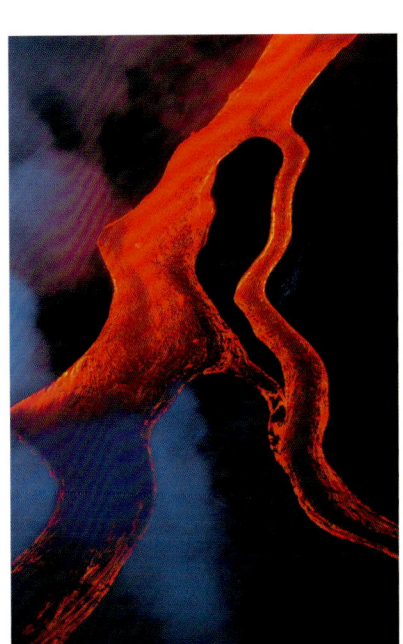

■ 第259页底部 基拉韦厄火山最初形成于60万到30万年前。过去两百多年来，该火山持续喷发，这大概是过去10万年间火山活动的可靠证明。

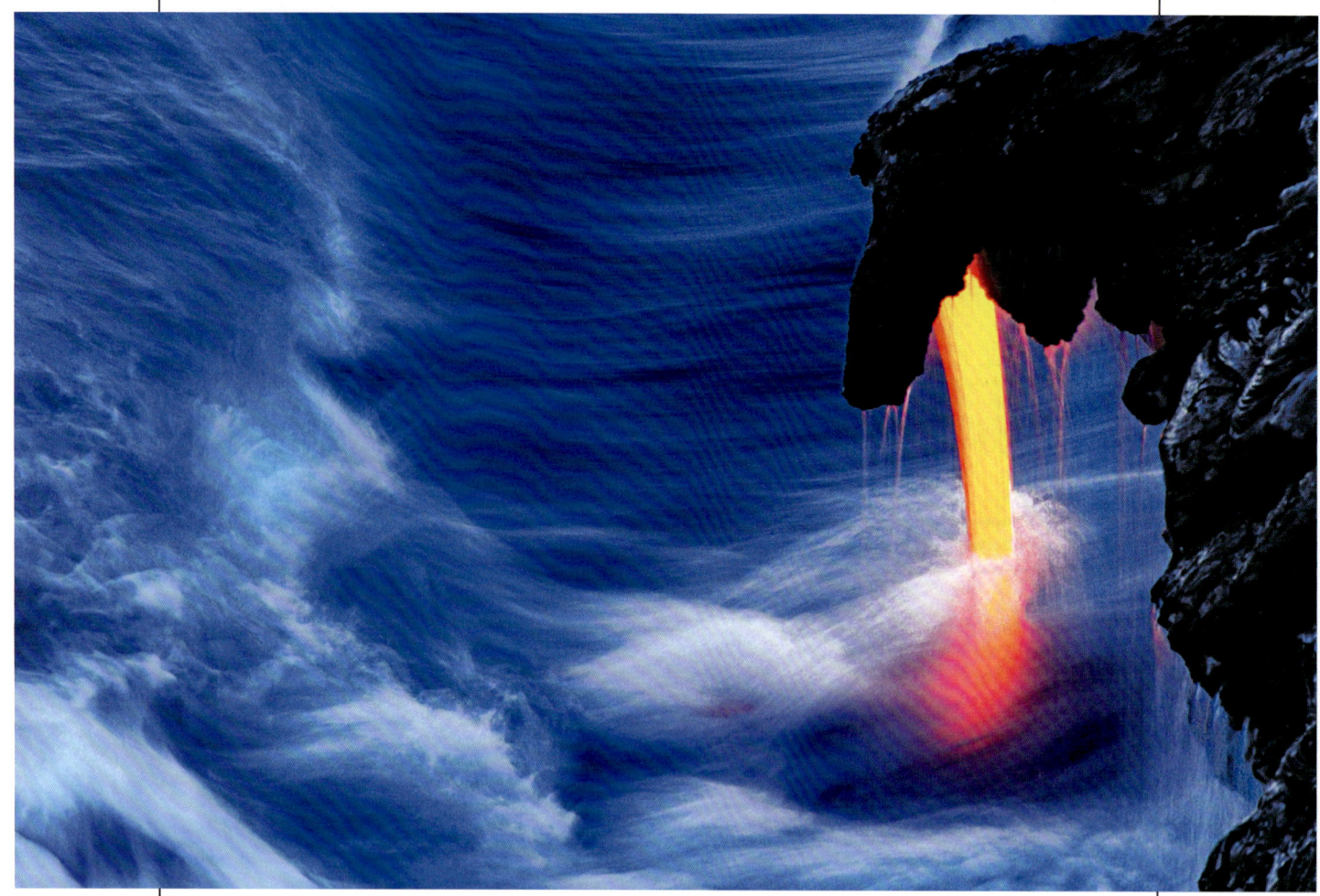

■ 第 260—261 页 20世纪，人们对莫纳罗亚火山以及基拉韦厄火山的喷发进行了详细研究。两座火山的喷发之景甚为壮观，但岩浆的流动性决定了其喷发很少具有爆炸性：一般情况下，炽热的岩浆从锥形山侧的裂缝中渗出——这种类型的火山喷发在科学上被称为"夏威夷式"喷发。

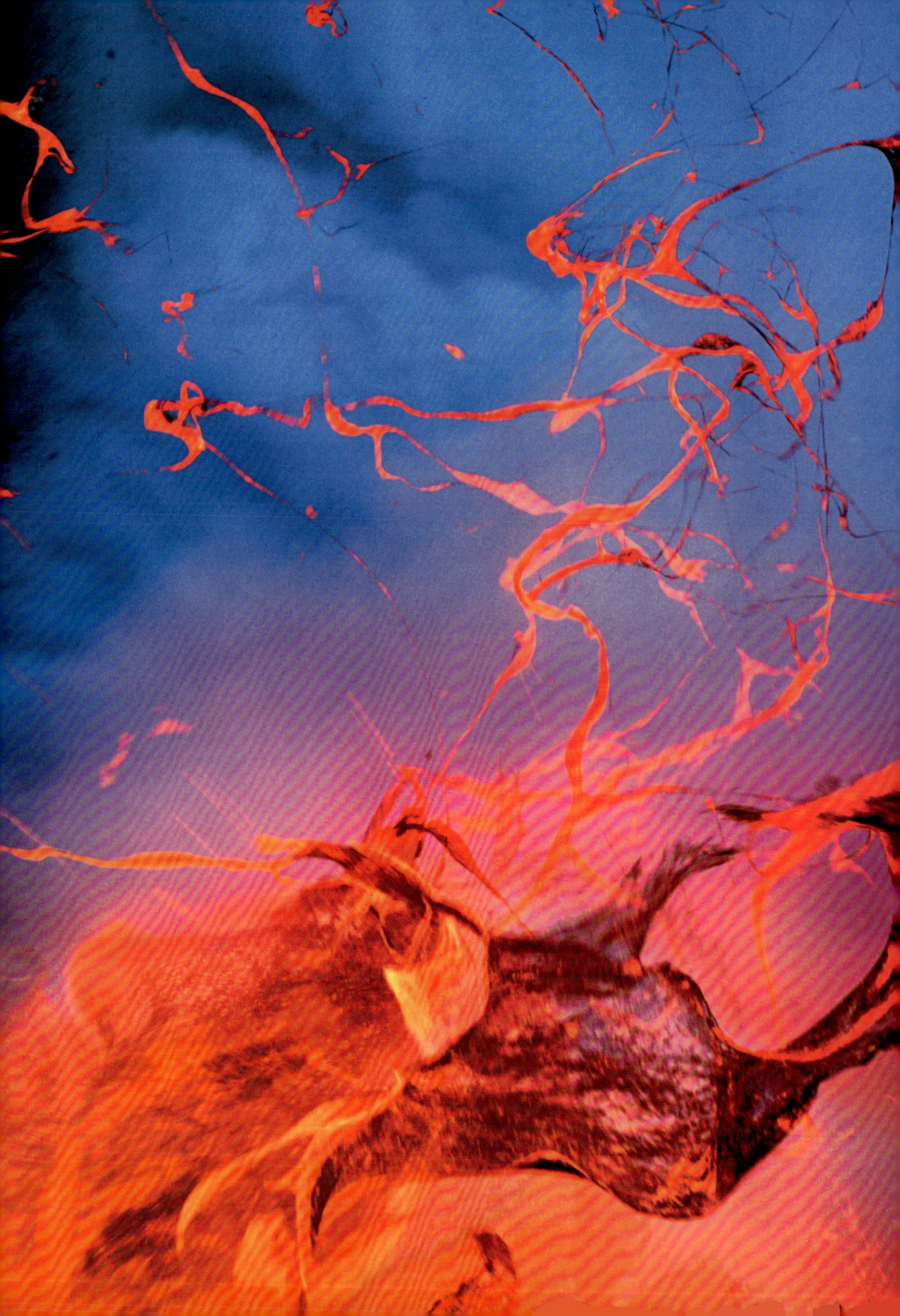

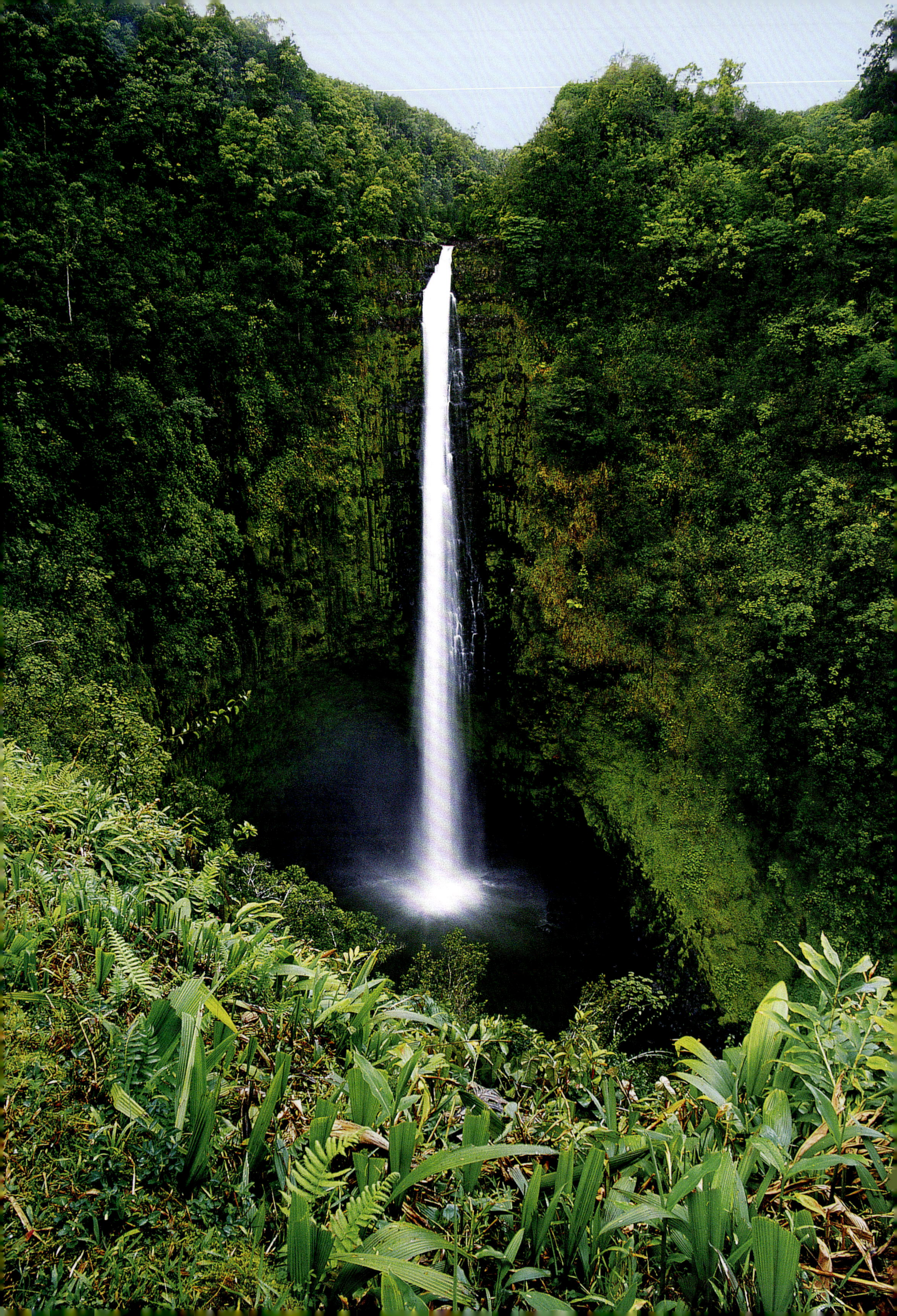

第262页 阿卡卡瀑布（Akaka Falls）是夏威夷最美丽的瀑布之一。瀑布后的岩壁完全被青苔覆盖，水流从134米高的地方倾泻而下。瀑布周边的森林以巨型蕨类植物为主，1923年，这片森林成为国家公园。

第263页顶部 图中的基拉韦厄火山口看似平静，但只是表面上处于沉寂状态。这座锥形火山在山体海拔较低处开始喷发，岩浆从山侧的裂缝中渗出。

pis sandwichensis）、夏威夷绿雀（Hemignathus virens）以及镰嘴管鸫（Vestiaria coccinea）。

不幸的是，由于外来引进物种的入侵，整个公园的生态遭到了严重破坏：野山羊和野猪毁掉了公园整片的原生植物，獴的出现也使公园内爬行动物数量锐减。

夏威夷雁（Branta sandvicensis）是当地九种特有雁类中最后的幸存者，因而被看作是保护夏威夷地区生态的象征。夏威夷雁曾遭到人类捕杀，还经历了自然栖息地的变迁。据估计，詹姆斯·库克最初到达该地时，夏威夷雁的数量约为2.5万只，但到20世纪40年代中期，其数量只剩下不到50只。

虽然自20世纪70年代起实施的夏威夷雁放归计划取得了一定成效，但夏威夷雁的生存仍有赖于人类的悉心呵护。

第263页左下角 越橘（Vaccinium reticulatum）是一种只生长在夏威夷岛和毛伊（Maui）岛的特有浆果。稀有的越橘果实是夏威夷岛上仅存的雁类——夏威夷雁最喜爱的食物之一。

第263页右下角 哈莱亚卡拉银剑（Argyroxiphium sandwicense）也许是最能代表夏威夷岛的典型植物。由于夏威夷岛是一片独立岛屿，岛上90%的有花植物都属于特有物种，但这些植物遗产的生存却受到了外来物种的严重威胁。

埃尔比斯开诺鲸鱼禁渔区

墨西哥 | 下加利福尼亚州
入选年份：1993
遴选标准：自（Ⅳ）

■ 第264页顶部　丽龟（*Lepidochelys olivacea*）是体形最小的海龟，身长最多不超过71厘米。它们既生活在中上层海域或公海水域中，也生活在海岸沿线，较为偏爱像埃尔比斯开诺（El Vizcaino）这样平静的潟湖水域。

■ 第 264—265 页 下加利福尼亚州的白色悬崖常年经受海浪冲刷，景色突出，十分引人注目。数千头太平洋鲸会沿洄游路线游至此地繁衍。

■ 第 265 页左上角和中间左侧 埃尔比斯开诺海岸的美丽海湾数不胜数，海水清澈透明。

■ 第 265 页右侧 旅游业给埃尔比斯开诺带来的压力与日俱增，也对该地区的海洋哺乳动物造成了严重威胁，加州海狮就是其一。近期，由于人类活动的侵扰，圣多明戈丘（Morro Santo Domingo）的海狮种群被迫迁离原栖息地。

蓝鲸身长24米，体重超过90吨，是现存体形最大的动物；灰鲸则体形稍小（身长13~14米，体重35~40吨），是最难以捕捉的鲸类。事实上，20世纪初，灰鲸在捕鲸者中就有"魔鬼鱼"之称。

为了过冬，蓝鲸和灰鲸都要进行漫长的迁徙：从北冰洋和阿拉斯加湾（Gulf of Alaska）迁至下加利福尼亚州的奥霍德列夫雷（Ojo de Liebre）和圣伊格纳西奥（San Ignacio）沿海潟湖，度过约3个月的交配和繁殖期。返回时，它们会沿着北美的西部海岸线行进，回程路线全长20117千米。

1933年，墨西哥禁止捕鲸，从此埃尔比斯开诺平静的潟湖群就成了鲸鱼的保护区。第二次世界大战后不久，墨西哥加入了国际捕鲸委员会。

埃尔比斯开诺生物圈保护区占地面积超过24864平方千米，包括埃尔比斯开诺沙漠（El Vizcaíno desert）、塞巴斯蒂安·维斯卡伊诺湾（Bahia Sebastian Vizcaíno）和许多沿海湖泊。虽然该保护区于1988年才建立，但奥霍德列夫雷和圣伊格纳西奥这两个沿海潟湖（总面积为3704平方千米）自1972年以来就一直受到保护。

禁止捕鲸后的30年里，灰鲸的数量从1000头（在当时几乎濒临灭绝）增至27000头。在埃尔比斯开诺水域，每年都有900头幼鲸出生。

然而，尽管北太平洋地区的蓝鲸数量已从1200头增至1700头，它们的现状却比灰鲸更加岌岌可危。目前，全球蓝鲸总数仅为12000头。

奥霍德列夫雷和圣伊格纳西奥这两个潟湖位于气候极其干燥的地区，年平均降水量仅为102毫米，潟湖周围是海岸沙丘，植被以低矮灌木为主。潟湖北端更远处有一片红树林。

■ 第 265 页底部 一群美国白鹈鹕（*Pelecanus erythrorhynchos*）在海岸附近飞行。由于气候适宜，埃尔比斯开诺成为192种鸟类的家园。

266

▌第 266 页顶部 座头鲸（Megaptera novaeangliae）是埃尔比斯开诺（El Vizcaino）水域众多海洋哺乳动物之一，在世界上所有的海洋中都有分布。

▌第 266—267 页 灰鲸（Eschrichtius robustus）（又称"魔鬼鱼"）属于哺乳动物，体型健壮，可在水下逗留 30 分钟，最深可潜入水下 152 米处，是出色的游泳健将。成年灰鲸头部巨大，会被藤壶覆盖。

▌第 267 页顶部和底部 蓝鲸（Balaenoptera musculus）外形醒目，头部硕大，是地球上最大的生物，生活在海洋深处。记录在册的最大的蓝鲸（1933 年）的长度超过 34 米。

从加利福尼亚湾（Gulf of California）到圣塞瓦斯蒂安·比斯开诺（San Sebastian Vizcaíno）的沙漠，山丘连绵不绝，高达488~579米。

除鲸鱼外，这片区域共有308种陆生动物和海洋脊椎动物（不包括鱼类），其中有4种两栖动物、43种爬行动物、192种鸟类和69种哺乳动物。重点保护动物包括：仅存200只的叉角羚（*Antilocapra americana peninsularis*）（又称美国羚羊）、北象海豹（*Mirounga angustirostris*）、金雕（*Aquila chrysaetos*）和鹗（*Pandion haliaetus*）。

此外，还有三种海龟濒临灭绝，分别是：绿蠵龟（*Chelonia mydas*）、玳瑁（*Eretmochelys imbricata*）和丽龟（*Lepidochelys olivacea*）。

实行捕鲸禁令以来，鲸鱼数量有所增加，但埃尔比斯开诺（El Vizcaíno）鲸鱼保护区的环境平衡却岌岌可危。因为近期，石油公司在此钻探石油、开采盐矿，下加利福尼亚州（Baja California）的旅游业也发展得热火朝天。

大批游客怀着保护鲸鱼的初衷来到埃尔比斯开诺，但他们过分热心，反而很有可能影响鲸类健康。

▌第268页顶部 盛开的武伦柱（*Pachycereus pringlei*）高达15米，重达10吨。这种仙人掌不仅体积硕大，还十分长寿，年龄超过200年的武伦柱并不罕见。

▌第268页中间左侧 鹗（*Pandion haliaetus*）振翅高飞，露出了其身体下部的白色羽毛。它是生活在海岸线上的捕食者，其翼展可超过1.4米。

- 第268页左下角 尽管保护区气候干燥，但这里记录在册的植物种类却较为丰富，共有443种，分属83个属，其中至少三分之一的植物为季节性灌木。
- 第268页中间右侧和底部 圣塞瓦斯蒂安·比斯开诺的沙漠位于保护区中心。沙漠边缘是旧金山山脉（Sierra de San Francisco），该地山脉连绵，高度不超过610米。
- 第269页左侧 武伦柱是世界上最大的仙人掌，它高高耸立，像巨石一样屹立在加利福尼亚的天空之下，也是圣塞瓦斯蒂安·比斯开诺沙漠的象征。
- 第269页右侧 比斯开诺8%以上的植物为该沙漠特有物种。由于保护区内的资源遭到过度开发，当地的生物多样性面临着巨大威胁。

伯利兹堡礁

伯利兹 | 入选年份：1996
遴选标准：自（Ⅱ）(Ⅲ)(Ⅳ)

■ 第270页顶部 伯利兹（Belize）的海岸是红脚鲣鸟（Sula sula）的理想栖息地，有3000~4000只红脚鲣鸟栖息在伯利兹的半月岛（Half Moon Caye）上。

■ 第270—271页 伯利兹的珊瑚礁，是大西洋至加勒比海地区最大的珊瑚礁，它从安伯格里斯岛（Ambergris Caye）海岸一直向南延伸到危地马拉（Guatemala）边境处的海岸，全长257千米，占地1000平方千米。这里景色迷人，其海洋生态系统拥有独特的生物多样性。

■ 第271页左上角
半月岛（Half Moon Caye）位于灯塔礁（Lighthouse Reef）东南部100千米处，伯利兹政府于1981年宣布半月岛为自然纪念区。

■ 第271页左下角 伯利兹海岸与珊瑚礁之间有一个大型潟湖，潟湖北部仅1.8~3米深。

■ 第271页右侧 博卡谢加（Boca Ciega），又称"蓝洞"，是位于伯利兹最北端的环礁——灯塔礁（Lighthouse Reef）中心的喀斯特地貌洞穴。

巴卡拉尔奇哥（Bacalar Chico）运河将墨西哥的尤卡坦半岛（Yucatán Peninsula）与伯利兹的安伯格里斯岛（Cayo Ambergris）隔开。由于该运河十分狭窄，长期以来都未受到墨西哥重视，因此它一直为安伯格里斯岛所拥有。安伯格里斯岛被大海环绕，海里盛产鱼类，拥有世界上最壮观的珊瑚礁。

玛雅人曾在该岛建立水运基地，后来英国海盗将其当作藏身之处。

此外，英国海盗还在安伯格里斯岛上收集被潮水冲上海岸的鲸类分泌物——龙涎香。龙涎香价格昂贵，被欧洲人视为珍宝，广泛用于欧洲香水业。

自英国海盗时代以来，人们渐渐不再认为伯利兹海岸和岛屿遍布宝藏。

如今，伯利兹最重要的资源是珊瑚礁，各种各样的旅游活动都与之有关。

自1983年起，当地的环境法令开始限制与捕鱼有关的渔业活动。伯利兹海岸上建立起了7个保护区。

伯利兹的珊瑚礁海洋生态系统从安伯格里斯岛延伸至危地马拉边境的萨波迪拉岛（Cayo Sapodilla），海岸线全长257千米，占地面积达997平方千米。该生态系统处于由洞穴通道、博卡谢加（Boca Ciega）等洞穴和石灰岩洞构成的喀斯特地貌上。该地的石灰岩洞为地下洞穴，靠近海岸的岩洞处有淡水温泉。

在海岛的陆地和礁石之间是一个巨大的、晶莹剔透的潟湖，潟湖在不同位置上的宽度和深度并不相同。

潟湖北部较浅，深度仅2~3米，宽21千米；潟湖中部深达64米，位于洪都拉斯湾（Gulf of Honduras），紧邻伯利兹旧首都伯利兹市（Belize City）；南部位于格洛弗礁岛（Glover's Reef）东部，湖底迅速下降至1006米深。

这片珊瑚礁包括约450个大小不一的沙质岛，有在涨潮时会消失的小岛，也有可供人类居住的大岛。海洋植物群包括247种藻类，海岸上生长着178种维管束植物，岛上的植物类型可分为三种：红树林；椰子树和海葡萄（Coccoloba uvifera）等攀援植物；以及某蚤草属植物（Tournefolia gnaphalodes）和海人树（Suriana maritima）等灌木。

伯利兹珊瑚礁中共有65种珊瑚，500多种鱼类（包括大石斑鱼），45

■ 第272页左上角
围绕伯利兹海洋生态系统开展的旅游业，是伯利兹的主要收入来源，却又威胁着该地脆弱的生态系统平衡。目前，伯利兹面临的最严重威胁是厄尔尼诺现象，该现象已造成许多珊瑚死亡。

■ 第272页右上角
一群银色的啮鱼聚集在礁石底部。伯利兹的珊瑚礁水域有500种鱼类、350种软体动物和各种各样的甲壳类动物。

种甲壳类动物、350种软体动物和各种各样的海绵动物。世界上的潜水者最喜欢在此潜水。

世界上最大的海牛种群也栖息于此。据估计，该地海牛数量可达700头。同时，这些星罗棋布的海滩是海龟的安家之处。塘鹅、朱鹭、火烈鸟和海鸥也栖息在潟湖和岛屿上。

围绕伯利兹海洋生态系统开展的旅游业，是伯利兹主要的收入来源。尽管伯利兹政府很清楚保护自然资源的重要性，但却依然允许许多酒店提供相关旅游服务。

由于目前气候变化带来的改变，伯利兹的生态系统正面临着威胁。例如，2000年发生的厄尔尼诺现象导致大量珊瑚死亡。

▌第272—273页 天使鱼（*Holacanthus ciliaris*）生活在海绵动物和珊瑚集中的礁石底部，其色彩鲜艳，背鳍醒目，是加勒比地区最美丽的鱼类。

▌第273页顶部 多分支珊瑚属于多孔动物门（Porifera）中的一个类群。伯利兹珊瑚礁有65种珊瑚，45种水螅虫和大量海绵动物。

▌第273页中间 瓶鼻海豚（Tursiops truncatus）长4米，是体形最大的海豚之一，它的大脑比人类大脑的体积还要大。

▌第273页底部 美洲海牛（*Trichechus manatus*）是儒艮的"美国表亲"。伯利兹水域中约有700头美洲海牛，可能是世界上最大的美洲海牛种群。

273

科科斯岛

哥斯达黎加

瓜纳卡斯特省
入选年份：1997，2002
遴选标准：自（Ⅱ）（Ⅳ）

科科斯岛被法国著名探险家雅克·库斯托（Jacques Cousteau）称为"世上最美的岛屿"；也被罗伯特·路易斯·史蒂文森（Robert Louis Stevenson）作为《金银岛》（Treasure Island）的原型；迈克尔·克里顿（Michael Crichton）更是将科科斯岛写入其小说《侏罗纪公园》。科科斯岛占地23.8平方千米，是世界上最大的无人岛，距哥斯达黎加海岸约563千米。由于降水充沛，科科斯岛成了太平洋唯一一个生长着热带森林的岛屿。科科斯岛形成于火山喷发，岛屿最高点为634米高的皮科伊格莱西亚斯（Pico Iglesias），岛上只有两个天然入口：巴伊亚威弗（Bahía Wafer）和巴伊亚查塔姆（Bahía Chatham）。

1526年，西班牙人胡安·卡贝萨斯（Juan Cabeças）发现了科科斯岛。一个世纪后，该岛成为捕鲸者和海盗补给淡水的歇脚之地，由此衍生出了许多传说，即"在科科斯岛茂密的植被中藏着许多无价之宝"。其中最著名的传说便是"利马大宝藏"，据说这处宝藏中的珍品来自50个教堂。为了在何塞·马蒂的革命袭击中保护这些珍品，西班牙秘鲁总督区总督于1820年将它们运送到科科斯岛。这个故事得到了德国探险家奥古斯特·吉斯勒（August Gissler）的证实。1889年，他亲自出任科科斯岛的总督，其唯一目的就是寻找宝藏。岛上环境潮湿，但奥古斯特仍孤身一人在岛上待了20年，最后只能满足于找到了8个达布隆（西班牙旧时的金币）。

科科斯岛的价值在于其丰富的自然资源，它也因此成为进化学说的理想研究中心。科科斯岛四面环海，植物和动物种类相对有限，与加勒比的热带生态系统几乎没什么相似之处。

科科斯岛上的植物区系包括235种维管植物、25种苔藓、27种地衣和85种真菌。以科科斯岛命名的科科棕榈在17世纪时被引入岛上，当时人们认为这里可供人类定居，便将咖啡植株、猪、山羊和猫也带到了岛上。现在它们已经成为野生动植物，并大量繁殖。

岛上的陆地动物包括87种鸟类和362种昆虫，但最受关注的是这里的海洋生物。

科科斯岛的堡礁是太平洋上物种最丰富的珊瑚礁之一，堡礁上有32种珊瑚、57种甲壳类动物和500

第275页顶部 在科科斯岛的中心，无数溪流汇聚成迷人的池塘和瀑布。两条主要的急流——热尼奥河（Genio）和皮特蒂埃河（Pittier）——发源于塞罗伊格莱西亚斯（Cerro Iglesias）（634米），流入巴伊亚威化河（Bahía Wafer）。

第274—275页 白顶礁鲨（Triaenodon obesus），身体细长，其学名为灰三齿鲨。"白顶礁鲨"更为贴切地表明了它背鳍和尾鳍上的白色标记。

第274页底部 科科斯岛的海岸除了有两个狭窄的自然通道外，还有高低不平的峭壁，峭壁高达201米。

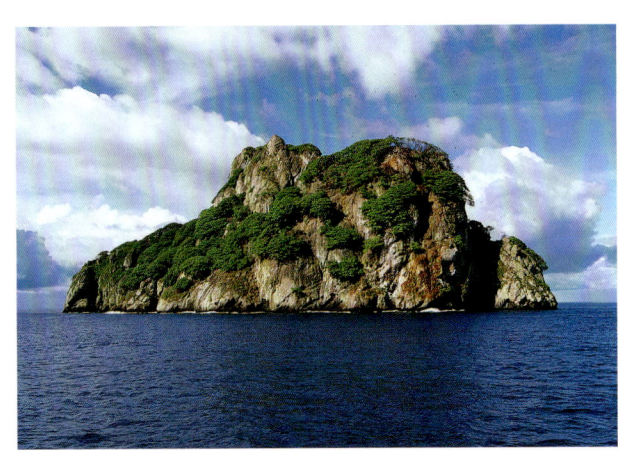

第275页底部 曼努埃拉岛（Isla Manuelita）坐落在科科斯岛北海岸附近，岛屿面积不大，有成群的塘鹅和军舰鸟。在较平静的东海岸，有成群的海龟和娃娃鱼。

种软体动物。

该岛还是海豚的家园，较为著名的物种有宽吻海豚（*Tursiops truncates*），此外还有绿蠵龟（*Chelonia mydas*）和玳瑁（*Eretmochelys imbricata*）。最出名的是岛上的鲨鱼群，数量居世界首位。

科科斯岛附近的海域有大量浮游生物，是鲸鲨（*Rhincodon typus*）的理想栖息地。白鳍鲨（*Triacnodon obesus*）喜欢待在"清洁站"，那里的小虾会吃掉这些大型掠食者粗糙皮肤上的寄生虫。更有趣的是，既凶猛又聪明的锤头双髻鲨（*Sphyrna lewini*）常会聚集在一起。

锤头双髻鲨行为复杂，运动能力非凡，科学家将它们称为"海洋灵长类动物"。

在科科斯岛潜水是每个潜水爱好者的梦想，但是，该水域不仅对潜水员而言十分危险，对鲨鱼来说也同样危险。制药行业对鲨鱼软骨的需求不断增长，助长了鲨鱼偷猎活动。

据估计，科科斯岛每个月都会有6000头鲨鱼被捕杀。而哥斯达黎加作为美洲唯一不具备军事力量的国家，对遏制这样的环境灾难无能为力。

▎**第276页顶部** 成群的虹生活在科科斯岛南海岸的卡波·丹皮尔（Cabo Dampier）海角。17世纪中叶，探险家威廉·丹皮尔（William Dampier）登上该海角，这里便以他的名字命名。

▎**第276页中间** 礁石的裂缝中待着一只白边真鲨（*Carcharhinus albimarginatus*），小鱼和小虾正吞食着这只食肉动物皮肤上的寄生虫，这里是白边真鲨的"清洁站"。

▎**第276页底部** 虹与鲨鱼不同，虹允许清洁鱼食用它们身上的寄生虫。这类大型生物仅以浮游生物为食，不会伤害到人类。图片中为鬼蝠魟（*Manta hamiltoni*）。

▎**第276—277页** 锤头鲨是一种颇具侵略性的软骨鱼，全身长达4米，头部长度相当于全身长的24%至30%，特点鲜明，不会被认错。

▎**第277页左上角** 科科斯岛因其有大量捕食者而出名，该岛附近的珊瑚礁作为太平洋东南部最大的珊瑚礁之一，也同样出名。除了数量众多的鱼类外，科科斯岛还有32种珊瑚、57种甲壳动物和500种软体动物。

▎**第277页右上角** 一条头戴海草假发的海鳗好奇地凝视着镜头。这条海鳗为光海鳝（*Muraena argus*），其身上标志性的白色斑纹很容易辨认。

277

瓜纳卡斯特自然保护区

哥斯达黎加

瓜纳卡斯特省和阿拉胡埃拉省
入选年份：1999
遴选标准：自（Ⅱ）（Ⅳ）

每年8月至12月，约250000只海龟会来到纳兰霍（Naranjo）海滩和南茜特（Nancite）海滩产卵。尽管这种现象被当地人称为"驾临"（arribada），但它更像是海龟的全面入侵。在中美洲，想要看到如此壮观的景象，首选之地一定是瓜纳卡斯特自然保护区（Guanacaste Conservation Area）。首先到达海滩的是绿蠵龟（Chelonia mydas），紧随其后的是橄榄色的里德利海龟（Lepidochelys olivacea）和巨型棱皮龟（Dermochelys coriacea）。为了防止海龟产卵受到影响，海洋保护区向太平洋延伸了19千米。该自然保护区于1989年由哥斯达黎加政府建立，包括海滩和巨大的沿海平原，并穿过瓜纳卡斯特山脉（Cordillera Guanacaste），一直延伸到大西洋。

海龟筑巢地只是瓜纳卡斯特自然保护区的众多景点之一。保护区覆盖了1199平方千米的陆地和500平方千米的海洋，汇集了不同生态系统的特殊区域，是研究热带动植物区系至关重要的实验室。森林占据了保护区的大部分面积，可分为七个植被区。举例来说，仅在干旱的热带雨林中，因土地类型和迎风程度不同，记录在册的植物丛群就有20种。在潮湿的热带雨林中，生

■ 第278页右上角 在圣罗莎国家公园（Parque Nacionál Santa Rosa），一只鬃毛吼猴（Alouatta palliata）在安全的树上向外眺望。这种灵长类动物与卷尾猴（Cebus capucinus）生活在同一区域。

■ 第278页左上角 维耶华的林空（Rincón de la Vieha）是保护区最大的一处火山（海拔1916米）。32条缓流和16条急流从该火山汇入滕皮斯克河（Tempisque）。滕皮斯克河对瓜纳卡斯特省（Guanacaste）的居民来说十分重要。

■ 第278页左下角 瓜纳卡斯特自然保护区有37个需保护的淡水湖和咸化潟湖。其中一些湖中生长着完全未遭人类破坏的红树林。

■ 第278页右下角 奥罗西火山（Orosí Volcano）位于保护区西部。该火山区碳酸钙含量很高，有许多沸腾的小型泥火山口。

■ 第279页顶部　南茜特海滩位于圣罗莎国家公园（Parque Nacionál Santa Rosa）内，海滩全长仅1.6千米多。整个保护区的陆地面积为1199平方千米，海洋面积为500平方千米。保护区内的动植物群占哥斯达黎加总数的65%。

■ 第279页底部　8月至12月间，在保护区内约19千米长的海滩上，250000只海龟来此产卵，该现象被称为"驾临"。

▎第280页顶部　一只华丽的猩红色金刚鹦鹉（Ara macao）拍打着翅膀，发出嘈杂的声音，飞向天际。金刚鹦鹉是世界上最大的鹦鹉，也是非法鸟商的重点捕猎目标。

▎第280—281页　一只树蛙（Hyla crepitans）牢牢抓着棕榈果实。棕榈树在靠近海岸的森林中繁茂生长，森林中大部分树木属于书带木属（Clusia）。

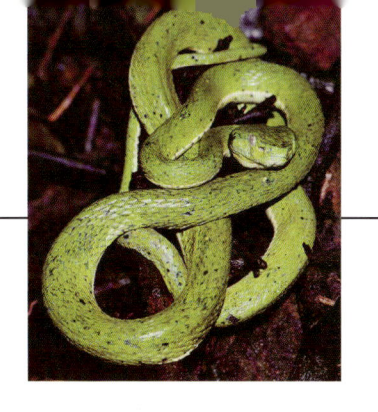

第281页顶部 一条哥斯达黎加矛头蝮（Bothrops lateralis）被摄影师吓到，将自身盘绕起来。在瓜纳卡斯特省，共有500种记录在册的爬行动物，其中一半都是蛇类。

第281页底部 一只蓝色的小蝴蝶吮吸着红色赫蕉（Heliconia）的花蜜，两者形成了鲜明对比。瓜纳卡斯特自然保护区内约有5000种蝴蝶。

长着世界上数量最多的嘉德丽雅兰（Cattleya skinneri），这种美丽的兰花是哥斯达黎加的国花。

保护区内共有37个咸化沿海潟湖，其中索利港（Puerto Soley）、夸希尼基尔（Cuajiniquil）、圣埃伦娜（Santa Elena）和波特雷罗格兰德（Potrero Grande）的潟湖是中美洲（Central America）最大的潟湖。湖中生长着大片红树林，包括美洲红树（Rhizophora mangle）、桗木（Avicenna nitida）和银叶钮扣树（Conocarpus erectus）等稀有树种。

在瓜纳卡斯特山脉中央，有一处淡水湖，位于维耶华的林空（Rincon de la Vieja）。维耶华的林空是一座火山，共有三个火山口，其中最大的火山口海拔高度为1917米。

尽管最后一次火山大喷发发生于20世纪80年代，但火山底部的喷气孔和火山灰（沸腾的火山泥浆）表明火山仍在持续活动中。

32条缓流和16条急流从维耶华的林空流出，全部汇入滕皮斯克河（Tempisque）。滕皮斯克河对瓜纳卡斯特省的农民十分重要。

保护区内的陆地动物包括200万种昆虫（仅蝴蝶就有5000种），500种鸟类和许多需保护的哺乳动物，如白唇西猯（Tayassu pecary）、长尾虎猫（Felis wiedii）、卷尾猴（Cebus capucinus）和鬃毛吼猴（Alouatta palliata）。

令人惊奇的是，该自然天堂在哥斯达黎加的历史中十分重要。瓜纳卡斯特自然保护区包含了圣罗莎国家公园（Parque Nacional de Santa Rosa），该公园以1580年建立的圣罗莎庄园命名。1856年，公园的主体建筑建立在了圣罗莎战役（Battle of Santa Rosa）的战场上。该战役是哥斯达黎加摆脱西班牙殖民的第一步，也是最重要的一步。

1966年，这座具有殖民风格的建筑成为哥斯达黎加的民族纪念碑，如今是保护区管理部门的总部。

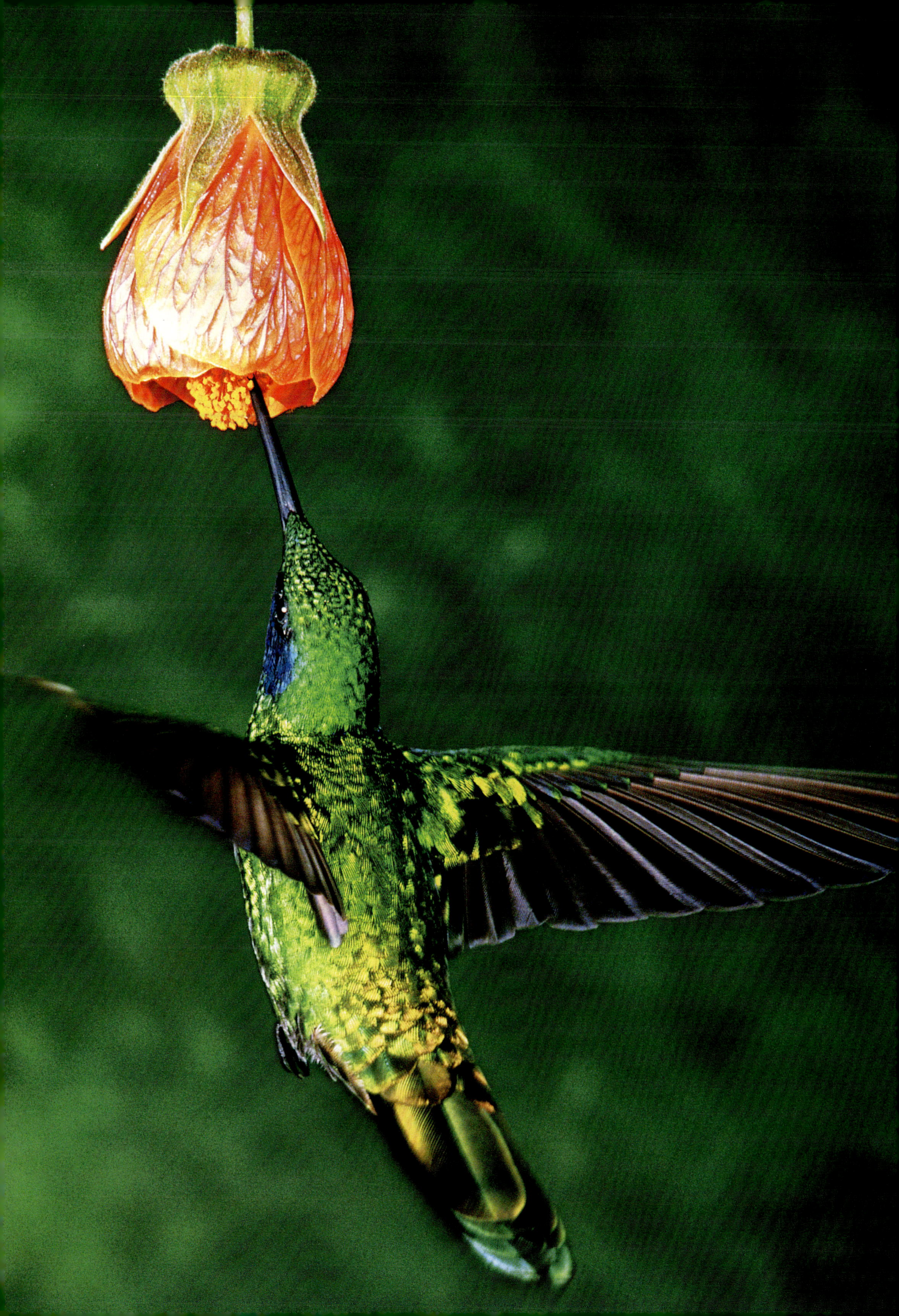

达连国家公园

巴拿马

达连省
入选年份：1981
遴选标准：自（Ⅱ）（Ⅲ）（Ⅳ）

1502年，哥伦布抵达巴拿马海岸，几年后，达连省安提瓜的圣玛丽亚城（Santa María Antigua del Darién）建立。这一切对于埃姆贝拉人、沃内安人和库那族人等原住民民族来说，并不是什么好消息。殖民严重影响了他们的风俗习惯。这些原住民依靠象牙椰（*Phytelephas macrocarpa*，一种棕榈树，其果实与象牙十分相似）的果实才得以生存下来。

达连原住民极擅长雕刻象牙果，在塑料发明之前，这一直是他们的收入来源，同时也为西班牙人带去丰厚的商业利润。象牙果可雕刻成纽扣、珠宝、骰子和棋子之类的物品；在维多利亚时代，即便是用象牙果雕刻出的物品，也会被当作是象牙雕刻出来的，价格昂贵。尽管巴拿马运河带动了该地区的发展，但居住在这里的原住民仍然过着狩猎、刀耕火种的生活，仍用象牙果雕刻神像。达连国家公园的生态环境未遭破坏是这种生活方式得以保留的一部分原因。

公园建于1980年，位于哥伦比亚边境，是北美洲和南美洲在地理位置、植物区系和动物区系上的交汇处。公园占地5957平方千米，从太平洋海岸一直延伸到达连山脉（Serranía del Darién）的最高峰——塔卡库纳山（Cerro Tacarcuna，海拔高达1875米）。这片狭长地带位于两块大陆之间，由火山岩沉积物覆盖。在漫长的地质年代中，这里曾多次被淹没，又重新出现。

这块陆地最近一次出现是在更新世初期。

达连国家公园内有海滩、悬崖、红树林、淡水草甸、沼泽、棕榈林和中美洲最大的热带雨林。该热带雨林是中美洲生物多样性最丰富的生态系统，其林冠高达40~49米。最常见的树种是悬铃木叶卡夫木棉（*Cavanillesia platanifolia*），其叶呈橘红色。

山地森林中生长着附生植物、凤梨科植物和兰科植物，广泛分布着至少40种当地特有的南美脂豆木（*Prioria copaifera*）。

太平洋红树林沼泽中生长着红色红树林（美洲红树）（*Rhizophora*

▎第282页 辉紫耳蜂鸟（*Colibri coruscans*）扇动翅膀的频率最高可达每分钟1000次。

▎第283页顶部和中间 达连热带雨林的林冠高达40~49米。

▎第283页左下角 一只九带犰狳（*Dasypus novemcinctus*）正在探险。

▎第283页右下角 一只普通林鸱（*Nyctibius griseus*）将自己完美地伪装在树枝顶端。

mangle)、黑色红树林（*Avicennia nitida*）和白色红树林（*Lagularia racemosa*），还有桑科某植物（*Mora oleifera*）和紫檀（*Pterocarpus officinalis*）。

科学家对该地动物群并没有进行极细致的研究。即使如此，他们还是注意到了许多地方性动物种，包括啮齿动物——粗毛囊鼠（*Orthogeomys dariensis*），以及小型有袋动物——巴拿马细负鼠（*Marmosops invictus*）。

达连国家公园栖息着美洲所有种类的猫科动物，包括美洲虎（*Pantera onca*）、美洲狮（*Felis concolor*）、美洲豹猫（*Felis pardalis*）、长尾虎猫（*Felis wiedii*）和细腰猫（*Felis yagouaroundi*）。

此外，公园内还生活着水豚（*Hydrochoerous hydrochaeris*）以及丛林犬（*Speothos veneticus*）、大食蚁兽（*Myrmecophaga tridactyla*）、棕头蜘蛛猴（*Ateles fusciceps*）和中美貘（*Tapirus bairdii*）等濒危物种。

该公园也是世界上最大的角雕（*Harpia harpyja*）群落的家园。

最近，从阿拉斯加到阿根廷路段的泛美公路（Panamerican highway）正在建设中，这会威胁到达连国家公园这片热带天堂。

这条主干道已经影响到其他地方的原住民。巴拿马政府与美洲开发银行之间签署了一项协议，将暂时避免因修建和使用公路对达连脆弱的生态系统造成威胁。

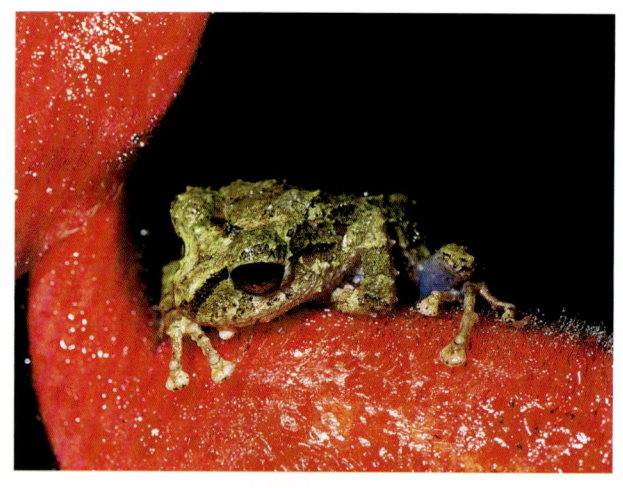

■ 第284页顶部 哥伦比亚红尾蚺（*Boa constrictor imperator*）十分危险。该亚种的雌性个体体形比雄性大，身长可达2米。

■ 第284页中间左侧和右侧 达连国家公园有一些奇怪的动物，如卵齿蟾属（*Eleutherodactilus*）的多种青蛙和全身布满棘刺的蚱蜢（*Markia histrix*）。

■ 第284页左下角 致命的红蚁在下层灌木丛的草茎上"吸食"蚜虫分泌的"蜜汁"。

■ 第284页右下角 达连年降雨量在2540~3556毫米，其潮湿的环境非常适合蜗牛生存。

■ 第285页 姜属植物上有一只卵齿蟾属（*Eleutherodactylus*）的蟾蜍。

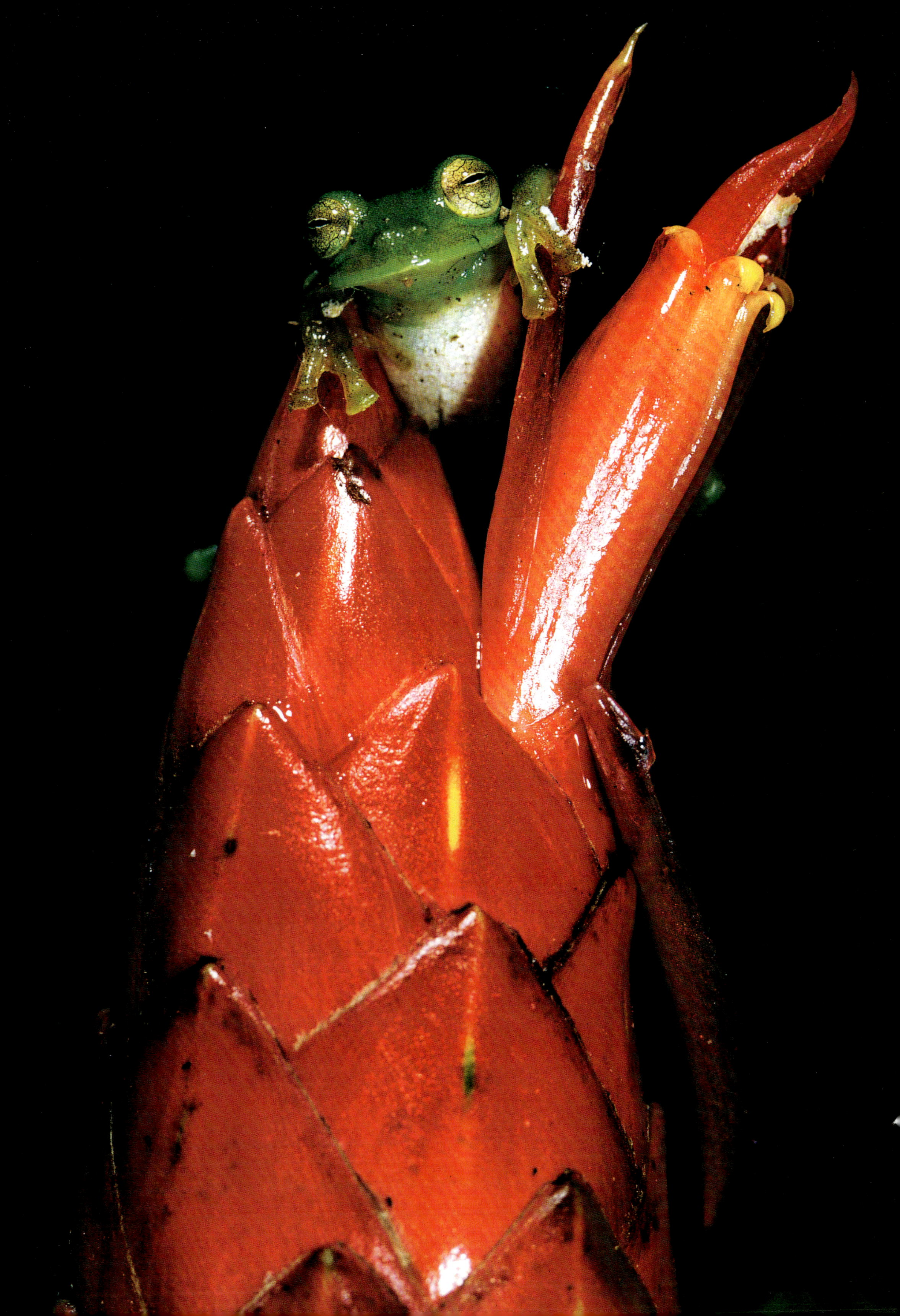

卡奈伊玛国家公园

委内瑞拉

玻利瓦尔州
入选年份：1994
遴选标准：自（Ⅰ）（Ⅱ）（Ⅲ）（Ⅳ）

阿瑟·柯南·道尔（Arthur Conan Doyle）爵士（夏洛克·福尔摩斯的创造者）的小说《失落的世界》是最早以保护自然环境为主题的著作之一。小说中"失落的世界"的灵感来源便是位于委内瑞拉玻利瓦尔州的多色砂岩平顶山脉——特普伊山（tepuy）。

事实上，柯南·道尔从未到过特普伊山。他可能是被英国皇家学会（Royal Society）的博物学家的狂热报道所打动。这些博物学家是首批探索拉丁美洲那片辽阔而又偏远的地区的人。1937年，美国探险家吉米·安赫尔（Jimmy Angel）为了寻找传说中的"埃尔多拉多"（El Dorado，西班牙传说中的黄金国），驾驶一架小型飞机离开巴拿马，降落在奥扬特普伊山（Auyán-tepuy）上，这才发现了无比壮阔的特普伊山。吉米在该地停留了几个小时后，由于无法重启飞机，便选择步行出发。11天后，他终于到达了有人居住的地方。这时，他已收集了一整袋金块。最重要的是，他告诉当地人，自己发现了世界上最大的瀑布。

为了纪念吉米，这道瀑布被命名为"安赫尔瀑布"。瀑布高达1002米（是尼亚加拉瀑布的15倍），水流从瀑布顶部落入潭中需14秒。此外，安赫尔瀑布还是委内瑞拉最大的旅游景点之一，于1964年被纳入卡奈伊玛国家公园（Parque Naciónál Canaima）。该公园位于巴西和圭亚那交界处奥里诺科河（Orinoco）南部，占地面积约30000平方千米，是地球上第六大公园。公园由三个自然地理区域组成：海拔335~640米的起伏低地、海拔792~1494米的大萨瓦纳（Gran Sabana）高原和海拔991~2810米的特普伊山顶，罗赖马山（Roraima）为其最高峰。该公园也是卡罗尼河（Río Caroní）的发源地。卡罗尼河及其众多支流，汇入古里大坝（Guri Dam），为委内瑞拉提供了60%的电力。

从地质学上讲，卡奈依马国家公园由前寒武纪岩石在6亿年的侵蚀作用下形成。公园低地和大萨瓦纳的植被主要是当地居民称之为"morichales"的湿地鳞果榈属（Mauritia）草本植物和灌木；潮湿的热带森林具有丰富的生物多样性，特普伊山的河道、斜坡和峡谷附近有许多当地特有物种。许多食肉植物生长在特普伊山系中，植物学家称之为"泛特普伊"（Pantepuy）。据估计，公园内有3000~5000种显花植物和蕨类植物，以及500多种兰科植物。

公园内的动物总数不算突出，但动物种类繁多，包括118种哺乳动物、550种鸟类、72种爬行动物和55种两栖动物。该地区的巨型犰狳（Priodotes maximus）、大食蚁兽（Myrmeophaga tridactyla）和长尾虎猫（Leopardus wiedii）被列入《国际自然保护联盟濒危物种红色名录》中。公园中，巨嘴鸟、鹦鹉和蜂鸟等羽毛鲜艳的鸟类更引人注目。相比之下，"森林之王"美洲豹生性胆怯、沉默寡言，非常罕见。

1993年，一位匿名人士将公园附近720平方千米的森林转让给委内

■ 第286页顶部 贾斯珀瀑布（Jasper Waterfall）虽没有安赫尔瀑布雄伟壮观，但它是大萨瓦纳（Gran Sabana）的一大奇迹。该地由6亿年的侵蚀形成。

■ 第286页左下角 美洲豹（Panthera onca）是一种生性胆怯、谨慎多疑的猫科动物，在公园内并不常见。尽管卡奈伊玛国家公园的动物种类繁多，但其动物群数量并不丰富。

■ 第286页右下角 该公园占地面积约30000平方千米，是世界第六大自然保护区。

瑞拉，这是以保护自然为目的、面积最大的土地捐赠，已被记入《吉尼斯世界纪录大全》中。

▌第287页 安赫尔瀑布是世界上最高的瀑布，总高度达1002米，比尼亚加拉瀑布高15倍。安赫尔瀑布水流落差达807米，需14秒才能从顶部落入潭中。

加拉帕戈斯群岛

厄瓜多尔

入选年份：1978年、2001年
遴选标准：N(Ⅰ)(Ⅱ)(Ⅲ)(Ⅳ)

■ 第288页顶部 费尔南迪纳岛（Fernandina）地处加拉帕戈斯群岛的最西端，位于赤道以南数千米处。炽热的岩浆从群岛上的蓬塔埃斯皮诺萨（Punta Espinosa）附近喷涌而出，景色壮丽。

■ 第288页底部 费尔南迪纳岛上的蓬塔埃斯皮诺萨附近茂密生长着熔岩仙人掌（Brachycereus nesioticus cactus）。岛上没有人为引进的植物或野生动物，是地球上罕见的自然环境之一。

1835年，年轻的博物学家查尔斯·达尔文搭乘"贝格尔"号（H.M.S. Beagle）到达了加拉帕戈斯群岛（Galápagos Islands）。在这里，他发现了"一群非常不寻常的雀鸟：它们有结构相近的喙、相似的短尾和体形以及类似的羽毛形状……看了这些体形小而密切相关的鸟类在构造上的级进和多样性之后，人们确实会推想，这个物种为了各种不同的目的发生了变异。"24年后，达尔文《物种起源》一书出版，标志着生物进化论的形成。

在这本书中，达尔文提出了关于生物进化不同的假设，其中包括"渐变论""共同祖先学说""自然选择，适者生存"等。达尔文发现的这群褐色的雀鸟在进化论的发展中起着决定性的作用，它们分属13个物种，后来被统称为达尔文雀族（Darwin's finches）。

加拉帕戈斯群岛历尽沧桑，经历了多次变迁。事实上，早在300年前，巴拿马主教弗赖托马斯·贝兰加（Tomás de Berlanga）就发现了加拉帕戈斯群岛。这里最初无人居住，在17和18世纪时成了海盗的避难所：他们在这里靠岸补给淡水，并将生活在这里的巨大陆龟，即著名的加拉帕戈斯象龟（Geochelone elephantopus）捕捉到船上饲养，以便能吃到新鲜的肉类。事实上，这片群岛就是以它们命名的："加拉帕戈斯"即为西班牙语中的"陆龟"。达尔文也对这种特殊的陆龟很感兴趣，他觉得这些陆龟非常美味，并在笔记中特意写到了龟壳烤肉的美味，以及用幼龟熬制的汤有多么鲜美。

由于这些岛屿几乎完全与世隔绝，因此加拉帕戈斯象龟同达尔文雀族一样也是生物进化中非同寻常的例子：经过不断进化，象龟体重增至250千克，寿命可长达100多年。很早以前，有个别陆龟单体生活在加拉帕戈斯群岛上，加拉帕戈斯象龟曾被认为是其后代，并被与之归为同一种族。但实际上，加拉帕戈斯象龟包含14个亚种，其中三个亚种现已灭绝，还有一个亚种目前仅存一个个体。目前我们还无从

基多

▌第 288—289 页 费尔南迪纳岛是一个荒凉的岛屿，同时也是群岛中最有趣的岛屿，这里常有火山喷发，景观也常是黑暗而荒凉的。该岛是许多海鬣蜥（Marine Iguana）的家园。

▌第 289 页顶部 巴托洛梅岛（Bartolomé），是加拉帕戈斯群岛中最年轻、最壮观的岛屿，其地貌如同月球表面一般凹凸不平。岛上有一系列半月形海滩和风景如画的熔岩，这些熔岩中最著名的是平纳克尔岩（Pinnacle Rock）。

▌第 289 页左下角 胡德岛（Hood Island）以岛上的喷水口蓬塔苏亚雷斯（Punta Suarez）而闻名，其喷出的水柱高度由海浪的力量决定，高达 15~30 米不等。

▌第 289 页右下角 图为圣地亚哥的一个小火山口。圣地亚哥东海岸有一片巨大的结壳熔岩场，形成于 1897 年一次猛烈的火山喷发。

290

■ 第290—291页 小军舰鸟（Fregata minor）的雏鸟在出生后的一年内都需亲鸟喂食，因此这种鸟两年才繁殖一次。图片中为一只雌鸟及其雏鸟。

■ 第290页底部 加岛信天翁（Phoebastria irrorata）能够在空中飞行一整年而不着陆。在胡德岛的园丁湾（Gardener Bay）附近栖息着全世界几乎所有的加岛信天翁，数量约有一万对。

■ 第291页顶部 一只猎鹰袭击了加拉帕戈斯象龟。加拉帕戈斯群岛上生活着约15万只加拉帕戈斯象龟。

■ 第291页左下角 蓝脚鲣鸟（Sula nebouxii）不是加拉帕戈斯群岛的特有物种，其在加利福尼亚湾（Gulf of California）和太平洋其他地区也有分布。

■ 第291页右下角 弱翅鸬鹚（Phalacrocorax harrisi）是唯一一种无法飞行的鸬鹚，也是加拉帕戈斯群岛最濒危的物种之一。

知晓，在历经了几千年对环境的适应后其不同种群之间是否还能进行杂交。随着捕鲸者的到来——其中包括赫尔曼·梅尔维尔（Hermann Melville），他就是在这里得到了创作小说《白鲸记》的灵感——这些陆龟的命运可想而知。据估计，被猎杀的陆龟超过10万只，而存活下来的仅有1.5万只左右。

加拉帕戈斯群岛位于赤道以南，距南美洲海岸805千米，由13个主要岛屿、7个较小的岛屿和100多个小岛和珊瑚礁组成，总面积达8029平方千米。群岛由火山熔岩和岩浆构成，岛上至今仍有几座活火山。

1832年，当这些岛屿被厄瓜多尔（Ecuador）占领时，基多（Quito）政府便启动了一项殖民计划，各个族群开始在此定居。目前约有1.8万人集中居住在加拉帕戈斯群岛的首府巴奎里佐莫雷诺港（Puerto Baquerizo Moreno）以及阿约拉港（Puerto Ayora）和圣克鲁斯（Santa Cruz）两个城镇。1959年，群岛97%的区域被归入国家公园；1986年，当地建立海洋保护区，以保护岛屿周围的水域。1978年和2001年，国家公园和海洋保护区分别被注册为世界遗产。

除了雀鸟和陆龟，加拉帕戈斯群岛还生活着大量其他的动植物，是一个绝佳的开放式动植物研究实验室：该岛的动植物都是独立进化的，因而拥有世界上最高的特有物种比例。这里共有300余种鱼类、1600余种昆虫、80种蜘蛛、300余种鞘翅目、650余种软体动物。除此之外，这里还有一些特有的海鸟，包括弱翅鸬鹚以及一种信天翁、三种塘鹅和两种海鸥。加拉帕戈斯群岛上还栖息着海狮、加拉帕戈斯海豹和唯一一种生活在热带水域的企鹅。19世纪时，毛皮猎人非常喜爱这种海豹的皮毛。

群岛上的爬行动物也值得一提。它们在没有捕食者的环境中自由进化，包括壁虎、蛇、熔岩蜥蜴和陆鬣蜥，其中值得注意的是海鬣蜥：它是世界上唯一的水生蜥蜴物种。加拉帕戈斯群岛的每一块石头上几乎都能看到这种爬行动物的身影，它们在陆地上生活，却以水中的藻类为食。据估计，海鬣蜥的总数在20万至30万之间，其数量受到了2001年"杰西卡"号油轮溢油事故的严重影响。据《自然》杂志2002年6月版报道，自事故发生以来，圣菲岛（Santa Fe）上的海鬣蜥死亡率异常上升。

加拉帕戈斯群岛的生态系统极其脆弱，而人类活动已经对其产生了深刻影响。1976年，一群野狗袭击了一个由500只陆鬣蜥组成的群落，杀死了所有鬣蜥；20世纪90年代，

▎第292页左上角 鬣蜥多为陆生动物，但海鬣蜥（*Ambyryrhynchus cristatus*）可以游泳。它只以海藻为食，而其他鬣蜥则没有这种习性，因此海鬣蜥几乎有无限的食物来源，但同时也增大了被海洋捕食者捕捉的风险。

▎第292页右上角 加拉帕戈斯群岛的每一块岩石几乎都是海鬣蜥的家园。海鬣蜥的总数据估计在20万至30万之间，海岸线每1000码（约914米）左右就聚集着约三千只海鬣蜥。

▎第292页中间 加拉帕戈斯群岛海狮（*Zalophus californianus wollebaeki*）是加利福尼亚海狮（Californian sea lion）的一个特有亚种，可能是游到了这片群岛后便在此定居，并逐渐与其亲缘物种产生分化。

▎第292页底部 加拉帕戈斯企鹅（*Spheniscus mendiculus*）与麦哲伦企鹅（*Magellan penguins*）的基因相近，它们之所以能够在群岛所处的赤道水域生存，主要得益于流经费尔南迪纳岛和伊莎贝拉岛（Isabela Islands）的洪堡德寒流（Humboldt Current）。

▎第292—293页 一群海狮在莫斯克拉岛（Mosquera Island）的海滩上闲逛。海狮是一种海洋哺乳动物，它们和企鹅、鸬鹚一样，受到了厄尔尼诺现象的影响。1997—1998年期间，其主要群落中的海狮数量减少了48%。

▎第293页顶部 一只绿海龟（*Chelonia mydas*）试图在巴托洛梅岛（Bartolomé）的海滩上安全产卵，但就在几米外的地方，一只加拉帕戈斯群岛鵟（*buteo galapagoensis*）正在伺机而动。

偷猎者捕杀了至少120只巨龟。同时，查尔斯·达尔文基金会在保护群岛生态系统的过程中也遭到了厄瓜多尔政府的极大阻碍：自20世纪80年代以来，厄瓜多尔政府设立了激励机制，以促进居民移居群岛，使得岛上居民的数量以每年8%左右的速度增长。

■ 第294页顶部 良卡努库湖（Lagunas Llanganuco）大部分位于瓦斯卡兰国家公园内，属于园中最著名的湖系。保护区中有296个清澈的冰河湖泊。

■ 第294—295页 瓦斯卡兰（Nevado Huascaran）被称为"公园之心（Corazón del Parque）"，海拔6768米，是利马以北的安卡什（Ancash）的布兰卡山脉（Cordillera Blanca）的最高峰，也是安第斯山脉第二高峰，海拔仅次于阿空加瓜山（Cerro Acongagua，海拔6960米）。

■ 第295页顶部 布兰卡山脉包含世界上最高的热带山脉，共有27座山峰，海拔均超过6000米，山脉间的663条冰川和41条河流分别汇入桑塔河（Rio Santa）、玛拉茸（Marañon）和帕蒂维尔卡盆地（Pativilca basins）。

瓦斯卡兰国家公园

秘鲁 | 秘鲁安卡什大区
入选年份：1985
遴选标准：自（Ⅱ）（Ⅲ）

安第斯女王（Puya raimondii）是世界上最大的凤梨科植物，只分布于布兰卡山脉（Cordillera Blanca）波尔达·帕切托峰（Quebrada Pachacoto）最隐蔽、阳光最充足的一侧，海拔3700~4206米处。该地共有2.8万株安第斯女王，这种植物可生长至10米高，在其100年的生命中仅开一次花：数千朵花同时开放，结出数百万颗种子，场面十分壮观。该树得名于安东尼·奥雷蒙迪（Antonio Raimondi），他是19世纪意大利的一位旅行家和科学家，毕生致力于代表利马大学（University of Lima）探索秘鲁。

安第斯女王仅仅是瓦斯卡兰国家公园（Parque Nacionál Huascarán）的众多景观之一。该国家公园建立于1975年，旨在保护秘鲁安第斯山脉（Peruvian Andes）及其园内热带地区的最高山脉，布兰卡山脉。公园位于瓦伊拉斯小巷（Callejón de Huaylas）和孔丘科斯小巷（Callejón de Conchucos）之间，从北到南绵延177千米，最大宽度约为21千米，占地面积为3398平方千米，包括27座海拔超过5998米的山峰、663座冰川、296个湖泊和41条激流。这些激流最终汇入三条河流：桑塔河（Santa）、帕蒂维尔卡河（Pativilca）和玛拉茸河（Marañon）。

该公园位于瓦斯卡兰山（Mount Huascarán，安第斯山脉的第二高山）海拔2499~6768米，有七个不同的栖息地，小气候种类繁多，从潮湿的山林到河流冻土带均有分布。这里气候变化多样，为约800种安第斯植物（分属于140个科，340个属）提供了生长环境。该公园中最引人瞩目的是奎纳尔（一种类似于栓皮栎的多角栎属树木）森林的遗迹以及大量红门兰属及尾萼兰属的兰花。

▍第295页中间 瓦斯卡兰国家公园拥有秘鲁基础设施最完善、布局最良好的道路，是来自世界各地徒步旅行者的天堂。

▍第295页底部 纳瓦多宛多伊山（Nevado Huandoy）海拔6395米，宏伟地矗立在布兰卡山脉北部地区。该山系由火山喷发形成，仍存在一定程度的地震活动，上一次剧烈地震发生在1970年。

■ 第296页左上角　纳瓦多宛多伊山高耸于瓦伊拉斯小巷之上。该公园有7种不同的植物栖息地，小气候多样，从潮湿的山林到河流冻土带均有分布。

■ 第296页右上角　骆马站立时的肩高为1.4米，是世界上最小的骆驼科动物，同时也是最健壮和最有耐力的品种之一；其身体结构使之非常适合生活在高海拔地区。

尽管布兰卡山脉的动物数量已经因狩猎而大量减少，但这里仍是许多哺乳动物的家园，如美洲狮（Felis concolor incarum）、眼镜熊（Tremarctos ornatus）、潘帕斯猫（Oncifelis colocolò）和骆马（Vicugna vicugna）。

该公园有112种鸟类，其中也包括一些稀有物种，如安第斯神鹫（Vultur grypnus）、大骨顶（Fulica gigantea）和杂色鵟（Buteo poecilochrus）。

然而，瓦斯卡兰国家公园的真正价值在于其举世罕见的地貌。该公园有许多雪山，其中最高的为瓦斯卡兰山和宛多伊山。这些雪山是登山者最青睐的旅行目的地，每年都会吸引成千上万的徒步旅行者。这些登山者主要在美丽的冰川湖岸周围游览，如良卡努库湖（Lagunas Llanganuco）、七色湖（Laguna de Siete Colores）以及桑塔河（Rio Santa）的发源地——科诺科查潟湖（Gran Laguna de Conococha）。

阿尔帕玛尤山（Nevado Alpamayo）是布兰卡山脉中最特别的一座高山，其海拔近6096米，轮廓如同一座金字塔，傲然矗立于该山脉难到达的地区之一，只有少数专业登山者能够冒险到达此地。1966年，德国《高山》杂志（Alpinismus）将它评为"世界上最美丽的山"。

■ 第296页底部　一头眼镜熊紧抱着安第斯女王的花朵。安第斯女王是世界上最大的凤梨科植物，生长50~100年后才会开花，这是其生命中第一次，也是唯一一次开放。

■ 第297页　瓦斯卡兰国家公园共有112种鸟类，其中最稀有的为安第斯神鹫和大骨顶。

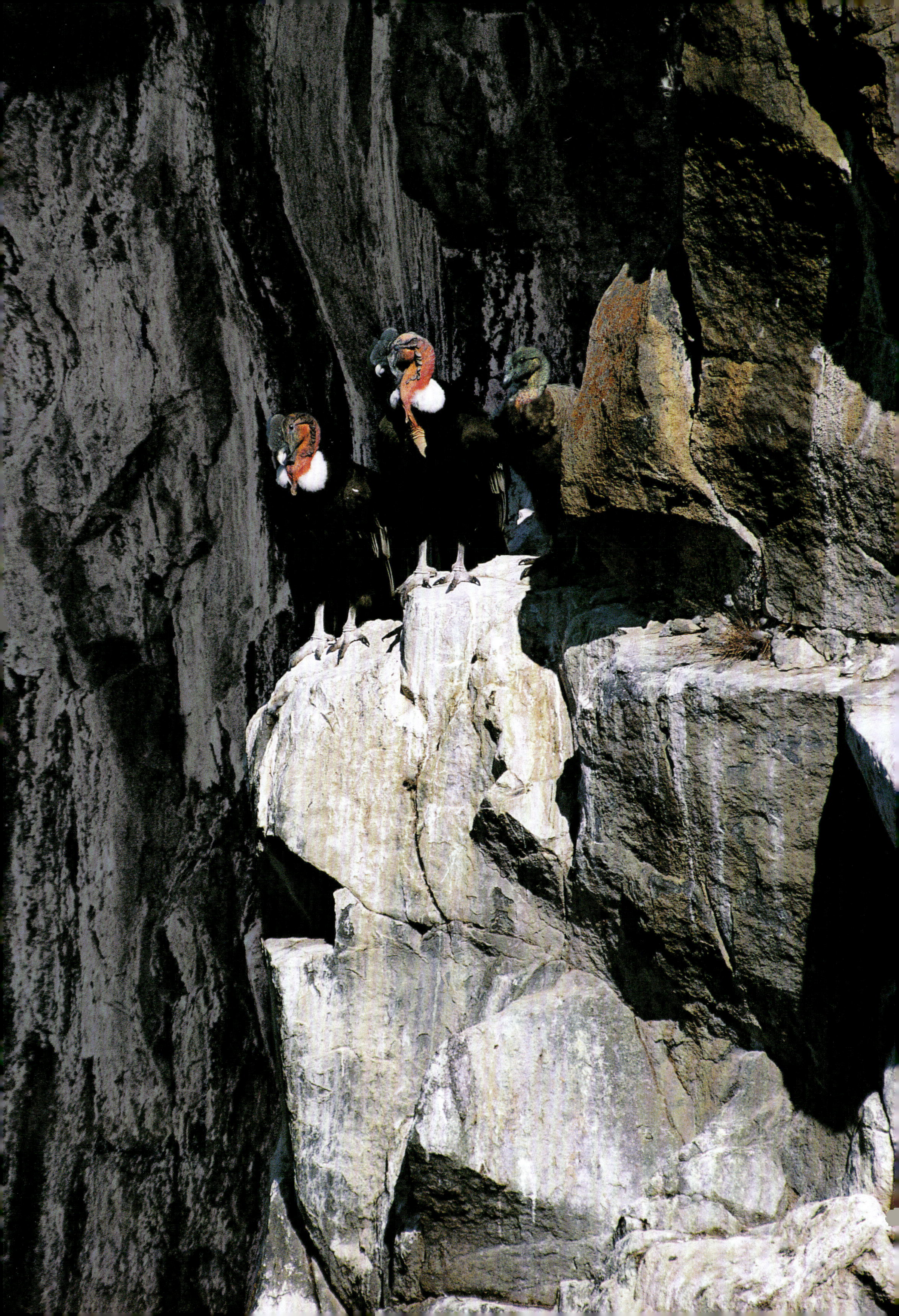

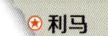

■ 第298页左上角 瓦斯卡兰国家公园是全球生物多样性最丰富的地区，拥有世界上15%的鸟类品种和至少13种濒危动物。

■ 第298页右上角 藤本植物是马努（Manu）的一大奇迹。该区域最近的一次抽样调查中，在仅0.01平方千米的土地上就发现了分属43个物种的79类藤本植物。

■ 第298—299页 瓦斯卡兰国家公园占地15333平方千米，分布于马努河（Rio Manu，海拔366米）和华斯卡山（Cerro Huascar，海拔3999米）之间。

■ 第299页顶部 印加和前印加文明认为树兰属的兰花是神圣的植物，其花瓣下垂，在秘鲁的森林中很常见。仅在马努，就有大约3000种兰花被编入物种名录。

玛努国家公园

秘鲁	马德雷德迪奥斯大区和库斯科大区、马努省和保卡坦博省
	入选年份：1987
	遴选标准：自（Ⅱ）（Ⅳ）

第299页中间 图中这组蝴蝶包含月燕蛾（*Urania leilus*）和炬蛱蝶（*Panacea prola*）。目前还无法对公园内的大量无脊椎动物进行分类，但据估计其中约有50万种节肢动物。

黑凯门鳄（*Melanosuchus niger*）身长可达6米，是中生代恐龙的远亲，也是亚马孙流域最凶猛的食肉动物之一，因其珍贵的鳄鱼皮而遭到捕杀，濒临灭绝。金刚鹦鹉属的鹦鹉以五颜六色的羽毛而闻名，是世界上最大的鹦鹉，体长可达将近1米。美洲豹（*Panthera onca*）是美洲最强大、体型最健壮的猫科动物；它在夜间捕食，最喜欢的猎物是貘、鹿、凯门鳄和海龟，同时也是水蟒唯一的天然捕食者。

大食蚁兽（*Myrmecophagidae tridactyla*）是一种无牙哺乳动物，舌头长达0.6米，可以探入蚂蚁的巢穴。

巨獭（*Pteronura brasiliensis*）虽属鼬科，但实为食肉动物，身长最多可达2米，在亚马孙河流域被称为"河海狮"。

所有这些珍奇生物都有两个共同点：第一，都被列入了《世界自然保护联盟的濒危物种红色名录》；第二，都生活在秘鲁亚马孙河流域广阔的玛努国家公园（Parque Nacionál Manu）中，该保护区被植物学家和动物学家认为是世界上生物多样性最丰富的地区。

玛努国家公园以亚马孙河的支流马努河（Rio Manu）命名，位于秘鲁安第斯山脉东部海拔366~3993米处，占地15022平方千米，覆盖了马努河和上马德雷德迪奥斯河（Rio Alto Madre de Diós）支流的整个流域。其地貌形态大多为由晚第三纪（距今1.1亿至100万年前）的沉积岩构成的冲积高原和丘陵低地。

该地海拔1494米以上的山区具有早期沉积岩和变质岩（形成于距今4.4亿多年前）的特征。

公园所处的海拔跨度较大，因而包含多样的大气条件，从安第斯山脉的干燥气候到亚马孙河潮湿的热带气候均有分布。因此，公园内动植物的生物多样性丰富，只能对动植物物种数量进行粗略估测。从植物学的观点来看，目前没有任何一项全面调查是在大部分位于高原上的封闭区域内进行的。最近，一项研究对可加卡舒（Cocha Cashu）生物站附近5平方千

第299页底部 玛努国家公园的森林错综复杂，其生物多样性十分丰富，以至无法进行全面普查。最近的一项研究在5平方千米的范围内就发现了1147种维管植物。

米范围内的物种进行了调查，共发现了1147种维管植物，其中在仅仅0.01平方千米的区域内就发现了200种维管植物。

值得一提的是，仅在这一区域内就发现了18种榕属植物；而在秘鲁的其他地区仅分布了15种榕属植物。

该项研究还发现了79种藤本植物，其中的43种都发现于一个仅有936平方米的区域内。

在动物群方面，玛努国家公园的情况更为特殊。鉴于所研究的地区都是平地，可以估计，公园中的物种总数远远超过迄今记录的800种——尽管这一数字已经等同于拉丁美洲鸟类总数的25%，世界鸟类总数的近15%。公园的哺乳动物种群包括13种猴子和至少100种蝙蝠；除此之外还有许多濒危动物，如大犰狳（Priodotes maximus）、美洲豹猫（Felis pardalis）、安第斯山虎猫（Orealurus jacobita）、秘鲁马驼鹿（Hippocamelus antensis）和眼镜熊（Tremarctos ornatus）。

除此之外，玛努国家公园还是12种（分属7科）爬行动物和77种两栖动物的栖息地。

然而，玛努国家公园繁多的动

▎第300页顶部 麝雉（Opisthocomus hoazin）是与布谷鸟亲缘关系最近的一种鸟，长有红棕色的大头冠，很像史前生物。

▎第300页中间左侧 蜂鸟（Phaetornis hispidus）的翅膀能够高速震动，如果不是被相机"定格"，一般难以看清其翅膀。

▎第300页中间右侧 金刚鹦鹉（Ara macao）是世界上体形最大、最濒危的鹦鹉，其羽毛鲜红，十分醒目。这种鹦鹉社交能力很强，群居于黏土墙体之上，十分嘈杂。

▎第300页底部 金嘴蝎尾蕉（Heliconia rostrata）颜色花哨，对蜂鸟来说有着不可抗拒的吸引力，因而蜂鸟是这种植物最常见的传粉者。在亚马孙河地区，常见的蝎尾蕉属植物共有8种。

▎第301页 蟋蟀蛙（Hyla crepitans）身长仅3.8厘米，却能够跳127厘米远，是其身长的36倍。

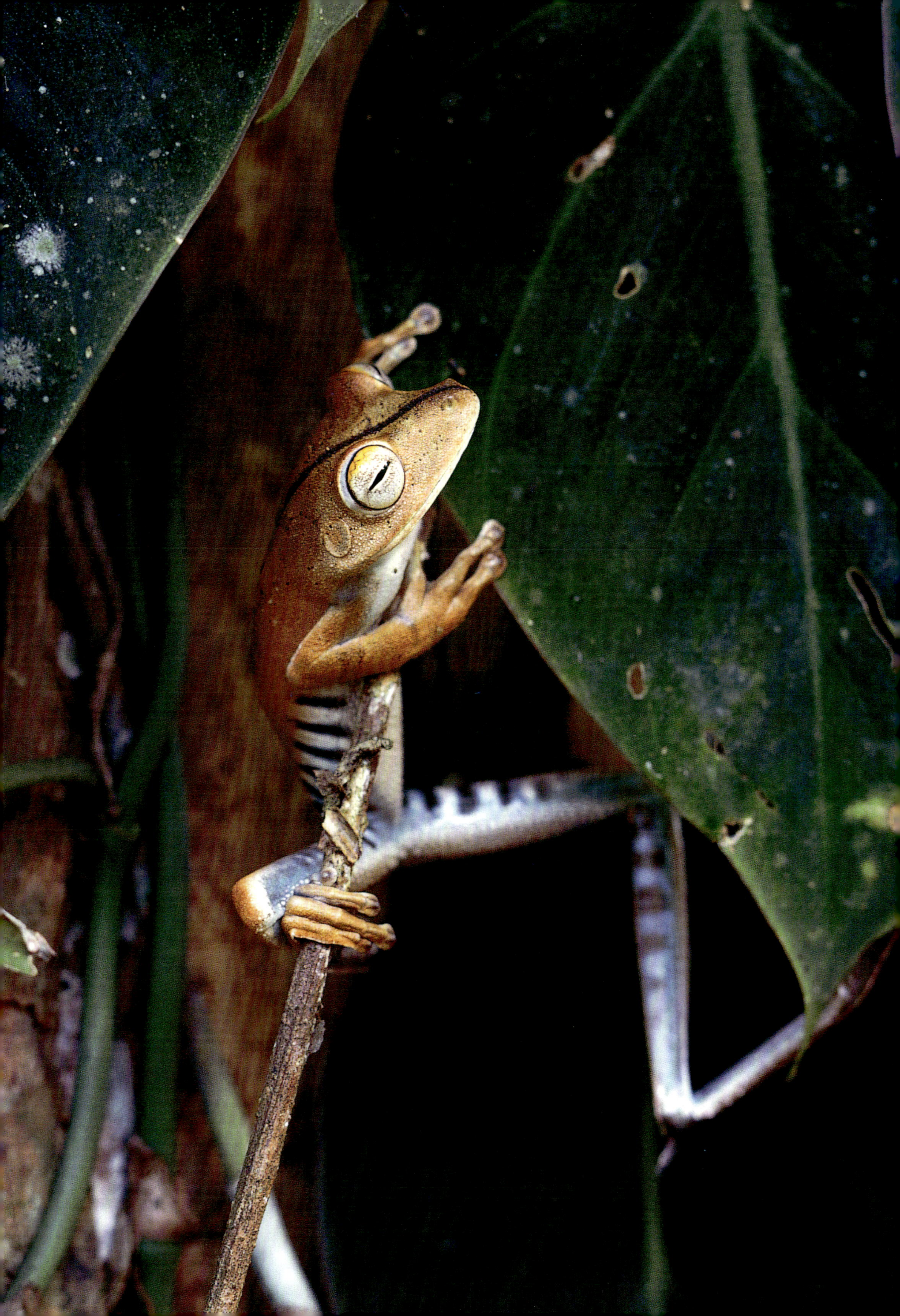

第302页顶部 棕须柽柳猴（Saguinus fuscicollis）是一种行动敏捷的小型昼行性灵长类动物，生活在秘鲁、玻利维亚、巴西、厄瓜多尔和哥伦比亚的原始森林中。其成年个体的体重只有312克多一点。

第302页中间 长尾虎猫（Felis wiedii）与豹猫相似。图中的长尾虎猫正在夜间狩猎，它纵身跃起，身手敏捷。

第302页底部 出生后的第二年，巴西虹蚺（Epicrates cenchria cenchria）的皮肤能渐渐显露出绚丽的色彩。

物种类实际上主要以无脊椎动物为主：虽然目前尚未列出现存物种名录，但据估计，玛努国家公园内约有50万种节肢动物。

物种的多样性可能也是自20世纪50年代末以来，人们一直研究该地区的原因。当时，动物学家塞莱斯蒂诺·卡利诺夫斯基（Celestino Kalinowski）不断收集该地鸟类、哺乳动物和爬行动物的标本，并出售给世界上最重要的博物馆。

在随后的几年里，人们对该地灵长类、鸟类和植物进行了研究。1981年，世界野生动物基金会成功筹集资金，建立起可容纳约20名研究人员的可加卡舒生物站。

玛努国家公园中唯一的人类居民只有几百名原住民，他们分属三个民族：马奇根加族（Machiguenga）、阿马胡瓦族（Amahuaca）和亚米尼华族（Yaminahua）。人们对这些土著民族所知甚少，只知道他们是以狩猎和刀耕火种的农业为基础的小型社群，生活自给自足。

这些原住民难以理解外面的世界，保护马努也意味着保护这些土著族群。

第303页顶部 夜猴属（*Aotus*）的三道纹夜猴（*Durukuli*）是美洲唯一的夜行性灵长类动物。它们眼睛很大，后肢发达，体重仅有几磅。图中为两只夜猴（*Aotus trivirgatus*）。

第302—303页 众所周知，树懒的行动非常缓慢。三趾树懒（*Bradypus tridactylus*）无尾，有耳，性情古怪。它几乎没有防御能力，习惯独居，生活在最高的树枝上。

304

- 第304页左上角和右上角　马努河是亚马孙的一条支流，玛努国家公园以该河命名。同上马德雷德迪奥斯河（Rio Alto Madre de Dios）的支流一样，马努河的整个流域都位于公园内。

- 第304页中间　水豚（*Hydrachaeris hydrachaeris*）是世界上最大的啮齿动物，其体形大小与一只大型犬相当。它是一种半水栖动物，通常以5-6头为一群，喜群居。

- 第304页底部　一群黄头侧颈龟（*Podocnemis unifilis*）正忙着在玛努国家公园平静的浅水滩中晒日光浴。该物种为亚马孙河流域的土著物种，以落入水中的植物和水果为食。

■ 第304—305页 美洲豹（*Panthera onca*）是美洲最强壮、体形最大的猫科动物。它通常在夜间捕猎，以貘、鹿、凯门鳄和海龟为食，是水蟒唯一的天敌。

■ 第305页左上角 黑凯门鳄（*Melanosuchus niger*）是中生代恐龙的远亲，如今只生活在亚马孙盆地的偏远地区。19世纪，由于鳄鱼皮十分珍贵，这种爬行动物遭到了肆意捕杀，据估计，其数量减少了99%。

■ 第305页右上角 巨獭（*Pteronura brasiliensis*）也被称为"河海狮"。其身长可达2米，体重约32千克。

挪尔·肯普夫·墨卡多国家公园

玻利维亚

圣克鲁斯省
入选年份：2000
遴选标准：自（Ⅱ）（Ⅳ）

没有人比挪尔·肯普夫·墨卡多（Noel Kempff Mercado）教授更了解万查卡国家公园（Parque Nacionál Huanchaca）。

挪尔·肯普夫·墨卡多教授是一位博物学家，毕生致力于探索和研究这片14504平方千米的荒野。该地由万查卡高原（Huanchaca Plateau，该公园即以此命名），以及由众多河流（多汇入亚马孙河）的冲刷而成的广阔平原组成。

对于这位教授和他的三位学生来说，1986年9月6日原本也是平平无奇的一天。

他们在拂晓时分出发，计划在下午早些时候到达万查卡悬崖。然而，他们的出现惊动了一群携带毒品进入巴西的走私者，四人不幸遭到残忍杀害。

为了纪念这位科学家，在他去世两年后，玻利维亚政府决定以他的名字来命名这个公园，以此向他致敬。

由于偷猎、滥伐森林和其他破坏性活动，该地环境遭到严重破坏，因此玻利维亚政府开始采取有力措施，保护这一壮观非凡的自然环境。

大约10年前，自然之友基金会在玻利维亚政府的支持下成立。通过"认领一英亩"项目，该基金会成功筹集了资金，将受保护土地的面积翻了一番。

此外，该基金会还与玻利维亚政府及三家美国大型能源公司合作，推广了世界上最大的森林温室气体捕捉项目。据估计，该项目每投资一千万美元即可在30年后减少2500万至3600万吨因毁林而产生的二氧化碳的排放，促进该地区的可持续发展。

挪尔·肯普夫·墨卡多国家公园是新热带界最大的野外地区之一，具有非常丰富的生物多样性。

公园位于亚马孙雨林和气候干燥的塞拉多（Cerrado）生物地理区的交界地带，包含至少五个植被带：从树木高达46米的万查卡高原常绿森林到沿瓜波雷河（Iténez）以及巴拉瓜河（Paraguá Rivers）的流水地貌带。

公园内共有维管植物4000余种，其中有多种藤本植物，以及100余种兰花。

栖息地的多样性为大量动物群提供了生存基础，其中包括139种哺乳动物、620种鸟类、74种爬行

▌ 第306页左侧　大食蚁兽（*Myrmecophaga tridactyla*）体形大小与獾相似。它们大多生活在冲积平原上，以那里的白蚁为主要食物，但有时也会生活在干燥的地方。

▌ 第306—307页　挪尔·肯普夫·墨卡多国家公园占地不到5180平方千米，至少有五个植被带。其中常绿森林为万查卡高原的主要植被，树木高达46米。

动物、62种两栖动物和254种鱼类。然而，动物学家们仍能在该地不断发现新物种，特别是两栖动物、蝙蝠等小型哺乳动物，以及包括亚马孙鳄（*Melanosuchus niger*）等稀有物种在内的爬行动物和昆虫，如一些特有的甲虫等。

高原南部的广袤草地是草原鹿（*Ozotoceros bezoraticus*）最后的栖息地之一，数量同样稀少的南美泽鹿（*Blastocerus diculticus*）则生活在受季节性洪水影响的平原上。该地濒临灭绝的哺乳动物包括雅负鼠（*Glironi venusta*）和侏短尾负鼠（*Monodelphis kunsi*）等有袋类动物以及巨獭（*Pteronura brasiliensis*）和欧亚水獭（*Lutra longicaudis*）。

公园的动植物种群丰富，其生态系统受到了国际社会的大力保护，得益于此，该公园未遭到破坏，独具原始魅力。

阿瑟·柯南·道尔于一个多世纪前创作的小说《失落的世界》（*The Lost World*）就是从拉丁美洲的森林中获得灵感后写成的。

▌第307页中间右侧
巨獭是一种高度社会化的水栖鼬，通常以5~8只为一个社群以相互庇护。

▌第307页左下角
亚马孙河豚（*Inia geoffrensis*）的表面血管位置位于皮肤浅层，因此皮肤呈粉红色半透明状，在其腹部尤为明显。

▌第307页右上角 美洲豹在水中也可以娴熟地捕猎，甚至可以捕食鳄鱼。它通常会攻击猎物头骨上的颞骨，而不是像其他猫科动物一样攻击猎物的颈部。

苏克雷

潘塔纳尔保护区

巴西 | 马托格罗索州和南马托格罗索州
入选年份：2000
遴选标准：自（Ⅱ）（Ⅲ）（Ⅳ）

紫蓝金刚鹦鹉（Anodorhynchus hyacinthinus）是世界上最大的鹦鹉，翼展长约0.9米，羽毛为钴蓝色，寿命可达80岁，通常以巴西一种特有的野生棕榈果实（acurí）为食。紫蓝金刚鹦鹉不仅貌美长寿，还天赋异禀。它能够接受能力训练，学习人类的语言，重复一些简单的短语，讨人类喜欢，是人类完美的伴侣。然而，正因具有这些天赋，一只紫蓝金刚鹦鹉在非法动物市场上的售价可达8000~10000美元，据估计每年紫蓝金刚鹦鹉的交易额可达50亿美元。

目前，约有2500只紫蓝金刚鹦鹉被圈养，约3000只在潘塔纳尔湿地放养。潘塔纳尔湿地面积为24万平方千米（几乎与英国国土面积一样大），其中14.5平方千米位于巴西，其余则位于玻利维亚和巴拉圭之间。偷猎者以捕获、转售禽鸟为生，或以捕杀凯门鳄、贩卖其珍贵的鳄鱼皮为生，他们将潘塔纳尔湿地视为"自然超市"。然而，对科学家而言，潘塔纳尔湿地是世界上最大、最有趣的生态系统之一。因此，联合国教科文组织于2000年将潘塔纳尔最具代表性的部分——潘塔纳尔湿地国家公园列入了《世界遗产名录》。该公园占地1878平方千米，全部位于巴西境内。《湿地公约》也承认潘塔纳尔湿地国家公园是具有国际重要性的湿地。

公园内还有各种各样的生态分区：河道、错综复杂的森林廊道、永久性沼泽和岛屿、以水生植被为主体的浮岛（camalotes）和易受季节性洪水侵袭的草原。潘塔纳尔湿地的主要水源是库亚巴河（Cuiaba），长901千米，最终汇入巴拉圭河（Río Paraguay）。每到雨季（每年10月至次年3月），潘塔纳尔湿地约三分之二的区域会被淹没，形成大片

第308页 潘塔纳尔湿地位于塞拉多（巴西中部干旱的草原生态区）和东南部半落叶林之间，这里的生态环境富有张力。植物栖息地之间的相互作用创造了非凡多样的生物物种。

第308—309页 潘塔纳尔湿地面积为24万平方千米，是世界上最大的淡水沼泽生态系统。联合国教科文组织将潘塔纳尔湿地完全位于巴西的最具代表性的区域纳入了保护范围。

▎第309页顶部 在每年10月至次年3月的雨季，潘塔纳尔多达三分之二的面积都会被水淹没。极其复杂的水文系统包括地表流域和地下水道。

▎第309页左下角 里库亚巴河是潘塔纳尔湿地的主要水源，在保护区内向西南方向流经大约998千米后，汇入巴拉圭河。

▎第309页右下角 大食蚁兽（Myrmecophaga tridactyla）发现了一处海湾，其邻近的平原易受季节性洪水侵袭，生长着半落叶小乔木和灌木。

水域，水域面积约为佛罗里达州大沼泽湿地面积的10倍。

不同栖息地之间相互作用，植物物种繁多体现了生物的多样性，然而迄今为止有些植物物种尚未得到广泛研究。这些植被生长在巴西中部干旱大草原与南部半落叶森林之间，生态环境富有张力。除了冲积平原上茂密的河流植被和草本植物外，潘塔纳尔湿地还因其面积广阔的棕榈树、百合花和美洲榕（figueira matapau，一种奇特的针叶

▎第310页顶部 水豚（*Hydrachaeris hydrachaeris*）生活在水中，是世界上最大的啮齿动物。水豚脚趾之间有类似于鳍的蹼，因此具有熟练的潜水和游泳技能。

▎第310页中部 巨獭（*Pteronura brasiliensis*）外表看似无害，却是该地区最大的食肉动物之一。巨獭以鱼、螃蟹、蛇为食，甚至有时会捕食凯门鳄，它每天能吃掉约4.5千克食物。

▎第310页左下角 森蚺（*Eunectes murinus*）潜伏在水生植物中，等待时机捕捉猎物。这种爬行动物非常高产：一次至少能产40只卵。森蚺破壳时就已经有约46厘米长。

▎第310页右下角 一只栗虎鹭（*Tigrisoma lineatum*）捕食成功。

无花果树）而闻名。这种无花果树有一个特别的名称——"杀手无花果树"，因其必须紧紧环绕在棕榈树上才能存活。

　　动物学家认为，潘塔纳尔湿地是物种最丰富的湿地之一，该地物种总计达150000种，其中包括粗略调查过的无脊椎类动物。这里的哺乳动物大约有80种，如美洲虎、豹猫、巨型食蚁兽、犰狳、貘和卷尾

▌第310—311页 潘塔纳尔是世界上鳄鱼聚集最密集的地区，约有1000万只凯门鳄。据说，该保护区每平方千米就有42只凯门鳄。

▌第311页底部 20世纪80年代，人类在潘塔纳尔地区猎杀了约13万只黄森蚺（*Eunectes notaeus*），并将黄森蚺皮贩卖到黑市上，不过黄森蚺依然是该地区的常见物种之一。

猴等。其中最大的哺乳动物是优雅高贵的沼泽鹿和体型笨重的水豚。水豚重达30千克，是世界上最大的啮齿动物。

潘塔纳尔共有656种鸟类，分属于66个科。除了紫蓝金刚鹦鹉和其他26种鹦鹉外，还有苍鹭、白鹭和其他水禽。巴西公园最具代表性的鸟类是裸颈鹳（*Jabiru mycteria*）。裸颈鹳的羽毛以白色为主，只在脖子下方有一圈红色羽毛。裸颈鹳是世界上最雄伟的"飞行家"之一，翼展可达2.7米。潘塔纳尔湿地有400多种鱼类，是南美洲最大的淡水鱼类保护区。这里大约有1000万只凯门鳄，是地球上鳄鱼数量最多的地区。人们认为凯门鳄很危险，但实际上是误解，凯门鳄并不好战。同样，人们对潘塔纳尔湿地中最常见的爬行动物——森蚺的评价也存在误区。

除偷猎外，潘塔纳尔湿地的生态系统还受到两个大型工程项目的威胁，这些工程项目对该湿地大部分区域造成了一定影响。第一个大型工程是在玻利维亚的格兰德和巴西的里约热内卢之间建造一条耗资20亿美元的天然气管道。

第二个大型工程是建造伊德罗维亚（Idrovia）运河。这条通航运河全长约3444千米，是阿根廷、玻利维亚、巴西、乌拉圭和巴拉圭的合办工程。科学家认为该工程一定会改变这里的环境特征。在20世纪80年代末，大运河项目有了具体落实的计划，该运河形成的运输网将使目前依靠公路运输的货物的运输成本减半。不过，这项工程迄今尚未开展，可能是因为项目成本过高，一些承办国家经济严重困难，很难提供这笔巨额款项。也可能是因为整个巴西展开了拯救潘塔纳尔的环保运动。

▍第312页顶部　从美洲虎的整体数量来看，潘塔纳尔湿地是美洲虎的绝佳栖息地。但据估计，每65平方千米仅有一只成年美洲虎。

▍第312页底部　玫瑰琵鹭（*Ajaja ajaja*）的颜色来自其摄食的甲壳类动物中的胡萝卜素。

第312—313页 在巴西俗称"peraputangaha"的希氏石脂鲤的饮食偏好非常特殊：它最喜欢的食物是睡莲。潘塔纳尔湿地有400种鱼类，是南美洲大陆上最大的淡水鱼类保护区。

第313页底部 在交配季节，两只雄性大白鹭在空中激战。

不过大多数巴西人直到1990年才知道这项运动的存在，也就在这一年他们突然格外关注潘塔纳尔的命运，这得益于一部名为《潘塔纳尔》的电视连续剧。这部剧的主角是生活在保护区边缘庄园里的动物饲养员一家，主要讲述他们的家庭生活和爱情故事。电视剧热播的几个月中，巴西人都沉迷在剧中保护区的美景中。

大西洋东南热带雨林保护区

巴西 | 巴拉那州和圣保罗州
入选年份：1999
遴选标准：自(Ⅱ)(Ⅲ)(Ⅳ)

巴西大西洋热带雨林曾一度从北里约格朗德州（Rio Grande do Norte）延伸到南里约格朗德州（Rio Grande do Sul）的沿海地区，在大西洋和干旱的普拉纳尔图高原（Planalto Plateau）之间形成了一片茂密的雨林植被。1984年，世界野生动植物基金会发起呼吁行动，引起了巨大关注。呼吁中宣称大西洋沿岸森林（Mata Atlantica）为世界上仅次于马达加斯加森林的第二大濒危栖息地，而这里的原始森林面积仅占这片特殊森林区的9%。

为响应这一呼吁行动，大西洋沿岸森林生物圈保护区（Mata Atlantica Biosphere Reserve）于1991年建立。1999年，联合国教科文组织将大西洋沿岸热带雨林保护区列入《世界遗产名录》。这些保护区包括大西洋东南热带雨林保护区以及位于巴伊亚州（Bahia）和圣埃斯皮图里州（Espírito Santo）在内的8个保护区，共占地1119平方千米。大西洋东南热带雨林保护区位于巴拉那州（States of Paraná）和圣保罗州（States of São Paulo），由25个保护区组成，总面积为4680平方千米。

从地质学角度来讲，大西洋东南热带雨林保护区由第三纪时期的断层和火山侵入形成，是世界上最古老的地区之一。马尔山脉（Serra do Mar mountain chain）将沿海平原与巴西高原分隔开来。该山脉由寒武纪花岗岩和岩浆片麻岩构成，其中的石灰岩山体在阿皮亚皮（Apiapí）、伊波兰加（Iporanga）和埃尔多拉多（Eldorado Paulista）地区形成了喀斯特地貌。

大西洋沿岸森林与世隔绝的地理环境使它成为世界上拥有特有物种比例最高的地区之一。森林中有1万种树木，超过50%的树木和92%的两栖动物都是当地特有物种。这里有些地方植被非常茂密，一公顷的土地上就有450个物种。植被的组成随海拔高度（从海平面上升到海拔1402米）和土壤类型的变化而变化，而土壤类型也随其距海岸的距离远近而变化。低海拔地区的森林以豆科、樟科、桃金娘科和大戟科中高大的树木为主，其中一些树木高度可达30米。在更高海拔处，生长着一种濒危的棕榈树——可食埃塔棕（*Euterpe edulis*）。在海拔相对较低的899~1295米，生长着相对低矮的罗汉松属、书带木属的树木和非常丰富的附生植物、兰科和凤梨科植物。

大西洋沿岸森林的动物群中有120种哺乳动物，包括美洲豹（*Panthera onca*）、虎猫（*Leopardus pardialis*）、薮犬（*Speothos venaticus*）、长尾水獭（*Lutra longicaudis*）和20多种蝙蝠。此外，还有各种濒危灵长类动物，如褐绒毛蛛猴（*Brachyteles arachnoides*）等。记录在册的350种鸟类中，有两种比较特别，一种是角雕（*Harpia harpyja*），另一种是红尾鹦鹉（*Amazona brasilensis*）。

尽管人们为保护该地区做出了各种努力，但大西洋沿岸森林的面积却仍在减少。据估计，在1985年至1990年期间，大西洋沿岸森林面积缩小到仅占原森林面积的7%，损失了约5000平方千米土地。即使该地建立了保护区，但采矿、砍伐棕榈树和新建住所等非法活动仍在发生。1997年，巴西环境和可再生资源协会估计，在50年内，大西洋沿岸森林可能会被完全摧毁。

315

第 314 页顶部　大西洋东南热带雨林保护区是世界上最古老的保护区之一，由第三纪断层和火山喷发形成。

第 314 页左下角　*Enyalius inheringii* 蜥蜴在巴西被称为"鬣蜥"（iguaniñha），生活在大西洋沿海森林区。

第 314 页右下角　格拉西奥萨山（Serra da Graciosa）的森林位于海拔 899~1295 米之间，林中有许多凤梨科植物、附生植物和兰科植物。

第 315 页顶部　在圣保罗州茂密的格拉西奥萨（Serra da Graciosa）森林中，生长着品质极佳的凤梨科植物。大西洋沿海森林区是地球上地方物种比例最高的地区之一，但其面积已减少了 7%。

第 315 页底部　大西洋沿海森林区生活着120种哺乳动物，其中，鬃毛三趾树懒（*Bradipus torquatus*）是当地特有的一种树懒，面临着灭绝的威胁。

⊛巴西利亚

1502年11月，费拉拉公爵（Ercole d'Este）收到了一张地图。这张地图首次标记了巴西海岸外的伊利亚—达夸瑞斯玛岛（Ilha de Quaresma，受难岛）的位置。依据这张地图人们可以推测，该岛是在某一年的复活节前，由派往该地区的探险队发现。一些人认为该岛是卡布拉尔舰队的船长加斯帕尔·德·莱莫斯（Gaspar de Lemos）发现的，因为他被派回葡萄牙时宣布发现了圣克鲁兹（Santa Cruz）。还有一些人认为，受难岛是在一次鲜为人知的远征中发现的，而另一些人认为该岛的发现应归功于费尔南多·迪诺罗尼亚（Fernao de Loronha）。

不过可以肯定的是，亚美利哥·韦斯普奇（Amerigo Vespucci）是最早记录受难岛的人，他曾于1503年登上贡萨洛·科埃略的船舰。一年后，曼努埃尔一世（Dom Manuel I）将该岛作为报酬授予费尔南多·迪诺罗尼亚，因为费尔南多从巴西带来了珍贵木材。从那时起，这个神秘的岛屿和它所属的整个群岛就被称为——费尔南多·迪诺罗尼亚（可能这个名字并不恰当）。

费尔南多·迪诺罗尼亚群岛国家海洋公园建于1988年，占地约114平方千米，岛屿周围的水域占该海洋公园面积的85%。罗卡斯岛保护区（Biological Reserve of Atol das Rocas）设立于1978年，面积为422平方千米。费尔南多·迪诺罗尼亚群岛国家海洋公园由21个岛屿、小岛和露出海面的岩石组成。这些岩石是一个巨大的海底火山链的山峰，海底火山链从大西洋底部隆起3962米。依据火山碎屑沉积物、熔岩、火山锥和火山孔的形态判断，该火山链形成于1200万~200万年前。

罗卡斯岛由珊瑚礁组成，岛屿所在水下岩石基底覆盖的面积不到8平方千米。涨潮时，只有两个沙质小岛依稀可见，其露出水面的高度也不超过3米，而退潮时，整个珊瑚礁和其边缘的沙洲都变得清晰可见。这个环礁围绕着一个巨大的潟湖，水深不超过5米。尽管这里生态环境相对隔绝，致使生物多样性减少，但群岛上的植被与巴西海岸的森林亲缘相近。然而也有例外，比如这里特有的一小片拉关木（Laguncularia racemose）林，是拉关木属分布在南大西洋的唯一的群落。将罗卡斯岛400种生物分类，其中有3种是地方特有：野榕（Ficus noronhae）、鸡冠刺桐（Erythina velutina）和芹菜（Apium escleratium）。相比之下，岛上种植着耐盐草和棕榈树，还有一些渔民引进的鹤鸵。

作为海洋和陆地鸟类的庇护所，该群岛有三种特有的鸟类：巴西莺雀（Vireo gracilirostris）、大拟霸鹟（Elaenia spectabilis ridleyana）和斑颊哀鸽（Zenaida auriculata noronha）。此外，还有95种鱼类、1200只长吻飞旋海豚（Stenella longirostris）以及绿蠵龟和玳瑁这两种海龟。然而，费尔南多·迪诺罗尼亚群岛最独特的物种还是其特有的一种爬行动物：双头蛇（Amphisbaena ridleyana，实为一种无肢蜥蜴）。

在费尔南多·迪诺罗尼亚群岛国家海洋公园外，仅有2000多人生活在群岛上，他们的主要收入来源已由渔业转向旅游业，不过此地对旅游业有严格的规定：每年最多可接待15000名游客，而每名游客都必须缴纳高额的环境税，这也能防止未被选中的游客在岛上逗留太久。罗卡斯岛则从不接收游客，只允许科学考察队访问。

▎第316页顶部　受难岛（Ilha doisIrmãos）的两个山峰位于费尔南多·迪诺罗尼亚群岛附近。这片群岛由巨大海底山链的山峰组成，山链由火山喷发形成，这些山峰从海底隆起，高度超过3962米。

▎第316页中部　15万种海鸟在罗卡斯环礁上筑巢，红脚鲣鸟（Sula sula）是其中之一。

▎第316页底部　与该地区的其他95种鱼类一样，派氏仿石鲈（Haemulon parrai）在费尔南多·迪诺罗尼亚群岛（Fernando de Noroñha Archipelago）的水域繁衍不息，这得益于群岛与大陆间恰当的距离和群岛在赤道洋流中的位置优势。

▎第316—317页　狮子滩（Praia doLeão）因一个形状像海狮的小岛而得名。每年12月至次年6月，绿蠵龟（Chelonia mydas）来此筑巢。

费尔南多·迪诺罗尼亚群岛和罗卡斯环礁保护区

巴西 | 伯南布哥州
入选年份：2001
遴选标准：自（Ⅱ）（Ⅲ）（Ⅳ）

第317页底部　在该群岛中，记录在册的甲壳类动物总计72种。图为一只引人注目的螃蟹在加拉加斯蓬塔（Ponta das Caracas）的岩石上爬行。

⊛巴西利亚

伊瓜苏瀑布

阿根廷 / 巴西

米西奥内斯省（阿根廷）
巴拉那州（巴西）
入选年份：1986
列入《世界濒危遗产名录》年份：1999—2000
遴选标准：自（Ⅲ）（Ⅳ）

伊瓜苏瀑布发源于距大西洋不远的马尔山脉（Serra do Mar），沿巴拉那高原（Parana Plateau）绵延1287千米，宽近1.6千米，由30条支流汇聚而成。正因如此，当地原住民将该瀑布命名为伊瓜苏（Iguazú）。在瓜拉尼语中，伊瓜苏意为"大水"。这里的半圆形盆状洼地由玄武岩熔岩形成，宽4千米，高79米。河流自此倾泻而出，与275道独立的瀑布连成一片，形成一道银帘，令人眼前一亮。有时该地区雷声轰鸣，彩虹穿透漫天水雾，风景如画，又因位于阿根廷和巴西两国边境，所以有"世界最美边境"之美誉。

该瀑布同属阿根廷和巴西两国。虽然巴西境内的伊瓜苏瀑布"只有"823米，却是巴西一个天然观景点，游客从这里可以看到伊瓜苏瀑布中最著名的"魔鬼之喉"（Garganta del Diablo）瀑布：河水咆哮而下，冲进只有79米宽的峡谷。普恩特坦珂雷多涅维斯大桥（Puente Tancredo Neves）建于这座峡谷之上，连接阿根廷与巴西两国。河流自此继续奔涌约32千米，最终汇入巴拉那河（Río Paraná）。

因湿度保持在80%~90%之间，亚热带森林覆盖了伊瓜苏瀑布附近的所有区域以及河流中的众多岛屿。为了保护伊瓜苏瀑布和亚热带森林，阿根廷和巴西两国政府在很久以前建立了两个国家公园。两国境内亚热带森林区比较潮湿，蕨类植物种类繁多，例如巨大的蚌壳蕨（Dicksonia selowiana）、竹类植物、藤本植物和其他攀援植物，还有凤梨科和附生植物，其中还包括80种不同类型的兰科植物。白坚木属的红盾籽木（Aspidosperma polynerum）为当地河岸的典型树种，高度可达30米。此外还有众多的棕榈树种，如阿沙依椰子（Euterpe edulis）等。

该地动物种类繁多，引人注目，其中包括许多濒临灭绝的哺乳动物，如巨獭（Pteronura brasilensis）、美洲豹（Panthera onca）、大食蚁兽（Myrmecophaga tridactyla）和美洲狮（Felis concolor）。此外，这里鸟类种类也十分多样，包括五种巨嘴鸟和多种鹦鹉。

近年来，人类活动给当地生态系统造成很大压力，引起人们对当地生态保护的担忧。巴西的福斯 – 杜伊瓜苏（Foz do Iguaçu）、阿根廷的伊瓜苏港（Puerto Iguazú）和巴拉圭附近的拉普拉塔河（Rio de la Plata）这三个规模较大的城市中心区位于国家公园边缘。据估计，巴西境内的国家公园每年接待游客近100万人次，仅福斯 – 杜伊瓜苏一地（1960年时该地有3万居民，现有20万居民）就有160家旅馆。这两个国家公园的看守人员都曾上报过公园内非法捕鱼和滥砍棕榈树（棕榈心被认为是美味佳肴）的情况。但也许瀑布下游建立的巨型伊泰普水坝（Itaipu dam）才是伊瓜苏瀑布面临的最大威胁。伊泰普水坝于1991年投入使用，虽然发电量达1250万千瓦，满足了阿根廷和巴西40%的用电需求，但是，水坝也导致当地生态和气候显著失衡。

▎第318—319页 瓜拉尼语中伊瓜苏的意思"大水"。从高空俯瞰，伊瓜苏像一个72米深、近2743米宽的半圆形盆状玄武岩洼地。

▎第318页左下角 伊瓜苏瀑布常年湿度保持在80%~90%，瀑布周围是一片复杂的亚热带森林，其中长满了蕨类植物、竹类植物、凤梨科植物、藤本植物和兰科植物。

▎第318页右下角 瀑布附近的地区共有422种记录在册的鸟类。其中，托哥巨嘴鸟是园内五种巨嘴鸟之一，它的喙引人注目。

▎第319页顶部 "魔鬼之喉"是伊瓜苏274个大瀑布中最著名的一个。瀑布底部喷涌而出的水花形成彩虹，使得魔鬼之喉景色更为壮观。

冰川国家公园

阿根廷 | 圣克鲁斯省
入选年份：1981
遴选标准：自（Ⅱ）（Ⅲ）

■ 第320—321页 佩里托莫雷诺冰川占地面积约249平方千米，隶属于南巴塔哥尼亚冰原。不同于该地其他冰川和世界上大部分地区的冰川，它的质量不断增加。

■ 第320页底部 一座冰山沿提姆帕诺斯海峡开辟出一条通道（狭窄的河谷），将佩里托莫雷诺冰川与阿根廷湖附近的大量盆地连接起来。阿根廷湖地处南纬50度，是安第斯山脉众多湖泊中最南端的一处。

在弗朗西斯科·帕斯卡西奥·莫雷诺（Francisco Pascasio Moreno）25岁时，他就已经开始了第五次到阿根廷巴塔哥尼亚地区的探险。1877年2月15日，莫雷诺在这一地区发现了一个壮观景象：一个巨大的冰川湖延伸到南部安第斯山脉的脚下，大型冰川从山坡上缓缓滑下。

实际上，第一个发现阿根廷湖的人并不是他，而是瓦伦丁·费尔伯格（Valentin Feilberg）少尉。费尔伯格曾早于莫雷诺四年来到过阿根廷湖，但是，他以为自己到达的是北面几十千米外的维德玛湖畔。因此，最后是莫雷诺（Moreno）将该湖命名为阿根廷湖，并且在命名时还特意选用了一些伟大探险家经常提到的具有修辞性的词——"阿根廷"（原义为白银王国）。

多年以后，人们以莫雷诺的名字命名了该地区最宏伟的自然景观——佩里托莫雷诺冰川（Glacier Perito Moreno）。因为在19世纪末，政府要求莫雷诺处理阿根廷和智利之间棘手的边界问题，很多人都称他"佩里托"，即专家的意思。佩里托莫雷诺冰川占地面积约249平方千米，地处巴塔哥尼亚冰原（Campo de Hielo Patagónico），该地是除极地以外世界上最大的冰川地区。巴塔哥尼亚的冰川是上个冰河时代覆盖了整个南半球的冰层的遗留物，占地面积达13986平方千米，其众多分支延伸至宽阔的山谷中，这些山谷千年来一直受冰川运动的侵蚀。

佩里托莫雷诺冰川就是其中的一支，在巴塔哥尼亚冰原的滋养下，其质量不断增加。冰川之下是提姆帕诺斯海峡（Canal de los Timpanos），有一条细长通道将黎各（Brazo Rico）和苏尔（Brazo Sur）连接到阿根廷湖主湖段。佩里托莫雷诺冰川宽4.8千米、高61米。每隔一段时间，它就会向阿根廷湖（Lake Argentino）的对岸前进，因而阻塞水道，截断两侧水体的流通，导致靠近黎各（Brazo Rico）一侧的湖水水位急剧上升，高达24米。随着所受压力增加，冰屏开始破裂，湖水进而侵入冰川，致使冰屏在雷鸣般的轰响中崩塌。20世纪，这种壮观的景象每隔30年左右就会上演一次，最后一次是在1988年。

虽说卓尔不群，但佩里托莫雷诺冰川只是阿根廷冰川国家公园（建于1937年）4460平方千米的范围内发现的47个主要冰川之一。而且它也不是规模最大的，乌普萨拉冰川（Upsala，596平方千米）和维德玛冰川（Viedma，575平方千米）都要比它大。此外，公园中还分布着200多个次级冰川，这些次级冰川面积均不足2.6平方千米，并且不与巴塔哥尼亚冰原相连。公园中的巴塔哥尼亚冰原占地面积2590平方千米，也就是公园地面总面积的50%以上。

公园里的冰川活动主要集中在阿根廷湖和维德玛湖附近，两处湖

▎第321页顶部　蓝色的佩里托莫雷诺冰川宽4.8千米、高61米，悬垂分布，高耸入云，令人望而生畏。

321

▎第321页底部　阿根廷冰川国家公园共分布着47个冰川，此外还有约200个次级冰川（大小刚刚超过2.6平方千米）。因而园区2590平方千米的土地上都覆盖着冰层。

▎第322页顶部 尽管高度都不到3962米，但在极限登山运动史上，托雷峰（Cerro Torre）、埃格峰（Torre Egger）和斯坦哈特峰（Cerro Stanhardt）三座山峰堪称最艰巨的三大挑战。攀登这些山峰（通常是禁止的）的主要困难在于当地天气极端恶劣，并且位置非常偏僻。

▎第 322—323 页 雄伟的塞罗菲茨罗伊山（Cerro Fitz Roy）倒映在沙漠湖（Desierto Lake）冰冷的湖面上。公园中，湖泊占地面积总计约951平方千米，其中面积最大的是维德玛湖（Lake Viedma，位于北侧）和阿根廷湖。

体的湖水在汇入大西洋前会先流向里约克鲁兹。第四纪发生的冰川侵蚀造就了该地区许多陡峭、尖锐的安第斯山脉山峰（Andean peaks），例如塞罗菲茨罗伊山（Cerro Fitz Roy）、佩内塔山（mounts Peineta）、海姆山（Heim）和阿加西山（Agassiz）。其中，塞罗菲茨罗伊山又名塞罗查尔滕山（Cerro Chalten），山高3374米，是园中的最高峰。托雷峰高3128米，则是园内第二高峰。

冰川国家公园的绝大部分区域都覆盖着冰川和湖泊，鲜有动植物分布，但有两种带有显著地理特征的植物：亚南极森林和巴塔哥尼亚森林。亚南极森林以酸樱桃树（Cohiue snagallanico）和包括矮假山毛榉（Nothofagus pumilio）在内的多种山毛榉为主，分布在山坡上。此外，最近也观测到了皮尔格柏（Pilgerodendron uvrferum）在该林重新出现。

巴塔哥尼亚草原上广泛分布着卡拉法特（calafate）、洋翅籽木（notro）、接骨木（saúco del diablo）和托帕（topa-topa）。卡拉法特是一种灌木，可以长出苦中带甜的浆果。洋翅籽木以可爱的鲜红色树叶为人们熟知。

目前，对园区动物群开展的全面调查尚未完成，主要是因为除了鸟类之外，人们对栖息在该地区的脊椎动物知之甚少。阿根廷冰川国家公园大约栖息着一百种鸟类，其中包括安第斯秃鹰（Vultur gryphus），它们把巢筑在康特拉斯殖民地（condoreras）的高海拔地区。最著名的哺乳动物有美洲狮（Felis concolor）、灰狐（Dusciyon griseus）、小犰狳（Zaedyus pichiy）、原驼（Lama guanacoe）和智利马驼鹿（Hippocamelus bisulcus）。

近年来，巴塔哥尼亚的旅游业不断发展，但当地动植物没有因此受到威胁。相比之下，专家们更担心的是全球变暖导致的冰川消融。最近的卫星图片显示，除了莫雷诺冰川外，南巴塔哥尼亚冰原地区所有的冰川面积都在缩小。

▌第323页左上角 巴塔哥尼亚的秋季天气晴朗，菲茨罗伊峰（Fitz Roy）的山脚零星点缀着色调明亮的亚南极森林树种——矮假山毛榉。

▌第323页中间左侧 图中左侧的陡峰就是托雷峰（Cerro Torre），右侧则是菲茨罗伊峰。它们之间宽阔的冰川谷是世界上最美丽的山景之一。通常来说，安第斯山脉人迹罕至。

▌第323页右上角 一场暴风雪席卷托雷峰北侧。这座令人敬畏的花岗岩"高塔"被视作世界上最难攀登的山峰之一。1959年，塞萨尔·梅斯特里（Cesare Maestri）和托尼·爱格（Toni Egger）首次成功登顶托雷峰。

▌第323页底部 从艾尔恰登观景台的山顶望去，曙光照耀下的菲茨罗伊峰（当地人称之为"冒烟的山"，海拔约3374米）和托雷峰（海拔约3128米）显得格外壮观。

瓦尔德斯半岛

阿根廷 | 巴塔哥尼亚，丘布特省
入选年份：1999
遴选标准：自（Ⅳ）

布宜诺斯艾利斯

鲸鱼的躯体呈弧形，没有背鳍，头上布满了角蛋白的斑点，有两个气孔，从中排出它特有的蒸汽水柱。一条成年鲸鱼的身长可达13米，体重超过40吨。

黑露脊鲸属于须鲸小目，学名南露脊鲸（Eubalaena australis），俗称"南方鲸"。它是世界上最迷人但也面临着最大生存威胁的哺乳动物之一。因此，1985年阿根廷国会宣布将其列为国家级保护动物。尽管自1936年以来人们就对其进行保护，但和许多大型鲸目动物一样，黑露脊鲸还是遭到了残忍的捕杀。直到最近几年，其数量才大幅增加。如今，黑露脊鲸的数量大概在3000只左右，其中有500只会游到瓦尔德斯半岛（Península Valdés）的新湾（Golfo Nuevo）及圣何塞湾（Golfo de San Jose）的平静水域进行交配。它们在冬季伊始到达，到了6月至9月之间，也就是12个月妊娠期满之后，雌性露脊鲸会生育出一条长约5米的鲸鱼幼崽。

瓦尔德斯半岛于1779年由胡安·德拉·皮德拉（Juan de la Piedra）发现，但其命名者为1789—1794年间访问该岛的意大利探险家安东尼奥·马拉皮纳（Antonio Malaspina），他以探险赞助者——西班牙海军部长安东尼奥·瓦尔德斯（Antonio Valdes）的名字为该岛命名。这一辽阔的半岛占地面积超过3885平方千米，通过一个约35千米长的地峡与大陆相连。延伸至大西洋，中新世时期的海洋沉积物形成一系列海湾和悬崖，由此构成了瓦尔德斯半岛的海岸线，在那里也不难找到海洋动物化石。

得益于格兰德斯盐沼（Salina Grande）的开发，瓦尔德斯半岛曾于19世纪末经历过短暂的辉煌。如今，岛上只有220个以牧羊为生的居民。然而，自从1983年整个半岛被划定为自然保护区以来，游客纷至沓来，从而刺激了以旅游业为基础的经济发展，而这似乎并没有破坏当地的生态环境。

常年受来自大西洋的冷风侵袭，瓦尔德斯半岛的植被大多短小且呈灌木状，这里记录在册的有18种不同的灌木和草本植物群落，都是巴塔哥尼亚草原的代表物种。从保护区的角度来看，最吸引人的是创立于1967年的鸟岛自然保护区（Reserva naturál Isla de los Pájaros），其目的是为了保护海鸟的筑巢地。

▍第324—325页 一条座头鲸溅起壮观的水花。

▍第324页左下角 完全干旱的新湾海岸线由富含化石的海洋沉积物形成。

▍第324页右下角 圣何塞湾几乎封闭的浅水区为海洋动物群提供了一个重要的避难所。

▍第325页左上角 在半岛上的181种鸟类中，麦哲伦企鹅数量最多。每年的繁殖季，生活在这里的五个企鹅群落会搭建近40000个巢穴。

▍第325页右上角 一只南象海豹（Mironga leonina）在呼唤群落中的雌性海豹。

▍第325页中间 在19世纪，被捕获的鲸类中有78%都是南露脊鲸。

▍第325页底部 一头座头鲸妈妈带着她的幼崽游动。这些鲸鱼在南方冬季结束时（4月至6月间）到达这里，并在夏季结束时（12月至次年2月之间）再次向南游动。

325

第 326—327 页和第 326 页底部　一条虎鲸（Orcinus orca）突然出现在海浪中，看起来是要向海岸猛冲，准备对海狮（Otaria flavescens）进行猛烈攻击。弱小的海狮群落成员注视着掠食者追踪猎物，发出警觉的尖叫。

自 1975 年起，瓦尔德斯半岛禁止游客进入，为海鸥、鸬鹚、白鹭、燕鸥等 181 种鸟类提供了理想的栖息地。此外，岛上还分布着一个拥有超过 40000 个活跃巢穴的麦哲伦企鹅（Spheniscus magellanicus）群落。

半岛水湾和海滩的浅水区为其他海洋哺乳动物提供了庇护所，如：南象海豹（Mironga leonina）和南美海狮（Otaria flavescens，当地人常称其为 lobo marino de un pelo）。在 12 月到次年 2 月之间，海狮来此地进行繁殖，它们在海角驻扎下来，凭借高崖的保护来抵御来自陆地的掠食者。但对这些生物来说最严重的威胁还是人类，这里并不是指 16 世纪至几年前的残忍狩猎，而是越来越多的人类在此定居，不断侵占它们的栖息地。

第 327 页 虎鲸的主要捕食对象是鱼类和乌贼，但也经常袭击大型甚至成年的哺乳动物，例如海狮和海象。它们的捕猎技术变得越来越高超：借助海浪俯冲扎进海床附近的浅水区，抓住猎物后又借助回浪游入深水区。

▍第 328—329 页 原驼（*Lama guanacoe*），属骆驼科，是一种草食性哺乳动物和反刍动物，也是阿根廷巴塔哥尼亚最有特色的物种。瓦尔德斯半岛上生活着约 2200 只原驼。

▍第 328 页底部 狐狸广泛分布于赤道以南的南美洲地区，甚至在巴塔哥尼亚的荒漠地区也可以看到它们的踪影。瓦尔德斯半岛上丰富的猎物使得数量庞大的狐狸得以在此繁衍生息。

▌第 329 页左上角　大雕鸮（*Bubo virginianus*）是美洲地区唯一夜间捕食的鸟类，从北极到巴塔哥尼亚都有分布。

▌第 329 页右上角　在智利和阿根廷的南部地区一直到麦哲伦海峡（Straits of Magellan）发现了夜间活动的小犰狳（*Zaedyus pichiy*）。

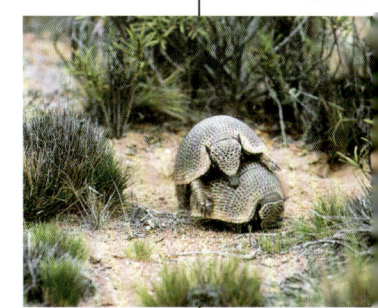

▌第 329 页中间右侧　南方小豚鼠（*Microcavia australis*）只有 20 厘米长，重约 312 克，生活在干旱的环境中，已经适应了依靠很少的食物生存。

▌第 329 页右下角　欧洲野兔于 19 世纪末被引入阿根廷，随后立即在这里建立了群落。他们与巴塔哥尼亚豚鼠（*Dolichotis patagonum*）抢夺资源，导致后者面临的生存威胁与日俱增。

大洋洲

澳大利亚—卡卡杜国家公园—第 332 页
澳大利亚—昆士兰湿热带地区—第 339 页
澳大利亚—大堡礁—第 342 页
澳大利亚—弗雷泽岛—第 350 页
澳大利亚—沙克湾—第 352 页
澳大利亚—乌卢鲁—卡塔丘塔国家公园—第 358 页

澳大利亚—中东部雨林保护区—第 362 页
澳大利亚—大蓝山山脉地区—第 366 页
澳大利亚—塔斯马尼亚州的公园—第 370 页
澳大利亚—麦夸里岛—第 376 页
新西兰—蒂瓦希普纳穆—第 381 页
新西兰—新西兰亚南极群岛—第 386 页

大洋洲

至少对欧洲人来说，他们很晚才了解到大洋洲（尤其是占大陆面积比重最大的澳大利亚）的历史。606年，荷兰人威廉·扬松（Willem Janszoon）第一个踏上了这片土地，但他确信自己到达的是新几内亚（New Guinea）。10年后，他的同胞德克·哈托格松（Dirk Hartogszoon）才认出这里就是托勒密所说的"未知的南方大陆"的西海岸，古人认为南部大陆的存在是为了平衡欧洲和亚洲两个大陆板块的重量。1642年至1644年间，另一个荷兰人阿贝尔·塔斯曼（Abel Tasman）发现了新西兰和塔斯马尼亚，然而直到1770年詹姆斯·库克（James Cook）将其并入大英帝国，澳大利亚才正式成为一个殖民地。

澳大利亚如今仍然是一个人烟极度稀少的大陆，大约有1700万居民集中生活在面积为75110平方千米的沿海地区。其大陆表面大部分被沙漠覆盖，但在大陆深处有着非常丰富的适宜生物栖息的土地，如热带雨林、广阔的冲积平原和秀美的山区。显然，澳大利亚是地球上最古老的大陆，它有着35亿年前形成的岩层，和一套完全独立进化出的生物体系，其许多物种在世界上其他地方都很难找到。有袋类动物就是一个完美的例子：袋鼠是这个国家最著名和最具象征意义的动物，也是进化程度更高的胎盘类哺乳动物的原始祖先之一。

当然，大洋洲的自然遗产不仅存在于澳大利亚，更不是仅仅存在于澳大利亚大陆。在12处世界遗产中，有两处位于新西兰，另外几处位于其他一些岛屿或群岛，例如世界上最大的沙岛，也是"大懒兽"（megatheres）的天堂——弗雷泽岛，和与大陆南端相距1529千米的麦夸里岛（Macquarie Island）。另外，塔斯马尼亚和新西兰的次南极区群岛也有许多特有物种（包括动物和植物）。

值得一提的还有占地面积超过328928平方千米的世界上最大的保护区——大堡礁，它由3400个珊瑚礁组成，从澳大利亚海岸向北延伸20117千米，一直到巴布亚新几内亚海域。

总之，大洋洲拥有丰富的自然资源和物种多样性，这里有限的人类活动保证了大自然至高无上的地位。得益于严格的法律体系，大洋洲在环境保护政策方面处于世界领先地位。

卡卡杜国家公园

澳大利亚 | 北领地
入选年份：1981；拓展遗产点：1987，1992
遴选标准：文（I）（VI）；自（II）（III）（IV）

"纳不温布尔文"（Nabulwinjubulwin）身上满是宗教意义的图案，这个名字拗口的恶灵牢牢地站在地上庆祝获胜的形象被刻在诺兰基岩石（Nourlangie Rock）上，这块岩石高高矗立于澳大利亚大陆崖西部的冲积平原上。在加古朱（Gagudju）土著部落的宇宙进化论中，除了纳不温布尔文，还有被视为"大地之母"的"瓦纳布仁根"（Warramurrungundji），她从岛上来到大陆的东北部，铸就了子民的灵魂并教会了他们说话和打猎。在她变成一块岩石之前，还创造出了这个世界上的河流和动植物。

在过去的25000多年里，澳大利亚北部土著部落的岩画一直热衷于以祖先的灵魂为主题，除此之外还有狩猎的场景、周围所处的自然环境，甚至还有第一次和白人接触的画面。1000处考古遗址和7000处土著岩画正是促使卡卡杜国家公园被联合国教科文组织列为世界遗产中为数不多的文化自然双重遗产的原因。

卡卡杜国家公园始建于1964年，原名乌尔旺加原住民保护区（Woolwonga Aboriginal Reserve），旨在保护当地约300名原住居民，如今，该地区的面积已从最初的505平方千米逐步扩大到19943平方千米。卡卡杜国家公园地貌形成于25亿年前，位于地质构造相对稳定的地带，不过随着时间的推移，该地区已经被重新塑造，其复杂的地貌特征也恰恰展现了地球的漫长历史。

虽然可以勘探出六种地质构造，但该地区主要的地质系统由阿纳姆地（Arnhem Land）的高原和大陆崖形成，该系统短时间内陡升至305米，并向东部边缘延伸515千米。据说1.4亿年前，大部分卡卡杜地区都被浅海覆盖。一旦水位下降，本来为悬崖的岩层就形成了大陆崖，被称为库尔皮尼亚平面（Koolpniyah Surface）的广阔平原就形成于陡崖底部。在古代，像诺兰基岩石这样的峭壁就曾经是浅海海岸附近的岛屿。

该地区其他的地质构造还包括流域盆地、雨季期间洪流带动沉积物在下游形成的冲积平原、火山活动形成的南部山丘以及曾经受潮汐影响、范围向内陆扩展97千米的河口平原。

卡卡杜公园的生物多样性在澳大利亚首屈一指。这里记录在册的植物有1600多种，其中58种是重

▎第332页左侧 咸水鳄（Crocodylus porosus）栖息于鳄鱼河地区。在卡卡杜地区的128种爬行动物中，有3种鳄鱼，39种蛇。

▎第332页右侧 林鹳或黑颈鹳（Xenorhynchus asiaticus）因羽毛主要为黑白两色，因此也被称为"警察鸟（policeman bird）"。跟其他涉禽不同，这是一种喜欢独处的鸟类。

▎第332—333页 一望无际的马吉拉溪（Magela Creek）冲积平原曾经是一片海床，一眼望去，还能看到星星点点分布着的几棵树。

第333页顶部 一个大型的大白鹭（*Egretta alba*）群落分布于沿海潟湖。这种生态系统向内陆延伸至97千米处，栖息在这里的动植物已经适应了这片盐碱地。

第333页右侧 这只年幼的棕夜鹭（*Nycticorax caledonicus*）或夜鹭属于卡卡杜国家公园的274种鸟类之一，而这些鸟类占据澳大利亚鸟类总数的33%。

第333页底部 一些鹊鹅（*Anseranas semipalmata*）在花丛环绕的潟湖中徘徊寻找食物。这种水鸟常遭到当地土著的猎食。

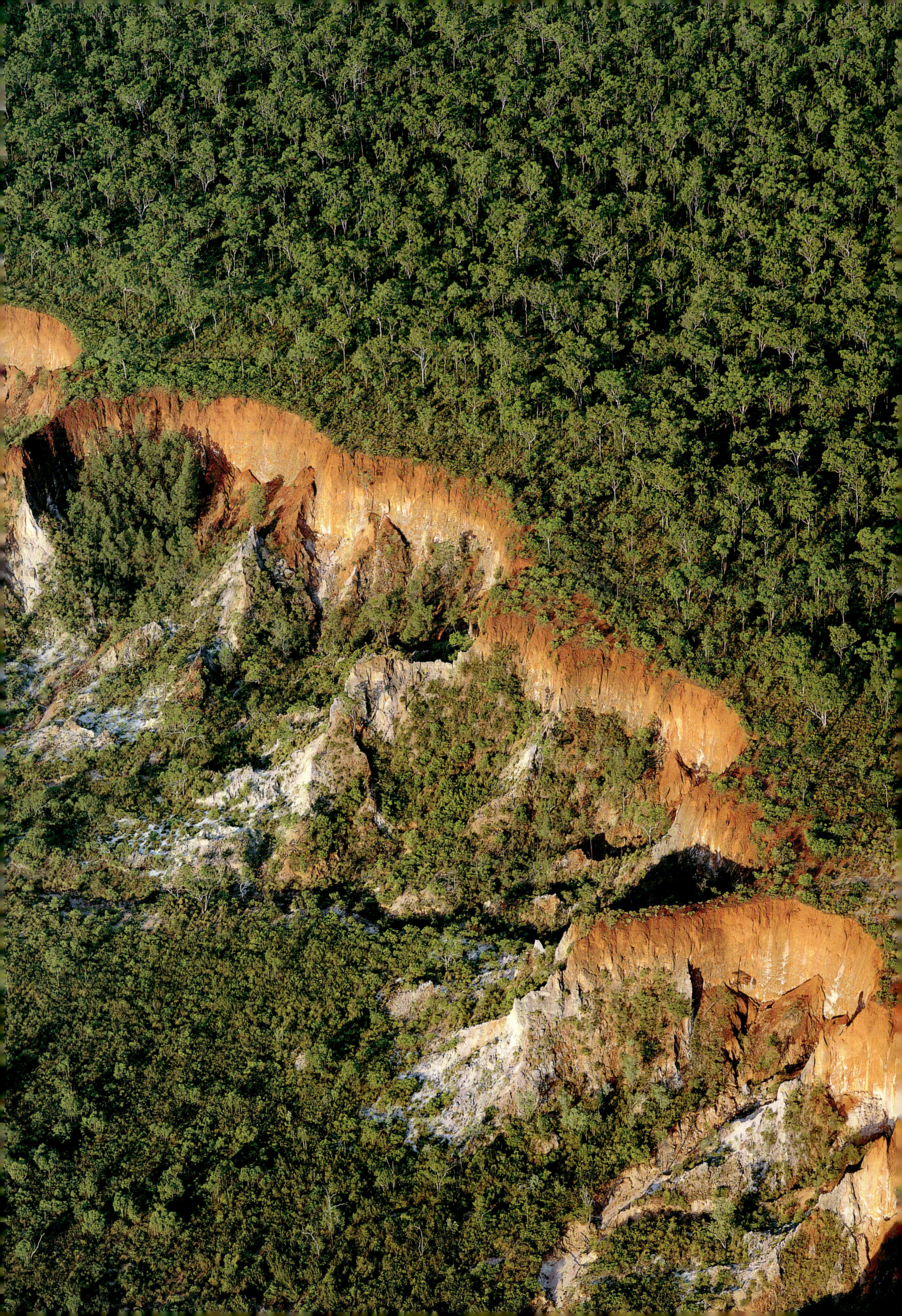

点保护对象，另有 97 种是稀有或生存受威胁的植物。阿纳姆地的植物区系十分重要，有许多特有物种。该地区共有 13 个植物群落，其中 3 个为雨林，7 个为不同树种的桉树群落，其余为滨海盐碱地、白千层沼泽和红树林沼泽。

卡卡杜公园的 64 种哺乳动物大多生活在森林里，其中蝙蝠占 26 种，啮齿动物占 15 种，袋鼠、负鼠、澳大利亚袋狸和袋鼩占 8 种。在全球范围内濒临灭绝的是儒艮（Dugong dugon）和澳洲假吸血蝠（Macroderma gigas）。在 128 种爬行动物中，属于易危或濒危的是咸水鳄（Crocodylus porosus）和三种海龟：赤蠵龟（Caretta caretta）、绿蠵龟（Chelonia mydas）及玳瑁（Eretmochelys imbricata）。

受季风气候影响，卡卡杜公园 11 月至次年 4 月降水比较充沛，加上多样的生态系统，这里为各种各样的鸟类创造了理想的生存条件。该地区有 274 个物种，占澳大利亚所有物种数的三分之一。其中较为重要的鸟类有赤鹰（Accipiter radiatus）、胡锦鸟（Chloebia gouldiae）以及黑冠鹦鹉（Psephotus dissimili）。

在未受到人类活动影响的情况下，卡卡杜生态平衡在历史上面临的威胁主要来自水牛（Bubalus bubalis），水牛破坏了当地的植被，从而加速了土地侵蚀。随着水牛数量的减少，当地的刺轴含羞草（Mimosa pigra）和人厌槐叶苹（Salvinia molesta）泛滥成灾，成为影响生物多样性的最大威胁。1984 年以来，当地已经耗费巨大精力试图清除河口地区的含羞草，但其威胁仍然存在。至于人厌槐叶苹，如今它已经泛滥到不得不从生物学角度引入其天敌——一种象鼻虫（Cryptobagus salviniae）来进行控制。而公园东北部的整个马吉拉溪区域则被划为隔离区。目前，人类与人厌槐叶苹的斗争似乎已取得初步胜利，避免了水体出现富营养化的危险局面，卡卡杜又重新成为世界上杂草比例最低的国家公园之一。

▍第 334 页　这些阿纳姆地布洛姆菲尔德泉（Blomfield springs）附近的红色岩壁位于公园的一处，无论从美学意义上，还是地质学角度看，都堪称壮观。

▍第 335 页左上角　这座形似教堂的巨型蚁丘正是"教堂白蚁"（Nasutitermus triodia）的杰作。

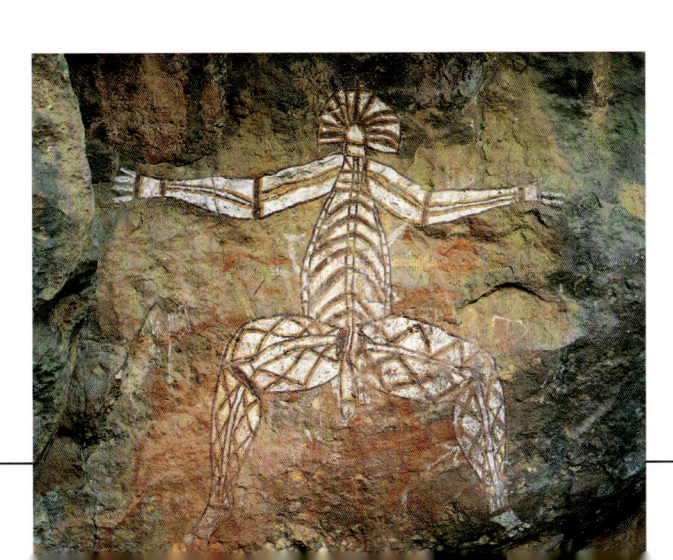

▍第 335 页右上角　澳大利亚蓝翼笑翠鸟（Dachelo leachii）的叫声十分独特，极似人类的笑声。

▍第 335 页底部　公园里有大约 1000 处考古遗址和 7000 处岩画，其可追溯的历史上至 25000 年前，下至 17 世纪，也就是当地土著与欧洲殖民者的初次见面的时间。

第336页左侧 双子瀑布是为数不多的可以看到阿纳姆地全景的地方之一，这块大陆崖高达305米，长约499千米，是卡卡杜国家公园东部边界的标志。

第336页右上角 当中生代时期海水逐渐退去，作为大陆崖最大的一部分，康博尔吉地层（Kombolgie Formation）高高地耸立在那里，地表变得十分干旱。几百万年来，由于很少受到沉积或侵蚀作用的影响，它的地貌几乎没有发生变化。

第336页右下角 褶伞蜥（Chlamydosaurus kingii）的名字取自它脖子周围皮肤上的伞状薄膜，该薄膜直径可达30厘米。通常情况下，褶伞蜥肩膀上的褶会保持闭合，而遇到危险时它就会立马张开，以吓走潜在的捕食者。

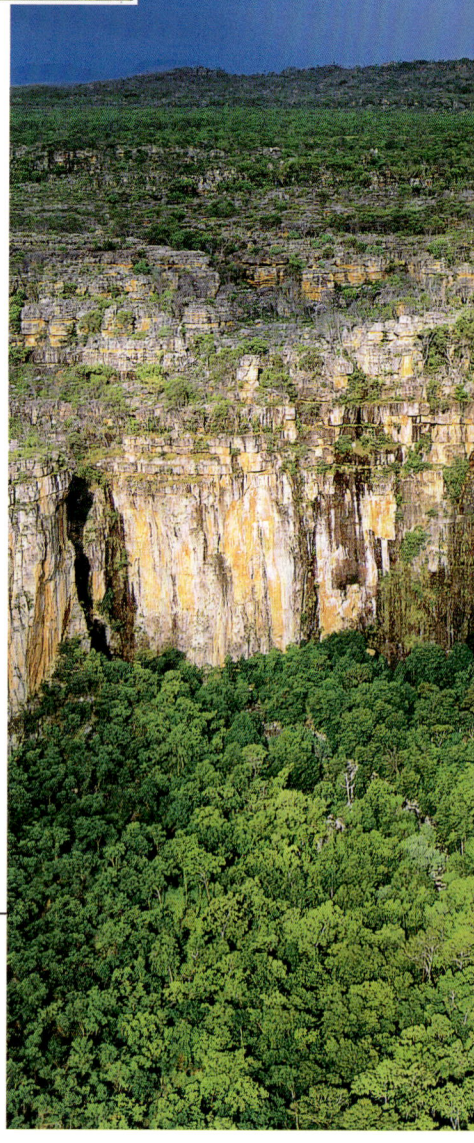

▌第336—337页 1月初，空中乌云密布，预示着阿纳姆地和周围的森林即将迎来雨季的第一场暴风雨。

▌第337页顶部 阿纳姆地沟壑遍布，气候干燥，土地贫瘠，植被以特内塔树（*Allosyncarpia ternata*）为主，而特内塔树是一种只生长在卡卡杜的阔叶树。

第338—339页 欣钦布鲁克岛国家公园（Hinchinbrook Island National Park）内，30种红树林密布在错综复杂的运河两岸。世界上可与该地媲美生物多样性的地方只存在于新几内亚（New Guinea）一处与之相似的栖息地。

堪培拉

昆士兰湿热带地区

澳大利亚

昆士兰州
入选年份：1988
遴选标准：自（Ⅰ）（Ⅱ）（Ⅲ）（Ⅳ）

昆士兰北部的热带雨林有一种特有品种——奇子树（Idiospermum australiense），又名带状树（ribbonwood）、傻子果（idiot fruit）或绿恐龙（green dinosaur），这种树已经演化了大概1.2亿年。1902年，德国植物学家路德维格·丹尼尔（Ludwig Diels）在凯恩斯（Cairns）附近发现了奇子树，并将其命名为澳大利亚夏腊梅（Calycanthus australiensis）。它的独特之处在于它特别的种子形状。现代植物的种子都是由一个子叶（单子叶植物）或两个子叶（双子叶植物）组成，而丹尼尔收集到的种子有3~5个子叶。另外，螺旋状的花瓣也展现了它的原始演进过程。

但当丹尼尔再次来到原发现地时，那里已被砍伐清理成了甘蔗田。在此后的很长一段时间内人们都没有再发现奇子树的踪迹，直到1971年，才有人在死亡的动物消化道内发现了它的种子。昆士兰植物标本馆的植物学家斯坦·布莱克（Stan Blake）为其取名，也就是它现在的名字——奇子树，意思是"澳大利亚特有的果子"。独特的奇子树也因此成为南半球唯一的腊梅科植物。

在澳大利亚的热带雨林中，奇子树只是众多不同寻常的植物种类中的一种。这片雨林占地面积超过8858平方千米，有714种植物受到41个不同的国家公园的保护。昆士兰湿热带地区位于昆士兰东北部海岸，按地貌可以分为三部分：沿海低平原、大陆崖缓冲带和大分水岭高地（平均海拔约799米）。

后来，澳大利亚与超大陆冈瓦纳古陆分离。数千万年来，这种隔离的状态促使昆士兰州热带地区衍生出了令人惊叹的生态环境，并使其成为世界上就物种数量和特点而言最重要的区域生态系统之一。这里的雨林植物主要有桉树、相思树、海金沙、丛榈（Licuala ramsayi）和红树林等13种。记录在册的植物共有1161种，涵盖119科和523属，其中地方特有物种有500种，兰科植物90种，还有40种山龙眼科植物（分属13属）。世界上最大的和最小的苏铁科植物都生长在此处，其中最大的霍普鳞木铁（Lepidozamia hopei）可高达20米，而最小的波温苏铁（Bowenia spectabilis）则隐藏在森林的穹顶之下。

这些雨林有一个共同的特点，那就是这里许多物种的生长地区受限，且这些物种与其近亲所处的巴

■ 第338页左下角 这是一只雌性红颈林袋鼠（Thylogale thetis）和她的幼崽。红颈林袋鼠是一种夜行有袋动物，在昆士兰地区所有湿地上都十分常见。

■ 第338页右下角 沃拉曼瀑布（Wallaman Falls）位于吉尔干国家公园（Lumhotiz National Park）的核心地带，落差达305米，是澳大利亚最高的瀑布。吉尔干国家公园同其他40个位于昆士兰地区的国家公园一起被联合国教科文组织列入《世界遗产名录》。

■ 第339页右上角 澳大利亚红椿（Cedrela toona）是昆士兰森林中最雄伟的树种之一，其高度可达61米，基部直径为3米。它们的叶子呈明显的粉红色，木头有一种强烈的气味。

■ 第339页底部 一群黑狐蝠（Pteropus alecto）栖息在树枝上，昆士兰地区的所有黑狐蝠都只以水果和花蜜为食。

第340页顶部 鹤鸵（*Casaurius casuarius*）是一种不会飞的鸟，外表有点像史前动物。它的脖子没有羽毛，头顶的皮肤像头盔一样坚硬，脚上的皮肤则类似鳞片。

布亚新几内亚、桑达或拉丁美洲相距数千千米远。

昆士兰地区的森林为澳大利亚的大部分物种提供了栖息地，其中包括两种单孔目动物、37种有袋目动物、16种啮齿动物、34种蝙蝠、370种鸟类、47种两栖动物和160种爬行动物。特别值得一提的有赫拉克勒斯飞蛾（*Coscinocera hercules*），它是世界上最大的飞蛾之一，翼展长达25厘米。另外还有斑尾虎鼬（*Dasyurus maculatus*）——一种强壮而凶猛的食肉有袋动物，以及卢氏树袋鼠（*Dendrolagus lumholtzi*）和班尼特树袋鼠（*Dendrolagus bennettianus*），这两种树袋鼠是世界上现存的五种树栖有袋动物之一。

该地区至少有54种当地特有的脊椎动物，其中最不寻常的大概就是长鼻食虫蝙蝠（*Murina florium*）了，因为目前普遍认为它是澳大利亚最稀有的哺乳动物。

第340页左下角 环尾负鼠（*Pseudocheirus peregrinus*）是一种小型的树栖有袋动物，也是斑尾虎鼬的近亲。在昆士兰地区潮湿的森林中共生活着37种有袋动物。

第340页右下角 澳大利亚叶尾壁虎（*Phyllurus cornutus*）有着像普通地衣一样的皮肤，尾巴呈叶状。由于善于伪装，人们很难在森林中辨认出它们。

第341页 双眼无花果鹦鹉（*Opopsitta diophthalma*）的俗名来源于它的饮食习惯。这种鸟在澳大利亚和新几内亚很常见，它们只吃一些特定种类的无花果。

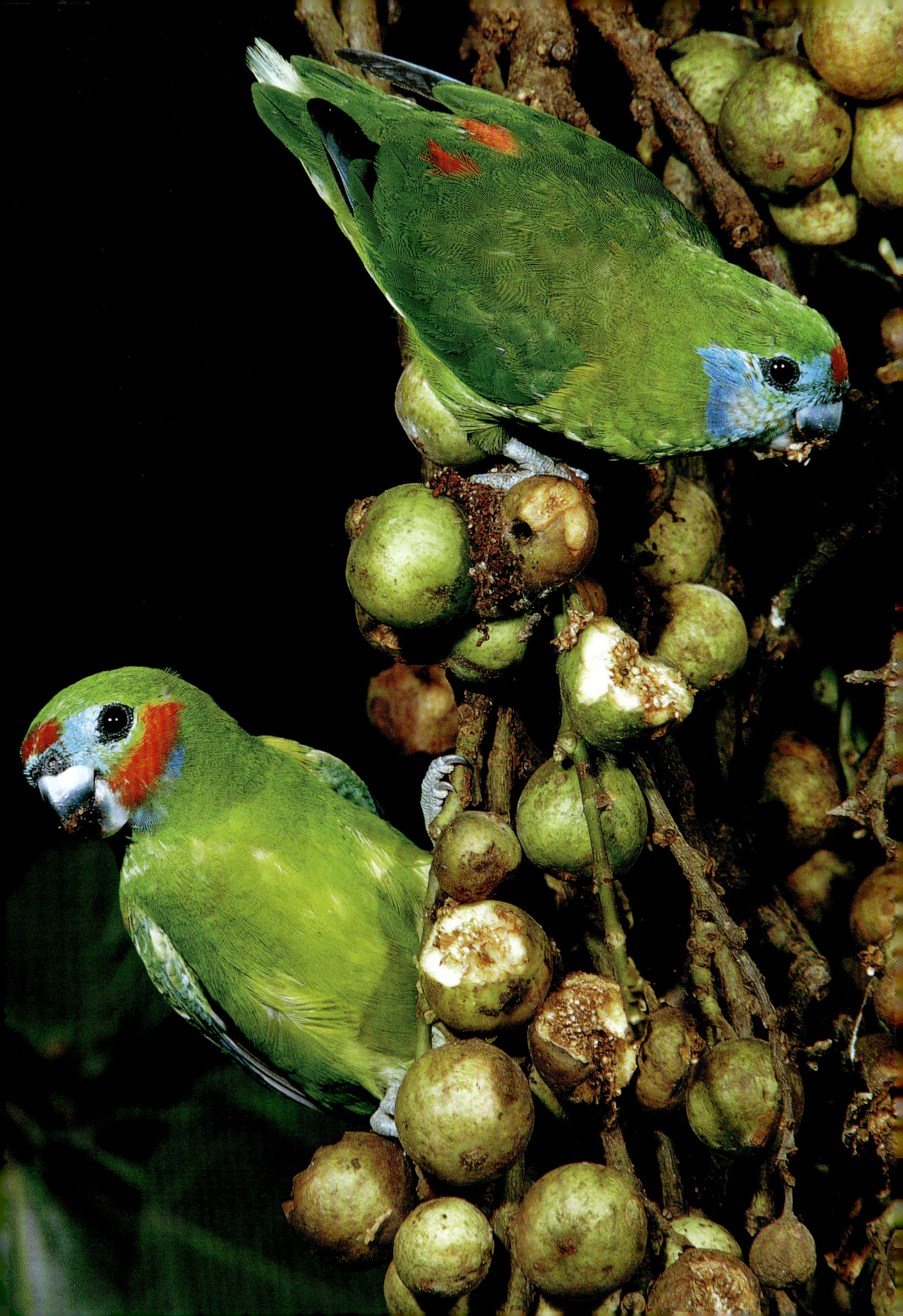

大堡礁

澳大利亚

入选年份：1981
遴选标准：自（Ⅰ）（Ⅱ）（Ⅲ）（Ⅳ）

1975年，澳大利亚政府正式制定了《大堡礁海洋公园法》，该法明确设立了世界上最大的保护区。大堡礁占地面积约331259平方千米（组成联合国教科文组织世界遗产的区域面积更大），大小相当于48个得克萨斯州。但大堡礁组成的世界遗产面积则不止于此——它自西向东从澳大利亚东海岸向太平洋延伸至超过1996千米处，自南向北从南回归线一直延伸至巴布亚新几内亚的沿海水域。

太平洋的这段地带包含了世界上面积最大的一片珊瑚礁。珊瑚礁的总数达3400个，面积在0.8公顷到984平方千米之间，珊瑚岛的数量约有300个，其中没有任何植被的有213个。该地618个岛曾是澳大利亚大陆的一部分。每个珊瑚礁的形状和结构差别很大，但主要分为两类：台礁（放射状生长而成）和堡礁（通常生长在水下洋流运动激烈的地区）。

珊瑚礁地表植被匮乏，而赫伦岛（Heron Island）和马斯格雷夫岛（Musgrave Island）则遍布无刺藤（Pisonia grandis），霍斯金岛（Hoskin Island）上有一片特殊的森林，那里生长着露兜树（Pandans）、腺果藤（Pisonia）和甜砂纸无花果（Ficus apposita）。在其他地方还有木麻黄和各种属的草类，木麻黄树干结实，由于其树枝与鹤鸵（一种大型的不会飞的鸟类）的羽毛很相似，因此命名时参考了鹤鸵的名字。此外，水下的植物群则尤为壮观，大堡礁生长着许多体形小但繁殖量巨大的藻类，它们既为海龟、鱼类、棘皮动物和软体动物提供重要的营养来源，同时也是珊瑚礁形成的重要组成部分。

据统计，大堡礁庞大的动物群落包括超过1500种鱼类、400种珊瑚、4000种软体动物、242种鸟类

> 第342—343页 哈迪礁（Hardy Reef）是典型的台礁，占地面积约28.5平方千米。这座水下小山由有机物堆积而成，最高处距海底约76米。

> 第342页底部 哈迪礁和富克礁（Hook Reef）一起构成了大堡礁最为壮观的综合体之一。两者之间有一条狭窄的通道（很细的暗带），人们称之为"河流"。

以及各种各样的海绵、海葵、海虫和甲壳类动物。另外还有很多鲸类，包括座头鲸（Megaptera novaengliae）、蓝鲸（Balaenoptera acutorostrata）及虎鲸（Orcinus orca）；其他的哺乳类动物则有瓶鼻海豚（Tursiops truncatus）、伊河海豚（Orcaella brevirostris）、长吻原海豚（Stenella longirostris）和中华白海豚（Sousa chinensis）。这些岛屿对绿蠵龟（Chelonia mydas）和红蠵龟（Caretta caretta）来说是全球范围内的重要筑巢地。

最后，大堡礁也是儒艮最重要的庇护所。儒艮是一种海洋哺乳动物，与海牛同属一个家族。大象是其在陆地的近亲。克里斯托弗·哥伦布（Christopher Columbus）坚信，他在美洲之行遇到的海牛就是传说中的美人鱼。儒艮是一种安静的草食动物，生活在沿海水域，以水下草地的草类为食，儒艮的身长可达3米，体重可达204千克。近期，位于汤斯维尔市（Townsville）的詹姆斯库克大学对这种稀有的哺乳动物

第343页顶部　大堡礁从澳大利亚南部延伸至巴布亚新几内亚，面积与意大利国土面积相当，毋庸置疑地成为联合国教科文组织《世界遗产名录》中最大的保护区。

第343页中间　赫伦岛是潜水爱好者的天堂，属于大堡礁的一部分，占地面积达12225平方千米。该岛位于布里斯班以北533千米处的坎普里科恩－邦克群岛（Capricorn-Bunker Group），南回归线穿过其中。

第343页底部　虽然珊瑚礁距海滩不远，但赫伦岛是大堡礁中未受破坏的"天堂"之一。此外，在赫伦岛的潟湖中发现了大约850种鱼类。

■ 第 344 页顶部　座头鲸在冬季迁徙时会路过赫伦岛，而海龟则在这里产卵。

■ 第 344—345 页 图上所示为圣灵岛（Whitsunday Island）的舌湾（Tongue Bay）。圣灵岛是圣灵群岛（Whitsunday Group）74 个岛屿中面积最大的一个。该群岛是最后一个冰川期结束后，因海平面上升而淹没的沿海山脉的遗迹。

■ 第 344 页左下角 如从希尔湾（Hill Inlet）拍摄的照片所示，圣灵岛上无人居住，表面被红树林覆盖。

第344页右下角 小珊瑚礁是冒出海平面以上几英尺的珊瑚岛，300个小珊瑚礁中，大多数是最近才形成的，表面没有任何植被。

第345页顶部 詹姆斯·库克于1779年的圣灵降临节（复活节后的第7个星期日）发现了圣灵岛，而白天堂海滩（Whitehaven Beach）就位于该岛。这片狭窄的白色沙滩长达6.4千米，是每年游览大堡礁的300万游客最喜欢的旅游目的地之一。

第345页底部 乘坐汽船从布里斯班出发，5小时后就可以到达玛斯格雷夫夫人岛（Lady Musgrave Island），该岛是一座典型的环状珊瑚岛，约14公顷的土地上长满了无刺藤，因此成为许多鸟类的栖息地，而其11.9平方千米的潟湖也于1938年成为国家公园。

的生存状况发出警报，因为在菲律宾、日本、柬埔寨和越南周边海域已经见不到儒艮的身影了。仅剩下极少数（大概80只）幸存的儒艮生活在泰国西南海岸附近的安达曼海（Andaman Sea）域的海底草地。

至少就目前来看，联合国教科文组织还没有将大堡礁列入《世界遗产名录》的计划，但该组织曾在一份2015年的文件中建议澳大利亚政府采取措施保护大堡礁免受气候变化的影响。这份文件引发了激烈的争论，一些气候活动家和旅游业从业者也参与其中。旅游业者担心有关这一天然宝藏的"健康问题"的负面宣传可能会影响当地的旅游业发展，而旅游业则是当地繁荣经济的支柱产业。但随着游客的不断涌入，这些珊瑚似乎正在从海洋温度上升导致的白化现象中逐渐恢复。

■ 第346页左上角和右上角 微弱的阳光照亮了柳珊瑚（*Gorgonias*）群纤细精美的枝杈。柳珊瑚群可以组成扇形（左）或聚在一起形成类似于灌木丛的聚集物（右）。

■ 第346—347页 大堡礁由3400个独立礁石组成，礁石上生存着大约400种珊瑚，这些珊瑚为数千种海洋动物提供了完美的栖息地。

第347页顶部　水下约39.6米深的水域适宜多种类型的柳珊瑚生长，包括像图中这种柔韧的柳珊瑚群。它们的枝杈从短小的中央茎蔓向外伸展。

第347页底部　尽管这些礁石形态多样、结构不一，但大致可以分为两类：在平面上呈放射状生长的礁石和垂直生长的礁石。

348

▌第348页左上角 海葵（sea anemone）和海葵鱼（anemone fish）是海洋共生的一个绝佳案例。得益于其对海葵鱼毒素的免疫力，海葵鱼能够在海葵有毒的触手中寻求庇护。

▌第348页右上角 图中的巨型石斑鱼（Epinephelus tukula）正游离蜥蜴岛（Lizard Island），它们的长度可达2米，重量可达100千克。

▌第348—349页 虽然魟（ray）并不会伤害人类，但其巨大的体形（最大7米宽）和令人畏惧的外观为其赢得了"魔鬼鱼"的绰号。

▌第349页左侧 一条鳗鱼（eel）从其珊瑚庇护所中窥探而出。这种生物曾被认为会对潜水员构成危险，但充满好奇心的它们其实对人类较为友好。

▌第349页右上角 一排银色的杰克鱼风暴从礁石水域席卷而过。大堡礁上生活着超过1500种鱼类和4000种软体动物，它们是在岛上居住了数千年的澳大利亚原住民主要的营养来源。

▌第349页右下角 灰礁鲨（Carcharhinus amblyrhychoides）是最具攻击性的礁石动物之一。它们通常在环礁和潟湖周围活动，但在1000米深的水域也曾发现过它们的踪迹。

弗雷泽岛

澳大利亚 | 昆士兰
入选年份：1992
遴选标准：自（Ⅱ）（Ⅲ）

1836年5月13日，一艘名为"斯特灵堡垒"号（Stirling Castle）的双桅帆船在从悉尼航行

■ 第350页左下角 该图拍摄于南回归线南约153千米处弗雷泽岛鸭嘴兽湾（Platypus Bay）附近，一群座头鲸正在向南迁徙。

■ 第350页右下角 大约4000年前，澳洲野犬（Canis lupus dingo）从亚洲来到澳大利亚。如今，居住在弗雷泽岛上的约160只澳洲野犬是澳大利亚东部血统最纯正的一群澳洲野犬。

■ 第350—351页 弗雷泽岛与澳洲大陆之间的这片大海湾正处在座头鲸（Megaptera novaeangliae）从南极到赫维湾温暖水域的迁徙路线上，这里堪称座头鲸的"世界之都"。

到新加坡的途中，在位于托雷斯海峡（Torres Strait）以南的大堡礁（Great Barrier Reef）撞沉。船长詹姆斯·弗雷泽（James Fraser）和18名幸存的船员试图乘救生艇前往摩顿湾（Moreton Bay）寻求庇护，船员中也包括詹姆斯·弗雷泽的妻子伊莱扎（Eliza）。起初，因为害怕原住民，他们不敢靠近海岸，但最后还是被迫登上了大桑迪岛（Great Sandy Island），该岛于1770年由詹姆斯·库克（James Cook）发现。登岛后，他们被卡比人（Kabi）抓获，卡比人对其百般折磨，并强迫他们劳作。直到约翰·格雷厄姆（John Graham）（沉船船员之一，之前设法逃脱）率领的摩顿湾探险队赶到才成功挽救出唯一的幸存者伊莱扎·弗雷泽（Eliza Fraser）。

回到英格兰后，伊莱扎将自己的囚禁遭遇写成了一本书并出版，这本书成为当时英格兰最畅销的一部作品。但随后，她又回到了澳大利亚，并在墨尔本度过余生。这一故事激发了澳大利亚民众的无限遐想，也赋予了作家和艺术家很多灵感，甚至还被改编成了最近的一部颇受欢迎的电视连续剧。当然，故事发生的岛屿后来便以伊莱扎·弗雷泽的名字命名。

弗雷泽岛占地面积超过1658平方千米，长122千米，宽4.8~24千米，是世界上最大、最古老的沙岛。其砂体深入海平面以下30~61米之间的区域，砂层由花岗岩、砂岩和变质岩演变而来。岛上的巨型沙丘形成于更新世末期的冰川间期（距今120000~140000年前）和全新世时期（距今不到10000年前）之间。当时，在风力作用下，新南威尔士州（New South Wales）的大量沙土被搬运至昆士兰州的海岸线后在此沉积，弗雷泽岛后来也就此形成。岛上分布着大约40个湖泊，这些湖泊形成的原因各不相同，其中一些是由于沙子沉入海平面以下产生的，其他则是由于被水侵入的区域受到阻塞所形成的，还有一些是冲积性的。

极为丰富的水源加上热带气候使得岛上的植被非常多样。这里的植被包括：桉树，具体分为弹丸桉（Eucalyptus pilularis）和纹皮桉（Eucalyptus signata），棕榈树（Archontophoenix cunninghamiana），贝壳杉（Agathis Robusta），以及一些属于桃金娘科的白千层属灌木和观音座莲属（Anopteropterus）的树栖蕨类植物种群（世界上最大的植物种群之一）。

岛上的野生动物中少有特有物种，但不得不提的是列入《濒危物种红色名录》的啮齿动物（Xeromys myoides）以及血统纯正的野犬种群（Canis lupus dingo）。此外，从物种保护的角度来看，在岛上生存的300种鸟类中，值得关注的是红色苍鹰（Erythrotriochis radiatus）、黑胸鹑鹑（Turnix melanogaster）和地面鹦鹉（Pezoporus wallicus）。同时，弗雷泽岛上还生活着大量的爬行动物、两栖动物以及成群的绿甲龟（green turtles）和红甲龟（loggerhead turtles）。

近期的一项考古研究表明，至少在40000年前就有物种在这一地区定居。但直到1500~2000年前，弗雷泽岛上才有人类居住。

如今，岛上出现了很多城镇，它们主要依赖旅游业谋求发展。至于那群威名远播的捕获"斯特灵堡垒"号船员的原住民曾经居住的村庄，如今已只剩下些许遗迹。

■ 第351页顶部 位于岛西侧的麦肯齐湖（Lake Mackenzie）处于茂密的桉树森林的中心，因为桉树不会产生单宁，所以湖水十分清澈。

■ 第351页中间 瓦萨姆巴河口（Wathumba）是弗雷泽岛最重要的排水口。河岸上环绕着绵延的沙丘和一片片红树林。

■ 第351页底部 大桑迪海峡（Great Sandy Strait）在海面上宛如一条纤细的手臂，将弗雷泽岛与澳洲大陆分隔开来；它的名字取自于浅水区涌出的那片巨大沙洲，那里生活着多种海龟和鱼类，以及偶尔出没的儒艮。

沙克湾

澳大利亚

西澳大利亚州
入选年份：1991
遴选标准：自(I)(II)(III)(IV)

尽管沙克湾（Shark Bay）这个名字听起来令人生畏，但它也是澳大利亚非常著名的一处景观。在这里，成千上万的游客可以畅享与最友好的海洋动物一起游泳的奇妙体验。

在沙克湾的猴子米亚（Monkey Mia）海滩，海豚已迅速发展出一种与人类互动的非凡能力，令人十分惊叹。

整个沙克湾占地面积约22015平方千米，其中有一半受12个公园和自然保护区保护，是海洋和陆地生态系统中的一片极为特殊的地区。沙克湾位于澳大利亚最西端，平均深度为9米，沿海岸延伸超过1448千米，囊括了形成于白垩纪末期的深海、沙滩、沙丘和砂岩半岛以及高198米的悬崖等多种地形。其沿海地区是一些岛屿，岛体岩石由更新世期间在白垩和砂岩基底上生成的化石沙丘形成。

沙克湾的海水盐度在不同区域存在着显著差异，从一般海水盐度（35‰~40‰）到哈梅林池（Hamelin Pool）的高盐度（456‰~470‰）不等。不同的盐度水平，加上高蒸发量以及海洋生境内部地质和生物动态过程，使该海湾许多物种具有遗传性的适应力。

沙克湾还拥有世界上最大的藻类床，占地面积约3989平方千米。床体90%由木枝藻（*Amphibolis antartica*）（为66种附生植物提供底物的一种藻类）构成。另一部分较大的床体由1036平方千米的叠层石组成。

沙克湾的那些藻类已经形成了一层碳酸盐沉积物盖层，被认为是地球上最古老的生命形式之一。

除了海豚和鲸鱼外，沙克湾的海洋生物还包括儒艮（10000种）、绿海龟（*Chelonia mydas*）和红海龟（*Caretta caretta*），这些生物会将卵产在德克哈尔托岛（Dirk Hatog）和佩伦半岛（Peron Peninsula）的海滩上。

在323种鱼类中（热带、温水和冷水鱼类），较引人关注的是虎鲨、魟和水母。藻类床养育着种类繁多的动植物、甲壳纲动物、腔肠动物、鲈鱼和海蛇。此外，珊瑚礁虽体积不大，但却生长着80种珊瑚，并且非常活跃，这主要归功于利文洋流（利文洋流被认为是澳大利亚所有珊瑚得以健康生长的原因）。

最后，双壳类种群也十分丰富，

■ 第352页顶部 澳大利亚鹈鹕（*Pelecanus conspicillatus*）以其巨大的粉红色汤匙形喙和蓝脚闻名，是一种对人类非常友好的鸟类，它们会毫不犹豫地接受人类的食物。

■ 第352页左下角 澳大利亚鹈鹕是世界上八种鹈鹕中体形最大的一种。它们的翼展在2.4~3.4米之间，体重达6.8~8.2千克。

■ 第352页右下角 哈梅林池是世界上最大的叠层石床。床体上的藻类是地球上最古老的生命形式，它们已经形成了一层碳沉积物地壳。

■ 第353页顶部 沙克湾海岸线长1529千米，这里分布有低矮的沙质区域、沙丘甚至岩石峭壁。它们都位于白垩纪时期形成的砂岩和白垩基底上。

353

第353页底部 两只幼小的鱼鹰（*Pandion haliaetus*）笨拙地尝试第一次飞翔。鱼鹰是在沙克湾筑巢的11种海洋鸟类之一。当地大约有230种鸟类。

堪培拉

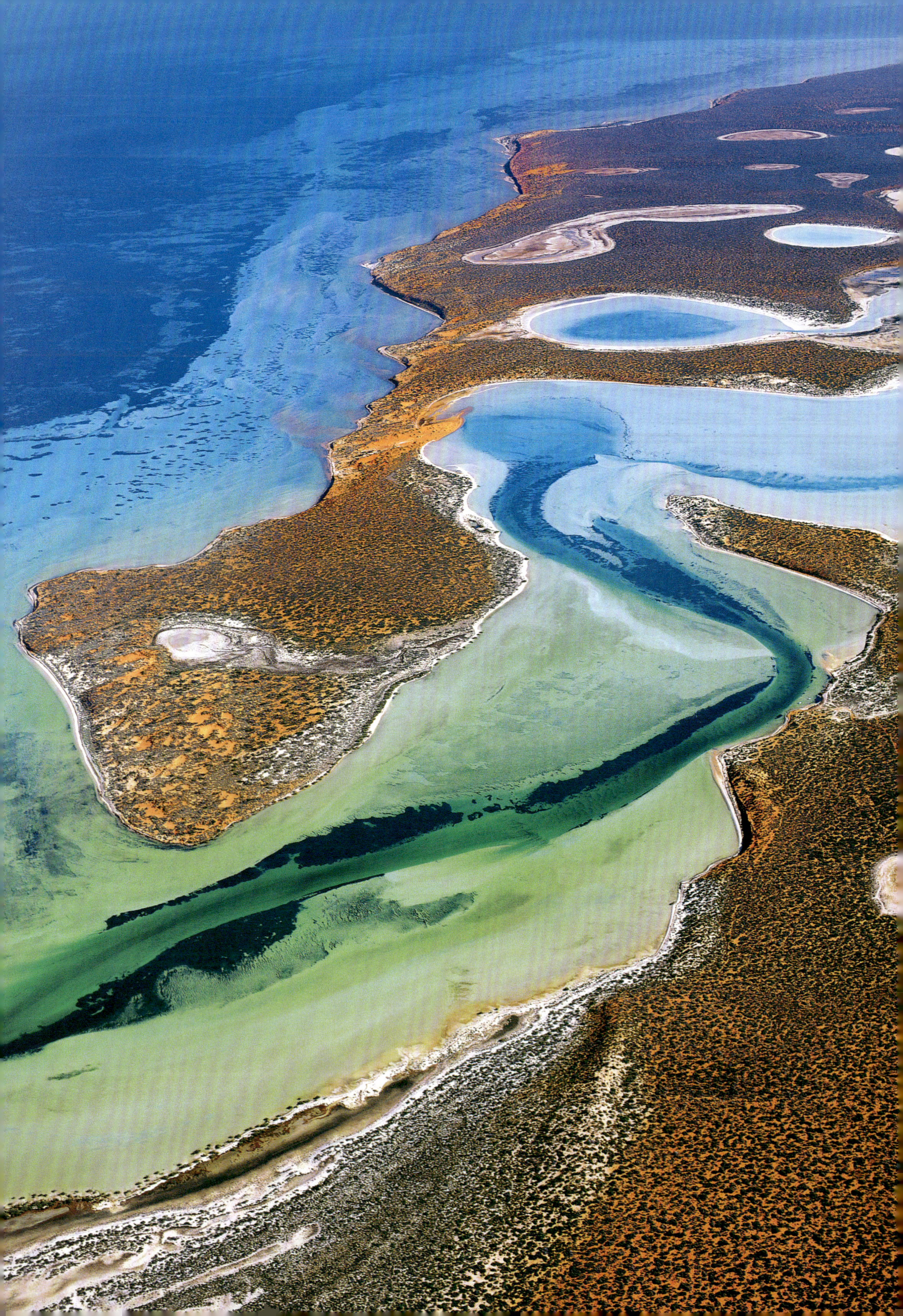

■ 第354页 弗朗索瓦·佩伦国家公园（François Peron National Park）是沙克湾地区的12个保护区之一。园区占地面积约526平方千米，以法国动物学家弗朗索瓦·佩伦的名字命名，这位动物学家于1801年至1803年参加了由尼古拉斯·鲍丁（Nicolas Baudin）在西澳大利亚州（Western Australia Western Australia）组织的科学考察。

■ 第355页顶部 佩隆半岛由儒艮栖息的一系列海湾组成。海湾分布着巨大的藻类床（主要是木枝藻），藻类共覆盖了约4000平方千米的海床。

■ 第355页中间左侧和中间右侧 鸸鹋（*Dromaius novaehollandiae*）是鸵鸟的远亲。它们在澳大利亚数量极多，以致人们认为它们会对生态系统造成危害。得益于澳大利亚野犬的存在，其数量得到控制。

有216种，其中15%为该地特有。陆地上的植物共有620种，主要是桉树（eucalyptus）和金合欢（acacia），但在陆地上更引人关注的是生活在这里的动物。

在澳大利亚受保护的26种物种中，其中有三种有袋动物和两种啮齿动物，均生活在沙克湾的多雷和贝瑞尔群岛（Dorre and Berrier Islands）上。

沙克湾由英国海盗威廉·丹皮尔（William Dampier）命名，丹皮尔于1699年登陆该岛。酷爱冒险和大自然的他在这里收集到了一些从未在英国见过的植物样本，也许是为了防止后人跟随他到访这里，他以鲨鱼的名字命名了该海湾。这里的750位居民一直在保护着沙克湾，使得沙克湾从未受到破坏。可以说，威廉姆·丹皮尔的做法非常成功。

■ 第355页底部 得益于充沛的降水，这里的环境曾十分有利于鸸鹋的生长，致使其数量在几年间猛增，当地农作物受到严重威胁。有时甚至需要调动澳大利亚军队来遏制它们生长。

■ 第356页顶部 瓶鼻海豚（*Tursiops truncatus*）是具有非凡智慧的哺乳动物，其与人类之间的互动水平令人惊叹。成千上万的游客前往猴子米亚海滩，与它们一起游泳。

■ 第356页中间 沙克湾是10000多头儒艮的家园，对于这个濒临灭绝的哺乳动物来说，这个数字是非常高的。该海湾儒艮数量占世界儒艮总数的12.5%。

■ 第356页底部 虎鲨（*Galeocerdo cuvieri*）是该海湾最常见的鲨鱼之一，会对人类构成威胁，因其皮肤上有深灰色条纹而得名。

第356—357页 鲸鲨（*Rhincodon typus*）的最大长度为18米，最重为10吨，是世界上体形最大的鱼类。尽管鲸鲨的外观令人生畏，但它并不会主动攻击其他生物。

第357页顶部 白鲨（*Carcharodon carcharias*）为卵生动物，背部呈灰色，腹部苍白，对人类相当具有攻击性，十分危险，但它很少靠近海岸。

乌卢鲁－卡塔丘塔国家公园

澳大利亚

北领地
入选年份：1987，1994
遴选标准：文（Ⅴ）（Ⅵ）；自（Ⅱ）（Ⅲ）

在原住民阿南古人（Anangu）的神话中，世界最初发端于梦幻时代（Tjukurpa）。那时，地球平坦空旷，没有光明，也没有黑暗，大自然在等待着神圣英雄的到来以带来各种形式与生命。待到神圣的英雄们降临后，他们创造了乌卢鲁（英文名Uluru，意为红色中心）这座圣山，乌卢鲁也见证了随后世间发生的一切。乌卢鲁处于伊瓦拉（Iwara）十字交汇处。伊瓦拉即歌符（Songlines），是一条遍及整个澳大利亚的无形迷宫路线。相传，原住民的图腾祖先——玛拉（Mara，形象为沙袋鼠），利鲁（Liru，形象为毒蛇）和库尼贾（Kunija，形象为蟒蛇）从乌卢鲁红山顶上的一潭水中流出，歌唱它们所见的一切，从而通过歌声创造了世间万物。

英国作家布鲁斯·查特温（Bruce Chatwin）在游历乌卢鲁期间，了解到了歌符的故事，并将歌符一代又一代地以口头形式流传了下来。后来，他决定真正前往原住民口中这个光秃秃的地方去看看。到达乌卢鲁后，原住民眼中的世界令查特温大为惊奇。正如他所写的那样，"原住民在地球上轻步前进。他们从地球上索取的越少，他们要还给地球的就越少。"

乌卢鲁的壮丽景色是人类与自然环境互动的绝佳体现之一。阿南古人的神话创造说与地质学家对乌卢鲁起源的科学解释没有太大不同。这一巨大的砂岩巨石（其颜色呈红色是其铁成分氧化的结果）在世界上最古老的地区拔地而起。如果说曾经真的有一个梦幻时代，那可能是在前寒武纪时代。这一时代可能始于38亿年前，当时原始海洋和大洲被太阳的紫外线轰炸，大气层由火山喷发的气体组成，而陆地表面就好比一个化学实验室，随时准备迎接生命的奇迹。地质学家们也不知道这块巨石准确来说是何时从海底深处浮现的。但可以肯定的是，它早在泛大陆（Pangea，包括澳大利亚、非洲、南美洲、印度和南极洲于一体的超大陆）开始分裂成漂移的大陆板块之前就已经矗立在这里了。

因此，乌卢鲁堪称世界上最神秘也最引人入胜的地质现象之一。这样看来，原住民对它的崇敬也在情理之中。对原住民来说，即便是

▌第358页左下角 乌卢鲁（Uluru）是一块半球形的砂岩块，从无边无际的澳大利亚沙漠中冒出来，周长9.3千米，高出干旱的土地约335米。

▌第358页右下角 1873年，威廉·高斯（William Gosse）成为登上乌卢鲁的第一人。高斯将这块巨石命名为艾尔岩，以纪念澳大利亚总理、同时也是高斯探险队赞助者的亨利·艾尔爵士。但原住民一如既往地认为攀登乌卢鲁是亵渎神灵之举。

▌第358—359页 在原住民神话中，"乌卢鲁"一词可以翻译为"红色中心"。这座神圣的山峰所在地是歌符交汇的地方，歌符经过的路径无影无形，纵横交错，遍布整个澳大利亚大陆。

▌第359页顶部 乌卢鲁极具辨识度的红色外观是岩石中黑色金属矿物氧化的结果。它被认为是世界上最大的一块独立岩石。

在今天，攀登这座惊艳无比的半球形山峰仍是一种对神灵的亵渎。矗立在沙漠上，乌卢鲁高出沙漠表面约335米。

1873年，英国探险家威廉·高斯（William Gosse）登顶乌卢鲁，成为登上乌卢鲁的第一人。乌卢鲁光滑的砂岩表面坡度高达80%，这样

▍第359页底部 由于缺乏降水，乌卢鲁附近的植物种类并不丰富。但环绕着乌卢鲁，可以划分出五个同心植物带，其中大多生长着草本植物和多年生灌木。

■ 第360—361页 卡塔曲塔（Kata Tjuta）（意为"许多头"）又名"奥尔加斯"（Olgas），在平原上拔地而起，高出平原表面近610米。在干旱的沙漠气候的影响下，卡塔曲塔地表只有一些季节性的小水池。

■ 第360页底部 卡塔曲塔占地面积35平方千米，由36块圆顶巨石组成，这些巨石具有近乎完全垂直的岩壁和圆形岩顶。同乌卢鲁一样，卡塔曲塔也经历了相同的侵蚀过程。

■ 第361页顶部 单峰骆驼（dromedaries）最初由欧洲引进，它们已经完全适应了乌卢鲁地区的气候。它们同这里的土著物种展开生存竞争，威胁着土著物种的生存。

■ 第361页底部 乌卢鲁与卡塔曲塔相隔约31千米，它们之间是一片荒凉的流动沙丘。这里风沙不断，一座又一座沙丘在风沙中接连成形。

的表面提供的附着力可以想象，但高斯在他的阿富汗"骆驼司机"卡姆兰（Kamran）的大力协助下在乌卢鲁南侧的岩壁上开辟了一条攀爬路线，并成功登上了山顶。高斯在他的日志中写道，攀登乌卢鲁就像在"攀爬巨鲸的身体"。回到文明社会后，不出意外，为了向资助这次探险活动的澳大利亚总理亨利·艾尔爵士（Sir Henry Ayer）表示敬意，高斯将这座圣山命名为"艾尔岩"。

乌卢鲁和艾尔岩这两个名字分别彰显了这座山宗教和世俗的两面。尽管这块岩石自1958年就正式受到保护，但澳大利亚政府于1977年才在此建立国家公园。此外，经过多年协商，政府也终于批准原住民对这片土地有部分管理权，并对进入原住民祖先神话中的圣地施加一些限制。如今，园区内不禁止但也不鼓励游客攀登乌卢鲁，但许多瀑布、沟壑和留有古代涂鸦的山洞已禁止进入，这些涂鸦堪称过去20000年来人类在此活动的标记。园区也包括卡塔曲塔（意为"许多头"），卡塔曲塔地处乌卢鲁以东约31千米处，由连绵的36座山组成，岩壁近乎垂直，山顶呈半球形，从高原上拔地而起，高出高原表面约600米。在乌卢鲁和卡塔曲塔之间，延伸着一片红色的沙丘景观，在风力作用下，沙丘不断地发生着变化。

纵观整个园区，水体仅限于短期存在的水洼和一些季节性的小水池。夏季来临时（11月至次年3月），园区气候非常干燥，气温高达45摄氏度。这种环境下，园区的植被分布十分有限，可分为五类，它们呈同心圆状散布在乌卢鲁的周围。以乌卢鲁为中心，由内向外，首先是一些香茅属（Cymbopogon）和草沙蚕属（Tripogon）的多年生灌木，向周边的沙漠延伸，接着是一片片各自为群的桉树和金合欢树。除了这些植物，这里还生活着22种土著哺乳动物，如澳洲野犬（dingo）、有袋类动物和啮齿动物等，以及150种鸟类（其中有66种常驻在此）。但这些动物中最具乌卢鲁特色的是爬行动物，如褶伞蜥（clamidosaurus）和摩洛蜥（Moloch horridus）等史前动物。这些爬行动物也是传统原住民绘画的主要对象。原住民的绘画与Inma（梦幻时代的歌曲）有着异曲同工之妙。

中东部雨林保护区

澳大利亚

新威尔士，昆士兰
入选年份：1986，1994
遴选标准：自（I）（II）（IV）

■ 第362页左上角 在新南威尔士州（New South Wales）气候凉爽的温带森林里分布着大片的澳大利亚山毛榉（*Nothofagus moorei*）。这一植物是古澳大利亚遗留下来的物种，那时的澳大利亚还是超大陆冈瓦纳（supercontinent Gondwana）的一部分。

■ 第362页左下角 华丽琴鸟（*Menura novaehollandiae*）是澳大利亚特有的一种鸟。它是雀形目中体形较大的一种鸟，特点是有着极长的尾羽（长达0.6米）。

■ 第362—363页 在这片以榕属和银木属植物为主的亚热带雨林里，放眼望去，一些亚历山大椰子（*Archontophoenix alexandrae*）的叶子在植物构成的巨大天篷中央依稀可见。

在中东部雨林保护区众多的雨林类型中分布最广的是亚热带雨林，它们通常生长在海拔约9000米的玄武岩和片岩的肥沃土壤上。从森林穹顶的林带望去，这里大概生长着10~60种林木。其中分布最广泛的是榕属（*Ficus*）和布榕属（*Argyrodendron*）植物，其次是楝科（*Meliaceae*）和杜英科（*Elaeocarpaceae*）植物。此外，攀缘物种和大型附生植物（如兰科和蕨类植物）在这里也很常见。

干燥雨林里生长着一些特有植物，如南方巨盘木（*Flindersia australis*）、南洋杉（*Araucaria cunninghamii*）和星花酒瓶树（*Brachychiton discolor*）。

这些都是澳大利亚特有的植物。沿海雨林兼具亚热带雨林和干燥雨林的特征，其生长的地区常年受海上强风侵袭。这里生长着南洋杉、罗汉松（*Podocarpus elatus*）和塔克罗（*Cupaniopsis anacardioides*）。就养分而言，冷热交替的温带雨林中的土壤最为贫

▎第363页顶部　体形小巧的食肉袋鼯（*Acrobates pygmaeus*）喜欢在夜间活动，主要以节肢动物为食。在澳大利亚东部和东南部的森林里，处处可见它们的踪迹。

▎第363页中间　深红玫瑰鹦鹉（*Platycercus elegans*）身体矫健有力，喜欢栖息在棕榈树上，属于中东部雨林保护区注册的270种鸟类之一。

▎第363页底部　澳大利亚的森林中曾生活着数百万只考拉（*Phascolarctos cinereus*）。但是100年前，为了获得它们的毛皮，猎人对其进行大肆捕杀，致使其濒临灭绝。幸运的是，这些毫无防备能力的有袋动物如今已经受到多年保护。

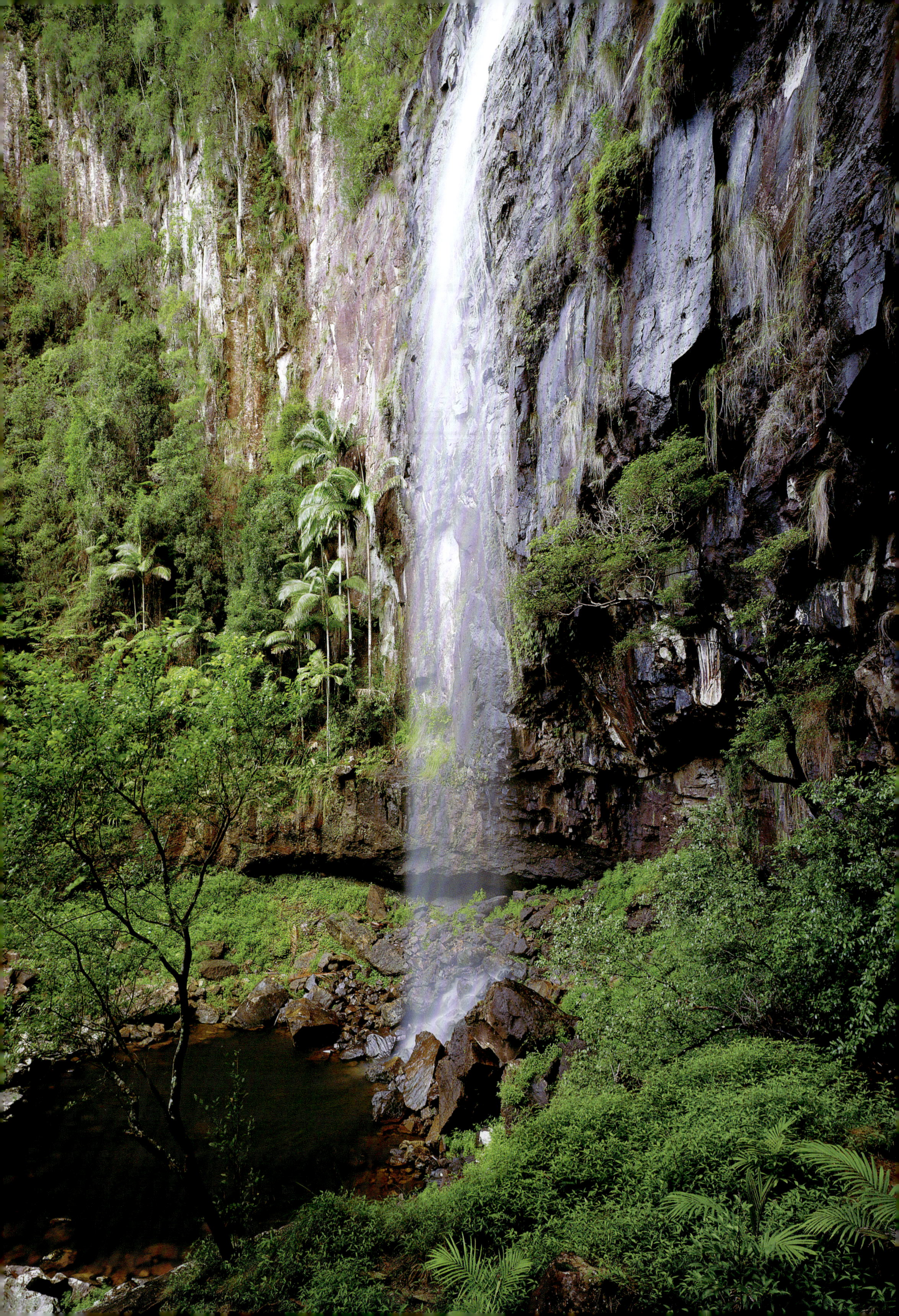

痒。在炎热时节，这里的树林穹顶为双层，树种数量很少（3~15种），也没有攀缘植物或棕榈树，主要是檫树（Doryphora sassafras）、无花香茅（Ceratopetalum apetalum）和楝科（Synoum glandulosum）植物。在寒冷时节，这里每年降雨量高至21336~36576毫米，但生物多样性甚至还要更差。通常，温带雨林的森林覆盖物仅包括两到三个树种，但其中就有澳大利亚山毛榉（Nothofagus moorei），这是一种从古澳大利亚绵延至今的珍贵物种，当时的澳大利亚还是超大陆冈瓦纳（至少1.3亿年前）的一部分。

尽管以上这些雨林类型不同，但它们都生长在同一片区域，那就是澳大利亚中东部地区的昆士兰州和新南威尔士州。20世纪以来，政府先后在这里建立了8个保护区，每个保护区都由不同的国家公园和自然保护区组成，目的就是为了保护这些森林所蕴藏的丰富的植物遗产。总体而言，这些雨林地区大约共有40处保护区，占地面积总计3699平方千米。这些保护区加起来统称为澳大利亚中东部雨林保护区（CERRA）。就地势而言，这些雨林的海拔从零到1600米不等，在一些大陡崖（Great Escarpment），海拔突然上升，有时会达到这一最高高度。尽管这一地带多为火山岩，但土壤种类繁多，其中包括火成岩、玄武岩、沉积砂岩和硅质砂构成的土壤。

在这片没有人类活动的雨林，极为潮湿的气候（整个地区每年记录降水量不少于1499毫米）造就了一片巨大的植物遗产。同时，雨林也为各种动物提供了庇护所。生活在这里的哺乳动物主要是32种有袋动物和31种蝙蝠。除哺乳动物外，雨林中还生活着270种鸟类，其中值得关注的是艾伯特亲王琴鸟（Menura alberti）和华丽琴鸟（Menura novaehollandiae），二者都是澳大利亚的特有鸟类。

值得注意的是，这些森林不是"普通"掠食者的王国。在这里，110种爬行动物统领一切，且大多爬行动物都是该地特有物种。两栖动物中包括45种青蛙，但对其中好几种蛙类来说，例如袋蟾（Assa darlingtoni）、嗜寒蟾（Philoria）和福氏横斑蟾（Mixophyes fleayi），雨林中适合它们生长的栖息地十分有限。近期，雨林中一些两栖动物种群的减少和消失引发了极大关注。同时，与世界其他地区一样，这里两栖动物的数量也在大大减少，它们堪称对气候和环境变化最敏感的动物指标。

▎第364页 抗议者瀑布（Protesters Falls）是睡帽国家公园（Nightcap National Park）规模最大的景点之一。该园建于1983年，是一个面积仅49平方千米的小型保护区。为了防止防晒霜和护肤霜对本土植物产生有害影响，园方禁止人们在瀑布下方的天然"泳池"里游泳。

▎第365页顶部 "鸟巢"蕨（'Birds nest' fern）喜欢生长在树木或岩石表面，偶尔也会生长在地面。作为"鸟巢"蕨属700种已知物种之一的南洋巢蕨（Asplenium australasicum），有30种原产于澳大利亚。

▎第365页中间左侧 鸭嘴兽（Ornithorhynchus anatinus）可谓是游泳悍将，是单孔目（Monotremata）鸭嘴兽属中的唯一一个物种。

▎第365页中间右侧 巨蛇颈龟（Chelodina longicollis）因其狩猎方式得名。狩猎时，它会像蛇一样猛地伸出脖子。

▎第365页底部 雷明顿鳌虾（Euastacus sulcatus）通常生活在305米以上的山间湍流中，但人们也曾在距湍流一定距离的陆地观察到它们的踪迹。

大蓝山山脉地区

澳大利亚 | 新南威尔士州
入选年份：2000
遴选标准：自（Ⅱ）（Ⅳ）

■ 第366—367页 该物种的大型树栖蕨类植物桫椤从大蓝山的迷雾中升起。该地区包含90种不同的桉树，占世界总量的13%。

■ 第366页底部 黑雾斑粉蝶的翼展为6.4厘米，它翅膀上的下部图案对雌性和雄性来说都是常见的，但上部的图案在雄性身上是白色的，而在雌性身上则有更大的黑色区域。

卡通巴瀑布（Katoomba Falls）休闲公园建于 1883 年。当时，悉尼的居民请愿，希望在蓝山山脉地区划出一片区域，用于"改善居民的身体健康、精神面貌和提升居民的文化水平"。时任新南威尔士州总督满足了居民的这一要求。但是，英国当局最初并未将这些壮美的瀑布划入公园范围。

大约 15 年前，为将悉尼与大蓝山山脉地区这片荒野连通，人们在此修建了一段约 60 千米长的铁路。自那以后，便有许多人经常来到这里参观鱼河洞（Fish River Caves）和大峡谷（Grand Canyon，指澳大利亚布莱克希思的大峡谷），两处景点也都配备了旅游设施。

整个大蓝山山脉占地面积近 10360 平方千米，除了周日对游览者开放的这些景点外，其中近四分之一的区域于 1959 年在划入蓝山国家公园（Blue Mountains National Park）后与外界隔绝。20 世纪以前，几乎没有白人踏入过这片土地。此外，在原住民眼中，该地区是其古老神话中彩虹蛇（Rainbow Serpent）固兰盖奇（Gurangatch）史诗般旅程的发生地。而且即便在今天，在原住民对他们祖先世界的再现中，也依然可以看到固兰盖奇的形象。

想要探索、翻越或是研究大蓝山山脉并不容易。其陡峭的岩壁形成于极为遥远的地质时代。尽管如今地质学家认为它的形态是白垩纪时期板块运动（该运动使澳洲板块脱离了南极洲板块）的结果，但大蓝山山脉的许多地理特征仍是未解之谜，例如水量不大的河流冲刷出

▎第 367 页顶部　特洛皮（Telopea speciosissima）是一种山龙眼科植物，是新南威尔士州的标志。它的"花"实际上是一个花序，可以容纳多达 240 朵单独的花。

▎第 367 页中间　1883 年，在卡通巴瀑布台阶的四周，形成了第一个保护区的核心。在 20 世纪中期，该地区成为蓝山国家公园。

▎第 367 页底部　南极蚌壳蕨是一种树状蕨类植物，有淡绿色的复叶。它是属中最大的植物，可以达到 20 米高，树干直径最大可达 0.4 米。

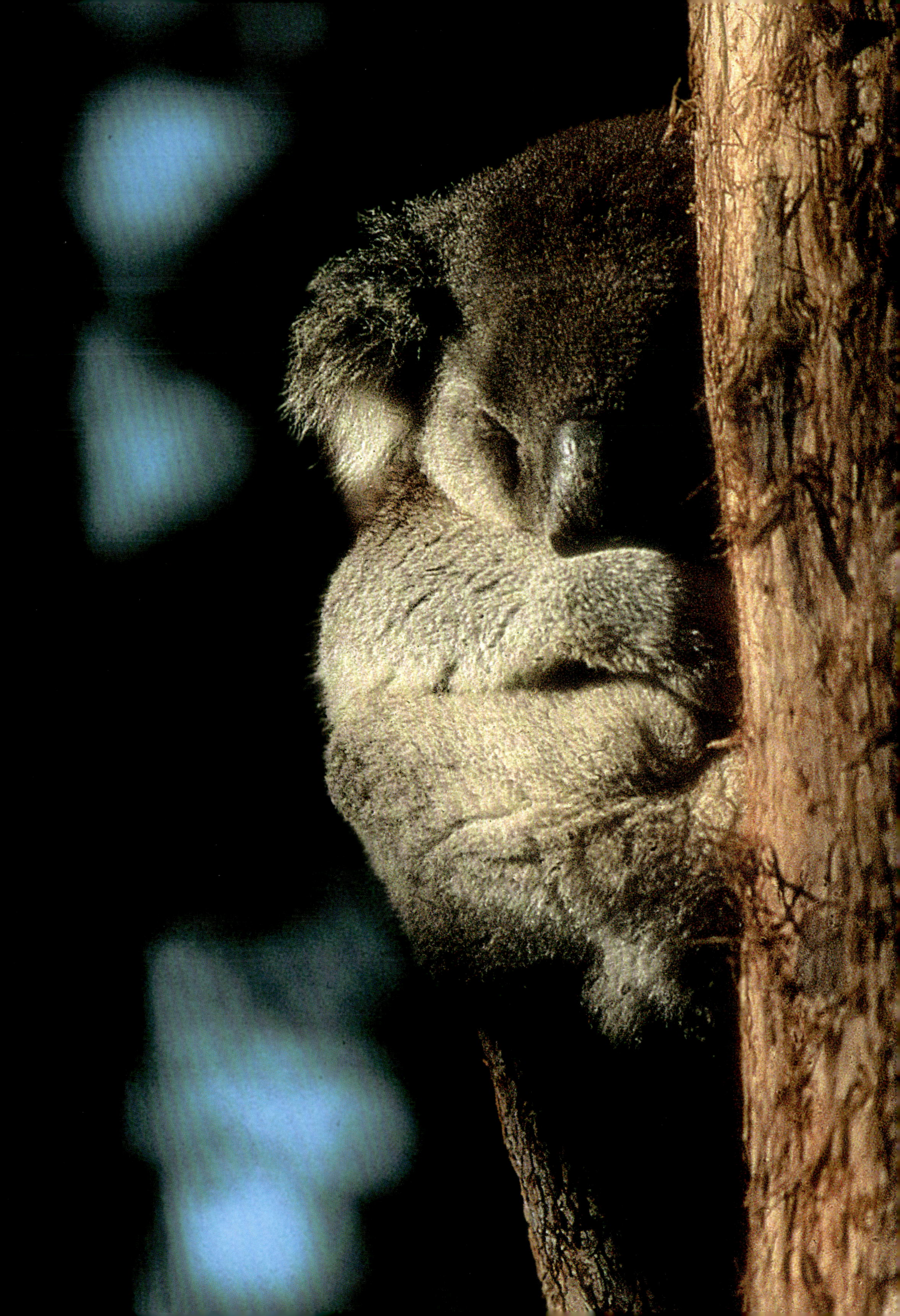

第368页 考拉（*Phascolarctos cinereus*）由原住民命名，意思是"没有水"，因为考拉从桉树叶中汲取生存所需的水分，桉树汁是它唯一的营养来源。

第369页中间 图中从枯树的树干上探出头来的是一只有袋类动物环尾负鼠（*Pseudocheirus peregrinus*），其外形与美国负鼠科动物相似。

第369页左下角 塔斯马尼亚袋熊（*Vombatus ursinus*）是一种大型夜行草食性有袋类动物，它们是考拉的近亲。

第369页右下角 图中是一只侏儒负鼠（*Cercartetus nanus*），身长不到10厘米，生活在澳大利亚大陆和塔斯马尼亚州（Tasmania）。随着栖息地的不断减少，其生存受到严重威胁。

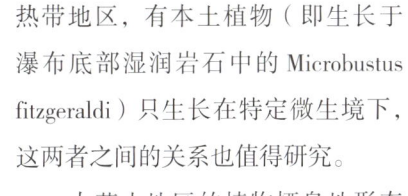

第369页顶部 三姐妹峰面朝克顿穆巴谷（Kedumba Valley），是大蓝山（Greater Blue Mountains）最著名的景点。经过数百万年的风雨雕琢，这座秀丽的山峰孕育了许多古老传说。

的很深的河谷以及抗风化能力极强的岩石。

人们不禁要考虑风、植被甚至动物群的侵蚀而引发的增殖现象。最近的研究表明，有大量琴鸟生活在该地区，琴鸟用喙挖土来觅食或寻找材料筑巢，累计每年能够在0.4公顷的土地上搬动25吨泥土。

大蓝山山脉地区地形多样、气候宜人，十分适宜70多种植物群落的生长。其中记录在册的被子植物超1000种，且山中的桉树林种类也为世界之最。

该片桉树林中分布着90多个物种，堪称研究桉树演化顺序的最佳地点，这一演化主要发生在澳大利亚大陆与冈瓦纳超大陆分离之后。另外，有典型植物生长在温带和亚热带地区，有本土植物（即生长于瀑布底部湿润岩石中的Microbustus fitzgeraldi）只生长在特定微生境下，这两者之间的关系也值得研究。

大蓝山地区的植物栖息地形态各异，分布着各种各样的澳大利亚本土动物群。该地生活着52种哺乳动物，以灰袋鼠、小袋鼠、考拉和袋熊为主。值得一提的是，其中有25种动物以蜂蜜为食。

如今，借用1883年悉尼居民起草请愿书中的话，近200万游客在徒步穿越大蓝山时，会顿感"神清气爽"。不过缺点就是修建约210千米的小道、274千米的越野路和177千米的铺装道路，肯定不利于动植物群的健康生长。

塔斯马尼亚州的公园

澳大利亚　塔斯马尼亚州
入选年份：1982
遴选标准：文（Ⅲ）（Ⅳ）（Ⅴ），自（Ⅰ）（Ⅱ）（Ⅲ）（Ⅳ）

■ 第370页顶部　千层潟湖（Melaleuca Lagoon）位于西南国家公园，在迷雾中若隐若现。西南国家公园是塔斯马尼亚州最大的保护区，占地面积共6048平方千米。

■ 第370—371页　纤细的桉树倒映在摇篮山-圣克莱尔湖国家公园（Cradle Mountain-Lake St. Clair National Park）松树谷的湖面上。该公园以澳大利亚最深的湖泊圣克莱尔湖命名。

1642年，为了确定新几内亚（New Guinea）的面积和位置，荷兰东印度公司在阿贝尔·扬苏·塔斯曼（Abel Janszoon Tasman）的指挥下组建了一支探险队。据说，新几内亚是神秘而又巨大的托勒密亚地貌（Ptolemaic Terra Australis）的一个分支。探险队在8月离开爪哇岛（Java）的途中，发现了一个岛屿，并将其命名为"范-迪曼岛"（Van Diemen's Land，以该公司总督的名字命名）。随后，探险队穿越后来的塔斯曼海（Tasman Sea），发现了新西兰，于1643年6月返回欧洲。

不可思议的是，塔斯曼并没有提及澳大利亚，反而是其他荷兰航海家在几年后发现了澳大利亚。但是在此之后的一个多世纪，欧洲人几乎都遗忘了澳大利亚，直到1770年詹姆斯·库克再次发现了它。最终在19世纪，第一个登陆澳大利亚海岸的欧洲人将此发现归功于荷兰人，从那时起，人们就称澳大利亚大陆南部的岛屿为塔斯曼岛。

与陆地不同的是，塔斯曼岛形成于冰河时期，峭壁棱角分明。塔斯曼岛上有冰川沉积物、冰川流体沉积物、冰碛、山峰和山脊（侵蚀作用形成）、U形山谷，以及大量湖底由岩石堆积而成的小湖泊，如澳大利亚最深的湖泊——圣克莱尔湖

▎**第371页顶部** 普里昂海滩（Prion Beach）上美丽的白沙一直延伸到新河（New River）以外的海面。附近的悬崖峭壁（Precipitous Bluff）由海浪作用形成，其陡峭的辉绿岩令人惊叹不已。

▎**第371页底部** 西南国家公园内的戴维港（Port Davey）海岸有一些奇异的珊瑚和海绵群落，是深水区里最典型的群落。戴维港海水单宁酸浓度高，光照量小，所以珊瑚和海绵能够在该地繁殖。

（Lake St. Clair）。

塔斯马尼亚州的公园占地面积约 13831 平方千米，共涵盖 22 个保护区。其中最大的公园有：西南国家公园，占地面积 6050 平方千米；富兰克林-戈登野生河流国家公园（Franklin-Gordon Wild Rivers National Park），占地 4403 平方千米；摇篮山-圣克莱尔湖国家公园，占地 1608 平方千米。

该岛拥有世界上最大的温带雨林和植被面积。与拉丁美洲和新西兰的温带地区有相似之处。

该森林以假山毛榉（Nothofagus cunninghamii）、光亮密藏花（Eucryphia lucida）和香皮檫（Atherosperma moshatum）为主，还有一些南极树种，它们都源于超级大陆冈瓦纳。塔斯曼岛还具有其他特点，岛上生物种类不多，但隐居植物群丰富多样。塔斯

▎第 372 页　这些被称为"雅典卫城"的火成岩尖顶，位于摇篮山-圣克莱尔湖国家公园的杰永山（Mount Geyron）北壁上，高达 381 米。

▎第 372—373 页　曙光照亮了西南国家公园最高的山峰——安妮山（Mount Anne）。这块鲜红的石块与附近山脉中灰色的石英岩形成了鲜明的对比。

曼岛相对封闭的环境有利于地方性物种繁衍，其中高达60%的高山物种为当地特有物种。尤为引人注目的是古桉树林，高达91.4米，是世界上最高的开花植物。同样重要的是遗留下来的针叶树种群，其中包括仅在塔斯马尼亚州生存的密叶杉属（Atrhotaxis）、塔斯马尼亚柏松属（Diselma）和寒寿松属（Microcachrys）植物。

塔斯马尼亚州保护区的动物群在世界上也占有举足轻重的地位。在该保护区的27种哺乳动物中，有4种为当地特有物种，其中包括塔斯马尼亚魔鬼，亦称袋獾（Sarcophilus harrisii），是世界上最大的有袋类食肉动物，还有金丝雀（Thylacinus cynocephalus，在1936年被认定为已灭绝，但最近有报告证实还有存活）。在150种鸟类中，有13种为当地特有物种，如橙腹鹦鹉（Neophema chrysogaster），是澳大利亚最稀有的鸟类之一。同样，生存在该地区的6种两栖动物中的2种、11种爬行动物中有4种、15种鱼类中有4种都为当地特有物种。

值得一提的是红喉石龙子（Pseudemoia palfreyman），它属于蜥蜴的一种。还有一种树蛙（Litoria burrowsi）和两种鱼：小南乳鱼（Galaxias parvus）和佩德南乳鱼（Galaxias pedderensis），不过它们栖息地都极其有限。

塔斯马尼亚岛与世隔绝的状态已经持续了8000年，在欧洲人到来之前，该地的原住民也处于这种状态，至少有500多代原住民没有受到外来影响。考古发现，人类在塔斯马尼亚岛生活了3万~4万年，直到19世纪，才分成两大部落。刀耕火种的农业是当地居民赖以生存的经济基础，直到最近该地才出现旅游业，但是旅游业的出现威胁着岛上宝贵的森林遗产。

▍第373页顶部 澳洲针鼹（Trachyglossus aculeatus setosus）与鸭嘴兽同为现存的单孔目动物。当它受到惊扰或惊吓时，就会卷成一团并竖起周身的刺来保护自己。

▍第373页中间 红颈袋鼠（Macropus rufogriseus）是一种有袋类动物，常见于塔斯马尼亚州、新南威尔士州东北部和昆士兰地区，体重在13.2~17.7千克之间，长耳朵是它们的独特标志。

▍第373页底部 图为塔斯马尼亚魔鬼，亦称袋獾，是袋鼠和负鼠的近亲。袋獾是唯一的肉食性有袋类动物，有锋利的臼齿，可以咀嚼骨头，以蛇、小型活体哺乳动物和腐肉为食。

▎第 374 页左上角 湿山林约占塔斯马尼亚州保护区的 30%，以南极树种为主，特有物种比例较高。

▎第 374 页右上角 在摇篮山－圣克莱尔湖国家公园里，帚状彩穗木（Richea scoparia）在中央平原绽放，使得整个地方与众不同。此外，该公园也是澳大利亚徒步旅行者的最爱。

▎第 374 页中间 山毛榉树干盘根错节，在公园内水帘谷营造的迷雾中若隐若现。园区的年降雨量达 2997 毫米，使得园区内常年云雾环绕。

▎第 374 页底部 假山毛榉（Nothofagus cunninghamii）是一种枫叶色的小型物种，生存于地衣覆盖的裂缝中，在海拔 792 米的山林中随处可见。

▎第 375 页 塔斯马尼亚的山地森林中生长着澳大利亚最古老的植物。一些南极物种在 6000 万年前就已经在该地出现，比如今在大陆植被中占主导地位的桉树和刺槐树种的出现要早得多。

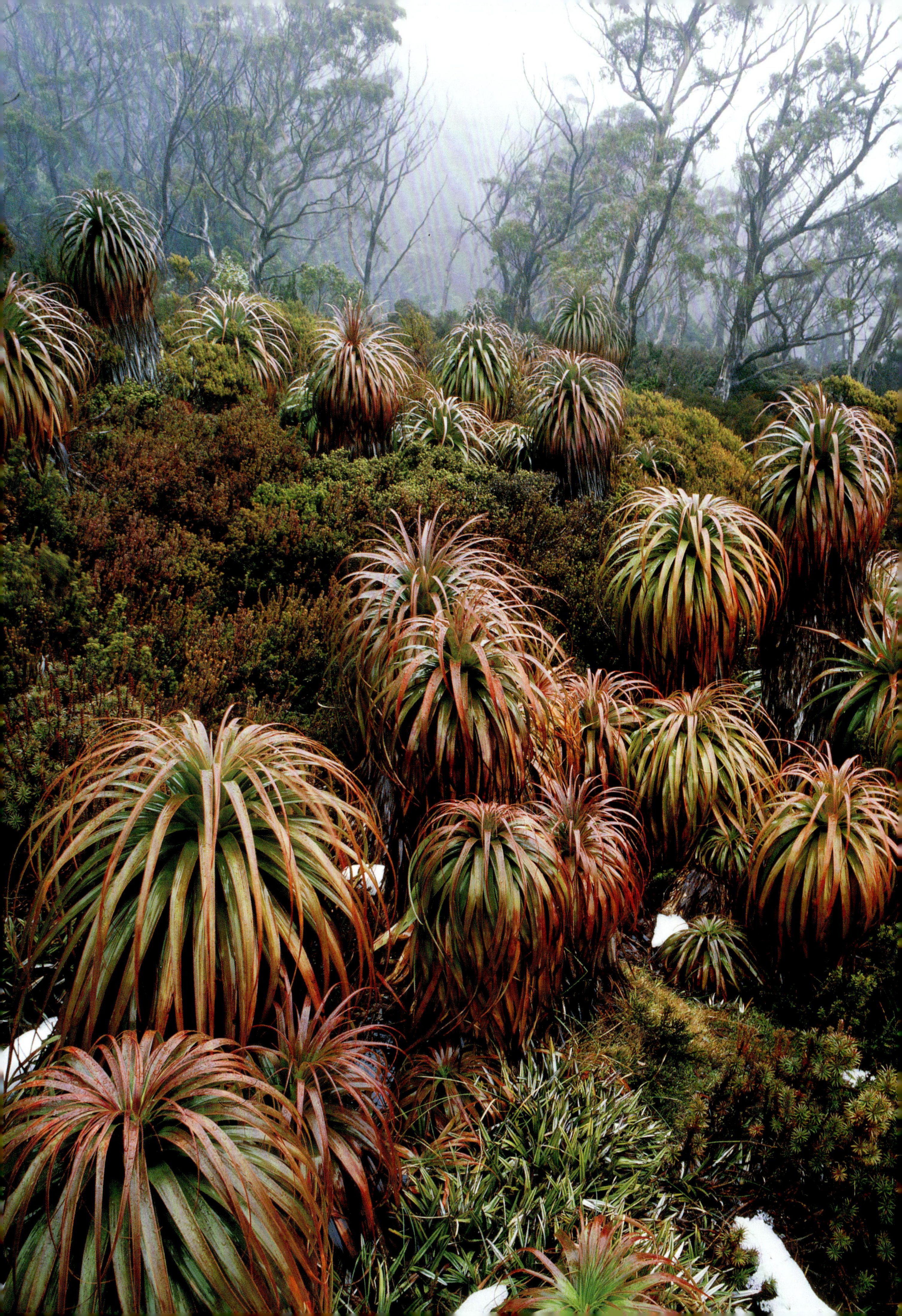

麦夸里岛

澳大利亚 | 塔斯马尼亚
入选年份：1997
遴选标准：自（Ⅰ）（Ⅲ）

距离麦夸里岛（Macquarie Island）最近的陆地是塔斯马尼亚，两者相距约1513千米。岛上一年中有308天都在下雨，西风带来厚厚的云层，每年只有3天晴朗无雨。在2月，即该地的盛夏时节，平均气温只有6摄氏度。麦夸里岛绝对不是一个度假胜地，虽然塔斯马尼亚州公园和野生动物管理局在1991年就将公园每年的游客数量限制在500人以内，但该限制还没有完全实现。不过麦考里岛的不同寻常使它成为地质学家的重要研究对象。

麦夸里岛、毕晓普与克拉克小岛（Bishop and Clerk islets，麦夸里岛南37千米）以及法官和书记官小岛（Judge and Clerk islets，麦夸里岛北约11千米）占地面积共129平方千米，1933年被设为保护区。它们位于澳大利亚和南极洲中间，印澳板块与太平洋板块的交汇处。麦夸里岛的独特之处在于，它是唯一一处岩石从地幔下（海洋下6.4千米深处）活跃升出海平面的地方。

麦夸里岛是一个相对年轻的岛。据估计，它是在3000万~1100万年前由构造运动形成。在北部，它有直径达0.9米的熔岩柱，由岩浆在海底迅速冷却形成。岛的中部是一个砾石高原，上面冰川湖密布。南面则是一系列陡峭尖锐的石滩。同时，整个麦夸里岛的地貌仍在不断演变。

麦夸里岛的面积一直在扩大，现在正以每年千分之三的速度增加。但持续的地震活动造成了山体滑坡，

■ 第 376—377 页 国王企鹅（Aptenodytes patagonicus）适宜群居。雄性企鹅在冬季孵蛋时，会聚集在一团以减少体温损失。此外，在历经 105~135 天的禁食期，它们的体重会减少 40%。

每 10 年左右就会发生一次里氏 7 或 8 级的地震。最终，风和潮汐的持续作用以及冰冻和融化的季节性交替作用，会影响岩石的形状。

麦夸里岛陆地植被中有 46 种维管束植物，全部为草本植物，其中以早熟禾（Poa foliosa）为主，包括 80 种苔藓、141 种地衣和 135 种真菌。更为丰富的是海洋植物群，虽然尚未进行系统的研究，但有许多红藻和褐藻的物种。然而，从种类和数量上看，最值得关注的是动物群。每年有 3500000 只鸟抵达麦夸里岛，它们分属于 72 种鸟类。而数量最多的是 4 种企鹅，其中有 850000 只皇室企鹅（Eudyptes schelegli），共分为 57 个群落。

■ 第 377 页左上角 企鹅很可能是一种始新世时期鸟类的进化物种。这种鸟与生活在 5400 万~3700 万年前的海鸥十分相似。

■ 第 377 页右上角 巴布亚企鹅（Pygoscelis papua）也许是所有鸟类中最擅长游泳的一种鸟，它通过在水下有力的快速移动来捕食猎物。

■ 第 377 页底部 图中的皇室企鹅和象鼻海豹（Mirounga leonina）似乎在对话。据估计，麦夸里岛生活着世界上七分之一的象鼻海豹。

▌第378—379页 可以通过的黄色徽章来识别皇室企鹅（*Eusyptes schlegeli*）。它们是麦夸里岛四种鸟类中数量最多的一种。它们只吃鱼，并会沿海岸线走483千米来寻找食物。

▌第378页左下角 一只漂亮的灰头信天翁（*Thalassarche chrysostoma*）在岩石上休息。麦夸里岛上有四种信天翁，共有2000对在岛上筑巢。

▌第378页右下角 两只游荡的信天翁（*Diomedea exulans*）在求偶。这种大型鸟类的翼展可达3米，是岛上最罕见的信天翁。据估计，麦夸里岛仅有10对。

皇室企鹅，分为 57 个群落。此外，还有大量的信天翁和海燕。

在海洋哺乳动物中，最有名的是象鼻海豹（*Mirounga leonina*）、食蟹海豹（*Lobodon carcinophagus*）、北大西洋露脊鲸（*Eubalaena glacialis*）、领航鲸（*Globicephala melaena*）和抹香鲸（*Pyseter macrocephalus*）。20 世纪，捕鲸船队正是为了寻找抹香鲸，才向南一直进行不断探索，捕鲸队将荒凉的麦夸里岛作为避风港。也正是这样才会引入了现在最常见的入侵性陆地哺乳动物——穴兔。考虑到它们数量太多，公园和野生动物管理局不得不对其进行捕杀，以维持生态系统平衡。

▌第 379 页顶部 一群皇室企鹅在观看象鼻海豹。对动物学家来说，麦夸里岛堪称独一无二的研究站。该地除了各种海洋哺乳动物外，还生活着 72 种鸟类，且其中很多都是当地特有物种。

▌第 379 页底部 有四种海豹在麦夸里岛繁殖。这些哺乳动物是大型群居动物，主要生活在北岸最大的沙滩上。

■ 第380页顶部 库克山（Mount Cook）海拔3764米，是蒂瓦希普纳穆（Te Wahipounamu）的最高峰，该地区目前包括40个自然保护区和国家公园。

■ 第380页中间 以阿斯帕林山（高3033米）命名的国家公园成立于1964年。20世纪70年代，奥利维恩山和红山山脉（Olivine and Red Mountain）被纳入其中，国家公园面积扩大一倍。

■ 第380页顶部 蒂瓦希普纳穆岛的第二高峰是塔斯曼山（Mount Tasman），海拔3498米。分布在该地的塔斯曼冰川是世界上除喜马拉雅山以外最大的温带冰川之一。

■ 第381—382页 1851年，为纪念著名探险家詹姆斯·库克，欧洲人将这座山命名为库克山。但是，毛利人历来称其为奥拉基山（Aoraki，来源于天神的长子奥拉基的名字）。

普纳姆（Pounamu），亦称"绿石"，是当时最值钱的石头。居住在新西兰西南部纳塔湖部落的毛利人用双壳独木舟将这些绿石运到北岛，然后用绿石与其他毛利人部落交换物品，那些部落用这些石头来制造工具、打造武器和打磨装饰品。这样，绿石就成了新西兰毛利人之间最重要的易货品（Titi，意为干的海燕肉脯）。虽然蒂阿瑙湖和马纳普里湖所在地区有鱼、野味和法尔木等其他资源，但它被称为蒂瓦希普纳穆，即"绿石的地方"。

尽管第一个欧洲人——荷兰航海家阿贝尔·扬松·塔斯曼在1642年就经过了蒂瓦希普纳穆，但直到150年后，该地区才成为猎人的目的地，海豹在很短的时间内就被猎人消灭殆尽。因此，1875年，当局决定将海豹列入保护范围，并于1904年建立了第一个自然保护区——峡湾地区（Fiordland）。

被称为蒂瓦希普纳穆的新西兰西南部地区包括40个自然保护区和国家公园，总面积达25900平方千米，涵盖了从海平面到库克山3764米的海拔范围。这些山脉位于太平洋板块与印澳板块的交汇处，是世界上最活跃的火山区域之一。这些山脉也是由于过去500万年来该地区构造不稳定而形成。蒂瓦希普纳穆也是世界上最湿润的地区之一，它的年降雨量快要达到10160毫米，并且南阿尔卑斯山山脉（包括全国29座山峰中的28座3000米以上的山峰）有许多冰川和峡谷。海岸线布满了礁石、形状不规则的悬崖和从海中冒出的岩石。

由于随着海拔高度的变化，环境和气候也会随之变化，因此麦夸里岛的植被类型丰富多样从海拔1006米到雪线，生长着高达0.9米以上的高山草甸。

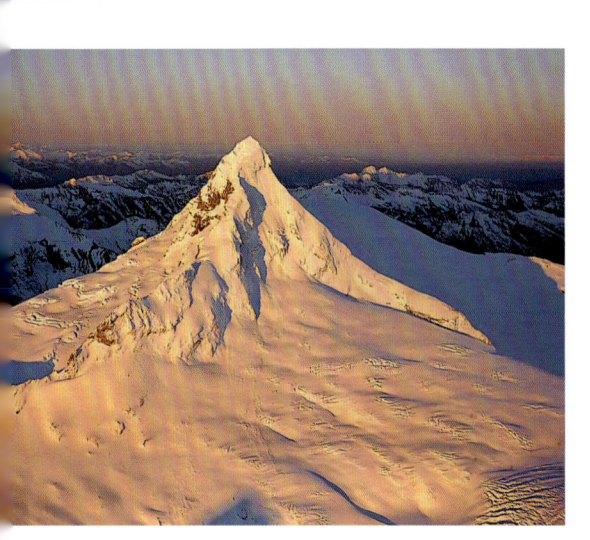

蒂瓦希普纳穆

新西兰 | 入选年份：1990
遴选标准：自（Ⅰ）（Ⅱ）（Ⅲ）（Ⅳ）

从1006米到雪线，有高达0.9米以上的高山草甸。公园内三分之二的区域被山毛榉林（Nothofagus menziesii）和罗汉松（podocarpus）覆盖，其中有14种不同的树种。

蒂瓦希波乌纳穆是新西兰最大的新澳毛皮海狮群（Arctocephalus forsteri）的家园，在19世纪的滥捕之后，现在估计仅存50000只。

该地区还为峡湾企鹅（Eudyptes pachyrynchus）提供了庇护所，峡湾企鹅是一种特有的企鹅物种，在筑巢季节有数千对。然而，当地鸟类使新西兰这个荒蛮之地成为一个重要的保护区。三种奇威鸟中有两种就生活于此，褐奇威鸟（Apteryx haasti）和大奇威鸟（Apteryx australis）是新西兰的象征。同时，还有一种特有的鹩鹩家族［新西兰岩石鹩鹩（Xenicus gilviventris）和新西兰鹩鹩（Acanthisitta chloris）］也生活在该地。

最令人好奇的物种无疑是世界上唯一的高山鹦鹉——啄羊鹦鹉和泰卡雉。泰卡雉是一种美丽的无翼鸟，有着红、绿、蓝三色的羽色，外形看起来和鹅差不多。在20世纪

▌第382—383页 在这张壮观的照片中，枯死的树干从平静而神秘的湖水中伸出来。该片湖泊由山体滑坡形成，它在峡湾国家公园的海福斯河上形成了一个天然水坝。

▌第382页底部 萨瑟兰瀑布高762米，由三级壮观的瀑布组成，在峡湾国家公园的米尔福德步道（Milford Track）上可以看到这一奇观。唐纳德·萨瑟兰（Donald Sutherland，1843—1919年）是第一个探索这片荒野地区的欧洲人，故该地以他的名字命名。

初，人们认为泰卡雉已经绝迹，但1948年，在峡湾国家公园的默奇森山（Murchison Mountains）又发现了一对，之后陆续发现另一对，随后对它们进行一段时间的绝对保护，现在数量约为130只。

第383页顶部 世界上唯一的高山鹦鹉——啄羊鹦鹉（*Nestor notabilis*）是特瓦希普纳穆山区的特有物种。啄羊鹦鹉的幼鸟与亲鸟要一起生活三年。它们的喙在幼年期一直是黄色，直到成年后才变成黑色。

第383页中间 千百年来，西部泰普提尼国家公园内的库普兰河的河道锻造了迎宾谷。这条由花岗岩和变质岩组成的山谷具有特色的U形冰川。

第383页底部 在阿斯匹林山国家公园西伯利亚河谷的茂密的山毛榉林中，由于受到当地潮湿的空气和暴雨影响，生长着许多苔藓、地衣和蕨类植物。

383

■ 第384页顶部 泰卡雉（Notomis mantelli）是一种颜色鲜艳的无翼鸟，本来被认为已经灭绝，但在1948年又意外被重新发现。据最近估计，泰卡雉数量为130只。

■ 第384页中间 奇威鸟是新西兰的象征，3种奇威鸟中有2种就生活在蒂瓦希普纳穆，图片中分别是褐奇威鸟（Apteryx haasti）和大奇威鸟（Apteryx australis）。

■ 第384页底部 峡湾企鹅（Eudyptes pachyrhynchus）会照顾幼企鹅。世界上所有峡湾企鹅都生活在该保护区，且每年有1000~2000只新生企鹅。

■ 第364—385页 一只海狮（Arctocephamus forsteri）在海藻间游动。在南岛西南海岸，大约有50000只这种大型海洋哺乳动物。

■ 第385页左下角 在米尔福德峡湾可以观看到海下全景，收获迷人的风景，通过米尔福德步道就可以到达。米尔福德峡湾是唯一能够经由这条沿着峡湾国家公园陆路前往的高山之旅。

■ 第385页右下角 库克山耸立在奥卡里托潟湖之上，奥卡里托潟湖是新西兰西部最大的沿海潟湖。该地区为许多候鸟物种提供了极为重要的栖息地。

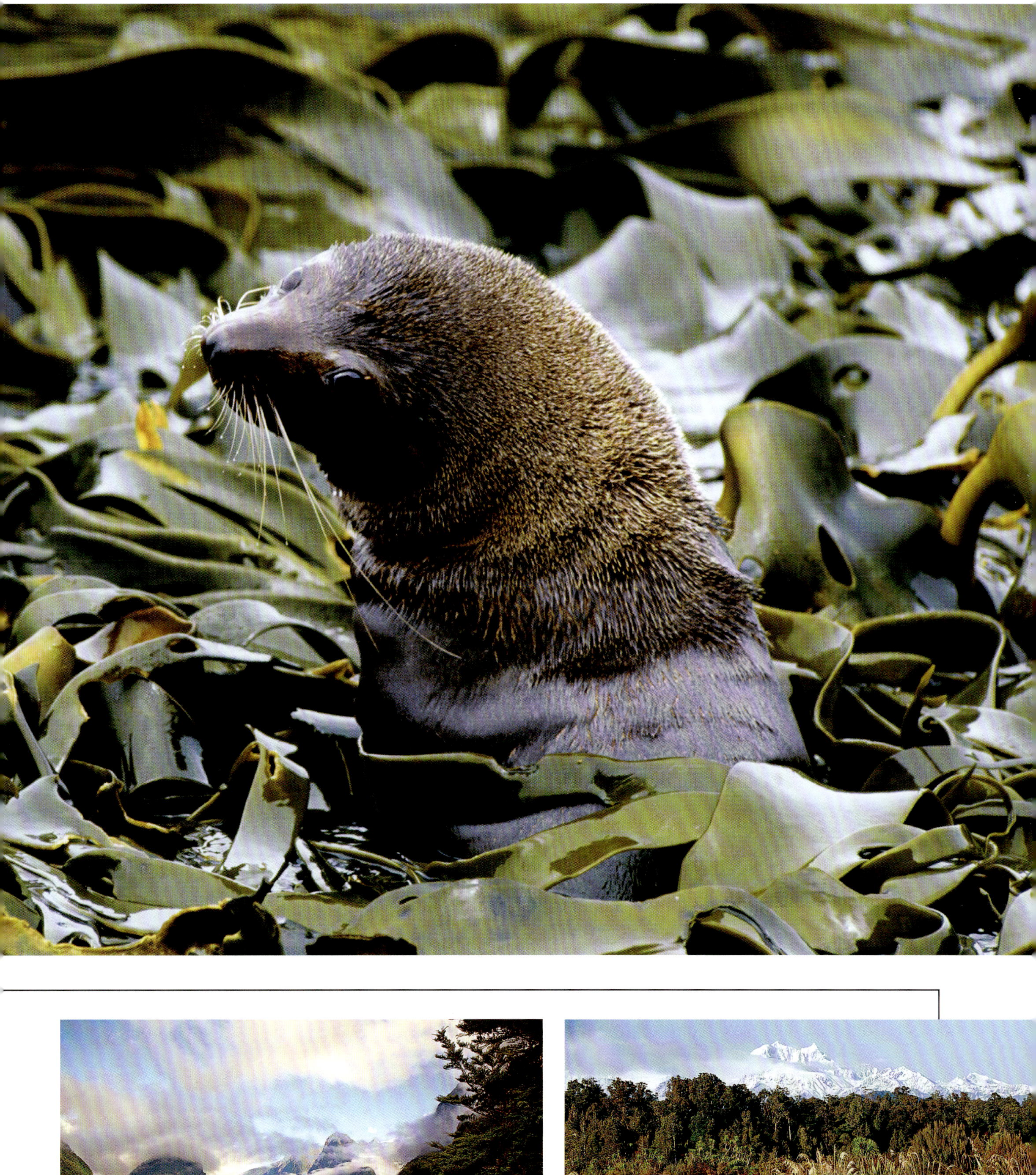

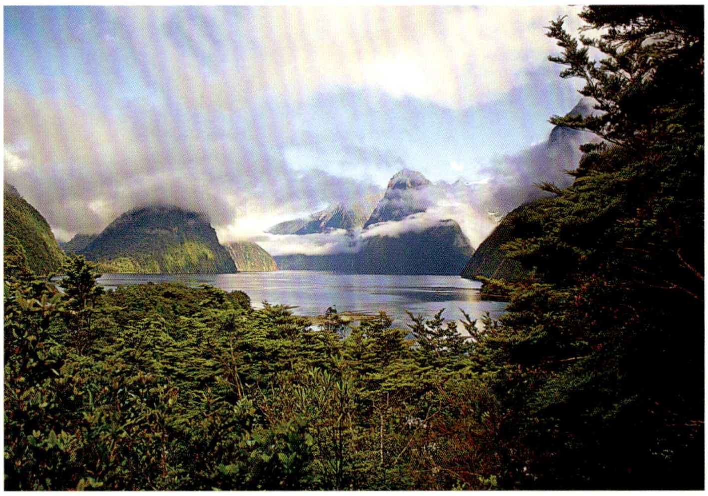

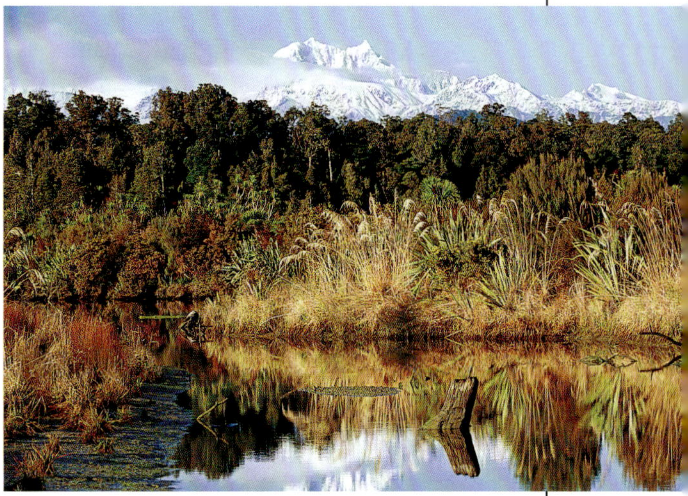

新西兰亚南极群岛

新西兰 | 斯内斯群岛，邦蒂群岛，安蒂波德斯群岛，奥克兰群岛，坎贝尔群岛
入选年份：1998
遴选标准：自 (Ⅱ)(Ⅳ)

19世纪，捕鲸船在奥克兰群岛（Auckland Archipelago）登陆，船上幽默的捕鲸者们将其中一个岛屿命名为"失望岛"。或许是因为当时他们的心情很复杂，在船上经历了几个月的艰难困苦之后，在一个被雨水侵袭和寒风吹拂的小岛上登陆，但这并不能让他们振作起来，于是匆匆离开了这个岛，希望能找到更舒适的地方。位于新西兰地区的五个亚南极群岛纬度较高，不适合人类居住，即使是临时居住。

这些岛屿群位于新西兰东南沿海，总面积达764平方千米。

斯内斯群岛和邦蒂群岛是由花岗岩和变质岩组成的小群岛，没有任何天然港湾。再往南的安蒂波德斯群岛、奥克兰群岛、坎贝尔群岛部分被冰层覆盖，是典型的火山岩，形成于2500万~100万年前。

除了邦蒂群岛（Bounty Islands）没有树木外，其他群岛都分布有植物群落，且在亚南极地区最为丰富多样。此外，在奥克兰群岛中的安蒂波德斯群岛、亚当斯岛和失望岛上，植被几乎没有受到过人类或外来动物的改变，这与其他岛屿不同，因为其他岛屿都已由捕鲸人引进狗、猫、兔、猪和老鼠等动物。

新西兰亚南极岛屿分布着250种植物群，其中35种是当地特有物种。仅在奥克兰岛就有233种植物记录在册，包括196种当地物种和6种当地特有物种。

新西兰亚南极岛屿最南端还生

■ 第386—387页
坎贝尔群岛占地面积约109平方千米，由火山喷发形成，与其他亚南极洲岛屿一样，岛上主要生长着茂密高大的草本植物群落，也称为巨型草甸。

长着一片森林，森林中主要生长着大量的树栖蕨类和一种香桃木。

斯内斯群岛的气温相对温和，生长着许多南极洲树雏菊（*Olearia lyalli*），有的高达4.9米。亚南极群岛的所有岛都有一个共同点，那

第387页左上角 在未遭受人类影响的情况下，奥克兰岛的森林十分茂盛。共有233种维管束植物记录在册，其中196种是当地物种，还有6种是当地特有物种。

第387页右上角 塔克湾（Tucker Cover）位于坎贝尔岛上，面朝大海。1895—1931年间，该地曾是一家工厂的所在地。人类在此定居后，带来了一些类似狗、猫、兔子、猪和老鼠等外来动物。

第387页中间 一只皇家信天翁（*Diomedea epomophora*）正在发出求偶信号。世界上仅剩24种信天翁，其中有10种仅在新西兰的亚南极岛屿筑巢。

第387页右下角 图为一只皇家信天翁和它的幼崽。全球99%的皇家信天翁（8200~8600对信天翁）都在坎贝尔岛上筑巢，其余的则在奥克兰群岛中的三个小岛以及新西兰大陆上的奥塔戈半岛上筑巢。

第387页左下角 壮丽的纵脉菀（*Pleurophyllum speciosum*）是当地特有的一种巨型草本植物。该岛上共有三个纵脉菀品种，在夏季会开出五颜六色的花。

■ 第 388 页 顶 部（图为坎贝尔岛）亚南极岛屿经常受到暴风雨的侵袭。一年中有 300 天都在下雨，且该地的最低风速为每小时 29 千米。

■ 第 388 页中间 黄眼企鹅（Megadyptes antipodes）主要栖息在坎贝尔岛和奥克兰群岛的沿海森林中。不同于其他企鹅，它们不喜欢群居生活，更喜欢独居生活。

就是岛上都有巨型草甸。它们生长得又密又高，包括特有草本类植物：麦觉理岛甘蓝（Stilbocarpa polaris）、麦觉理岛硕草（Stilbocarpa robusta）以及灌木，它们都属于纵脉菀。在夏季，整个岛屿开满了黄色，蓝色以及粉色的花。

得益于斯内斯群岛完备的海洋生态系统，该地生活着大量鸟类和哺乳动物。在 120 种鸟类中，40 种属于远洋鸟类，其中有 5 种仅在亚南极岛屿上筑巢。世界上仅有的 24 种信天翁中有 10 种也生活在该地。还有当地特有的企鹅类：斯岛黄眉企鹅（Eudyptes robustus）和直立冠企鹅（Eudytes sclateri）。

坎贝尔岛、奥克兰岛、和邦蒂岛分布着大量的角鸬鹚群落，而斯纳斯岛则有近乎 300 万对灰鹱（Puffinus griseus）。海洋哺乳动物群中最有趣的是胡氏海狮（Hooker sea lion），也称为新西兰海狮，大约有 13000 只，其中 95% 生活在奥克兰岛。最近的研究也证实了许多无脊椎动物都只在特定地方生存。

现如今，这些偏远又荒凉的岛屿也开始受到人类活动的影响。最近新西兰政府禁止在其海岸线 19.3 千米的范围内捕鱼，但同时却又计划开采位于保护区范围内的海底油藏。

■ 第 388 页底部 图为一群特有品种直立冠企鹅（Eudytes sclateri）聚集在安蒂波德斯群岛的沙滩上。这些企鹅每窝产两枚蛋，第二枚（唯一的孵化蛋）是第一枚蛋的两倍大。

■ 第 388—389 页 图为一群黑眉信天翁（Diomedea melanophris）站在坎贝尔岛上布尔岩（Bull Rock）的山头。这种鸟在亚南极岛屿以及极地附近十分常见。

▌第389页左下角 图中是三头雌性胡氏海狮，亦称为新西兰海狮，属于稀有物种。目前它们的数量已经减少到了13000只，其中大多数生活在偏远的奥克兰群岛。

▌第389页右下角 为了获取它们的毛皮和油脂，人类大肆捕猎胡氏海狮，直到1893年才通过立法来禁止捕猎。但即便如此，胡氏海狮依然受到来自奥克兰岛屿外海捕鱼船的威胁。

《世界遗产名录》

加粗部分属于《濒危世界遗产名录》。

阿富汗
查姆回教寺院尖塔和考古遗址（2002）
巴米扬山谷的文化景观和考古遗迹（2003）

阿尔巴尼亚
布特林特（1992，1999）

阿尔及利亚
贝尼·哈玛德的卡拉城（1980）
阿杰尔的塔西利（1982）
姆扎卜山谷（1982）
杰米拉（1982）
提帕萨（1982）
提姆加德（1982）
阿尔及尔城堡（1992）

安道尔
马德留—配拉菲塔—克拉罗尔大峡谷（2004）

安哥拉
姆班扎刚果历史中心

安提瓜和巴布达
安提瓜海军造船厂及其相关考古遗址

阿根廷
冰川国家公园（1981）
瓜拉尼人聚居地的耶稣会传教区：阿根廷的圣伊格纳西奥米尼、圣安娜、罗雷托圣母村和圣母玛利亚艾尔马约尔村遗迹以及巴西的圣米格尔杜斯米索纳斯遗迹（1983，1984）
伊瓜苏国家公园（1984）
洛斯马诺斯岩画（1999）
瓦尔德斯半岛（1999）
伊沙瓜拉斯托—塔拉姆佩雅自然公园（2000）
科尔多巴耶稣会牧场和街区（2000）
塔夫拉达·德乌玛瓦卡（2003）
印加路网（2014）
勒·柯布西耶的建筑作品，对现代运动的杰出贡献（2016）
卢斯阿莱尔塞斯国家公园（2017）

亚美尼亚
哈格帕特修道院和萨那欣修道院（1996，2000）
埃奇米阿津教堂与兹瓦尔特诺茨考古遗址（2000）
格加尔德修道院和上阿扎特山谷（2000）

澳大利亚
卡卡杜国家公园（1981，1987，1992）
大堡礁（1981）
威兰德拉湖区（1981）
塔斯马尼亚荒原（1982，1989）
豪勋爵群岛（1982）
澳大利亚冈瓦纳雨林（1986，1994）
乌卢鲁—卡塔曲塔国家公园（1987，1994）
昆士兰湿热带地区（1988）
西澳大利亚沙克湾（1991）
弗雷泽岛（1992）
澳大利亚哺乳动物化石地（里弗斯利/纳拉库特）（1994）
赫德岛和麦夸唐纳群岛（1997）
麦夸里岛（1997）
大蓝山山脉地区（2000）
波奴鲁鲁国家公园（2003）
皇家展览馆和卡尔顿园林（2004）
悉尼歌剧院（2007）
澳大利亚监狱遗址（2010）
宁格罗海岸（2011）
布吉必姆文化景观（2019）

奥地利
萨尔茨堡市历史中心（1996）
申布伦宫殿和花园（1996）
哈尔施塔特—达赫斯泰因/萨尔茨卡默古特文化景观（1997）
塞默灵铁路（1998）
格拉茨城历史中心（1999）
瓦豪文化景观（2000）
维也纳历史中心（2001，2017）
新锡德尔湖与费尔特湖地区文化景观（2001）
喀尔巴阡山脉与欧洲其他地区的原始山毛榉林（2011，2017）
阿尔卑斯地区史前湖岸木桩建筑（2011）

阿塞拜疆
巴库城及其希尔凡王宫和少女塔（2000）
戈布斯坦岩石艺术文化景观（2007）
舍基历史中心及汗王宫殿（2019）

巴林
巴林堡—古代港口和迪尔蒙首都（2005）
采珠业—岛屿经济的见证（2012）
迪尔穆恩古墓葬群（2019）

孟加拉国
巴凯尔哈特清真寺历史名城（1985）
帕哈尔普尔的佛教毗诃罗遗址（1985）
孙德尔本斯国家公园（1997）

巴巴多斯
布里奇顿及其军事要塞（2011）

白俄罗斯
比亚沃韦扎国家森林公园（1979，1992）
米尔城堡群（2000）
涅斯维日的拉济维乌家族城堡建筑群（2005）
斯特鲁维地理探测弧线（2005）

比利时
佛兰德的比津社区（1998）
拉卢维耶尔和勒罗尔克斯中央运河上的四座船舶吊车（艾诺）（1998）
布鲁塞尔大广场（1998）
比利时和法国钟楼（1999）
建筑师维克多·奥尔塔设计的主要城市建筑（布鲁塞尔）（2000）
斯皮耶纳新石器时代的燧石矿（蒙斯）（2000）
图尔奈圣母大教堂（2000）
布鲁日历史中心（2000）
帕拉丁莫瑞图斯工场—博物馆建筑群（2005）
斯托克雷特宫（2009）
喀尔巴阡山脉与欧洲其他地区的原始山毛榉林（2011，2017）
瓦隆尼亚采矿遗迹群（2012）
柯布西耶建筑作品，对现代主义运动的杰出贡献（2016）

伯利兹
伯利兹堡礁保护区（1996）

贝宁
阿波美皇宫（1985）
W—阿尔利—彭嘉里联合遗址（1996，2017）

玻利维亚
波托西城（1987）
奇基托斯耶稣传教区（1990）
苏克雷古城（1991）
萨迈帕塔考古遗址（1998）
蒂瓦纳科：蒂瓦纳科文化的精神和政治中心（2000）
挪尔·肯普夫墨卡多国家公园（2000）
印加路网（2014）

波斯尼亚和黑塞哥维那
莫斯塔尔旧城和旧桥地区（2005）
维舍格勒的穆罕默德—帕夏·索科洛维奇古桥（2007）
斯特茨奇中世纪墓葬群（2016）

博茨瓦纳
措迪洛山（2001）
奥卡万戈三角洲（2014）

巴西
欧鲁普雷图历史名镇（1980）
奥林达历史中心（1982）
瓜拉尼人聚居地的耶稣会传教区：阿根廷的圣伊格纳西奥奥米尼、圣安娜、罗雷托圣母村、圣母玛利亚艾尔马约尔村遗迹以及巴西的圣米格尔·杜斯米索纳斯遗迹（1983，1984）
巴伊亚州的萨尔瓦多历史中心（1985）
孔戈尼亚斯的仁慈耶稣圣殿（1985）
伊瓜苏国家公园（1986）
巴西利亚（1987）
卡皮瓦拉山国家公园（1991）
圣路易斯历史中心（1997）
迪亚曼蒂纳城历史中心（1999）
大西洋沿岸热带雨林保护区（1999）
大西洋东南热带雨林保护区（1999）
中部亚马逊自然保护区（2000，2003）
潘塔奈尔保护区（2000）
巴西的大西洋群岛：费尔南多·迪诺罗尼亚群岛和罗卡斯岛保护区（2001）
塞拉多保护区：查帕达—多斯—维阿迪罗斯和艾玛斯国家公园（2001）
戈亚斯城历史中心（2001）
圣弗朗西斯科广场（2010）
里约热内卢：山海之间的卡里奥克景观（2012）
潘普利亚现代建筑（2016）
瓦隆古码头考古遗址（2017）
帕拉蒂和格兰德岛—文化与生物多样性（2019）

保加利亚
博亚纳教堂（1979）
马达腊骑士崖雕（1979）
卡赞利克的色雷斯古墓（1979）
伊凡诺沃岩洞教堂（1979）
里拉修道院（1983）
内塞伯尔古城（1983）
斯雷伯尔纳自然保护区（1983）
皮林国家公园（1983）
斯韦什塔里的色雷斯人墓（1985）
喀尔巴阡山脉与欧洲其他地区的原始山毛榉林（2011，2017）

布基纳法索
W—阿尔利—彭贾里保护区（2017）
洛罗派尼遗址（2009）
布基纳法索古冶铁遗址（2019）

佛得角
大里贝拉历史中心旧城（2009）

柬埔寨
吴哥窟遗址公园（1992）
柏威夏寺（2008）
古伊奢那补罗考古遗址的三波坡雷古寺庙区（2017）

喀麦隆
德贾动物保护区（1987）
流经三国的桑哈河（2012）

加拿大
纳汉尼国家公园（1978）
拉安斯欧克斯梅多国家历史遗址（1978）
艾伯塔省立恐龙公园（1979）
克卢恩/兰格尔—圣伊莱亚斯/冰川湾/塔

琴希尼—阿尔塞克（1979，1992，1994）
安东尼岛（1981）
美洲野牛涧地带（1981）
伍德布法罗国家公园（1983）
加拿大落基山公园（1984，1990）
魁北克古城区（1985）
格罗莫讷国家公园（1987）
沃特顿冰川国际和平公园（1995）
卢嫩堡旧城（1995）
米瓜莎公园（1999）
丽都运河（2007）
乔金斯化石崖壁（2008）
格朗普雷景观（2012）
红湾巴斯克捕鲸站（2013）
迷斯塔肯角（2016）
皮玛希旺·阿奇（2018）
阿伊斯奈皮石刻（2019）

中非共和国
马诺沃贡达圣绅罗里斯国家公园（1988）
桑加河（2012）

乍得
乌尼昂加湖泊群（2012）
Ennedi 高地：自然和文化景观（2016）

智利
拉帕努伊国家公园（1995）
奇洛埃教堂（2000）
瓦尔帕莱索港口城市历史区（2003）
亨伯斯通和圣劳拉硝石采石场（2005）
塞维尔铜矿区（2006）
印加路网（2014）

中国
泰山（1987）
长城（1987）
明清故宫（北京故宫、沈阳故宫）（1987，2004）
莫高窟（1987）
秦始皇陵及兵马俑坑（1987）
周口店北京人遗址（1987）
黄山（1990）
九寨沟风景名胜区（1992）
黄龙风景名胜区（1992）
武陵源风景名胜区（1992）
承德避暑山庄及其周围寺庙（1994）
曲阜孔庙、孔林和孔府（1994）
武当山古建筑群（1994）
拉萨布达拉宫历史建筑群（1994，2000，2001）
庐山国家公园（1996）
峨眉山—乐山大佛（1996）
丽江古城（1997）
平遥古城（1997）
苏州古典园林（1997，2000）
北京皇家园林—颐和园（1998）
北京皇家祭坛—天坛（1998）
武夷山（1999）
大足石刻（1999）
青城山—都江堰（2000）
皖南古村落—西递、宏村（2000）
龙门石窟（2000）
明清皇家陵寝（2000，2003，2004）
云冈石窟（2001）
云南三江并流保护区（2003）
高句丽王城、王陵及贵族墓葬（2004）
澳门历史城区（2005）
四川大熊猫栖息地（2006）
殷墟（2006）
开平碉楼与村落（2007）
中国南方喀斯特（2007，2014）
福建土楼（2008）
三清山国家公园（2008）
五台山（2009）
中国丹霞（2010）
登封"天地之中"历史古迹（2010）
杭州西湖文化景观（2011）
澄江化石遗址（2012）
元上都遗址（2012）
红河哈尼梯田文化景观（2013）
新疆天山（2013）
丝绸之路：长安—天山廊道的路网（2014）
大运河（2014）
土司遗址（2015）
湖北神农架（2016）

左江花山岩画文化景观（2016）
鼓浪屿：国际历史社区（2017）
青海可可西里（2017）
梵净山（2018）
良渚古城遗址（2019）
中国黄（渤）海候鸟栖息地（第一期）（2019）

哥伦比亚
港口、要塞和古迹群，卡塔·赫纳（1984）
洛斯卡蒂奥斯国家公园（1994）
圣克鲁斯特历史中心（1995）
蒂拉登特斯国家考古公园（1995）
圣阿古斯丁考古公园（1995）
马尔佩洛动植物保护区（2006）
哥伦比亚咖啡文化景观（2011）
美丽的道路，安第斯山脉的道路系统（2014）
奇里比克特国家公园—美洲豹的居所（2018）

刚果（布）
桑加跨三国保护区（2012）

哥斯达黎加
塔拉曼卡仰芝—拉阿米斯泰德保护区/拉阿米斯泰德国家公园（1983，1990）
科科斯岛国家公园（1997，2002）
瓜纳卡斯特保护区（1999，2004）
迪奎斯三角洲石球以及前哥伦比亚人酋长居住地（2014）

科特迪瓦
宁巴山自然保护区（1981，1982）
塔伊国家公园（1982）
科莫埃国家公园（1983）
历史城镇大巴萨姆（2012）

克罗地亚
杜布罗夫尼克古城（1979，1994）
斯普利特古建筑群及戴克里先宫殿（1979）
布里特威斯湖国家公园（1979，2000）
波雷奇历史中心的尤弗拉西苏斯大教堂建筑群（1997）
历史名城特罗吉尔（1997）
西贝尼克的圣詹姆斯大教堂（2000）
喀尔巴阡山脉与欧洲其他地区的原始山毛榉林（2011，2017）
斯塔里格勒平原（2008）
斯特茨奇中世纪墓葬群（2016）
15—17世纪威尼斯共和国的防御工事：陆地之国到西方的海洋之国（2017）

古巴
哈瓦那旧城及其工事体系（1982）
特立尼达和洛斯因赫斯尼奥斯山谷（1988）
古巴圣地亚哥的圣佩德罗德拉罗卡堡（1997）
比尼亚莱斯山谷（1999）
格朗玛的德桑巴尔科国家公园（1999）
古巴东南第一个咖啡种植园考古风景区（2000）
阿里杰罗德胡波尔德国家公园（2001）
西恩富戈斯古城（2005）
卡马圭古城（2008）

塞浦路斯
帕福斯（1980）
特罗多斯地区的彩绘教堂（1985，2001）
乔伊鲁科蒂亚（1998）

捷克
布拉格历史中心
克鲁姆洛夫历史中心（1992）
泰尔奇历史中心（1992）
泽莱纳山的内波穆克圣约翰朝圣教堂（1994）
库特纳霍拉历史名城中心的圣巴拉巴教堂及塞德莱茨的圣母玛利亚大教堂（1995）
莱德尼采—瓦尔季采文化景观（1996）
克罗麦里兹花园和城堡（1998）
霍拉索维采古村保护区（1998）
利托米什尔城堡（1999）
奥洛穆茨三位一体圣柱（2000）
布尔诺的图根哈特别墅（2001）
特热比奇犹太社区及圣普罗科皮乌斯大教堂（2003）
厄士／克鲁什内山脉矿区（2019）
拉贝河畔克拉德鲁比的仪式马车用马繁育与训练景观（2019）

朝鲜
高句丽古墓群（2004）
开城历史建筑与遗迹（2013）

刚果（金）
维龙加国家公园（1979）
加兰巴国家公园（1980）
卡胡兹—别加国家公园（1980）
萨隆加国家公园（1984）
俄卡皮鹿野生动物保护地（1996）

丹麦
耶灵墓地、古北欧石刻和教堂（1994）
罗斯基勒大教堂（1995）
科隆博格城堡（2000）
伊路利萨特冰湾（2004）
瓦登海（2009）
斯泰温斯—克林特（2014）
克里斯丁菲尔德，摩拉维亚居留区（2015）
北西兰岛狩猎园林（2015）
格陵兰岛库加塔：冰盖边缘的北欧及因纽特农业（2017）
冰与海之间的因纽特人狩猎场阿斯维斯尤特—尼皮萨特（2018）

多米尼克
三峰山国家公园（1997）

多米尼加
圣多明各殖民城市（1990）

厄瓜多尔
加拉帕戈斯群岛（1978，2001）
基多旧城（1978）
桑盖国家公园（1983）
昆卡的洛斯—里奥斯的圣安娜历史中心（1999）
印加路网（2014）

埃及
孟菲斯及其墓地金字塔—从吉萨到代赫舒尔的金字塔场地群（1979）
底比斯古城及其墓地（1979）
阿布辛拜勒至菲莱的努比亚遗址（1979）
开罗古城（1979）
阿布米那基督教遗址（1979）
圣卡特琳娜地区（2002）
鲸鱼峡谷（2005）

萨尔瓦多
霍亚—德赛伦考古遗址（1993）

厄立特里亚
阿斯马拉：非洲现代主义城市（2017）

爱沙尼亚
塔林历史中心（老城）（1997）
斯特鲁维地理探测弧线（2005）

埃塞俄比亚
拉利贝拉岩石教堂（1978）
塞米恩国家公园（1978）
贡德尔地区的法西尔盖比城堡及古建筑（1979）
阿瓦什低谷（1980）
蒂亚（1980）
阿克苏姆考古遗址（1980）
奥莫低谷（1980）
历史要塞城市哈勒尔（2006）
孔索文化景观（2011）

斐济
历史海港城镇莱武卡（2013）

芬兰
劳马古城（1991）
苏奥曼斯纳城堡（1991）
佩泰耶韦西老教堂（1994）
韦尔拉磨木纸板厂（1996）
塞姆奥拉德恩青铜时代墓地遗址（1999）
高海岸/瓦尔肯群岛（2000）
斯特鲁维地理探测弧线（2005）

法国
圣米歇尔山及其海湾（1979）
沙特尔大教堂（1979）

凡尔赛宫及其园林（1979）
韦兹莱教堂和山丘（1979）
韦泽尔峡谷洞穴群与史前遗迹（1979）
枫丹白露宫（1981）
亚眠大教堂（1981）
奥朗日古罗马剧场和凯旋门（1981）
阿尔勒城的古罗马建筑（1981）
丰特莱的西斯特尔教团修道院（1981）
从萨兰莱班的大盐场到阿尔克—瑟南的皇家盐场——开放式锅炉制盐（1982）
南锡的斯坦尼斯拉斯广场、卡里埃勒广场和阿莱昂斯广场（1983）
圣塞文—梭尔—加尔坦佩教堂（1983）
波尔托湾：皮亚纳—卡兰切斯、基罗拉塔湾、斯康多拉保护区（1983）
加德桥（罗马式水渠）（1985）
斯特拉斯堡：大岛和新城（1988）
巴黎塞纳河畔（1991）
兰斯的圣母主教座堂，原圣勒弥隐修院和塔乌宫（1991）
布尔日大教堂（1992）
阿维尼翁历史中心：教皇宫、主教圣堂和阿维尼翁桥（1995）
米迪运河（1996）
卡尔卡松历史城墙要塞（1997）
比利牛斯—珀杜山（1997，1999）
法国圣地亚哥——德孔波斯特拉朝圣之路（1998）
里昂历史遗迹（1998）
圣艾米伦区（1999）
比利时和法国钟楼（1999）
卢瓦尔河畔叙利与沙洛纳间的卢瓦尔河谷（2000）
普罗万城中世纪集市（2001）
勒阿弗尔，奥古斯特·佩雷重建之城（2005）
波尔多月亮港（2007）
沃邦防御工事堡垒建筑（2008）
新喀里多尼亚潟湖：珊瑚礁多样性和相关的生态系统（2008）
阿尔比市的主教旧城（2010）
留尼汪岛的山峰，冰斗和峭壁（2010）
阿尔卑斯地区史前湖岸木桩建筑（2011）
喀斯和塞文—地中海农牧文化景观（2011）
北加莱海峡采矿盆地（2012）
肖维-蓬�德达尔克彩绘洞穴（2015）
香槟地区山坡、房屋和酒窖（2015）
勃艮第风土和气候（2015）
勒·柯布西耶的建筑作品——对现代运动的杰出贡献（2016）
塔普塔普阿泰（2017）
多姆山链-利马涅断层构造区（2018）
法属南部领地和领海（2019）

加蓬
洛佩—奥坎德生态系统与文化遗迹景观（2007）

冈比亚
詹姆斯岛及附近区域（2003）
塞内冈比亚石圈（2006）

格鲁吉亚
姆茨赫塔古城（1994）
格拉特修道院（1994）
上斯瓦涅季（1996）

德国
亚琛大教堂（1978）
施佩耶尔大教堂（1981）
维尔茨堡宫及宫廷花园和广场（1981）
维斯教堂（1983）
布吕尔的奥古斯塔斯堡古堡和法尔肯拉斯特古堡（1984）
希尔德斯海姆的圣玛丽大教堂和圣米迦尔教堂（1985）
特里尔的古罗马建筑、圣彼得大教堂和圣玛利亚教堂（1986）
罗马帝国的边界（1987，2005，2008）
吕贝克的汉西梯克城（1987）
波茨坦与柏林的宫殿与庭园（1990，1992，1999）
洛尔施修道院（1991）
拉默尔斯贝格矿区、戈斯拉尔历史城镇和上哈茨水资源管理系统（1992）
莫尔布龙修道院（1993）
班贝格城（1993）
奎德林堡神学院、城堡和古城（1994）
弗尔克林根钢铁厂（1994）
麦塞尔化石遗迹（1995）
科隆主教座堂（1996）
魏玛、德绍和贝尔瑙的包豪斯建筑及其遗址（1996）
埃斯莱本和维滕贝格的路德纪念馆建筑群（1996）
古典魏玛（1998）
柏林的博物馆岛（1999）
瓦尔特堡城堡（1999）
德绍-沃利茨园林王国（2000）
赖谢瑙修道院之岛（2000）
埃森的关税同盟煤矿工业区（2001）
莱茵河中上游河谷（2002）
施特拉尔松德与维斯马历史中心（2002）
不来梅市场的市政厅和罗兰城（2004）
穆斯考尔公园（2004）
雷根斯堡老城（2006）
喀尔巴阡山脉与欧洲其他地区的原始山毛榉林（2011，2017）
柏林现代住宅群落（2008）
瓦登海（2009）
阿尔费尔德的法古斯工厂（2011）
阿尔卑斯地区史前湖岸木桩建筑（2011）
拜罗伊特侯爵歌剧院（2012）
威廉丘山地公园（2013）
卡洛林时期加西建筑和科尔维城（2014）
仓库城，康托尔豪斯区和智利屋（2015）
勒·柯布西耶的建筑作品（2016）
位于施瓦本侏罗山的冰河时期最古老的艺术洞穴（2017）
海泽比与丹尼弗克考古边境遗迹群（2018）
瑙姆堡大教堂（2018）
厄尔士/克鲁什宁山脉矿区（2019）
奥格斯堡水利管理系统（2019）

加纳
沃尔特大阿克拉中西部地区的要塞和城堡（1979）
阿散蒂传统建筑（1980）

希腊
巴赛的阿波罗·伊壁鸠鲁神庙（1986）
德尔斐考古遗迹（1987）
雅典卫城（1987）
阿索斯山（1988）
曼代奥拉（1988）
塞萨洛尼基的古基督教和拜占庭遗址（1988）
埃皮达鲁斯考古遗址（1988）
罗得中世纪古城（1988）
米斯特拉斯考古遗迹（1989）
奥林匹亚考古遗址（1989）
提洛岛（1990）
达夫尼修道院、俄西俄斯罗卡斯修道院和希俄斯新修道院（1990）
萨莫斯岛的毕达哥利翁及赫拉神殿（1992）
韦尔吉纳考古遗迹（1996）
迈锡尼和提里雅恩斯的考古遗址（1999）
帕特莫斯岛的历史中心（霍拉）、神学家圣约翰修道院和启示录洞（1999）
科孚古城（2007）
腓立比考古遗迹（2016）

危地马拉
蒂卡尔国家公园（1979）
旧危地马拉城（1979）
基里瓜考古公园及遗址（1981）

几内亚
宁巴山自然保护区（1981，1982）

海地
国家历史公园：城堡、圣苏西宫、拉米尔斯堡垒（1982）

梵蒂冈
罗马历史中心，享受法外治权的罗马教廷建筑和缪拉圣保罗弗利（1980，1990）
梵蒂冈城（1984）

洪都拉斯
科潘玛雅古迹遗址（1980）

雷奥普拉塔诺生物圈保留地（1982）

匈牙利
布达佩斯（多瑙河两岸、布达城堡区和安德拉什大街）（1987，2002）
霍洛克古村落及其周边（1987）
奥格泰莱克洞穴和斯洛伐克喀斯特地貌（1995，2000）
潘诺恩哈尔姆千年修道院及其自然环境（1996）
霍尔托巴吉国家公园（1999）
佩奇的早期基督教陵墓（2000）
新锡德尔湖与费尔特湖地区文化景观（2001）
托卡伊葡萄酒产地历史文化景观（2002）

冰岛
平位利尔国家公园（2004）
叙尔特塞（2008）
瓦特纳冰川国家公园——火与冰的动态（2019）

印度
阿旃陀石窟群（1983）
埃洛拉石窟群（1983）
阿格拉古堡（1983）
泰姬陵（1983）
科纳拉克太阳神庙（1984）
默哈伯利布勒姆古迹群（1984）
卡齐兰加国家公园（1985）
马纳斯国家动植物保护区（1985）
凯奥拉德奥国家公园（1985）
果阿的教堂和修道院（1986）
卡杰拉霍建筑群（1986）
汉皮古迹群（1986）
法塔赫布尔西格里（1986）
帕塔达卡尔建筑群（1987）
埃勒凡塔石窟（象岛石窟）（1987）
朱罗王朝现存的神庙（1987，2014）
孙德尔本斯国家公园（1987）
楠达戴维山国家公园和花谷国家公园（1988）
桑吉佛教古迹（1989）
德里的胡马雍陵（1993）
德里的顾特卜塔及其建筑（1993）
印度山地铁路（1999）
菩提伽耶的摩诃菩提寺（2002）
温迪亚山脉的比莫贝特卡岩石窟（2003）
尚庞-巴瓦加德考古公园（2004）
贾特拉帕蒂·希瓦吉终点站（前维多利亚终点站）（2004）
德里红堡群（2007）
简塔·曼塔天文台（2010）
西高止山脉（2012）
拉贾斯坦邦的高地要塞（2013）
大喜马拉雅国家公园（2014）
古吉拉特邦帕坦皇后阶梯井（2014）
那烂陀寺考古遗址（那烂陀大学），比哈尔邦那烂陀（2016）
干城章嘉峰国家公园（2016）
勒柯布西耶的建筑作品——对现代建筑运动的突出贡献（2016）
艾哈迈达巴德历史城区（2017）
孟买维多利亚的哥特式和艺术装饰合奏（2018）
拉贾斯坦邦斋浦尔城（2019）

印度尼西亚
婆罗浮屠寺庙群（1991）
乌戎库隆国家公园（1991）
科莫多国家公园（1991）
普兰巴南寺庙群（1991）
桑义兰早期人类遗址（1996）
洛伦茨国家公园（1996）
苏门答腊热带雨林（2004）
巴厘省文化景观：体现"幸福三要素"哲学的苏巴克灌溉系统（2012）
翁比林煤矿遗产（2019）

伊朗
恰高·占比尔（1979）
波斯波利斯（1979）
伊斯法罕伊玛目广场（1979）
塔赫特苏莱曼（2003）
帕萨尔加德（2004）
巴姆城及其文化景观（2004）

苏丹尼叶城（2005）
比索通古迹（2006）
亚美尼亚庙宇群（2008）
苏西塔古代水利系统（2009）
阿尔达比勒市的谢赫萨菲·丁（Sheikh Safi al-Din）圣殿与哈内加（Khānegāh）建筑群（2010）
大不里士的历史集市区（2010）
波斯园林（2011）
拱巴德卡布斯塔（2012）
伊斯法罕的聚礼清真寺（2012）
戈勒斯坦宫（2013）
塔赫特苏莱曼（2014）
梅满德文化景观（2015）
苏萨（2015）
卢特沙漠（2016）
波斯坎儿井（2016）
亚兹德历史城区（2017）
法尔斯地区的萨珊王朝考古遗址（2018）
希尔卡尼亚森林（2019）

伊拉克
哈特拉（1985）
亚述古城（2003）
萨迈拉考古区（2007）
埃尔比勒城堡（2014）
伊拉克南部艾赫尔尔：生态多样性避难所和美索不达米亚城市遗迹景观（2016）
巴比伦（2019）

爱尔兰
博恩河河曲考古遗址群（1993）
斯凯利格·迈克尔岛（1996）

以色列
马萨达（2001）
阿克古城（2001）
特拉维夫白城——现代运动（2003）
米吉多、夏琐和基色圣地（2005）
熏香之路——内盖夫的沙漠城镇（2005）
海法和西加利利的巴海圣地（2008）
迦密山人类进化遗址：梅尔瓦特河谷－瓦迪·艾玛哈尔洞穴群（2012）
犹大低地的马沙－巴塔·古夫林洞穴，洞穴之乡的缩影（2014）
贝特沙瑞姆大型公墓—犹太复兴中心（2015）

意大利
梵尔卡莫尼卡谷地岩画（1979）
罗马历史中心，享受治外法权的罗马教廷建筑和缪拉圣保罗弗利（1980，1990）
绘有达·芬奇《最后的晚餐》的圣玛丽亚感恩教堂和多明各会修道院（1980）
佛罗伦萨历史中心（1982）
威尼斯及潟湖（1987）
比萨大教堂广场（1987）
圣吉米尼亚诺历史中心（1990）
马泰拉的石窟民居和石头教堂花园（1993）
维琴查和威尼托的帕拉迪恩别墅（1994，1996）
锡耶纳历史中心（1995）
那不勒斯历史中心（1995）
阿达的克里匹（1995）
文艺复兴城市费拉拉城以及波河三角洲（1995，1999）
蒙特堡（1996）
阿尔贝罗贝洛的圆顶石屋（1996）
拉文纳早期基督教名胜（1996）
皮恩扎历史中心（1996）
卡塞塔的18世纪皇宫以及园林、万维泰利水道和圣莱乌西建筑群（1997）
萨沃王宫住宅（1997）
帕多瓦植物园（1997）
韦内雷港，五村镇及沿海群岛（帕尔玛利亚群岛，蒂诺索，提尼托）（1997）
摩德纳的大教堂、市民广场和大广场（1997）
庞培、赫库兰尼姆和托雷安农齐亚塔考古区（1997）
阿马尔菲海岸（1997）
阿奎莱亚考古遗址及长方形主教教堂（1998）
乌尔比诺历史中心（1998）
奇伦托和迪亚诺河谷国家公园，帕埃斯图姆和韦利亚考古遗址（1998）

提沃利的阿德利阿纳村庄（1999）
维罗纳城（2000）
伊索莱约里（伊奥利亚群岛）（2000）
亚西西的圣方济各圣殿和其他方济各会建筑（2000）
提沃利的伊斯特别墅（2001）
诺托壁垒的晚期巴洛克风格城镇（西西里岛东南部）（2002）
皮埃蒙特和伦巴第的圣山（2003）
圣乔治山（2003）
奥尔恰谷（2004）
塞尔维托里和塔尔奎尼亚的伊特鲁立亚人公墓（2004）
锡拉库扎和潘塔立克石墓群（2005）
热那亚的新街和罗利宫殿体系（2006）
喀尔巴阡山脉及欧洲其他地区的古代原始山毛榉林（2011，2017）
曼托瓦和萨比奥内塔（2008）
雷蒂亚铁路在阿布拉/伯尔尼纳景观（2008）
多洛米蒂山脉（2009）
意大利伦巴第人遗址（568—774 AD）（2011）
阿尔卑斯地区史前湖岸木桩建筑（2011）
托斯卡纳的美第奇别墅和花园（2013）
埃特纳火山（2013）
皮埃蒙特的葡萄园景观：朗格罗埃洛和蒙菲拉托（2014）
巴勒莫的阿拉伯—诺曼风格建筑群以及切法卢和蒙雷阿莱大教堂（2015）
15世纪至17世纪威尼斯共和国防御工事：海洋状态—西泛海之土（2017）
20世纪工业城市伊夫雷亚（2018）
科内利亚诺和瓦尔多比亚德尼的普罗塞克起泡酒产地（2019）

牙买加
蓝山与约翰·克罗山脉（2015）

日本
法隆寺地域的佛教建筑物（1993）
姬路城（1993）
屋久岛（1993）
白神山地（1993）
古京都遗址（京都、宇治和大津城）（1994）
白川乡和五屹山历史村座（1995）
广岛和平纪念公园（原爆遗址）（1996）
严岛神殿（1996）
古奈良的历史遗迹（1998）
日光神殿和庙宇（1999）
琉球王国时期的遗迹（2000）
纪伊山地的圣地与参拜道（2004）
知床半岛（2005）
石见银山遗迹及其文化景观（2010）
平泉——象征着佛教净土的庙宇、园林与考古遗址（2011）
小笠原群岛（2011）
富士山——信仰的对象与艺术的源泉（2013）
富冈制丝场（群马县）以及近代绢丝产业遗迹群（2014）
明治工业革命遗迹：钢铁、造船和煤矿（2015）
勒·柯布西耶的建筑作品，对现代主义运动的杰出贡献（2016）
"神宿之岛"冲之岛·宗像及相关遗产群（2017）
长崎地区隐藏的基督教遗迹（2018）
百舌鸟和古市古坟群：古日本墓葬群（2019）

耶路撒冷（由约旦申报）
耶路撒冷古城及其城墙（1981）

约旦
佩特拉（1985）
库塞尔阿姆拉（1985）
乌姆赖萨斯考古遗址（2004）
瓦迪拉姆保护区（2011）
耶稣受洗处 - 约旦河外伯大尼（2015）

哈萨克斯坦
霍贾·艾哈迈德·亚萨维陵墓（2003）
泰姆格里考古景观岩刻（2004）
萨雅克—北哈萨克干草原与湖群（2008）
丝绸之路：长安—天山廊道的路网（2014）
西部天山（2016）

肯尼亚
肯尼亚山国家公园及自然森林（1997）
图尔卡纳湖国家公园（1997，2001）

拉穆古镇（2001）
米吉肯达卡亚圣林（2008）
蒙巴萨的耶稣堡（2011）
肯尼亚东非大裂谷的湖泊系统（2011）
西穆里奇定居点考古遗址（2018）

基里巴斯
菲尼克斯群岛保护区（2010）

吉尔吉斯斯坦
苏莱曼—至圣之山（2009）
丝绸之路：长安—天山廊道的路网（2014）
西部天山（2016）

老挝
琅勃拉邦的古城（1995）
占巴塞文化景观内的瓦普庙和相关古民居（2001）
川圹巨石缸遗址—石缸平原（2019）

拉脱维亚
里加历史中心（1997）
斯特鲁维地理探测弧线（2005）

黎巴嫩
安杰尔（1984）
巴勒贝克（1984）
比布鲁斯（1984）
提尔城（1984）
夸底·夸底沙（圣谷）和神杉林（1998）

莱索托
马罗提－德拉肯斯堡公园（2000）

利比亚
莱波蒂斯考古遗址（1982）
萨布拉塔考古遗址（1982）
昔兰尼考古遗址（1982）
塔德拉尔特·阿卡库斯石窟（1985）
加达梅斯古镇（1986）

立陶宛
维尔纽斯历史中心（1994）
库尔斯沙嘴（2000）
克拿维考古遗址（克拿维文化保护区）（2004）
斯特鲁维地理探测弧线（2005）

卢森堡
卢森堡市、要塞及老城区（1994）

马达加斯加
黥基·德·贝马拉哈自然保护区（1990）
安布希曼加的皇家蓝山行宫（2001）
阿钦安阿纳雨林（2007）

马拉维
马拉维湖国家公园（1984）
琼戈尼岩石艺术区（2006）

马来西亚
基纳巴卢山公园（2000）
穆鲁山国家公园（2000）
马六甲和乔治城，马六甲海峡历史城市（2011）
玲珑谷地的考古遗址（2012）

马里
杰内古城（1988）
廷巴克图（1988）
邦贾加拉悬崖（多贡斯土地）（1989）
阿斯基亚王陵（2004）

马耳他
哈尔·萨夫列尼地下宫殿（1980）
瓦莱塔古城（1980）
马耳他巨石庙（1980，1992）

[大洋洲]马绍尔群岛
比基尼环礁核试验场（2010）

毛里塔尼亚
阿尔金岩石礁国家公园（1989）
古苏尔的瓦丹、欣盖提、提希特和瓦拉塔古镇（1996）

毛里求斯
阿普拉瓦西·加特地区（2006）
莫纳山文化景观（2011）

墨西哥
圣卡安（1987）
帕伦克的前西班牙城和国家公园（1987）
墨西哥城与赫霍奇米尔科历史中心（1987）
特奥蒂瓦坎古城（1987）
瓦哈卡历史中心与阿尔班山考古遗址（1987）
普埃布拉历史中心（1987）
瓜纳华托历史名城及周围矿藏（1988）
奇琴伊察古城（1988）
莫雷利亚城历史中心（1991）
埃尔塔津古城（1992）
埃尔维采诺鲸鱼保护区（1993）
萨卡特卡斯历史中心（1993）
圣弗兰西斯科山脉岩画（1993）
波波卡特佩特火山坡上的最早的16世纪修道院（1994）
乌斯马尔古镇（1994）
克雷塔罗历史遗迹区（1996）
卡瓦尼亚斯救济所（1997）
大卡萨斯的帕魁姆考古区（1998）
塔拉科塔潘历史遗迹区（1998）
坎佩切历史要塞城（1999）
霍奇卡尔科考古遗址区（1999）
玛雅古城和卡拉克穆尔，坎佩切的热带森林坎佩切州的卡拉克穆尔古玛雅城与热带森林保护区（2002）
克雷塔罗的谢拉戈达圣方济会修道院（2003）
路易斯·巴拉干故居和工作室（2004）
加利福尼亚湾群岛和保护区（2005）
特基拉的龙舌兰景观和古代工业设施（2006）
墨西哥国立自治大学大学城中央校区（2007）
黑脉金斑蝶生态保护区（2008）
圣米格尔卫城和阿托托尼尔科的拿撒勒人耶稣圣殿（2008）
皇家内陆大干线（2010）
瓦哈卡州中央谷地的亚古尔与米特拉史前洞穴（2010）
皮纳卡特和德阿尔塔大沙漠生物圈保护区（2013）
腾布里克神父水道桥水利设施（2015）
雷维利亚希赫多群岛（2016）
特瓦坎-奎卡特兰山谷：中部美洲的原始栖息地（2018）

密克罗尼西亚联邦
南马都尔：东密克罗尼西亚庆典中心（2016）

蒙古
乌布苏盆地（2003）
鄂尔浑河谷文化地貌（2004）
提瓦坎-奎卡特兰谷地：中美洲的原始栖息地（2011）
大不儿罕合勒敦山及其周围的神圣景观（2015）
外贝加尔山脉景观（2017）

黑山共和国
科托尔自然和文化历史区域（1979，2012，2015）
杜米托尔国家公园（1980，2005）
中世纪墓葬群（2016）
16—17世纪威尼斯共和国的防御工事：海洋状态—西泛海之土（2017）

摩洛哥
非斯老城（1981）
马拉喀什老城（1985）
阿伊特·本·哈杜筑垒村（1987）
梅克内斯古城（1996）
瓦卢比利斯考古遗址（1997）
得土安古城（原名缔头万城）（1997）
索维拉旧城（原名莫加多尔）（2001）
马扎甘葡萄牙城（杰迪代）（2004）
拉巴特，现代都市与历史古城——一份共享的遗产（2012）

莫桑比克
莫桑比克岛（1991）

缅甸
蒲甘古城（2014）
蒲甘（2019）

纳米比亚
推费尔泉岩画（2007）
纳米布沙海（2013）

尼泊尔
加德满都谷地（1979）
萨加玛塔国家公园（1979）
奇特旺皇家国家公园（1984）
佛祖诞生地兰毗尼（1997）

荷兰
斯霍克兰及其周围地区（1995）
阿姆斯特丹的防御线（1996）
金德代克－埃尔斯豪特的风车（1997）
荷属安的列斯群岛的威廉斯塔德、内城及港口古迹区（1997）
迪·弗·伍达蒸汽泵站（1998）
比姆斯特迁田（1999）
里特维德－施罗德住宅（2000）
瓦登海（2009）
辛格尔运河以内的阿姆斯特丹17世纪同心圆型运河区（2010）
范内勒工厂（2014）

新西兰
汤加里罗国家公园（1990，1993）
蒂瓦希普纳穆－新西兰西南部地区（1990）
新西兰次南极区群岛（1998）

尼加拉瓜
莱昂·别霍遗址（2000）
莱昂大教堂（2011）

尼日尔
阿德尔和泰内雷自然保护区（1991）
彭贾里国家公园（1996，2017）
阿加德兹历史中心（2013）

尼日利亚
宿库卢文化景观（1999）
奥孙－奥索博神树林（2005）

北马其顿
奥赫里德地区自然与文化遗产（1979，2019，1980）

挪威
奥尔内斯木构教堂（1979）
卑尔根市布吕根区（1979）
勒罗斯（1980）
阿尔塔岩画（1985）
维嘎群岛文化景观（2004）
斯特鲁维地理探测弧线（2005）
挪威西峡湾—盖朗厄尔峡湾和纳柔依峡湾（2005）
尤坎-诺托登工业遗产（2015）

阿曼
巴赫莱要塞（1987）
巴特、库特姆和艾因考古遗址（1988）
乳香之路（2000）
阿曼的阿夫拉贾灌溉体系（2006）
卡尔哈特古城（2018）

巴基斯坦
摩亨佐达罗考古遗迹（1980）
塔克西拉（1980）
塔克特依巴依佛教遗址和萨尔依巴赫洛古遗址（1980）
塔塔城的历史建筑（1981）
拉合尔古堡和夏利玛公园（1981）
罗赫达斯要塞（1997）

帕劳
南部潟湖石岛群（2012）

巴勒斯坦
耶稣诞生地：伯利恒主诞堂和朝圣线路（2012）
巴勒斯坦：巴蒂尔，橄榄与葡萄酒之地——南耶路撒冷文化景观（2014）
希伯仑/哈利勒老城区（2017）

巴拿马
巴拿马加勒比海岸的防御工事：波托贝洛-圣洛伦索（1980）
达连国家公园（1981）
塔拉曼卡山保护区/拉阿米斯塔德国家公园（1983，1990）
巴拿马城考古遗址及巴拿马历史名区（1997，2003）
柯义巴岛国家公园及其海洋特别保护区（2005）

巴布亚新几内亚
库克早期农业遗址（2008）

巴拉圭
塔瓦兰格的耶稣和巴拉那的桑蒂西莫——特立尼达耶稣会传教区（1993）

秘鲁
库斯科古城（1983）
马丘比丘历史圣地（1983）
夏文考古遗址（1985）
瓦斯卡兰国家公园（1985）
昌昌城考古地区（1986）
马努国家公园（1987）
利马的历史中心（1988，1991）
里奥阿比塞奥国家公园（1990，1992）
纳斯卡和朱马纳草原的线条图（1994）
阿雷基帕城历史中心（2000）
卡拉尔－苏佩圣城（2009）
印加路网（2014）

菲律宾
图巴塔哈群礁海洋公园（1993）
菲律宾的巴洛克教堂（1993）
菲律宾科迪勒拉山水稻梯田（1995）
美岸历史古城（1999）
普林塞萨港地下河国家公园（1999）
汉密吉伊坦山野生动物保护区（2014）

波兰
克拉科夫历史中心（1978）
维利奇卡与博赫尼亚皇家盐矿（1978）
前纳粹德国奥斯维辛-比克瑙集中营（1940-1945，1979）
比亚沃维耶扎森林（1979，1992）
华沙历史中心（1980）
扎莫希奇古城（1992）
中世纪古镇托伦（1997）
马尔堡的条顿骑士团城堡（1997）
卡尔瓦利-泽布热多夫斯津：风格主义建筑、园林景观建筑群和朝圣园（1999）
扎沃尔和希维德尼察的和平教堂（2001）
南部小波兰的木造教堂群（2003）
穆斯考尔公园/穆扎科夫斯基公园（2004）
弗罗茨瓦夫百年厅（2006）
波兰和乌克兰在喀尔巴阡山脉地区的木造正教堂（2013）
塔尔诺夫斯克山铅银锌矿及其地下水管理系统（2017）
科舍米翁奇的史前条纹燧石矿区（2019）

葡萄牙
亚速尔群岛英雄港中心区（1983）
哲罗姆派修道院和里斯本贝莱姆塔（1983）
巴塔利亚修道院（1983）
托马尔的女修道院（1983）
埃武拉历史中心（1986）
阿尔科巴萨修道院（1989）
辛特拉文化景观（1995）
波尔图历史中心（1996）
席尔加·维德（Siega Verde）岩石艺术考古区（1998，2010）
马德拉月桂树公园（1999）
吉马良斯历史中心（2001年）
葡萄酒产区上杜罗（2001）
皮库岛葡萄园文化景观（2004）
带驻防的边境城镇埃尔瓦斯及其防御工事（2013）
科英布拉大学－阿尔塔城和索菲亚街（2013）
马夫拉皇室建筑—宫殿、大教堂、修道院、塞尔科花园及塔帕达狩猎公园（2019）
布拉加山上仁慈耶稣朝圣所（2019）

卡塔尔
祖巴拉考古遗址（2013）

韩国
石窟庵和佛国寺（1995年）
海印寺及八万大藏经藏经处（1995）

宗庙（1995）
昌德宫建筑群（1997）
华松古堡（1997）
庆州历史区（2000）
高昌、华森和江华的史前墓遗址（2000）
济州火山岛和熔岩洞（2007）
朝鲜王陵（2009）
韩国历史村落：河回村和良洞村（2010）
南汉山城（2014）
百济遗址区（2015）
山寺，韩国佛教名山寺庙（2018）
韩国新儒学书院（2019）

摩尔多瓦共和国
斯特鲁维地理探测弧线（2005）

罗马尼亚
多瑙河三角洲（1991）
特兰西瓦尼亚村落及其设防的教堂（1993，1999）
霍雷祖修道院（1993）
摩尔达维亚的教堂（1993）
锡吉什瓦拉历史中心（1999）
马拉暮莱斯的木结构教堂（1999）
奥拉斯迪山的达亚恩城堡（1999）
喀尔巴阡山脉和欧洲其他地区的原生山毛榉森林（2011，2017）

俄罗斯联邦
圣彼得堡历史中心及其相关古迹群（1990）
基日岛的木结构教堂（1990）
莫斯科克里姆林宫和红场（1990）
诺夫哥罗德及其周围的历史古迹（1992）
索洛维茨基群岛的历史建筑群（1992）
弗拉基米尔和苏兹达尔历史建筑（1992）
谢尔吉圣三一大修道院（1993）
科罗缅斯克的耶稣升天教堂（1994）
科米原始森林（1995）
贝加尔湖（1996）
堪察加火山（1996，2001）
金山—阿尔泰山（1998）
西高加索山（1999）
喀山克里姆林宫（2000）
费拉邦多夫修道院遗址群（2000）
库尔斯沙嘴（2000）
中希霍特—阿林山脉（2001）
德尔本特城堡、古城及要塞（2003）
乌布苏盆地（2003）
弗兰格尔岛自然保护区（2004）
新圣女修道院（2004）
雅罗斯拉夫尔城的历史中心（2005）
斯特鲁维地理探测弧线（2005）
普托拉纳高原（2010）
博尔加尔历史建筑及考古遗址（2014）
勒那河柱状岩自然公园（2015）
斯维亚日斯克岛的圣母升天大教堂和修道院（2017）
达斡尔景观（2017）
普斯科夫学派教堂建筑（2019）

圣基茨和尼维斯
硫黄石山要塞国家公园（1999）
皮通山保护区（2004）

圣马力诺
圣马力诺历史中心和蒂塔诺山（2008）

沙特阿拉伯
石谷考古遗址（玛甸沙勒）
德拉伊耶遗址的阿图赖夫区
吉达古城，通向麦加之门
沙特阿拉伯哈伊勒省岩画艺术
哈萨绿洲，变迁的文化景观

塞内加尔
戈雷岛（1978）
尼奥科罗—科巴国家公园（1981）
朱贾国家鸟类保护区（1981）
圣路易斯岛（2000）
塞内冈比亚石圈（2006）
萨卢姆三角洲（2011年）
巴萨里乡村：巴萨里，福拉和贝迪克文化景观（2012）

塞尔维亚
斯塔里斯和索泼查尼修道院（1979）

斯图德尼察修道院（1986）
科索沃中世纪古迹（2004，2006）
贾姆济格勒—罗慕利亚纳的加莱里乌斯宫（2007）
斯特茨奇中世纪墓葬群（2016）

塞舌尔
阿尔达布拉环礁（1982）
马埃谷地自然保护区（1983）

新加坡
新加坡植物园（2015）

斯洛伐克
历史名城班斯卡—什佳夫尼察及其工程建筑区（1993）
莱沃恰，斯皮什城堡及相关文化古迹群（1993，2009）
伏尔考林耐（1993）
奥格泰莱克洞穴和斯洛伐克喀斯特地貌（1995，2000）
巴尔代约夫镇保护区（2000）
喀尔巴阡山脉原始山毛榉森林和欧洲其他地区古山毛榉森林（2011，2017）
斯洛伐克喀尔巴阡山区木制教堂群（2008年）

斯洛文尼亚
斯科契扬溶洞（1986）
喀尔巴阡山脉原始山毛榉森林和欧洲其他地区古山毛榉森林（2011，2017）
阿尔卑斯地区史前湖岸木桩建筑（2011）
水银的遗产：阿尔马登和伊德里亚（2012年）

所罗门群岛
东伦内尔岛（1998）

南非
南非化石遗址（1999）
大圣卢西亚湿地公园（1999）
罗布恩岛（1999）
马罗提－德拉肯斯堡公园（2000）
马蓬古布韦文化景观（2003）
开普植物保护区（2004）
弗里德堡陨石坑（2005）
理查德斯维德文化植物景观（2007）
蔻玛尼文化景观（2017）
巴伯顿·玛空瓦山脉（2018）

西班牙
格拉纳达的艾勒汉卜拉、赫内拉利费和阿尔巴济（1984，1994）
布尔戈斯大教堂（1984）
科尔多瓦历史中心（1984，1994）
马德里埃斯科里亚尔修道院和遗址（1984）
安东尼·高迪的建筑作品（1984，2005）
阿尔塔米拉洞和西班牙北部旧石器时代洞窟艺术（1985）
奥维耶多古建筑和阿斯图里亚斯王国（1985，1998）
阿维拉古城及城外教堂（1985）
塞哥维亚古城及其输水道（1985）
圣地亚哥—德孔波斯特拉古城（1985）
阿拉贡的穆德哈尔式建筑（1986，2001）
加拉霍艾国家公园（1986）
历史名城托莱多（1986）
卡塞雷斯古城（1986）
塞维利亚的大教堂、城堡及西印度档案馆（1987）
萨拉曼卡古城（1988）
波夫莱特修道院（1991）
梅里达考古群（1993）
瓜达卢佩的圣玛利皇家修道院（1993）
圣地亚哥康波斯特拉之路：法兰西之路和北西班牙之路（1993）
多南那国家公园（1994）
城墙围绕的历史名城昆卡（1996）
瓦伦西亚丝绸交易厅（1996）
拉斯梅德拉斯（1997）
巴塞罗那的帕劳音乐厅及圣保罗医院（1997）
比利牛斯—珀杜山（1997，1999）
圣米延尤索和素索修道院（1997）
席尔加·维德岩石艺术考古区（1998，2010）
伊比利亚半岛地中海盆地的石壁画艺术（1998）

埃纳雷斯堡大学城及历史区（1998）
伊维萨岛的生物多样性和特有文化（1999）
拉古纳的圣克里斯托瓦尔（1999）
塔拉科考古遗址（2000）
埃尔切的帕梅拉尔（2000）
卢戈的罗马城墙（2000）
博伊谷地的罗马式教堂建筑（2000）
阿塔皮尔卡考古遗址（2000）
阿兰胡埃斯文化景观（2001）
乌韦达和巴埃萨城文艺复兴时期的建筑群（2003）
维斯盖桥（2006）
喀尔巴阡山脉和欧洲其他地区的原生山毛榉森林（2011，2017）
泰德国家公园（2007）
埃库莱斯灯塔（2009）
特拉蒙塔那山区文化景观（2011）
水银遗产：阿尔马登与伊德里亚（2012）
安特克拉石坟遗迹（2016）
哈里发的阿尔扎哈拉古城（2018）
大加那利岛文化景观：里斯科卡伊多考古和圣山（2019）

斯里兰卡
阿努拉德普勒圣城（1982）
波隆纳鲁沃古城（1982）
锡吉里亚古城（1982）
辛哈拉加森林保护区（1988）
康提圣城（1988）
加勒老城及其堡垒（1988）
丹布勒金寺（1991）
斯里兰卡中央高地（2010）

苏丹
博尔戈尔山和纳巴塔地区（2003）
麦罗埃岛考古遗址（2011）
桑加奈卜国家海洋公园和敦戈奈卜海湾－姆卡瓦岛国家海洋公园（2016）

苏里南
苏里南中心自然保护区（2000）
帕拉马里博的古内城（2002）

瑞典
德罗特宁霍尔摩皇宫（1991）
比尔卡和霍夫加登（1993）
恩格尔斯堡铁矿工场（1993）
塔努姆的岩刻画（1994）
斯科斯累格加登公墓（1994）
汉萨同盟城市维斯比（1995）
吕勒欧的格默尔斯塔德教堂村（1996）
拉普人区域（1996）
卡尔斯克鲁纳军港（1998）
高海岸／瓦尔肯群岛（2000，2006）
南厄兰岛的农业风景区（2000）
法伦的大铜山采矿区（2001）
威堡广播站（2004）
斯特鲁维地理探测弧线（2005）
赫尔辛兰带装饰的农舍（2012）

瑞士
圣加尔修道院（1983）
米兹泰尔的木笃会圣约翰修道院（1983）
伯尔尼古城（1983）
贝林佐纳三座要塞及防卫墙和集镇（2000）
阿尔卑斯少女峰阿莱奇峰（2001，2007）
圣乔治山（2003）
拉沃葡萄园梯田（2007）
雷蒂亚铁路阿布拉／贝尔纳段（2008）
瑞士萨多纳地质构造区（2008）
钟表制作城镇拉绍德封和力洛克的城市规划（2009）
阿尔卑斯地区史前湖岸木桩建筑（2011）
勒·柯布西耶的建筑作品，对现代主义运动有杰出贡献（2016）

叙利亚
大马士革古城（1979）
布斯拉古城（1980）
帕尔米拉古城遗址（1980）
阿勒颇古城（1986）
武士堡和萨拉丁堡（2006）
叙利亚北部古村落群（2011）

塔吉克斯坦
萨拉子目古城的原型城市遗址（2010）

塔吉克国家公园（帕米尔山脉）（2013）

泰国
阿育他亚（大城）历史城及相关城镇（1991）
素可泰历史城镇及相关历史城镇（1991）
童·艾·纳雷松野生生物保护区（1991）
班清考古遗址（1992）
东巴耶延山—考爱山森林保护区（2005）

多哥
古帕玛库景观（2004）

突尼斯
杰姆的圆形竞技场（1979）
迦太基遗址（1979）
突尼斯的阿拉伯人聚居区（1979）
伊其克乌尔国家公园（1980）
科克瓦尼布尼城及其陵园（1985，1986）
凯鲁万（1988）
苏塞古城麦地那
沙格镇（1997）

土耳其
希拉波利斯和帕姆卡莱（1985）
迪夫里伊的大清真寺和医院（1985）
伊斯坦布尔历史区域（1985）
哈图莎：希泰首都（1986）
内姆鲁特达格（1987）
赫拉波利斯和帕穆克卡莱（1988）
桑索斯和莱顿（1988）
萨夫兰博卢城（1994）
特洛伊考古遗址（1998）
赛利米耶清真寺（2011）
查塔夫耶克的新石器时代遗址（2012）
布尔萨和库马利吉兹克：奥斯曼帝国的诞生（2014）
帕加马卫城及其多层次文化景观（2014）
迪亚巴克要塞和哈乌塞尔花园文化景观（2015）
以弗所（2015）
阿尼考古遗址（2016）
阿芙洛迪西亚斯古城（2017）
哥贝克力石阵（2018）

土库曼斯坦
梅尔夫历史与文化公园（1999）
库尼亚—乌尔根奇（2005）
尼莎帕提亚要塞（2007）

乌干达
布恩迪难以穿越的国家公园（1994）
鲁文佐里山国家公园（1994）
巴干达国王们的卡苏比陵（2001）

乌克兰
基辅：圣·索菲娅教堂和佩乔尔斯克修道院（1990）
里沃夫历史中心（1998）
斯特鲁维地理探测弧线（2005）
喀尔巴阡山脉的原始山毛榉林和欧洲其他地区（2011，2017）
布科维纳与达尔马提亚的城市民居（2011）
陶里克切索内斯古城及农地（2013）
波兰和乌克兰的喀尔巴阡地区木质教堂（2013）

阿拉伯联合酋长国
艾恩文化遗址：哈菲特、西里、比达—宾特—沙特以及绿洲（2011）

英国
"巨人之路"及其海岸（1986）
达勒姆大教堂和城堡（1986）
乔治铁桥区（1986）
斯塔德利皇家公园和喷泉修道院遗址（1986）
"巨石阵"、埃夫伯里及周围的巨石遗迹（1986）
圭内斯郡爱德华国王城堡和城墙（1986）
圣基尔达（1986年，2004年扩展范围）
布莱尼姆宫（1987）
维斯特敏斯特宫、西敏寺和圣玛格丽特教堂（1987）
巴斯城（1987）
罗马帝国的边界（1987）
亨德森岛（1988）
伦敦塔（1988）
坎特伯雷大教堂、圣奥古斯丁修道院和圣马丁教堂（1988）
爱丁堡的老城和新城（1995）
戈夫岛和伊纳克塞瑟布尔岛（1995，2004）
格林威治海岸（1997）
奥克尼的新石器时代遗址（1999）
百慕大圣乔治古镇及相关要塞（2000）
布莱纳文工业景观（2000）
索尔泰尔（2001）
多塞特和东德文海岸（2001）
德文特河谷工厂群（2001）
新拉纳克（2001）
基尤皇家植物园，邱园（2003）
海上商城利物浦（2004）
康沃尔和西德文矿业景观（2006）
庞特卡萨鲁岩水道（2009）
福斯桥（2015）
尼安德罗岩洞及周边环境（2016）
英格兰湖区（2017）
卓瑞尔河岸天文台（2019）

坦桑尼亚
恩戈罗恩戈罗自然保护区（1979年被列入世界遗产名录，2010年成为自然文化双遗产。）
基尔瓦基斯瓦尼遗址和松戈马拉遗址（1981）
塞伦盖蒂国家公园（1981）
塞卢斯禁猎区（1982）
乞力马扎罗国家公园（1987）
桑给巴尔石头城（2000）
孔多阿岩画遗址（2006）

美国
梅萨维德国家公园（1978）
黄石国家公园（1978）
克卢恩/兰格尔—圣伊莱亚斯/冰川湾/塔琴希尼—阿尔塞克（1979，1992，1994）
大峡谷国家公园（1979）
大沼泽国家公园（1979）
独立大厅（1979）
红杉国家公园（1980）
猛犸洞穴国家公园（1981）

奥林匹克国家公园（1981）
卡俄基亚土丘历史遗址（1982）
大烟雾山国家公园（1983）
波多黎各的古堡与圣胡安历史遗址（1983）
自由女神像（1984）
约塞米特国家公园（1984）
查科文化国家历史公园（1987）
夏威夷火山国家公园（1987）
夏洛茨维尔的蒙蒂塞洛和弗吉尼亚大学（1987）
陶斯印第安村（1992）
沃特顿冰川国际和平公园（1995）
卡尔斯巴德洞穴国家公园（1995）
帕帕哈瑙莫夸基亚国家海洋保护区（2010）
圣安东尼奥布道区（2015）
弗兰克·劳埃德·赖特的20世纪建筑作品（2019）

乌拉圭
萨拉门多移民镇的历史区（1995）
弗莱本托斯文化工业景区（2015）

乌兹别克斯坦
伊钦·卡拉内城（1990）
布哈拉历史中心（1993）
沙赫利苏伯兹历史中心（2000）
处在文化十字路口的撒马尔罕城（2001）
西部天山（2016）

瓦努阿图
马塔王酋长领地（2008）

委内瑞拉
科罗及其港口（1993）
卡奈依马国家公园（1994）
加拉加斯大学城（2000）

越南
顺化历史建筑群（1993）
下龙湾（1994，2000）
会安古镇（1999）
圣子修道院（1999）
丰芽—格邦国家公园（2003）
河内升龙皇城（2010）
胡朝时期的城堡（2011）
长安名胜群（2014）

也门
城墙环绕的希巴姆古城（1982）
萨那古城（1986）
乍比得历史古城（1993）
索科特拉群岛（2008）

赞比亚
莫西奥图尼亚瀑布（维多利亚瀑布）（1989）

津巴布韦
马纳波尔斯国家公园、萨比和切俄雷自然保护区（1984）
大津巴布韦国家纪念地（1986）
卡米国家遗址纪念地（1986）
莫西奥图尼亚瀑布（维多利亚瀑布）（1989）
马托博山（2003）

（截至2019年12月）

图片来源

Pages 2/4 M. Bertinetti/Archivio White Star
Page 8 A. Attini/Archivio White Star

Introduction
Page 9 D. Paynter/Age/Contrasto
Pages 10/11 G. Rowell

EUROPE
Sweden
Page 14 top H. Strand
Pages 14/15 H. Strand
Page 15 top H. Strand
Page 15 center right M. Libra
Page 15 bottom M. Gabriel/Nature Picture Library
Page 16 top M. Breuer/Blickwinckel
Page 16 center H. Strand
Page 16 bottom left M. Libra
Page 16 bottom right N. Bean/Nature Picture Library
Pages 16/17 M. Libra
Page 17 top left E. della Ferrera/Nature Picture Library
Page 17 top right M. Libra

Poland
Page 18 top S. Meyers/Ardea
Page 18 bottom left M. Borkowski/Oxford Scientific Films
Page 18 bottom right A. Arbib/Corbis/Grazia Neri
Page 19 left R. Gehman/Corbis/Grazia Neri
Page 19 right C. Knights/Ardea
Page 20 left M. Libra
Page 20 top right M. Libra
Pages 20/21 A. Maniciati
Page 21 top M. Libra
Page 21 bottom F. Bruemmer/Bruce Coleman Collection

United Kingdom
Page 22 top J.C. Munoz/Panda Photo
Page 22 bottom left G. Veggi/Archivio White Star
Page 22 bottom right J.C. Munoz/Panda Photo
Page 23 D. Croucher/Bruce Coleman Collection
Page 24 AISA
Page 25 top left D. Croucher/Bruce Coleman Collection
Page 25 top right S. Vannini/Panda Photo
Page 25 center V. Loi-S. Pisano/Panda Photo
Page 25 bottom A. Nardi/Panda Photo
Page 26 bottom R. Toms/Oxford Scientific Films
Pages 26/27 G. Edwardes/NHPA
Page 27 top G. Edwardes/NHPA
Page 27 center B. Gibbons/Ardea
Page 27 bottom G. Edwardes/NHPA

France
Page 28 S. Meyers/Ardea
Pages 28/29 G. Georges Antoni/Hemis/Corbis
Page 29 top left Eric Raz/Hoa-Qui/HachettePhotos/Contrasto
Page 29 top right P. Goetghewck/Ardea
Page 30 top left D. Ruiu
Page 30 top right B. Castelain/Nature Picture Library
Page 30 center P. Steyn/Ardea
Page 30 bottom AISA
Page 31 AISA

France/Spain
Page 32 top C. Werter/Blickwinckel
Page 32 center M. Libra
Page 32 bottom L. Ramires
Page 33 C. Werter/Blickwinckel

Spain
Page 34 J. Sierra Antinolo/Oxford Scientific Films
Pages 34/35 AISA
Page 35 top T. Dressel/Ardea
Page 35 center M. Libra
Page 35 bottom M. Libra
Page 36 top M.Libra
Pages 36/37 R. Valterza/Ag. Franca Speranza
Page 37 top left R. & J. Kemp/SAL/Oxford Scientific Films
Page 37 right top V. Sciosia/Focus Team
Page 37 bottom D.Woodfall/NHPA

Portugal
Page 38 center D. Nill/Nature Picture Library
Page 38 bottom E. Macandrew/NHPA
Pages 38/39 B. Gibbons/Ardea
Page 39 bottom left E. Macandrew/NHPA
Page 39 bottom right AISA

Switzerland
Page 40 top E. Dragesco/Ardea
Page 40 bottom M. Bertinetti/Archivio White Star
Page 41 top E. Dragesco/Ardea
Page 41 center E. Dragesco/Ardea

Italy
Page 42 bottom J. du Boisberranger/Hemisphere
Pages 42/43 J. du Boisberranger/Hemisphere
Page 43 top G. Veggi/Archivio White Star
Page 43 center G. Veggi/Archivio White Star
Page 43 bottom F. Barbagallo/Hemisphere
Page 44 top G. Veggi/Archivio White Star
Page 44 center G. Veggi/Archivio White Star
Page 44 bottom H. Hughes/Hemisphere
Pages 44/45 J. du Boisberranger/Hemisphere
Page 45 bottom left J. Du Boisberranger/Hemisphere
Page 45 bottom right G. Veggi/Archivio White Star

Slovenia
Page 46 AISA
Page 47 left AISA
Page 47 right AISA

Croatia
Page 48 left Cornelia Doerr/Agefotostock/Marka
Page 48 bottom Alamy Images
Pages 48/49 Alamy Images
Page 49 top Z. Tunka/Ardea
Page 49 bottom A. Maniciati

Yugoslavia
Page 50 top M. Libra
Page 50 center M. Libra
Page 50 bottom B. Brealj/Corbis/Grazia Neri
Pages 50/51 AISA
Page 51 bottom AISA

Slovakia and Hungary
Page 52 C. Redondo/Corbis/Grazia Neri
Pages 52/53 C. Redondo/Corbis/Grazia Neri
Page 53 top C. Redondo/Corbis/Grazia Neri
Page 53 bottom C. Redondo/Corbis/Grazia Neri

Rumania
Page 54 top M. Libra
Page 54 center M. Libra
Page 54 bottom C. Penn/Corbis/Grazia Neri
Pages 54/55 M. Libra
Page 55 top M. Libra
Page 55 bottom M. Libra
Page 56 top M. Libra
Page 56 bottom left M. Libra
Page 56 bottom right M. Libra
Pages 56/57 M. Libra
Page 57 bottom M. Libra

Russian Federation
Page 58 bottom K. Mikhailow
Pages 58/59 K. Mikhailow
Page 59 top left K. Mikhailow
Page 59 top right K. Mikhailow
Page 59 center K. Mikhailow/Nature Picture Library
Page 59 bottom K. Mikhailow
Pages 60/61 K. Mikhailow

AFRICA
Mauritania
Page 64 top left J.F. Hellio-N.Van Ingen
Page 64 bottom left J.F. Hellio-N.Van Ingen
Page 64 top right J.F. Hellio-N.Van Ingen
Page 65 top J.F. Hellio-N.Van Ingen
Page 65 center J.F. Hellio-N.Van Ingen
Page 65 bottom J.F. Hellio-N.Van Ingen

Pages 64/65 J.F. Hellio-N.Van Ingen

Niger
Page 66 center P. Colombel/Corbis/Grazia Neri
Page 66 bottom G. Baldizzone/Archivio White Star
Pages 66/67 Y.A. Bertrand/Corbis/Grazia Neri
Page 67 top left H.G. Laukel
Page 67 top right A. Dragesco Joffè/Panda Photo
Page 68 top A. Dragesco Joffè/Panda Photo
Page 68 center H.G. Laukel
Page 68 bottom A. Dragesco Joffè/Panda Photo
Pages 68/69 A. Dragesco Joffè/Panda Photo
Page 69 bottom A. Dragesco Joffè/Panda Photo
Page 69 center H.G. Laukel

Ethiopia
Page 70 bottom E. della Ferrera
Pages 70/71 M. Harvey/Panda Photo
Page 71 top M. Watson/Ardea
Page 71 center E. della Ferrera
Page 71 bottom M. Harvey/Panda Photo
Page 72 left E. della Ferrera
Pages 72/73 M. Harvey/Panda Photo
Page 73 top E. della Ferrera
Page 73 center E. della Ferrera
Page 73 bottom E. della Ferrera

Uganda
Page 74 top left G. Dixon/Silvestris
Page 74 bottom left G. Dixon/Hedgehog House
Page 74 bottom right G. Dixon/Hedgehog House
Page 75 top G. Dixon/Hedgehog House
Page 75 bottom M. Matzer/Blickwinckel
Page 76 bottom left M. Dorigo
Page 76 bottom right M. Dorigo
Pages 76/77 J. McDonald/Bruce Coleman Collection
Page 77 top M. Dorigo
Page 77 center M. Dorigo

Kenya
Page 78 bottom left M. Dumas/Explorer
Page 78 bottom right M. Denis Huot/Hoaqui
Pages 78/79 Y.A.Bertrand/Corbis/Grazia Neri
Page 79 top E. Coppola/Panda Photo
Page 79 center A. Crandell/Corbis/Grazia Neri
Page 79 bottom J. McDonald/Corbis/Grazia Neri
Page 80 G. Ziesler
Page 81 center G. Ziesler
Page 81 bottom C. Monteath/Hedgehog House
Page 82 left top B.Norton/Evergreen Photo Alliance
Page 82 right top B.Norton/Evergreen Photo Alliance
Pages 82/83 G. Ziesler
Page 83 top G. Ziesler
Page 83 bottom left G. Ziesler
Page 83 bottom right G. Ziesler

Dem. Rep. of Congo
Page 84 center left M. Harvey/NHPA
Page 84 bottom Silvestris
Pages 84/85 A. Bardi/Panda Photo
Page 85 center S. Turner/Oxford Scientific Films
Page 85 bottom B. Norton/Evergreen Photo Alliance
Page 86 K. Ammann/Corbis/Contrasto
Page 87 top AISA
Page 87 center left M. Libra
Page 87 center right J. McDonald/Corbis/Grazia Neri
Page 87 bottom C. Redondo/Corbis/Grazia Neri

Tanzania
Page 88 center W. Perry Conway/Corbis/Grazia Neri
Page 88 bottom M. Bertinetti/Archivio White Star
Page 88/89 K. Dimitri/Timepix/PhotoMasi
Page 89 bottom left K. Schafer
Page 89 bottom right M. Bertinetti/Archivio White Star
Page 90 center A. Shah/Panda Photo
Pages 90/91 W. Wisniewsky/Blickwinckel
Page 91 top H. Brehm/Blickwinckel
Page 91 center H. Brehm/Blickwinckel
Pages 92/93 A. Shah/Panda Photo
Page 94 top M. Bertinetti/Archivio White Star
Pages 94/95 F. Mastracchi Manes/Panda Photo

397

Page 95 top D. Else/Lonely Planet Images
Page 95 bottom M&C Denis Huot
Page 96 right M. Bertinetti/Archivio White Star
Page 97 top M. Bertinetti/Archivio White Star
Page 97 bottom M. Bertinetti/Archivio White Star
Pages 96/97 M. Bertinetti/Archivio White Star
Page 98 bottom left M. Bertinetti/Archivio White Star
Page 98 bottom right F. Labot/Auscape International
Pages 98/99 C. Mattison/Age/Contrasto
Page 99 top M. Bertinetti/Archivio White Star
Page 99 center F. Labot/Auscape International
Page 99 bottom B. Norton/Evergreen Photo Alliance
Page 100 top K. Schafer
Page 100 center left J. Johnson/Bruce Coleman Collection
Page 100 center right J. McDonald/Corbis/Grazia Neri
Page 100 bottom M. Bertinetti/Archivio White Star
Page 101 K. Schafer
Page 102 bottom left S. Widstrand/Bruce Coleman Collection
Page 102 bottom right A. Shah/Panda Photo
Pages 102/103 C. Ratier/NHPA
Page 103 top G. Ziesler
Page 103 bottom R. Gill/Papilio/Corbis/Grazia Neri
Page 104 top A. Shah/Panda Photo
Pages 104/105 G. Ziesler
Page 105 top G. Ziesler
Page 105 center K. Schafer
Page 105 bottom K. Schafer

Zambia/Zimbabwe
Page 106 top S. Damm/Zefa
Page 106 center R. Bickel/Corbis/Contrasto
Pages 106/107 N. Wheeler/Corbis/Contrasto
Page 107 center N. Wheeler/Corbis/Contrasto
Page 107 bottom T. Svehsson/Corbis/Contrasto

Zimbabwe
Page 108 bottom M. Harvey/Panda Photo
Pages 108/109 P. Johnson/Corbis/Grazia Neri
Page 108 top A. Shah/Panda Photo
Page 109 top left M. Harvey/Panda Photo
Page 109 top right N. Wheeler/Corbis/Grazia Neri
Page 109 bottom A. Shah/Nature Picture Library

South Africa
Page 110 top left N. Dennis/Panda Photo
Page 110 top right Silvestris
Page 111 bottom Silvestris
Pages 110/111 Hervé Collart/Hoa-Qui/HachettePhotos/ Contrasto
Page 112 center P. Blackwell/Nature Picture Library
Page 112 bottom M. Libra
Pages 112/113 J. Blair/Corbis/Grazia Neri
Page 113 top left S. Cordier/Jacana
Page 113 top right J. Blair/Corbis/Grazia Neri
Page 114 center P. Johnson/Corbis/Grazia Neri
Page 114 bottom P. de Wilde/Hoaqui
Pages 114/115 R. du Toit/Nature Picture Library
Page 115 bottom left G. Iacz/Panda Photo
Page 115 bottom right N.J. Dennis/Panda Photo

Madagascar
Page 116 center Y.A. Bertrand/Corbis/Grazia Neri
Pages 116/117 Y.A. Bertrand/Corbis/Grazia Neri
Page 117 center C. Hellier/Corbis/Grazia Neri
Page 117 bottom C. Hellier/Corbis/Grazia Neri

Seychelles
Page 118 top C. Pavaral/Hoaqui
Page 118 bottom A. White/Nature Picture Library
Pages 118/119 C. Pavaral/Hoaqui
Page 119 top V. Paolillo
Page 119 bottom P. de Wilde/Hoaqui
Page 120 top Pozzoli/Hoaqui
Page 120 center V. Paolillo
Page 120 bottom V. Paolillo
Pages 120/121 V. Paolillo
Page 121 bottom V. Paolillo
Page 122 top left V. Paolillo
Page 122 top right V. Paolillo
Page 122 bottom left V. Paolillo
Page 123 top V. Paolillo

ASIA
Turkey
Page 126 left A. Pistolesi
Page 126 right N. Tapsell/Lonely Planet Images
Page 127 A. Pistolesi
Page 128 top M. Borchi/Archivio White Star

Pages 128/129 M. Borchi/Archivio White Star
Page 129 center A. Pistolesi
Page 129 bottom A. Pistolesi
Page 130 center M. Borchi/Archivio White Star
Page 130 bottom M. Borchi/Archivio White Star
Pages 130/131 M. Borchi/Archivio White Star
Page 131 bottom B. Moranti/Age/Contrasto

Russian Federation
Pages 132 NASA
Page 133 top NASA
Page 133 bottom NASA
Page 134 top NASA
Page 134 center N. Marven/Nature Picture Library
Page 134 bottom W. Khaelek/Corbis/Contrasto
Pages 134/135 N. Marven/Nature Picture Library
Page 135 top N. Marven/Nature Picture Library
Page 136 top E. Keskozommy/SAL/Oxford Scientific Films
Pages 136/137 M. Libra
Page 137 top M. Libra
Page 137 center M. Libra
Page 137 bottom A. Maniciati
Page 138 left B. Norton/Evergreen Photo Alliance
Page 138 bottom E. Dragesco/Panda Photo
Pages 138/139 B. Norton/Evergreen Photo Alliance
Page 139 top B. Norton/Evergreen Photo Alliance
Page 139 center M. Colbeck/Oxford Scientific Films
Page 140 top AISA
Pages 140/141 R. Kirby/Oxford Scientific Films
Page 141 center left D. Allan/Nature Picture Library
Page 141 center right B. Norton/Evergreen Photo Alliance
Page 142 top T. Brakefield/Corbis/Grazia Neri
Page 142 bottom left K. Mikhailov
Page 142 bottom right M. Danegger/NHPA
Page 143 K. Mikhailov
Page 144 top left I. Arndt/Nature Picture Library
Page 144 top right V. Munier/ Nature Picture Library
Pages 144/145 K. Mikhailov/ Nature Picture Library
Page 145 top M. Barton/Nature Picture Library
Page 145 center K. Mikhailov
Page 145 bottom K. Mikhailov
Pages 146/147 T. Brakefield/Corbis/Contrasto
Page 148 center J. Downer/ Nature Picture Library
Pages 148/149 T. Brakefield/Corbis/Grazia Neri
Page 149 top I. Shpilenok
Page 149 center M. Libra
Page 149 bottom T. Kitchin & V. Hurst/NHPA
Page 150 top left I. Shpilenok
Page 150 top right K. Mikhailov
Pages 150/151 K. Mikhailov
Page 151 top I. Shpilenok
Page 151 center K. Mikhailov
Page 151 bottom K. Mikhailov

China
Page 152 top B. Zhenjin/Imaginechina/Contrasto
Page 152 bottom Fan Chongzhi/Imaginechina/Contrasto
Pages 152/153 Shen Yu/Imaginechina/Contrasto
Page 153 top L.M. Stone/Nature Picture Library
Page 154 top left B. Zhenjin/Imaginechina/Contrasto
Page 154 top right B. Zhenjin/Imaginechina/Contrasto
Page 154 bottom Chen Yun/Imaginechina/Contrasto
Pages 154/155 B. Zhenjin/Imaginechina/Contrasto
Page 155 top K. Su/China Span/Lonely Planet Images
Page 156 top left Tang Jianwei/Imaginechina/Contrasto
Page 156 top right L. Liqun/Imaginechina/Contrasto
Pages 156/157 H. Kubota/Magnum Photo/Contrasto
Page 157 top K. Su/Corbis/Grazia Neri
Page 157 bottom S. Franklin/Magnum Photo/Contrasto
Page 158 top J. Ernie/NHPA
Page 158 bottom A. Rouse/NHPA
Pages 158/159 L. Liqun/Corbis/Grazia Neri
Page 159 center AISA
Page 159 bottom T. Brakefield/Corbis/Contrasto

Japan
Page 160 top K. Ward/Corbis/Contrasto
Page 160 center AISA
Page 161 S. Kaufman

Nepal
Page 162 bottom C. Grizmek/Oxford Scientific Films
Pages 162/163 Ardea
Page 163 top left M. Hijimo/Ardea
Page 163 top right C. Frederikkson/Bruce Coleman Collection
Page 163 bottom J & A Scott/NHPA

Page 164 top G. Rowell/Corbis/Grazia Neri
Page 164 bottom Ardea
Pages 164/165 T. Brakefield/Corbis/Grazia Neri
Page 165 top S. Joffe/Stf/AFP/De Bellis
Page 165 center G. Rowell/Corbis/Grazia Neri
Page 166 center C. Monteath/Hedgehog House
Pages 166/167 C. Monteath/Hedgehog House
Page 167 top C. Monteath/Hedgehog House
Page 167 bottom C. Monteath/Hedgehog House

India
Page 168 center G. Weare/Lonely Planet Images
Page 168 bottom John Corbett/Ecoscene/Corbis/ Grazia Neri
Pages 168/169 D. Robert & L. Franz/Corbis/Grazia Neri
Page 169 top AISA
Page 169 center O. Prister/NHPA
Page 170 top E. della Ferrera
Page 170 center L. Hebberd/Corbis/Grazia Neri
Page 170 bottom A.&S. Toon/NHPA
Pages 170/171 J.P. Ferrero
Page 171 bottom left Ardea
Page 171 bottom right E. della Ferrera
Page 172 left E. della Ferrera
Pages 172/173 J. Raiput/ Ardea
Page 173 top E. della Ferrera
Page 173 center T. Brakefield/Corbis/Grazia Neri
Page 173 bottom F. Gohier/Ardea
Page 174 center left G. Rowell/Corbis/Grazia Neri
Page 174 center right Hira Punjabi/Lonely Planet Images
Page 174 bottom left Ardea
Page 174 bottom right G. Ziesler
Page 175 E. della Ferrera
Page 176 top G. Ziesler
Page 176 bottom G. Ziesler
Pages 176/177 H. Punjabi/Lonely Planet Images
Page 177 bottom S. Widstrand/Corbis/Grazia Neri

Sri Lanka
Page 178 E. Della Ferrera
Page 179 top E. Della Ferrera
Page 179 bottom E. Della Ferrera
Pages 180/181 E. Della Ferrera

Bangladesh
Page 182 top NASA
Page 182 bottom Y. Arthus Bertrand/Corbis/Contrasto
Pages 182/183 D.A. Northlott/Corbis/Contrasto
Page 183 top T. Allofs/Corbis/Contrasto
Page 183 center A. Hodalic/Corbis/Contrasto
Page 184 top Gallo Images/Corbis/Contrasto
Page 184 center K. Schafer/Corbis/Contrasto
Pages 184/185 S. Westmorland/Corbis/Contrasto
Page 185 top D.A. Northlott/Corbis/Contrasto

Thailand
Page 186 top AISA
Page 186 bottom A. Shah/Nature Picture Library
Pages 186/187 AISA
Page 187 top F. Savigny/Nature Picture Library
Page 187 center AISA

Vietnam
Page 188 top B. Gardel/Hemisphere
Page 188 center T. Bognar
Page 188 bottom A. Tondini/Focus Team
Pages 188/189 C. Karnow/Corbis/Grazia Neri

Philippines
Pages 190/191 V. Paolillo
Page 190 bottom left V. Paolillo
Page 190 bottom right V. Paolillo
Page 191 top right V. Paolillo
Page 191 bottom left V. Paolillo

Malaysia
Page 192 top N. Nightingale/Nature Picture Library
Page 192 bottom left B. Norton/Evergreen Photo Alliance
Page 192 bottom right V. Paolillo
Page 193 M. Bowler/NHPA
Page 193 bottom M. Daffey/Lonely Planet Images
Page 194 L. Tettoni
Page 194 top right L. Tettoni
Page 194 top left L. Tettoni
Page 195 bottom L. Tettoni
Page 196 top V. Paolillo
Page 196 bottom M. Daffey/Lonely Planet Images

Pages 196/197 M. Daffey/Lonely Planet Images
Page 197 left J. Sweeney/Lonely Planet Images
Page 197 right V. Paolillo

Indonesia
Page 198 top M. Plage/Oxford Scientific Films
Pages 198/199 J.C. Munoz/Panda Photo
Page 199 top J.C. Munoz/Panda Photo
Page 199 center AISA
Page 199 bottom C. O'Rear/Corbis/Grazia Neri
Page 200 top AISA
Page 200 center M. Plage/Bruce Coleman Collection
Page 200 bottom M. Plage/ Oxford Scientific Films
Pages 200/201 AISA
Page 201 top AISA
Page 201 bottom AISA
Page 202 top B. Jones & M.Shimlock/NHPA
Page 202 bottom left M. Bertinetti/Archivio White Star
Page 202 bottom right M. Bertinetti/Archivio White Star
Page 203 B. Jones & M. Shimlock/NHPA
Page 204 top M. Bertinetti/Archivio White Star
Page 204 center M. Bertinetti/Archivio White Star
Page 204 bottom M. Bertinetti/Archivio White Star
Pages 204/205 A. Warren/Ardea
Page 205 left M. Bertinetti/Archivio White Star
Page 205 bottom right M. Bertinetti/Archivio White Star

The Americas
United States/Canada
Page 208 top M. Watson/Ardea
Pages 208/209 G. Rowell/Corbis/Grazia Neri
Page 209 top S.T. Smith/Corbis/Grazia Neri
Page 209 center M. Libra
Page 209 bottom J. Vanuga/Corbis/Grazia Neri
Page 210 top S. Krasemann/NHPA
Page 210 center J. Foott/Panda Photo
Page 210 bottom B. Klein-Hubert/Panda Photo
Pages 210/211 S. Krasemann/NHPA
Page 211 bottom left M. Libra
Page 211 bottom right C. Knights/Ardea
Page 212 Antphoto Library/NHPA/Olycom
Page 213 top left G. Lacz/Panda Photo
Page 213 bottom J. Foot/Nature Picture Library
Page 213 right N. Rabinowitz/Corbis/Grazia Neri

Canada
Page 214 center R. German/Corbis/Grazia Neri
Page 214 bottom R. Lynn/Corbis/Grazia Neri
Pages 214/215 R. German/Corbis/Grazia Neri
Page 215 top R. German/Corbis/Grazia Neri
Page 215 bottom R. German/Corbis/Grazia Neri
Page 216 top R. German/Corbis/Grazia Neri
Page 216 center J. McDonald/Corbis/Grazia Neri
Pages 216/217 J. Vanuga/Corbis/Grazia Neri
Page 217 bottom left M. Dorigo
Page 217 bottom right M. Breuer/Blickwinchel
Page 218 top A. Pistolesi
Page 218 bottom left Peterson/WRP/Ardea
Page 218 bottom right A. Pistolesi
Page 219 left A. Pistolesi
Page 219 right M.W. Grosniek/Ardea
Page 220 bottom K. Schafer
Pages 220/221 Mike Anich/Agefotostock/Contrasto
Page 221 top M. Watson/Ardea
Page 221 center B. Klein-Hubert/Panda Photo
Page 221 bottom F. Gohier/Ardea
Page 222 top K. Schafer
Pages 222/223 R. Barnett/Lonely Planet Images
Page 223 top K. Schafer
Page 223 center D.G. Houser/Corbis/Grazia Neri
Page 223 bottom P.A. Souders/Corbis/Grazia Neri
Page 224 top J. Blair/Corbis/Grazia Neri
Page 224 bottom left J.D. Watt/PandaPhoto
Page 224 bottom right Sunset/Brake/PandaPhoto
Page 225 R. German/Corbis/Grazia Neri
Page 226 bottom left J. Smaw/NHPA
Page 226 bottom right S. Meyers/Panda Photo
Pages 226/227 G. Rowell/Corbis/Grazia Neri
Page 227 top R. German/Corbis/Grazia Neri
Page 227 center J. Conrad/Corbis/Grazia Neri
Page 227 bottom N. Benvie/Nature Picture Library

Canada/United States
Pages 228/229 L. Georgia/Corbis/Grazia Neri
Page 229 top M. Watson/Ardea
Page 229 center L.M. Stone/Nature Picture Library
Page 229 bottom B. Coster/NHPA
Page 230 top J. Foott/Nature Picture Library
Page 230 center D. Robert & L.Franz/Corbis/Grazia Neri
Page 230 bottom L. Gagnon/Nature Picture Library
Pages 230/231 J. Randklev/Corbis/Grazia Neri
Page 231 top D. Muench/Corbis/Grazia Neri

United States
Page 232 A. Attini/Archivio White Star
Page 233 top right A. Attini/Archivio White Star
Page 233 top left Nature Picture Library
Page 233 bottom left Poelking/Blickwinckel
Page 233 bottom right G. Pots/Bruce Coleman Collection
Page 234 top D. Meissner/Blickwinkel
Page 234 center left S. Meyers/Ardea
Page 234 center right M. Hamblin/Oxford Scientific Library
Page 234 bottom F. Gohier/Ardea
Pages 234/235 J. Foott/Bruce Coleman Collection
Page 235 top H. Brehm/Blickwinkel
Page 236 center U. Walz/Bruce Coleman Collection
Page 236 bottom Garry Black/Masterfile/Sie
Page 237 top F. Gohier/Ardea
Page 237 center left Moose Peterson/Ardea
Page 237 center right B. Lamm/Blickwinkel
Page 237 bottom D. Gulin/Corbis/Grazia Neri
Page 238 top D. Watts/Nature Picture Library
Page 238 bottom C. Mauzy/Corbis/Contrasto
Pages 238/239 K. Schafer
Page 239 top M.T. Sedam/Corbis/Contrasto
Page 239 bottom left D. Muench/Corbis/Contrasto
Page 239 bottom right D. Gulin/Corbis/Contrasto
Page 240 center left A. Attini
Page 240 center right A. Pistolesi
Page 240 bottom G. Crabbe/AGE/Contrasto
Page 241 R. Dayton/AGE/Contrasto
Page 242 top Timepix/PhotoMasi
Pages 242/243 G. Rowell
Page 243 center left A. Pistolesi
Page 243 center right A. Attini/Archivio White Star
Page 244 A. Attini/Archivio White Star
Page 245 top F. Gohier/Ardea
Page 245 bottom left M. Watson/Ardea
Page 245 bottom right M. Watson/Ardea
Pages 246 top left A. Attini/Archivio White Star
Page 246 top right A. Attini/Archivio White Star
Page 246/247 A. Attini/Archivio White Star
Page 247 top A. Attini/Archivio White Star
Page 247 bottom A. Attini/Archivio White Star
Pages 248/249 A. Pistolesi
Page 250 top M. Libra
Page 250 center A. Pistolesi
Pages 250/251 J. Elk III/Lonely Planet Images
Page 251 center A. Pistolesi
Page 251 bottom M.& P. Fogden/Nature Picture Library
Page 252 top M. Bertinetti/Archivio White Star
Page 252 center M. Bertinetti/Archivio White Star
Page 252 bottom M. Bertinetti/Archivio White Star
Pages 252/253 A. Attini/Archivio White Star
Page 253 top A. Attini/Archivio White Star
Page 253 bottom M. Bertinetti/Archivio White Star
Page 254 bottom left J. Zipp/Ardea
Page 254 bottom right K. Amsler/Ardea
Pages 254/255 C. Knights/Ardea
Page 255 top R. Spoonbill/Ardea
Page 255 center B. Miller/Timepix/PhotoMasi
Page 256 top R. Ressmeyer/Corbis/Grazia Neri
Pages 256/257 D. Peebles/Corbis/Grazia Neri
Page 257 bottom Bruce Coleman Collection
Page 258 top L. Vigliotti/Panda Photo
Pages 258/259 P.A. Peebles/Corbis/Contrasto
Page 259 top J.A. Sugar/Corbis/Grazia Neri
Page 259 bottom G. Brad Lewis/Age/Contrasto
Page 260 top D.W. Peterson/Corbis/Contrasto
Page 260 center B. Lewis/Age/Contrasto
Page 261 B. Lewis/Age/Contrasto
Page 262 B. Coster/Ardea
Page 263 top D. Muench/Corbis/Grazia Neri
Page 263 bottom left J. Mason/Ardea
Page 263 bottom right J. Mason/Ardea

Mexico
Page 264 top T. Martin/Nature Picture Library
Pages 264/265 M. Bertinetti/Archivio White Star
Page 265 top left M. Bertinetti/Archivio White Star
Page 265 center left M. Bertinetti/Archivio White Star

Page 265 bottom left M. Bertinetti/Archivio White Star
Page 265 top right M. Bertinetti/Archivio White Star
Page 266 top Sunset/Brake/Panda Photo
Pages 266/267 B. Cranston/Panda Photo
Page 267 center K. Aitken/Panda Photo
Page 267 bottom Doc White/Nature Picture Library
Page 268 top M. Bertinetti/Archivio White Star
Page 268 center left A. Rouse/NHPA/Olycom
Page 268 center right M. Bertinetti/Archivio White Star
Page 268 bottom left M. Bertinetti/Archivio White Star
Page 268 bottom right M. Bertinetti/Archivio White Star
Page 269 left D. Mall/Frank Lane Picture Agency/Corbis/Grazia Neri
Page 269 right M. Bertinetti/Archivio White Star

Belize
Page 270 top K. Schafer
Pages 270/271 K. Amsler
Page 271 center left K. Amsler
Page 271 center right K. Amsler
Page 271 bottom K. Amsler
Page 272 top right K. Amsler
Page 272 top left K. Amsler
Pages 272/273 K. Amsler
Page 273 top left K. Amsler
Page 273 top right K. Amsler
Page 273 bottom K. Amsler

Costa Rica
Pages 274/275 J. Rotman
Page 274 bottom V. Paolillo
Page 275 top J. Rotman
Page 275 bottom V. Paolillo
Page 276 top V. Paolillo
Page 276/277 J. Rotman
Page 276 center J. Rotman
Page 276 bottom J. Rotman
Pages 277 left V. Paolillo
Page 277 right J. Rotman
Page 278 top right K. Schafer
Page 278 center K. Schafer
Page 278 bottom left L. Hunter/Lonely Planet Images
Page 278 bottom right K. Schafer
Page 279 top K. Schafer
Page 279 center M. Saborio
Page 280 top K. Schafer
Pages 280/281 K. Schafer
Page 281 top T. Martin/Nature Picture Library
Page 281 bottom D.M. Watson/Lonely Planet Images

Panama
Page 282 M. Cooper
Page 283 top left M. Cooper
Page 283 center right M. Cooper
Page 283 bottom left M. Cooper
Page 283 bottom right M. Cooper
Pages 284 top M. Cooper
Page 284 center left M. Cooper
Page 284 center right M. Cooper
Page 284 bottom left M. Cooper
Page 284 bottom right M. Cooper
Page 285 M. Cooper

Venezuela
Page 286 top F. Gohier/Ardea
Page 286 bottom left N. Gordon/Ardea
Page 286 bottom right J. du Boisberranger/Hemisphere
Page 287 K. Schafer/NHPA

Ecuador
Page 288 center D. Parter & E.Parter/Auscape International
Page 288 bottom D. Parter & E.Parter/Auscape International
Pages 288/289 G. Ziesler
Page 289 top H. Palo JR/NHPA
Page 289 left D. Parter & E. Parter/Auscape International
Page 289 bottom right D. Parter & E. Parter/Auscape International
Page 290 bottom D. Parter & E. Parter/Auscape International
Pages 290/291 G. Ziesler
Page 291 top F. Poelking/Blickwinkel
Page 291 bottom left G. Ziesler
Pag 291 bottom right G. Ziesler

Page 292 top left G. Ziesler
Page 292 top right G. Ziesler
Page 292 center H. Goethel/Blickwinkel
Page 292 bottom H. Goethel/Blickwinkel
Pages 292/293 D. Parter & E. Parter/Auscape International
Page 293 top T. de Roy/Auscape International

Peru
Page 294 top M. Bertinetti/Archivio White Star
Pages 294/295 M. Bertinetti/Archivio White Star
Page 295 top M. Bertinetti/Archivio White Star
Page 295 center M. Bertinetti/Archivio White Star
Page 295 bottom M. Bertinetti/Archivio White Star
Page 296 top left G. Ziesler
Page 296 top right H. Stadler/Corbis/ Contrasto
Page 297 G. Ziesler
Page 298 top left G. Ziesler
Page 298 top right G. Ziesler
Pages 298/299 G. Ziesler
Page 299 top G. Ziesler
Page 299 center G. Ziesler
Page 300 bottom G. ZIesler
Pages 300 top G. Ziesler
Page 300 center right G. Ziesler
Page 300 center left G. Ziesler
Page 300 bottom G. Ziesler
Page 301 G. Ziesler
Page 302 top G. Ziesler
Page 302 center G. Ziesler
Page 302 bottom G. Zisler
Pages 302/303 G. Ziesler
Page 303 top G. Ziesler
Page 304 top left D. Tijaling/Nature Picture Library
Page 304 top right Hans D. Dossenbach/Ardea
Page 304 center F. Gohier/Ardea
Page 304 bottom G. Ziesler
Pages 304/305 N.K. Gordon/Ardea
Page 305 top left P. Oxford/Nature Picture Library
Page 305 top right L. Laidler/Ardea

Bolivia
Page 306 center K. Schafer
Page 306/307 P. Correl/Corbis/Grazia Neri
Page 307 top N. Gordon/Nature Picture Library
Page 307 center K. Schafer
Page 307 bottom T. Russer/Nature Picture Library

Brazil
Page 308 top K. Schafer/NHPA
Page 308 left K. Schafer
Page 308 bottom right K. Schafer
Page 309 center T. de Roy/Auscape International
Page 309 bottom K. Schafer
Page 310 center H. Palo/NHPA
Pages 310/311 U. Walz/Blickwinkel
Page 311 top G. Ziesler
Page 311 bottom left H. Palo/NHPA
Page 311 bottom right G. Ziesler
Page 312 top T. Boyden/Lonely Planet Images
Page 312 center G. Ziesler
Page 312 left G. Ziesler
Page 312 bottom right G. Ziesler
Pages 312/313 U. Walz/Bruce Coleman Collection
Page 313 bottom M. Watson/Ardea
Page 314 center G. Ziesler
Page 314 bottom D. Gulin/Corbis/Grazia Neri
Pages 314/315 G. Ziesler
Page 315 bottom M. McDonald/Corbis/Grazia Neri
Page 316 top M. Mairani
Page 316 center M. Mairani
Page 316 bottom G. Malaguzzi
Pages 316/317 M. Mairani
Page 317 bottom G. Malaguzzi

Argentina/Brazil
Page 318 bottom left Ferrer & Sostoa/AGE/Contrasto
Page 318 bottom right G. Ziesler
Pages 318/319 F. Poelking/AGE/Contrasto
Page 319 top AGE/Granata Press

Argentina
Page 320 bottom J. Sweeney/Lonely Planet Images
Pages 320/321 J. Foott/AGE/Contrasto
Page 321 top J. Sweeney/Lonely Planet Images
Page 321 center C. Monteath/Hedgehog House
Page 322 top C. Doerr/AGE/Contrasto
Pages 322/323 C. Monteath/Auscape International
Page 323 top left C. Monteath/Auscape International

Page 323 center left C. Monteath/Auscape International
Page 323 bottom left C. Monteath/Auscape International
Page 323 top right P. Roig/AGE/Contrasto
Page 324 bottom left G. Ziesler
Page 324 bottom right G. Ziesler
Pages 324/325 J.S. Watt/Panda Photo
Page 325 top left G. Rowell/Corbis/Grazia Neri
Page 325 top right G. Rowell/Corbis/Grazia Neri
Page 325 center J.S. Watt/Panda Photo
Page 325 bottom J.S. Watt/Panda Photo
Page 326 bottom F. Gohier/Ardea
Pages 326/327 D. Parter & E. Parter/Ardea
Page 327 center F. Gohier/Ardea
Page 327 bottom D. Parter & E. Parter/Ardea
Page 328 bottom Frank Lane Picture Agency/Corbis/Grazia Neri
Pages 328/329 G. Ziesler
Page 329 top left G. Ziesler
Page 329 top right G. Ziesler
Page 329 center right G. Ziesler
Page 329 bottom right G. Ziesler

OCEANIA
Australia
Page 332 left J.P. Ferrero/Auscape International
Page 332 right J.P. Ferrero/Auscape International
Pages 332/333 J.P. Ferrero/Auscape International
Page 333 top G. Ziesler
Page 333 center J.P. Ferrero/Auscape International
Page 333 bottom G. Ziesler
Page 334 J.P. Ferrero/Auscape International
Page 335 left G. Ziesler
Page 335 top right G. Ziesler
Page 335 bottom Jochen Schlenker/Masterfile/Sie
Page 336 top J.P. Ferrero/Auscape International
Page 336 center J.P. Ferrero/Auscape International
Page 336 bottom J.P. Ferrero/Auscape International
Pages 336/337 J.P. Ferrero/Auscape International
Page 337 top N. Reynard/Hemisphere
Page 338 bottom left L. Nielsen/Oxford Scientific Films
Page 338 right J.P. Ferrero/Auscape International
Pages 338/339 J.P. Ferrero/Auscape International
Page 339 top Ferrero Labot/Auscape International
Page 339 center G. Ziesler
Page 340 top J.P. Ferrero/Auscape International
Page 340 bottom left L. Nielsen/Oxford Scientific Films
Page 340 bottom right J.P. Ferrero/Auscape International
Page 341 J.P. Ferrero/Auscape International
Page 342 bottom J.P. Ferrero/Auscape International
Pages 342/343 J.P. Ferrero/Auscape International
Page 343 top J.P. Ferrero/Auscape International
Page 343 bottom center D. Parter & E. Parter/Auscape International
Page 344 top D. Parter & E. Parter/Auscape International
Page 344 bottom left J.P. Ferrero/Auscape International
Page 344 bottom right M. Spencer/Auscape International
Pages 344/345 J. Paul Ferrero/Auscape International
Page 345 center J. Paul Ferrero/Auscape International
Page 345 bottom D. Parter & E. Parter/Auscape International
Pages 346/347 K. Amsler
Page 346 top left K. Amsler
Page 346 top right K. Amsler
Page 347 top K. Amsler
Page 347 bottom K. Amsler
Page 348 top right K. Amsler
Page 348 top left K. Amsler
Pages 348/349 K. Amsler
Page 349 left K. Amsler
Page 349 top right K. Amsler
Page 349 bottom right K. Amsler
Page 350 bottom left J.P. Ferrero/Auscape International
Page 350 right C. Andrew Henley/Auscape International
Pages 350/351 M. Osmon/Pacific Whale FDTN/Auscape International
Page 351 top J.P. Ferrero/Auscape International
Page 351 center J.P. Ferrero/Auscape International
Page 351 bottom J.P. Ferrero/Auscape International
Page 352 top K. Deacon/Ocean Earth Images
Page 352 bottom left T. Allofs/Corbis/Grazia Neri
Page 352 bottom right J. Banagan/Lonely Planet Images
Page 353 center J.P. Ferrero/Auscape International
Page 353 bottom M. Reardon/Lonely Planet Images
Page 354 J.P. Ferrero/Auscape International
Page 355 top J.P. Ferrero/Auscape International
Page 355 center left G. Zielser

Page 355 center right G. Zielser
Page 355 bottom G. Ziesler
Page 356 top Cherie Vasas/Nature Travel & Marine Images
Page 356 center Parer & Parer Cook/Auscape International
Page 356 bottom K. Aitken
Pages 356/357 J.D.Watt/Panda Photo
Page 357 top K. Aitken/Panda Photo
Page 358 bottom left T. Till/Auscape International
Page 358 bottom right Mark Karrass/Corbis
Pages 358/359 D. Stock/Magnum Photo/Contrasto
Page 359 top H. Hamaya/Magnum Photo/Contrasto
Page 359 bottom S. Wilby/Auscape International
Page 360 bottom Pam Gardner; Frank Lane Pictures Agency/Corbis:
Pages 360/361 R. L'Anson/Lonely Planet Images
Page 361 top J.P. Ferrero/Auscape International
Page 361 center Pam Gardner; Frank Lane Pictures Agency/Corbis
Page 362 top G. Ziesler
Page 362 bottom G. Ziesler
Pages 362/363 G. Ziesler
Page 363 top J.P. Ferrero/Auscape International
Page 363 center J. Shaw/Auscape International
Page 363 bottom G. Ziesler
Page 364 J.P. Ferrero/Auscape International
Page 365 top G. Ziesler
Page 365 center left G. Ziesler
Page 365 center right G. Ziesler
Page 365 bottom R. Brown/Auscape International
Page 366 top G. Ziesler
Pages 366/367 G. Ziesler
Page 367 top J. Plaza Van Roon/Auscape International
Page 367 center D. Zupanc/Auscape International
Page 367 bottom B. Gregory/Auscape International
Page 368 AISA
Page 369 top D. Zupanc/NHPA
Page 369 center J. Cancalosi/Auscape International
Page 369 bottom left J. Shaw/Auscape International
Page 369 bottom right C. Andrew Henley/Auscape International
Page 370 top J.P. Ferrero/Ardea
Pages 370/371 D. Harding/Auscape International
Page 371 top J.P. Ferrero/Auscape International
Page 371 bottom J.P. Ferrero/Auscape International
Page 372 top G. Dixon/Hedgehog House
Pages 372/373 G. Dixon/Hedgehog House
Page 373 top K. Schafer
Page 373 center J. Cancalosi/NHPA
Page 373 bottom D. Matts/NHPA
Page 374 top left D. Harding/Auscape International
Page 374 right G. Dixon/Hedgehog House
Page 374 center D. Harding/Auscape International
Page 374 bottom G. Dixon/Hedgehog House
Page 375 D. Harding/Auscape International
Pages 376/377 D. Parter & E. Parter/Auscape International
Page 377 top left G. Robertson/Auscape International
Page 377 top right K. Schafer
Page 377 center M. Aucar/Hedgehog House
Page 378 bottom left G. Dixon/Hedgehog House
Page 378 bottom right G. Robertson/Auscape International
Pages 378/379 K. Schafer
Page 379 center P. Ensor/Hedgehog House
Page 379 bottom G. Robertson/Auscape International

New Zealand
Page 380 top A. Pistolesi
Page 380 center N. Norton/Hedgehog House
Page 380 bottom R. Brown/Hedgehog House
Pages 380/381 C. Monteath/Auscape International
Page 382 bottom N. Groves/Hedgehog House
Pages 382/383 S. Barnett/Hedgehog House
Page 383 top T. de Roy/Hedgehog House
Page 383 center N. Groves/Hedgehog House
Page 383 bottom G. Spear Point/Hedgehog House
Page 384 top W. Kaehler
Page 384 center G. Moon/Frank Lane Picture Agency/Corbis/GraziaNeri
Page 384 bottom R. Brown/Hedgehog House
Pages 384/385 R. Kirchner/NHPA
Page 385 bottom left M. Langford/Auscape International
Page 385 bottom right P. Harper/Hedgehog House
Pages 386/387 T. de Roy/Oxford Scientific Films
Page 387 top left K. Schafer
Page 387 top right K. Westerskov/Oxford Scientific Films
Page 387 center K. Schafer
Page 387 bottom right J.P. Ferrero/Auscape International

Page 387 bottom left K. Schafer
Page 388 top D. Hadden/Ardea
Page 388 center K. Schafer
Page 388 bottom K. Schafer
Pages 388/389 J. Henderson/Hedgehog House
Page 389 bottom left K. Schafer
Page 389 bottom right T. de Roy/Auscape International

Cover
Ayers Rock (Australia).
© MC Photo/Marka

Back cover
left: Ngorongoro Conservation Area (Tanzania).
© Marcello Bertinetti/Archivio White Star

center: Mount Everest, Sagarmatha National Park (Nepal).
© Marcello Bertinetti/Archivio White Star
right: Grand Canyon National Park (United States).
© Antonio Attini/Archivio White Star

作者

马可·卡特尼奥出生于1963年，毕业于米兰大学物理学专业，现任《科学》(*Le Scienze*)杂志［美国科普杂志《科学美国人》(*Scientific American*)的意大利语版本］的主编。马可·卡特尼奥著有多部著作，包括《海森堡与量子革命》(*Heisenberg and the Quantum Revolution*)（2000年）以及为白星出版社撰写的《世界大都市》(*Great Cities of the World*)（2005年）。他喜欢旅游和摄影，曾在《美国新闻与世界报道》(*US News & World Report*)和《聚焦英国》(*Focus UK*)等知名杂志上发表多篇文章。

贾斯米娜·特里福尼出生于1966年，毕业于帕多瓦大学政治学专业，目前是一名聚焦旅游领域的记者，任职于《子午线》(*Mleridiani*)杂志的编辑部。贾斯米娜·特里福尼视旅行为职业和使命，并积累了大量的民族和文化经验，特别是在印度、东南亚国家和中东地区。她还同时为多家全国性报纸撰稿。贾斯米娜·特里福尼和马可·卡特尼奥为白星出版社撰写了《世界大都市》（2005年）。

图书在版编目（CIP）数据

自然圣殿：联合国教科文组织世界遗产 /（意）马可·卡特尼奥,（意）贾斯米娜·特里福尼著；曹莉，杨林译 . —北京：中国科学技术出版社，2024.1

书名原文：The World Heritage Sites of UNESCO Nature Sanctuaries

ISBN 978-7-5236-0207-2

Ⅰ.①自… Ⅱ.①马… ②贾… ③曹… ④杨… Ⅲ.①文化遗产—世界—画册 Ⅳ.① K103-64

中国国家版本馆 CIP 数据核字（2023）第 072980 号

著作权登记号：01-2023-5293

审图号：GS 京（2023）2388 号

WS White Star Publishers® is a registered trademark property of White Star s.r.l
© 2019 White Star s.r.l.
Piazzale Luigi Cadorna 6,
20123 Milan, Italy
www.whitestar.it

本书中文简体版由意大利白星出版社通过中华版权代理公司授权中国科学技术出版社有限公司独家出版，未经出版者许可不得以任何方式抄袭、复制或节录任何部分

总 策 划	秦德继
策划编辑	徐世新　许　慧　单　亭
责任编辑	向仁军　单　亭　邬梓桐
装帧设计	中文天地
责任校对	焦　宁
责任印制	李晓霖

出　　版	中国科学技术出版社
发　　行	中国科学技术出版社有限公司发行部
地　　址	北京市海淀区中关村南大街 16 号
邮　　编	100081
发行电话	010-62173865
传　　真	010-62173081
网　　址	http://www.cspbooks.com.cn

开　　本	880mm×1230mm　1/16
字　　数	650 千字
印　　张	25.25
版　　次	2024 年 1 月第 1 版
印　　次	2024 年 1 月第 1 次印刷
印　　刷	北京华联印刷有限公司
书　　号	ISBN 978-7-5236-0207-2 / K·363
定　　价	298.00 元

（凡购买本社图书，如有缺页、倒页、脱页者，本社发行部负责调换）

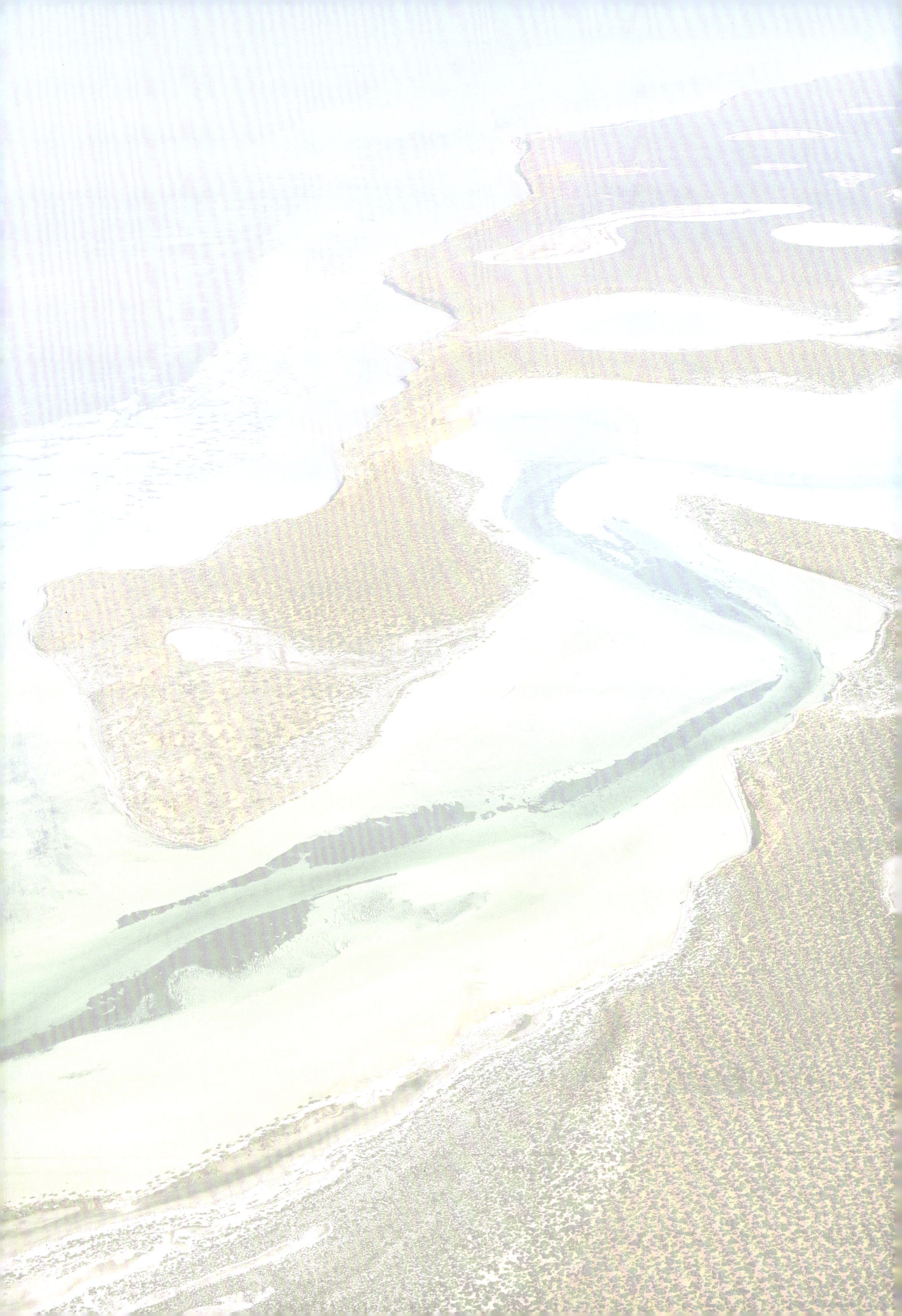

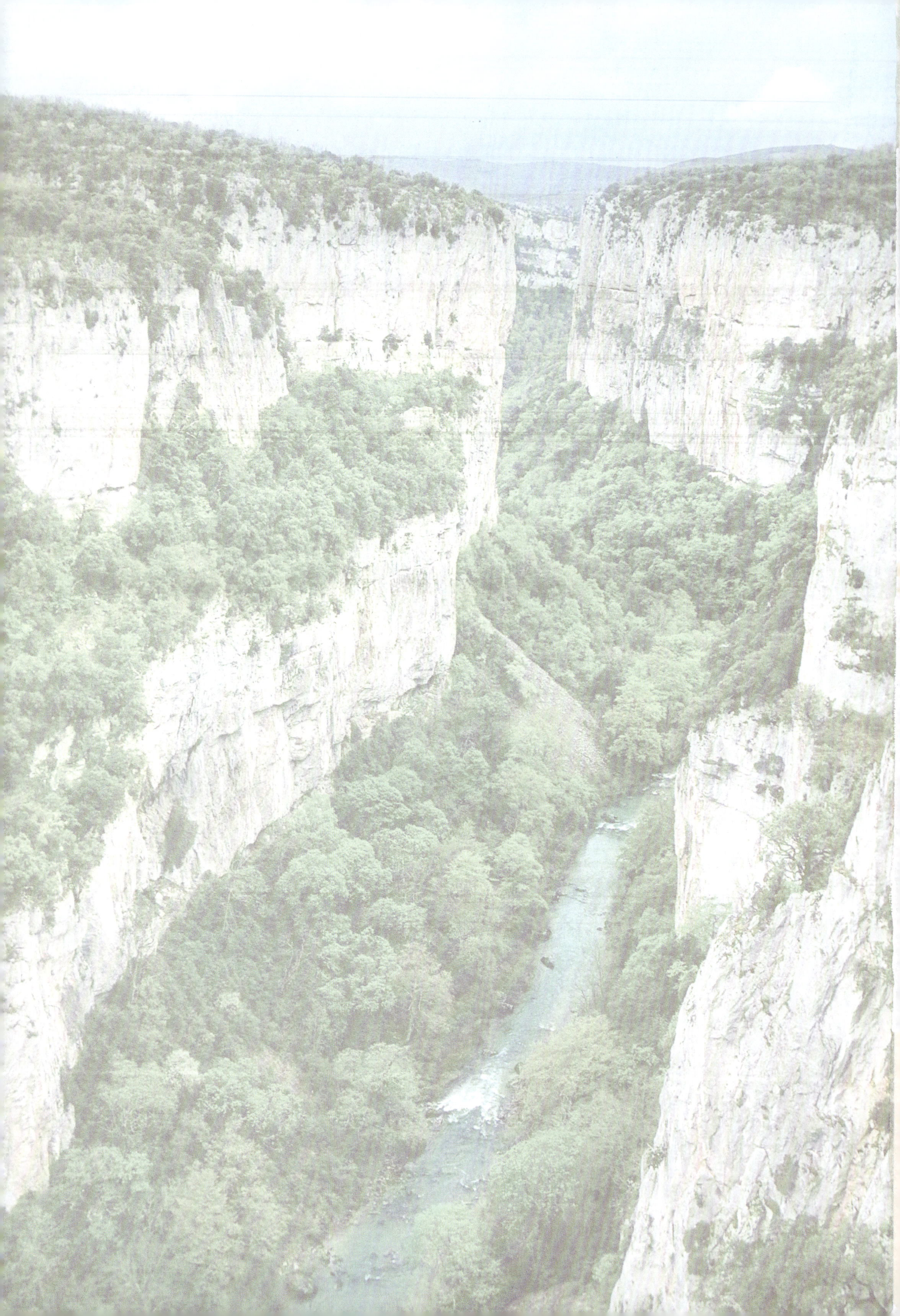